LES
ŒUVRES
COMPLETES
DE
VOLTAIRE

56B

VOLTAIRE FOUNDATION

OXFORD

2000

THE
COMPLETE
WORKS
OF
VOLTAIRE

56B

VOLTAIRE FOUNDATION

OXFORD

2000

ISBN 0 7294 0644 X

Voltaire Foundation Ltd
99 Banbury Road
Oxford OX2 6JX

PRINTED IN ENGLAND
AT THE ALDEN PRESS
OXFORD

direction de l'édition

1968 · THEODORE BESTERMAN · 1974
1974 · W. H. BARBER · 1993
1989 · ULLA KÖLVING · 1998
1998 · HAYDN MASON

sous le haut patronage de

L'ACADÉMIE FRANÇAISE

L'ACADÉMIE ROYALE DE LANGUE ET DE
LITTÉRATURE FRANÇAISE DE BELGIQUE

THE AMERICAN COUNCIL OF LEARNED SOCIETIES

THE BRITISH ACADEMY

L'UNION ACADÉMIQUE INTERNATIONALE

réalisée avec le concours gracieux de

THE NATIONAL LIBRARY OF RUSSIA
ST PETERSBURG

1762

II

TABLE DES MATIÈRES

TABLE DES MATIÈRES

LISTE DES SIGLES ET ABRÉVIATIONS

ADHG   Archives départementales de la Haute-Garonne

Al   Fréron, *L'Année littéraire*

An   Archives nationales, Paris

Bengesco   *Voltaire: bibliographie de ses œuvres*, 1882-1890

Bn   Bibliothèque nationale, Paris

BnC   Bn, *Catalogue général des livres imprimés*, Auteurs, ccxiv [Voltaire]

Bn F   Bn: Manuscrits français

Bodley   Bodleian Library, Oxford

Bpu   Bibliothèque publique et universitaire, Genève

CL   Grimm, *Correspondance littéraire*, 1877-1882

D   Voltaire, *Correspondence and related documents*, éd. Th. Besterman, dans *Œuvres complètes de Voltaire / Complete works of Voltaire* 85-135, 1968-1977

ImV   Institut et musée Voltaire, Genève

M   *Œuvres complètes de Voltaire*, 1877-1885

StP   Bibliothèque nationale de Russie, Saint-Pétersbourg

SVEC   *Studies on Voltaire and the eighteenth century*

Taylor   Taylor Institution, Oxford

Trapnell   'Survey and analysis of Voltaire's collective editions, 1728-1789', 1970

V   *Œuvres complètes de Voltaire / Complete works of Voltaire*, 1968- [la présente édition]

VF   Voltaire Foundation, Oxford

L'APPARAT CRITIQUE

L'apparat critique placé au bas des pages fournit les diverses leçons ou variantes offertes par les états manuscrits ou imprimés du texte (on en trouvera le relevé, p.138-45, 273-74, 284-88, 340-44). Chaque note critique est composée du tout ou d'une partie des indications suivantes:

– Le ou les numéros de la ou des lignes auxquelles elle se rapporte; comme les titres ou sous-titres, les noms de personnages dans un dialogue ou une pièce de théâtre, et les indications scéniques échappent à cette numérotation, l'indication donne dans ce cas le numéro de la ligne précédente suivi des lettres a, b, c, etc. qui correspondent aux lignes de ces textes intercalaires.

– Les sigles désignant les états du texte, ou les sources, repris dans la variante (voir p.146, 289, 345). Des chiffres arabes, isolés ou accompagnés de lettres, désignent en général des éditions séparées de l'œuvre dont il est question; les lettres suivies des chiffres sont réservées aux recueils, w pour les éditions complètes, et T pour les œuvres dramatiques; après le sigle, l'astérisque signale un exemplaire particulier, qui d'ordinaire contient des corrections manuscrites.

– Des explications ou des commentaires de l'éditeur.

– Les deux points (:) marquant le début de la variante proprement dite, dont le texte, s'il en est besoin, est encadré par un ou plusieurs mots du texte de base. A l'intérieur de la variante, toute remarque de l'éditeur est placée entre crochets.

Les signes typographiques conventionnels suivants sont employés:

– La lettre grecque bêta β désigne le texte de base.

– Le signe de paragraphe ¶ marque l'alinéa.

- Deux traits obliques // indiquent la fin d'un paragraphe ou d'une partie du texte.

- Les mots supprimés sont placés entre crochets obliques < >.

- Les mots ajoutés à la main par Voltaire ou Wagnière sont précédés, dans l'interligne supérieur, de la lettre ^{V} ou ^{W}, suivie d'une flèche verticale dirigée vers le haut $^\uparrow$ ou vers le bas $^\downarrow$, pour indiquer que l'addition est inscrite au-dessus ou au-dessous de la ligne. Le signe $^+$ marque la fin de l'addition, s'il y a lieu.

- Toute correction adoptée dans un imprimé est suivie d'une flèche horizontale → suivie du sigle désignant l'imprimé.

Exemple: 'il <allait> $^{W\uparrow}$<courait> $^{V\downarrow}\beta$' signifie que 'allait' a été supprimé, que Wagnière a ajouté 'courait' au-dessus de la ligne, que 'courait' a été supprimé, et que Voltaire a inséré la leçon du texte de base au-dessous de la ligne. Une annotation du type 'w75G*, →K' indique qu'une correction manuscrite sur l'édition encadrée a été adoptée dans les éditions de Kehl.

Voltaire et l'affaire Calas

INTRODUCTION GÉNÉRALE

I

*Le drame du 13 octobre 1761
et ses lendemains toulousains*

L'affaire Calas met en scène une famille toulousaine protestante dont le père, Jean, né en 1698, tient une boutique d'indiennes dans une des rues les plus animées du quartier commerçant de la Dalbade, rue des Filatiers, numéro 16.[1] Homme simple, droit, laborieux, doux de mœurs, justement estimé dans une ville où il est établi depuis quarante ans, Jean Calas a eu, de son mariage avec Anne-Rose Cabibel célébré le 19 octobre 1731, six enfants dont quatre garçons et deux filles (Anne-Rose, dite Rosine, et Anne, dite Nanette). L'aîné des garçons, Marc-Antoine, né en 1732, a reçu une solide instruction générale et a commencé des études de droit, mais n'a pu être reçu avocat faute de certificat de catholicité. Blessé dans son ambition et son orgueil, dépourvu de véritable établissement, il se montre plutôt amer, sombre et mélancolique; il aide son père au magasin avec Pierre, son frère cadet d'un an, et se distrait en s'adonnant au jeu.[2] Né en 1736, converti au catholicisme en 1756, Louis, le troisième fils, n'habite plus chez ses parents et reçoit, comme la loi le permet, une pension de son père. Quant à Donat, âgé de 22 ans en 1761, il se trouve en stage d'apprentissage chez un marchand catholique de Nîmes.

Or, voici que le 13 octobre 1761, peu avant 19 heures 30, monsieur et madame Calas et leurs deux fils Marc-Antoine et

---

[1] Dite aussi Grande Rue ou Grande Rue des Filatiers. La maison correspond aujourd'hui au 50 rue des Filatiers. Le négoce d'étoffes permet à la famille de vivre honnêtement, mais, en 1761, le commerce souffre de la guerre.

[2] Ce qui a pu être l'occasion de quelques réprimandes de la part du père, dictées par la tendresse même.

Pierre (les deux filles sont, comme les années précédentes à pareille époque, chez des amis dans leur propriété de campagne de Séchabois à quelques kilomètres de Toulouse) se réunissent pour dîner au premier étage[3] avec un jeune invité, François-Alexandre-Gaubert Lavaysse, également protestant, un ami des fils, et dont le père, d'une famille anoblie, est un avocat réputé de Toulouse.[4] Vers la fin du repas qui dure trois-quarts d'heure et que sert la vieille servante catholique, Jeanne Viguière,[5] Marc-Antoine quitte la table et descend pour sortir selon son habitude.[6] Les autres convives, une fois le repas achevé, conversent dans la pièce d'accueil. Peu après 21 heures 30, Lavaysse décide de se retirer pour se rendre chez un ami commun, Jean-Pierre Cazeing, commerçant protestant, chez qui il loge en l'absence de ses parents. Pierre descend avec lui et, comme la porte de communication du corridor et de la boutique se trouve ouverte, les deux jeunes gens entrent et découvrent, surpris et effrayés, le corps de Marc-Antoine suspendu à un billot posé sur la porte qui conduit de la boutique à l'arrière-boutique (ou magasin). A leurs cris,[7] le père descend sans tarder, s'empresse de déposer le corps de son fils, desserre, puis ôte la corde et envoie Pierre qui a fait entrer deux amis (Antoine Delpech et Dominique Brousse) chercher des secours tout en lui recommandant de ne pas dire que Marc-Antoine s'est suicidé, si rigoureux est le châtiment légal attaché au suicide et si grande est la honte. De son côté, Lavaysse part de lui-même à la recherche d'un médecin. Jeanne Viguière et madame Calas, à sa suite, sont entre-

[3] Les Calas habitent au-dessus du magasin: le premier étage comprend, outre la cuisine et la salle à manger, une pièce d'accueil et la chambre des parents; les enfants logent au second.

[4] Arrivé de Bordeaux la veille, Gaubert Lavaysse doit rejoindre le lendemain ses parents qui se trouvent dans leur propriété de Caraman.

[5] Toulousaine, entrée chez les Calas vers 1737, elle a soixante-dix ans environ et tend à être regardée comme un membre de la famille.

[6] Pour une promenade sinon pour une partie de billard.

[7] Les premiers cris directement perçus par huit témoins l'ont été entre 21 heures 35 et 21 heures 40. Voir J. Orsoni, 'L'Affaire Calas avant Voltaire', thèse de troisième cycle, Université Paris-Sorbonne, 1971, p.19 ss.

temps descendues.[8] Pierre ramène l'aide chirurgien, Antoine Gorsse, lequel, après examen, annonce à la famille en pleurs une mort par étranglement.[9]

Dans l'espoir de recevoir réconforts et conseils, Pierre va tour à tour chercher Cazeing[10] puis un homme de loi (protestant), Clausade, qui recommande de prévenir la police afin d'obtenir l'autorisation d'enterrer le corps. Accompagné de Lavaysse, Clausade part quérir le greffier et l'assesseur des capitouls, mais, au retour, ils voient une foule curieuse, amassée devant la maison des Calas et dont les commentaires vont bon train. Déjà sont postés des soldats de l'escouade du guet, déjà est sur place le capitoul François-Raymond David de Beaudrigue. Capitoul titulaire, vif, impétueux et zélé, habitué par une longue pratique à expédier les affaires avec promptitude et fermeté, il va jouer un rôle décisif et désastreux. Après avoir sans doute examiné le corps, il fait garder Pierre qui se trouve près de lui, s'assure des autres personnes qui sont dans la maison[11] et multiplie les négligences et les irrégularités. Il ne procède pas aux formalités qu'impose la loi: établir un état des lieux, saisir les instruments qui ont servi à la mort, interroger les personnes présentes. Alors qu'une ordonnance judiciaire rendue par le consistoire des capitouls est nécessaire pour qu'un rapport d'expertise soit établi, il fait venir un médecin et deux chirurgiens et se contente sur le moment d'un rapport verbal. Il est vraisemblable, comme le suggère J. Orsoni,[12] qu'il s'enquiert de ce qui se dit au sein de la foule assemblée et qui va toujours

[8] J. Orsoni décrit avec une extrême précision chronologique les différents mouvements des personnages; voir 'L'Affaire Calas', notamment p.158 ss. Mme Calas et la servante ont trouvé Marc-Antoine étendu sur le sol.

[9] Dans son témoignage écrit daté du 14 octobre, il déclare que Marc-Antoine a été étranglé ou pendu.

[10] Chez le commerçant, Pierre retrouve Lavaysse (qui a eu la même idée) et lui fait part de la recommandation de son père. Lavaysse donne son accord: il ne dira mot du suicide.

[11] M. et Mme Calas abattus par la douleur sont remontés au premier étage.

[12] 'L'Affaire Calas', p.292 ss.

grossissant. C'est de cette foule mal informée et prompte à entasser suppositions et inventions qu'il a dû tirer l'idée qui fondera l'accusation, à savoir que Marc-Antoine projetait de se convertir au catholicisme et que ses parents, mécontents, après l'avoir maltraité, l'ont tué sur décision d'une assemblée de protestants, conformément à une loi qui serait observée par l'Eglise réformée. Vers o heure 30, David, sans prendre aucune mesure conservatoire, décide de lui-même de transporter le cadavre à l'Hôtel de ville et d'y conduire monsieur et madame Calas, Pierre, ainsi que Lavaysse, Jeanne Viguière et Cazeing. La vue du tragique cortège ne fait qu'aviver les spéculations et les préjugés populaires. A l'arrivée à l'Hôtel de ville, ont lieu les interrogatoires d'office qui, comme l'arrestation et l'incarcération qui la suivra, sont dépourvus de légalité; car il n'y a eu ni 'flagrant délit' ni 'clameur publique' – seuls cas où l'arrestation eût été légale – et un décret était nécessaire. Interrogés séparément, ils déclarent, tous, sous serment, qu'ils ont trouvé le corps de Marc-Antoine étendu, en quoi Jean et Pierre Calas profèrent un mensonge, mais un mensonge sans portée dans la mesure où il n'y a alors en droit ni accusés ni prévenus et où leur attitude est dictée par l'honneur.[13] Si David qui dirige l'audition évoque le suicide, il insiste bien davantage sur les réactions d'hostilité qu'aurait suscitées le dessein de conversion de Marc-Antoine, ce qui prouve qu'il tend déjà à suivre l'hypothèse du meurtre familial pour cause de religion. Aveuglément zélé pour le service du roi, catholique fanatique pour qui un protestant est un ennemi de l'Etat, le capitoul qui entend défendre ici les intérêts de la religion et de l'Etat oriente définitivement l'accusation.

C'est aussi à l'Hôtel de ville, soit au cours de la nuit, soit dans la matinée du 14, qu'il rédige son verbal[14] – nouvelle illégalité puisqu'il aurait dû le dresser sur place – lequel se révèle plein de

[13] Gaubert Lavaysse, lui, ne se prononce pas sur la position du corps découvert.

[14] Auparavant, les habits de Marc-Antoine ont été fouillés dans la pièce où le cadavre a été entreposé; mais les papiers trouvés ne sont pas déposés au greffe sous prétexte qu'ils ne sont pas intéressants.

lacunes.[15] C'est encore à l'Hôtel de ville qu'il reçoit le rapport écrit des représentants du corps médical.[16]

Cependant, après avoir été interrogés un par un, les 'accusés', définitivement privés de la possibilité de communiquer entre eux, sont emprisonnés dans des cellules distinctes. L'ordonnance d'écrou est prise le 14 tandis que le ministère public rend ses conclusions, et Cazeing est alors libéré. Le 15, se déroule le second interrogatoire: Jean Calas, son fils et Lavaysse, chacun de leur côté, avouent que le cadavre a été découvert suspendu;[17] c'est que les deux premiers, après avoir défendu l'honneur du mort, se voient, comme Lavaysse, dans l'obligation de se défendre eux-mêmes.[18] Mais l'accusation interprète cette version comme un nouveau système de défense en contradiction avec le premier.

Le 17 octobre, dans le cadre de la procédure ouverte, un monitoire[19] est accordé à la requête du procureur du roi, signé par un vicaire général (alors qu'il devrait l'être par l'official – encore une irrégularité), affiché et lu au prône dans toutes les paroisses les 18, 25 octobre et 8 novembre. Présupposant, sans même évoquer l'hypothèse du suicide ou de l'assassinat par des personnes extérieures, le seul crime de parricide que n'étaie pourtant aucune preuve,[20] affirmant l'imminence d'une abjuration

[15] Pour réparer l'irrégularité du procès-verbal, une nouvelle descente est ordonnée et faite le 15 octobre.

[16] Un rapport d'autopsie est établi le 15 non par un médecin, comme il aurait dû l'être, mais par un chirurgien.

[17] Le jeune avocat Carrière, protestant, ami de Marc-Antoine, les a incités à cet aveu.

[18] Lavaysse présentera une requête pour être relaxé de l'accusation et mis hors de prison – ou pour être, à tout le moins, élargi provisoirement, quitte à se représenter toutes les fois qu'il serait ordonné; mais une ordonnance de David du 27 octobre porte jonction aux charges.

[19] Sommation faite par l'Eglise aux fidèles de révéler, sous peine d'excommunication, les faits dont ils ont connaissance relativement au questionnaire posé.

[20] Le monitoire laisse entendre que s'est tenue dans une maison de Toulouse de la paroisse de la Daurade une assemblée de protestants au cours de laquelle la mort de Marc-Antoine aurait été décidée et que l'exécution a eu lieu 'en faisant mettre Marc-Antoine à genoux' (Chefs de Monitoire, Toulouse, articles 4 et 5).

de Marc-Antoine, conçu à charge seulement,[21] il a pour effet d'enflammer encore davantage les esprits fanatiques.

Les témoins déposent dans le cadre de 'briefs intendits', c'est-à-dire de questions préparées d'avance par le parquet et qui renvoient à la version du monitoire.[22] Leurs témoignages s'entassent, fondés sur des ouï-dire.[23] Le 27 octobre, une sentence des capitouls porte que les témoins seront récolés et, si besoin, confrontés aux accusés et que ceux-ci seront confrontés respectivement les uns aux autres sur leurs interrogatoires.[24]

Cependant, à l'initiative du procureur du roi, du capitoul David et d'un de ses collègues, et sans que le consistoire ait été auparavant consulté, une ordonnance en date du 7 novembre 1761 statue que Marc-Antoine sera enterré dans le délai de vingt-quatre heures au cimetière de l'Eglise Saint-Etienne.[25] C'est préjuger que Marc-Antoine est mort catholique et martyr et donc qu'il ne s'est pas suicidé.[26] Un service solennel qui attire une grande foule est célébré à la cathédrale Saint-Etienne, la paroisse où est situé le domicile des Calas; propre à échauffer le fanatisme, il est bientôt suivi d'un second service funèbre dans la chapelle des Pénitents

[21] Ce qui exclut la possibilité de témoignages à décharge. Car toute déposition qui ne porte pas sur des faits renfermés au monitoire est réputée nulle.

[22] Les interrogatoires réitérés des accusés se font dans les mêmes conditions (voir le brief intendit fourni par le procureur du roi le 19 octobre). A propos des briefs intendits, la *Correspondance littéraire* du 15 mars 1765 explique: 'Cet usage, conservé au Parlement de Toulouse contre la disposition expresse de l'ordonnance criminelle de 1670, consiste à faire des questions aux témoins au lieu d'écouter et de recevoir leur déposition. Rien n'est plus propre que cette méthode à faire dire ou taire à un témoin tout ce qu'on juge à propos' (vi.230).

[23] L'information faite par David du 14 octobre au 7 novembre est composée de quatre-vingt-sept témoins.

[24] L'exploit d'assignation de la sentence aux accusés est du 29 octobre. Les récolements de témoins ont lieu du 29 octobre au 10 novembre, les confrontations des témoins aux accusés du 29 octobre au 7 novembre. Les confrontations respectives entre les accusés se déroulent les 9 et 10 novembre.

[25] Alors que le cadavre mis dans la chaux était à l'abri de la corruption.

[26] On enterre ainsi la preuve du suicide que l'aspect du cadavre pouvait permettre de constater.

Blancs[27] et d'un troisième chez les Cordeliers de la Grande-Observance.

C'est finalement le 18 novembre qu'est rendue la sentence. Le rapporteur, Carbonnel, conclut à l'acquittement général, mais son avis n'est pas suivi. Composé de quatre capitouls dont trois (David, Chirat et Boyer) ont participé à l'instruction[28] et de trois assesseurs,[29] le tribunal municipal décide que monsieur et madame Calas et leur fils seront soumis à la torture et que Jeanne Viguière et Gaubert Lavaysse y seront présentés sans y être appliqués. C'est dire que les juges espèrent obtenir par les affres de la question les aveux qu'ils ont cherchés en vain. Rendant compte le 19 novembre du verdict au ministre Saint-Florentin, David ne cache pas qu''un crime de cette espèce exigeait un jugement plus rigoureux'. Mais, ajoute-t-il, 'il me reste l'espérance que le Parlement qui va les juger de suite corrigera cette sentence'.[30]

En effet, les accusés qui ont connaissance de la décision le 18 novembre même interjettent aussitôt appel près le Parlement de Toulouse. Ils sont alors transférés de la prison de l'Hôtel de ville à celle du Parlement. Le 5 décembre, un arrêt casse la décision des capitouls 'avec défense auxdits capitouls d'ordonner à l'avenir que les prévenus seraient seulement présentés à la question',[31] mais maintient le commencement d'information laquelle sera continuée

---

[27] Le frère converti, Louis, était membre de la confrérie. Une sommation est faite le 16 novembre par Jean Calas au trésorier de la confrérie pour que celui-ci justifie le service célébré et qu'il présente le registre des réceptions au cas où Marc-Antoine aurait été reçu membre. Le trésorier répond que c'est par zèle pour l'âme du défunt et pour la gloire de Dieu que la Compagnie a fait ce service et parce que Louis a assuré que Marc-Antoine devait se faire incessamment recevoir dans la confrérie.

[28] Le quatrième se nomme Roques de Rechou.

[29] Ce sont des avocats qui sont chargés d'instruire et de rapporter.

[30] A. Coquerel, *Jean Calas et sa famille: étude historique d'après les documents originaux suivie des pièces justificatives et des Lettres de la sœur Anne-Julie Fraisse de La Visitation* (Genève 1970), p.351.

[31] C'est là un privilège des Cours souveraines. Le Parlement sanctionne ainsi l'excès de pouvoir que marquait le sort réservé à Lavaysse et à Jeanne Viguière.

à la diligence du procureur général du roi.[32] Le monitoire qui reçoit alors tardivement la sanction de l'official est publié une quatrième fois, le 13 décembre (l'ordonnance est du 11), et est fulminé le dimanche 20.[33]

Datée du 2 décembre 1761 – à Toulouse – une *Déclaration de Louis Calas* paraît. Avocat toulousain célèbre, Théodore Sudre,[34] à qui les enfants Calas ont remis le soin de défendre leur famille, publie, à la fin de l'année 1761 ou au début de janvier 1762, un premier mémoire intitulé *Mémoire pour le sieur Jean Calas, négociant de cette ville, dame Anne-Rose Cabibel, son épouse, et le sieur Jean-Pierre Calas, un de leurs enfants*.[35] L'auteur notamment souligne les irrégularités commises dès le soir du 13 octobre, recense les nullités, discute divers indices et témoignages et montre combien Marc-Antoine était éloigné d'abjurer. Sans doute a-t-il été aidé par un de ses amis, le protestant Laurent Angliviel de La Beaumelle, lié aux Calas par l'intermédiaire des Lavaysse.[36] Suivront deux autres mémoires: *Suite pour les sieurs et demoiselle Calas* [37] et *Réflexions pour les sieurs et demoiselle Calas*.[38]

---

[32] David fait observer à Saint-Florentin, dans une lettre du 9 décembre 1761, qu'il y eut cinq voix à rompre vifs les accusés (Coquerel, *Jean Calas et sa famille*, p.353).

[33] Les accusés ont interjeté appel comme d'abus de l'obtention du monitoire. En vain.

[34] Né à Gimont dans le Gers en 1718, élevé au collège de la Doctrine chrétienne à Toulouse, marié en 1755, mort en 1795, il eut dix enfants. Il était réputé pour sa science, son talent et son intégrité. Il publia notamment une nouvelle édition du *Traité des droits seigneuriaux et des matières féodales par M. noble François de Boutaric* (Toulouse 1775).

[35] Toulouse s.d.

[36] Il épousera en 1764 une fille de l'avocat, Rose-Victoire de Lavaysse, veuve Nicol. Voir A. Taphanel, *La Beaumelle et Saint-Cyr* (Paris 1898), p.324 ss; Cl. Lauriol, *La Beaumelle: un protestant cévenol entre Montesquieu et Voltaire* (Paris et Genève 1978), p.540 ss.

[37] Toulouse 1762. Sudre renverse en particulier, témoignages à l'appui (délibéré des syndics et Conseil de la ville de Genève du 30 janvier 1762, déclaration de la compagnie des pasteurs), l'horrible et odieuse accusation portée contre le calvinisme et qui autoriserait les parents à immoler leurs enfants renégats.

[38] Toulouse s.d.

Par ailleurs, un des conseillers du Parlement, Joseph-Mathieu de La Salle, vraisemblablement inspiré lui aussi par La Beaumelle, prend la défense des accusés. Il rédige un mémoire sous le nom de Duroux fils, *Observations pour le sieur J. Calas, la dame de Cabibel, son épouse, et le sieur P. Calas, leur fils* (s.l. 1762).[39] Mais, parce qu'il prend ainsi publiquement position, il se récuse, par délicatesse, comme juge.

Pour sa part, le jeune Lavaysse rédige un mémoire (*Mémoire du sieur Gaubert Lavaysse*)[40] qu'accompagne bientôt le mémoire commencé par le père, David Lavaysse, en faveur de son fils et poursuivi par un autre de ses fils, également avocat, Etienne Lavaysse: *Mémoire de Me David Lavaysse, avocat en la cour, pour le sieur François-Alexandre-Gaubert Lavaysse son troisième fils.*[41]

Cependant l'information se poursuit. Le système des briefs intendits est repris par le Parlement.[42] Du 8 décembre 1761 au 1er février 1762, soixante-deux témoins déposent.[43] De toutes les dépositions grossies par la légèreté et la calomnie, il ne résulte pas un fait qui puisse constituer une charge raisonnable. Ce ne sont qu'on-dits, rumeurs imprécises, absurdes, nés d'imaginations surexcitées et nourries de l'hostilité latente des catholiques toulousains contre les protestants et de la croyance selon laquelle les réformés ont l'obligation de sacrifier leurs enfants qui abjurent. Précisons que le Parlement fait sienne la thèse des capitouls et ne reste pas étranger à la doctrine protestante du parricide.[44] Pour

[39] A ce factum, La Beaumelle a aussi collaboré (Cl. Lauriol, *loc. cit.*). L'auteur énumère les nullités de la procédure, critique le moniteur, l'ordonnance d'enterrement, fait des observations sur le fond (en particulier à propos de Lavaysse et de Jeanne Viguière, soupçonnés de complicité alors qu'ils devraient être des témoins), examine et critique des dépositions, montre qu'il n'y a que faux bruits, conjectures, impostures propres à entretenir le fanatisme dans l'esprit du peuple.

[40] Toulouse, J. Rayet, s.d.

[41] Toulouse s.d.

[42] Ils sont signés par le procureur général, J.-G.-A.-A. Riquet de Bonrepos, entré en charge le 9 février 1750.

[43] Quarante-et-un sont récolés.

[44] Voir Orsoni, 'L'Affaire Calas', p.459 ss.

renverser l'imputation, le pasteur Paul Rabaut[45] publie, à partir
d'un texte rédigé par La Beaumelle, *La Calomnie confondue ou
Mémoire dans lequel on réfute une nouvelle accusation intentée aux
protestants de la province du Languedoc, à l'occasion de l'affaire du
sieur Calas détenu dans les prisons de Toulouse.*[46] Il en envoie un
exemplaire au magistrat chargé de poursuivre les Calas et au
procureur général. L'ouvrage n'est pas passé inaperçu.[47] Dans une
lettre du 25 février 1762, le chancelier de Lamoignon, qui prévoit
que le Parlement, après avoir demandé la suppression et la
condamnation au feu du livre, informera contre les auteurs,
laisse entendre à l'Intendant du Languedoc, monsieur de Saint-
Priest, qu'il conviendrait peut-être que le décret ne fût pas exécuté,
tant le pouvoir redoute des troubles si Rabaut venait à être arrêté.[48]
Le 8 mars, *La Calomnie confondue* est brûlée. Cependant, le 19
février, a eu lieu l'exécution du pasteur François Rochette et des
trois frères de Grenier.[49] C'est dire l'atmosphère fanatique dans
laquelle vit la ville.

[45] Né en 1718, mort à Nîmes en 1794, il est le chef des pasteurs du désert.

[46] Au Désert 1762. La Beaumelle qui a connu à Nîmes Paul Rabaut rédige une
première version sous forme de 'Lettre pastorale' que celui-ci abrège. Voir Archives
privées de la famille Angliviel de La Beaumelle, Fiche n° 125 de Maurice Angliviel, et
Cl. Lauriol, *loc. cit.*

[47] Il suscite une réplique de l'abbé de Contezat: *Observations sur un mémoire qui
paraît sous le nom de Paul Rabaut intitulé La Calomnie confondue* (1762). Dans *Les
Toulousaines*, Court de Gébelin reproduit *La Calomnie confondue* dans la lettre x (*Les
Toulousaines ou Lettres historiques et apologétiques en faveur de la religion réformée et de
divers protestants condamnés dans ces derniers temps par le Parlement de Toulouse ou
dans le Haut Languedoc*, Edimbourg 1763, p.146-65). La lettre XI est consacrée aux
Observations (p.165-81) et la lettre XII au commentaire sur les *Observations* jugées
pourtant si dignes de pitié et de mépris (p.182-202). Il se défend avec vigueur contre
l'accusation d'être des pères dénaturés et de l'être en vertu des principes d'une
religion toute sainte (p.151).

[48] De son côté, Saint-Florentin demande, le 2 mars 1762, à Riquet de Bonrepos de
se dispenser 'de requérir contre l'auteur ou du moins contre celui qui l'avoue'
(Coquerel, *Jean Calas et sa famille*, p.355); voir aussi la lettre de Saint-Priest à
Lamoignon du 5 mars 1762 (p.356).

[49] Ceux-ci avaient essayé d'enlever à la maréchaussée le jeune pasteur de vingt-
six ans qui venait d'être arrêté. F. Rochette est pendu et les trois frères sont décapités.
Voir *Les Toulousaines*, lettre II.

Le 9 mars, la Tournelle,[50] composée de treize juges dont le président Henri-Gabriel de Puget et un autre président, Dominique de Senaux, rend sa sentence relative à Jean Calas. Sept d'entre eux se déclarent pour la mort, trois pour la torture, deux demandent que soit vérifiée la possibilité de se pendre avec le billot et la corde, un seul se prononce en faveur de l'acquittement. Mais, comme le doyen des conseillers finit par joindre sa voix aux sept juges qui ont d'emblée opiné pour la mort, la majorité requise de deux voix est atteinte. Jean Calas est condamné à subir la question ordinaire et extraordinaire, à faire devant la porte principale de la cathédrale amende honorable, à avoir les membres rompus et à être roué.[51] L'exécution a lieu le lendemain 10 mars. Tout au long de son supplice, et sur le témoignage même du Père Bourges qui l'assiste, il se montre d'une fermeté héroïque et d'une résignation toute chrétienne, ne cessant de proclamer son innocence sans s'élever contre ses juges.

Le 18 mars, les magistrats règlent le sort des autres accusés auquel il avait été sursis. Le procureur général requiert pour madame Calas,[52] Pierre et Lavaysse la pendaison et pour Jeanne Viguière un emprisonnement définitif au quartier de force de l'Hôpital.[53] Le rapporteur demande les galères à perpétuité pour le fils et le bannissement pour la mère et Lavaysse. Finalement, Pierre est banni à vie hors du royaume 'pour les cas résultant du procès', selon une formule qui évite de préciser les motifs.[54] Quant à madame Calas, Lavaysse et Jeanne, ils sont mis 'hors de cours et de procès'.[55]

[50] Créée en 1491, cette chambre du Parlement a charge des affaires criminelles.
[51] Il est condamné aux dépens.
[52] Elle n'a appris l'exécution de son mari que quatre jours après. On la presse en vain d'abjurer.
[53] Elle doit assister auparavant à l'exécution.
[54] Pierre est condamné aux dépens; ses biens sont déclarés confisqués.
[55] Ce qui peut être interprété comme un aveu que Jean Calas a été condamné à tort. 'Cet arrêt n'a pas laissé que de surprendre tout le monde qui s'attendait à quelque chose de plus rigoureux', écrit David à Saint-Florentin le 27 mars 1762 (Coquerel, *Jean Calas et sa famille*, p.359). Le président et le rapporteur refusèrent de signer pendant quelques jours.

La sentence concernant Pierre n'est exécutée que pour la forme: une fois la porte Saint-Michel franchie, le jeune homme est, par une autre porte, reconduit en ville par un prêtre et enfermé dans le couvent des Jacobins. On lui laisse entendre qu'une conversion au catholicisme rendra vaine la décision d'exil. Accablée, madame Calas se retire avec Jeanne à la campagne dans les environs de Montauban où ses deux filles se sont réfugiées au lendemain de la sentence prononcée contre leur père.[56]

Le 27 mars 1762, le Président du Puget demande à Saint-Florentin d'obtenir du roi des lettres de cachet pour faire enfermer Rosine et Nanette Calas: 'L'aînée est la plus obstinée dans sa religion et la cadette a des dispositions pour se convertir. Il y a lieu de craindre que cette cadette ne persiste pas dans cette bonne résolution, étant revenue avec sa mère qui est fort entêtée et avec sa sœur. Et si Sa Majesté se détermine à les faire enfermer, je crois qu'elles doivent l'être dans des couvents différents'.[57] Le 4 avril, le ministre fait part au procureur général de l'accord de Louis XV: 'Le Roi a approuvé le dessein où vous êtes de faire chercher les deux jeunes filles de Calas et de les faire arrêter et mettre dans un couvent. Je vous envoie les ordres que vous demandez à cet effet. J'ai fait laisser le nom du couvent en blanc'.[58] Le 28 mai, à 3 heures

[56] A leur retour de Séchabois, elles ont résidé à Toulouse, mais non dans la maison familiale; sans doute ont-elles été recueillies par des amis.

[57] A propos de la coutume d'enlever à leurs parents les enfants pour les mettre dans des couvents, Court de Gébelin remarque: 'Il y a longtemps que les protestants ont représenté que cette voie enlève à la nature ses privilèges; à la conscience, ses mouvements; aux droit civil et canonique, leurs principes: aux Parlements, leurs règles constantes et ordinaires; à la religion, la gloire de garder des mesures d'équité conformes à la pratique de l'ancienne Eglise' (*Les Toulousaines*, lettre XXVII, p.425-26).

[58] Coquerel, *Jean Calas et sa famille*, p.361-62. Dans une lettre datée du 22 mai, Saint-Florentin écrit au même correspondant qu'il approuve les arrangements pris pour placer les deux filles dans deux couvents différents. Evoquant le sort de la mère, il menace: 'S'il est vrai qu'elle fasse la prédicante aux environs de Montauban, je me ferais d'autant moins de scrupule de proposer au Roi de la faire enfermer qu'il y a toute apparence qu'elle était complice du crime de son mari' (p.363).

du matin, un exempt et huit cavaliers arrachent à leur mère les deux jeunes filles qui sont enfermées, l'une au couvent de Notre-Dame de la rue du Sac, l'autre chez les Visitandines.[59] Antoine Court de Gébelin, dans *Les Toulousaines*, affirme que Louis qui avait promis à ses sœurs de leur communiquer toutes informations utiles se mit 'à la tête des cavaliers de la maréchaussée' et fit 'sentinelle toute une nuit à leur porte afin qu'elles ne pussent rien apprendre de ce qui se passait'.[60]

Telle est l'affaire Calas qui se déroule sur fond de fanatisme et que marquent la prévention, le parti pris, l'aveuglement et la précipitation. Parce que David et les capitouls ont été d'emblée animés contre la famille protestante des Calas, toute l'instruction a été dirigée contre elle, sans que soit retenu et considéré ce qui pouvait tendre à sa justification; en outre, les formes essentielles prescrites par les ordonnances n'ont pas été respectées. De son côté, le Parlement, plein d'aversion pour l'hérésie, a montré qu'il connaissait mal la religion réformée. Le crime mis en avant a paru lourd de conséquences au regard de l'Etat. Le jour même de l'exécution de Jean Calas, le président du Puget, écrivant à Saint-Florentin, souligne qu'il serait 'essentiel de trouver des moyens

[59] A la différence de l'aînée, la cadette eut à se féliciter des religieuses qui l'accueillirent avec une charité éclairée, que ce fût la supérieure, la mère Anne d'Hunaud, ou la sœur Anne-Julie Fraisse qui s'attacha affectueusement à elle et demeura en relations épistolaires (Coquerel publie les lettres d'A.-J. Fraisse adressées à Nanette, *Jean Calas et sa famille*, p.377-428).

[60] *Les Toulousaines*, lettre XXVII, p.424. Court de Gébelin insiste sur le rôle néfaste que Louis a joué d'une manière générale: 'Les discours pleins d'artifice et de mensonge que Louis Calas tint après son changement de religion pour se faire valoir des catholiques et être envisagé comme un confesseur de la foi n'ont pas peu contribué aux malheurs de sa famille. Dès le lendemain qu'elles [ses sœurs] furent arrêtées, n'eut-il pas l'effronterie de consulter des avocats pour savoir de quelle manière il pourrait parvenir à faire mettre sur sa tête le commerce de son père? Et n'obtint-il pas des capitouls, pour se faire payer de sa pension, une ordonnance qu'un magistrat dans son indignation mit en pièces? Ne l'a-t-on pas vu assister à l'exécution de M. Rochette et des trois frères gentilshommes? Et quelques jours après le supplice de son père, ne se promenait-il pas dans nos rues en habit vert?' (p.425).

pour empêcher l'entrée des ministres de la religion prétendue réformée dans le royaume et empêcher leur commerce avec ceux de la même religion qui sont dans les pays étrangers où ils enseignent des maximes sanguinaires qu'ils viennent répandre dans nos contrées en procurant par là des crimes affreux'.[61] Est-il besoin d'ajouter que l'enthousiasme et le faux zèle ont égaré le peuple et l'ont conduit à faire état de prétendus indices et à débiter d'absurdes calomnies?

A dire vrai, le drame du 13 octobre 1761 n'a jamais été élucidé. Si les Calas sont innocents – thèse qui semble aujourd'hui recueillir une presque unanimité[62] – la question demeure de savoir comment Marc-Antoine a péri. Suicide inspiré notamment par l'insatisfaction d'un jeune homme aux ambitions déçues? Assassinat accompli par des gens du dehors dont le visage ne saurait être identifié?[63] Dans la campagne de réhabilitation qui a suivi les jugements du Parlement toulousain de mars 1762, les défenseurs des Calas ont privilégié l'hypothèse du suicide. Tel Voltaire qui va prendre en main le sort de la famille infortunée et conférer à l'affaire languedocienne une dimension nationale, voire internationale, en la chargeant d'une portée véritablement philosophique.

[61] Coquerel, *Jean Calas et sa famille*, p.358.

[62] Jusqu'au milieu du vingtième siècle, se sont opposés partisans de l'innocence et partisans de la culpabilité des Calas.

[63] On a souvent souligné le fait que Marc-Antoine avait été dans l'après-midi du 13 octobre, à la demande de son père, échanger des écus contre de l'or et que cet or n'a pas été retrouvé. Sur l'affaire Calas voir notamment R. Pomeau *et al.*, *Voltaire en son temps*, 2e éd. (Paris et Oxford 1995), ii.110-33.

2

Les escarmouches[1]

i. *L'initiative de Voltaire*

'Le citoyen tolérant qui a mis cette affaire en train' (Voltaire à Ribote-Charron; 2 janvier 1763, D10878).

Si l'on en croit la lettre du 13 décembre 1763, c'est Dominique Audibert, négociant de Marseille, qui, se rendant en mars 1762 de Toulouse à Genève et s'arrêtant à Ferney, parla 'le premier' à Voltaire des Calas.[2] La première allusion de la correspondance au drame toulousain peut être relevée dans une lettre du 22 mars 1762: 'Vous avez entendu parler peut-être', écrit Voltaire à Le Bault 'd'un bon huguenot que le Parlement de Toulouse a fait rouer pour avoir étranglé son fils. Cependant ce saint réformé croiait avoir fait une bonne action, attendu que son fils voulait se faire catholique, et que c'était prévenir une apostasie'. Et d'ajouter: 'Nous ne valons pas grand chose, mais les huguenots sont pires que nous'.[3] Par-delà ce mouvement teinté d'amère ironie, Voltaire, à qui Dominique Audibert n'a pas caché sa conviction de l'innocence du roué, s'interroge sérieusement, dès le 25 mars, sur ce qu'il doit en réalité penser de cette 'aventure affreuse', car, signale-t-il à propos de Jean Calas, 'on prétend ici qu'il est très innocent et qu'il en a pris Dieu à témoin en expirant'. D'emblée, Voltaire le reconnaît: 'Cette aventure me tient au cœur; elle m'attriste dans mes plaisirs; elle les corrompt'. 'J'en suis hors de moy', dit-il le même jour à Fyot de La Marche.[4] Ces premiers témoignages d'une sensibilité qui ne va pas cesser de frémir d'indignation et d'horreur annoncent l'en-

---

[1] Nous empruntons ce terme métaphorique à la lettre de Voltaire à Chauvelin du 21 septembre 1762 (*Correspondence and related documents*, ci-après D, éd. Th. Besterman, V 85-135, Oxford 1968-1977, D10720).

[2] D11553.

[3] D10382.

[4] D10386, D10387.

gagement de l'homme et du philosophe dont on sait qu'il sera marqué de chaleur, de zèle, de générosité et de ténacité.

C'est que l'"aventure' met en scène religion et fanatisme – 'un fanatisme horrible', 'le plus horrible' qui soit, le 'plus abomi-nable':[5] celui qui, dans l'hypothèse où Calas est coupable, a fait pendre un fils renégat par son père ou celui qui, dans l'hypothèse inverse, a fait rouer un innocent par des juges d'une confession différente. 'Je veux savoir de quel côté est l'horreur du fanatisme': Voltaire s'affirme déterminé à éclaircir l'aventure et, le 27 mars, se demande déjà s'il n'est pas 'de la justice du roy et de sa prudence de se faire au moins représenter les motifs de l'arrest':[6] l'idée d'une possible révision du procès n'est pas éloignée et le philosophe pourra dire à juste titre que c'est lui qui a mis l'affaire en train.

Soucieux de découvrir la vérité – une vérité qui, à ses yeux, 'importe au genre humain' – et de s'instruire 'en qualité d'histo-rien', comme il convient face à un événement qui 'appartient essentiellement à l'histoire de l'esprit humain et au vaste tableau de nos fureurs et de nos faiblesses'[7] dont il a déjà donné une esquisse, Voltaire va entreprendre une recherche sérieuse et approfondie, écrivant lettre sur lettre, interrogeant et s'informant de tous côtés. A peine a-t-il appris l'exécution de Jean Calas qu'il demande au cardinal de Bernis, puisque le drame s'est déroulé dans sa province, ce qu'il doit en penser;[8] il conjure Fyot de La Marche de 'parler' ou de 'faire parler' à l'intendant du Languedoc qui doit être 'au fait', invite les d'Argental à engager le comte de Choiseul à se renseigner, prie Ami Camp de lui dire s'il a 'des nouvelles bien vraies sur la roue de Calas' (le 14 avril, il se plaint de l'indifférence que manifeste son correspondant), supplie Balthasar Espeir de Chazel, qui se trouve à Montpellier, de l'"instruire de la vérité', sollicite Richelieu, car la Guyenne est voisine du Languedoc.[9]

5 D10389, D10390, D10403, D10564.
6 D10387, D10389.
7 D10391, D10414.
8 D10597, D10386. Il le pressera de nouveau le 15 mai (D10446).
9 D10387, D10389, D10390, D10412, D10391, D10405.

18

Tandis que, pendant plusieurs mois, il assaille ainsi de questions ses correspondants – et les plus fidèles sont mis à contribution, les Damilaville, d'Alembert –, tandis qu'il n'hésite pas à faire solliciter 'les premières personnes du royaume' et jusqu'aux ministres d'Etat,[10] il s'empresse de rencontrer Donat Calas qui, de Nîmes, s'est réfugié en Suisse, se rend aux Délices pour s'entretenir avec lui[11] et découvre, à travers la parole naïve du jeune homme, la probité de la conduite et des mœurs des parents. Parallèlement, il consulte Philippe Debrus, ancien négociant à Paris et alors en séjour à Genève, et Henri Cathala, négociant bourgeois de Genève, qui, l'un et l'autre, ont été liés par des liens d'affaires à Jean Calas (le premier pendant six ans) et ont fréquenté sa maison à l'occasion de voyages faits à Toulouse.[12] Avec eux et avec l'avocat Charles Manoel de Végobre, le ministre Paul-Claude Moultou, Théodore Tronchin et Lasserre et Martine, il forme une sorte de 'conseil' dont les membres, dévoués et éclairés, se réunissent tantôt à Ferney, tantôt à Genève.[13] C'est par l'intermédiaire de l'un d'eux qu'il se met en rapport avec madame Calas elle-même.

Au fil des lettres échangées, des conversations tenues, des enquêtes menées, des relations transmises, Voltaire se convainc de l'innocence des Calas. Le 13 février 1763, il déclare avoir 'balancé longtemps' sur cette innocence: 'je ne pouvais croire', dit-il, 'que des juges eussent fait périr, par un supplice affreux, un père de famille innocent. Il n'y a rien que je n'aie fait pour m'éclaircir de la vérité'.[14] A vrai dire, il semble que son opinion n'ait pas tellement tardé à se forger. Certes, au premier abord, s'il considère comme invraisemblable le crime du père, il estime plus invraisemblable encore 'que des juges [aient] sans aucun intérêt fait périr

---

[10] D10490. 'M. le Comte de Choiseul', suggère-t-il, par exemple, aux d'Argental, 'ne sera t'il pas curieux de savoir de m^r de Saint Florentin la vérité touchant l'horrible avanture des Calas, supposé que M. de St Florentin en soit instruit?' (D10493).

[11] Il l'annonce à Ami Camp le 14 avril (D10412).

[12] D12425.

[13] D10538.

[14] D11001.

un innocent par le supplice de la roue'.[15] Mais, dès le 4 avril 1762, il se prononce sans ambages à l'adresse de ses 'chers frères' par le canal de Damilaville: 'il est avéré que les juges toulousains ont roué le plus innocent des hommes', et il lance comme son mot d'ordre: 'Criez, et qu'on crie'. Dix jours plus tard, il confie à Ami Camp qu'il lui 'paraît impossible' que Jean Calas soit coupable.[16] Lorsque, le 1er mars 1765, il rappelle le cheminement parcouru, il souligne combien la conversation qu'il eut avec Donat Calas, dont pourtant la fuite pouvait faire croire à la culpabilité, lui fit 'présumer fortement l'innocence de la famille' et combien son opinion fut confirmée par les informations recueillies auprès de Debrus et de Cathala.[17] Cependant il ne dissimule pas non plus l'étonnement qu'il ressentit quand il sut que les protestants languedociens comme leurs compatriotes catholiques accusaient les Calas. Si l'on relit la correspondance des mois d'avril et de mai 1762, on est frappé par l'alternance de formules assurées et de mouvements d'incertitude face à une affaire qui 'devient très problématique', face à 'un chaos' impossible à débrouiller.[18] On peut penser, comme la critique l'a suggéré, que Voltaire feint de douter et de n'avoir pas encore pris parti pour mieux animer ses correspondants à poursuivre leurs recherches. Il n'empêche qu'il a pu être au moins ébranlé dans ses convictions lorsque, par exemple, le 12 mai, Chazel lui déclare que pas une personne sensée en Languedoc n'ose porter un jugement certain dans une province divisée en deux factions, ou encore lorsque, début juin, lui parvient la nouvelle de l'arrestation des deux filles de madame Calas conduites de force dans des couvents: 'La famille entière des Calas serait-elle coupable, comme on l'assure, d'un parricide horrible?' s'interroge-t-il. Et c'est parce que l'on' croit les Calas 'tous très coupables' que, le 5 juin, il incite Jean Ribote-Charron,

---

[15] D12425.
[16] D10406, D10412.
[17] D12425.
[18] D10402, D10446.

négociant montalbanais, à se rendre à Toulouse pour s'éclairer sur place et lui faire connaître dans le détail le vrai.[19] Dans la lettre rétrospective déjà citée du 1er mars 1765, Voltaire se plaît à souligner l'effet décisif de la réponse de madame Calas à qui il fit demander, vraisemblablement dans le courant de mai, si elle signerait, au nom d'un Dieu rémunérateur de la vertu et vengeur des crimes, 'que son mari était mort innocent': 'Elle n'hésita pas'. 'Je n'hésitai pas non plus', ajoute Voltaire qui se décide alors à déclencher la campagne judiciaire qui conduira à la révision. De fait, à partir de la mi-juin, la correspondance multiplie les expressions les plus fermes. 'Je suis persuadé plus que jamais de l'innocence des Calas'; 'Comptez que ces gens-là [les membres de la famille Calas] sont innocents comme vous et moi'; 'L'innocence de cette famille me paraît démontrée'; 'leur innocence est aussi claire que le jour'.[20]

Dès lors, déterminé à agir, Voltaire obtient de madame Calas qu'elle quitte la province pour Paris où elle arrive en juin, et, tandis qu'il recommande à ses amis parisiens de veiller sur elle avec sollicitude, il remet sa défense à Pierre Mariette, avocat au Conseil du roi:[21] 'Je vous adresse [...] la plus infortunée de touttes les femmes qui demande la chose du monde la plus juste [...]. Mandez-moy je vous prie sur le champ quelles mesures on peut prendre. Je me chargerai de la reconnaissance'.[22] Attentif à servir la veuve 'avec le plus grand zèle', il suscite en sa faveur les générosités, se met en quête de 'toutes les protections possibles' auprès de Saint-Florentin – à qui monsieur de Chaban, intendant des postes, peut dire un mot et à qui madame Calas pourrait être présentée par André ou La Guerche en accord avec La Popelinière – comme auprès du chancelier Guillaume de Lamoignon à qui le président de

---

[19] D10443, D10419, D10446, D10489, D10490.
[20] D10519, D10526, D10551, D10584.
[21] Il l'est depuis 1753 (*Almanach royal*, 1763, p.199). Plus tard, il défendra le comte de La Blache (voir *Mémoires secrets*, éd. J. Adamson, Londres 1780-1789, 29 janvier 1775, t.xxix, p.283).
[22] D10504.

Nicolaï devrait parler selon la promesse avancée par le fils, Georges, marquis de Nicolaï, de passage à Ferney.[23]

Cependant, tout en s'entremettant ainsi, tout en sollicitant infatigablement amis et puissances, Voltaire en vient à engager directement sa plume pour la défense des Calas.

ii. *Les sources*

'On a bien de la peine avec les Calas; on n'a été instruit que petit à petit' (Voltaire à d'Alembert; 15 septembre 1762, D10705).

Dans une lettre non datée et que Th. Besterman place en mai-juin 1762, Voltaire écrit à Henri Cathala: 'J'envoie à m^r Cathala la requête au roy que je viens de composer'.[24] Cette requête, que le destinataire peut transmettre par la poste à Damilaville, est la première en date des brochures rédigées par le philosophe qui a embrassé la cause des Calas. Propre à 'toucher le roy' et susceptible de 'faire verser des larmes et effraier les lecteurs', elle doit être présentée au souverain par madame Calas. Le 15 juin, Voltaire demande à Damilaville de la lui renvoyer après que la veuve l'aura apostillée et aura éclairci et constaté les faits. Car il entend lui donner 'la dernière forme' avant de la retourner.[25] La même demande est formulée à l'adresse de Cathala et le même dessein défini: Voltaire veut 'former un ouvrage également vrai et également intéressant dans tous ses points'.[26]

Commentant la lettre D10481, Th. Besterman affirme que le memorandum dont parle ici Voltaire ne fut pas composé. A vrai dire, U. Kölving[27] a pu avec beaucoup de vraisemblance et de

---

[23] D10519, D10508.

[24] D10481.

[25] D10509.

[26] D10545.

[27] *Inventaire de la Correspondance littéraire de Grimm et Meister*, *SVEC* 225-227 (1984), i.110, n.1.

finesse reconnaître cette requête dans le 'placet [...] encore peu connu dans le public' que transcrit la *Correspondance littéraire* à la date du 15 juin 1762. Nous remercions vivement Ulla Kölving de nous permettre de profiter de son heureuse découverte qui élargit le corpus voltairien et nous reproduisons le texte en Appendice 1.[28]

Si la requête semble bien être ainsi le premier texte 'composé', selon l'aveu même fait à Cathala, par le défenseur de la famille Calas, les deux lettres qui forment le recueil des *Pièces originales concernant la mort des sieurs Calas et le jugement rendu à Toulouse* constituent, elles, son premier texte publié (début juillet 1762). Paraissent, ensuite, tour à tour, une *Requête au Roi en son Conseil*, le *Mémoire de Donat Calas* suivi d'une *Déclaration de Pierre Calas* et l'*Histoire d'Elisabeth Canning et de Jean Calas* (août 1762).

Présentés pour la plupart sous la signature d'un membre de la famille Calas, ces textes brefs et qui, comme il se doit, adoptent la perspective propre du signataire, se révélant par là divers et complémentaires à la fois, rapportent les faits, le procès intenté, les jugements prononcés, le supplice exécuté, d'une manière sobrement dramatique et discrètement émouvante et s'attachent à suggérer non sans habileté la fragilité des indices qui ont conduit Jean Calas à la roue.

Pour composer, Voltaire ne peut, comme il le fera dans le cadre, par exemple, de l'affaire du chevalier de La Barre, se reporter à la procédure même; en effet, les magistrats de Toulouse en refusent la communication. Tout convaincu qu'il est de l'innocence des Calas, il reconnaît encore, le 11 juin, être très peu informé du fond de l'affaire et s'impatiente auprès de son correspondant, Ribote-

---

[28] L'Appendice II est consacré à la reproduction d'un mémoire qu'Andrew Brown a découvert dans la Bibliothèque de Voltaire à Saint-Pétersbourg et qui, composé à Toulouse, a été envoyé par Gaubert Lavaysse à Voltaire après la rédaction de ses propres mémoires (le philosophe en parle dans ses lettres de janvier 1763). Nous exprimons toute notre reconnaissance à Andrew Brown qui a eu l'extrême amabilité de nous transmettre ce texte et de nous autoriser à le présenter. Le mémoire doit être placé à côté des factums toulousains de Sudre et de La Salle.

Charron, de ne pas avoir encore reçu 'un mémoire détaillé' attendu depuis près de deux mois.[29] Lorsque, le 15 septembre, il évoque, dans une lettre à d'Alembert, ses opuscules qu'il nomme 'mémoires', il remarque qu'ils 'ont été faits successivement à mesure qu'on a été instruit'.[30]

Voltaire dispose évidemment des éléments apportés en réponse à ses innombrables lettres, tel le compte rendu circonstancié que, le 12 mai, Chazel lui envoie de Montpellier, tel encore le rapport fait d'Aix le 26 mai par le duc de Villars, profondément persuadé, lui, de la culpabilité des accusés.[31] Quand madame Calas arrive à Paris, il demande aussitôt à ses correspondants habituels de la capitale de rencontrer la veuve, de l'interroger, d'obtenir 'tous les éclaircissements possibles' et de lui transmettre 'les particularités principales' recueillies de sa bouche.[32] Dès qu'il apprend qu'un autre témoin du drame, Gaubert Lavaysse, se trouve également à Paris, il se fait pareillement insistant. 'Daignez', recommande-t-il ainsi, le 14 juillet, aux d'Argental, à qui il adresse une 'colonne de questions', 'faire écrire tout ce que la Calas et Lavaisse vous auront répondu, faites-nous en part, je vous en supplie'. Alerté de son côté, Audibert rapporte fidèlement, le 20 juillet, les conclusions de son entretien avec madame Calas en attendant de pouvoir parler 'au jeune Lavaysse'.[33]

Voltaire s'appuie aussi sur les sources orales qui sont directement à sa portée. Il profite des conversations qu'il a avec Donat Calas, puis, à partir de juillet, avec Pierre qui, ayant pu s'échapper du couvent des Jacobins, est venu rejoindre son frère. Nul doute qu'à l'occasion de ces entrevues, il n'ait rassemblé des informations qu'il n'aurait pu trouver ailleurs. Les protecteurs genevois des Calas lui fournissent également bien des renseignements et Court

[29] D10505.
[30] D10705.
[31] D10443, D10472.
[32] D10573, D10586.
[33] D10586, D10595 ('Voici les deux particularités les plus intéressantes que j'ai pu recueillir').

de Gébelin, dans *Les Toulousaines*, souligne notamment le précieux concours fourni par Végobre. On pourrait aussi mentionner ici les noms de ces Genevois qui, comme Debrus et Cathala, ont été en relations commerciales avec Jean Calas, reçus chez lui lors de leurs voyages en Languedoc, et qui, comme eux, seront plus tard sollicités par Pierre pour attester devant notaire, le 20 novembre 1762, la droiture morale du supplicié et la parfaite union de la famille. Citons: Jean et Philippe des Arts, négociants citoyens, Urbain Roger, négociant bourgeois, Jacques Pradés, habitant de Genève, Jacques Larguier, et Joseph Calvet, principal commis et caissier du bureau des postes de Suisse, d'Allemagne et d'Italie à Genève.[34]

D'autre part, Voltaire puise dans les divers mémoires qu'ont rédigés les défenseurs toulousains des accusés. Dans une lettre du 17 avril adressée aux d'Argental, il résume 'en deux pages la substance de quatre factums'.[35] Sans doute s'agit-il des trois mémoires de Théodore Sudre et de celui de La Salle. Voltaire a également consulté les textes rédigés par les membres des familles des accusés, voire par les accusés eux-mêmes. C'est ainsi qu'il connaît la *Déclaration du sieur Louis Calas* que devait suivre un *Mémoire justificatif pour le sieur Louis Calas*.[36] Il n'ignore pas non plus vraisemblablement le *Mémoire du sieur Gaubert Lavaysse* ni le *Mémoire de Me David Lavaysse, avocat en la cour, pour le sieur François-Alexandre Gaubert Lavaysse, son troisième fils*.

A ces différentes sources que Voltaire peut d'ailleurs nommer et

---

[34] An, V^4 1478, pièce 235. Nous avons consulté les manuscrits suivants: An V^4 1478, pièces 1-301; les pièces 1-108 sont une copie de la procédure du tribunal des capitouls, les pièces 131-234 une copie de la procédure du Parlement de Toulouse dont les originaux ont disparu, les pièces 235-83 correspondent à des documents divers, les pièces 284-301 à la procédure du Conseil du roi; An, K 723 pièce 10: 'mémoire de David Lavaysse avocat au parlement de Toulouse pour François Alexandre Gaubert Lavaysse c'on [*sic*] fils cadet'; Archives départementales de la Haute-Garonne (ADHG) 101 B2: procédure des capitouls.

[35] D10419.

[36] Toulouse s.d.

citer au fil de ses paragraphes, nous renvoyons dans les notes pour suggérer la manière dont les opuscules se sont constitués et, s'il nous arrive de nous reporter aux pièces de la procédure, qu'il s'agisse de la juridiction des capitouls, de celle du Parlement ou même de celle du Conseil du roi, qu'il s'agisse des interrogatoires des accusés ou des dépositions de témoins, c'est pour aider à mesurer la valeur de l'information rassemblée, c'est aussi, le cas échéant, pour faire entendre les échos des propos transcrits par Voltaire prêtant sa plume tour à tour à deux des inculpés, madame Calas et Pierre Calas.[37]

iii. *Le cri public*

'Elever la voix publique en faveur des infortunés' (Voltaire à Chennevières; 3 juillet 1762, D10555).

Lorsqu'il évoque ses 'mémoires' composés pour les Calas, Voltaire ne cesse d'insister sur leur caractère 'préparatoire', 'préliminaire'.[38] Bien sûr, les adjectifs jouent par rapport au principal que constituera le système de défense des avocats parisiens. Mais ils traduisent aussi l'objectif précis que vise l'auteur, à savoir obtenir la production publique de la procédure refusée par les juges toulousains, faire en sorte que soit levé le secret des motifs du jugement observé d'ailleurs conformément à l'usage, parvenir à imposer, à travers cette cause particulière, que la justice ne soit plus 'muette'.[39] Or Voltaire s'est tôt rendu compte que madame Calas

---

[37] Voir R. Granderoute, 'De la source au texte: les mémoires voltairiens de l'affaire Calas', dans *Voltaire et ses combats: actes du Congrès international, Oxford-Paris 1994*, sous la direction de Ulla Kölving et Christiane Mervaud (Oxford 1997), i.567-79.

[38] D10703, D10718. Voltaire se plaît néanmoins à signaler qu'ils sont traduits en anglais, en allemand et en hollandais (voir *Gazette d'Utrecht*, 1689-1787, 6 août et 21 septembre 1762).

[39] D10559.

ne réussirait pas par elle-même et par elle seule à tirer de l'ombre du palais les pièces indispensables et que l'ordre de communication ne pourrait venir que des plus hautes instances. Il fallait donc peser sur ces instances et sur leur décision et, pour cela, soulever l'opinion, susciter le cri public, inspirer et redoubler 'la pitié pour l'innocence et l'indignation contre l'injustice'.[40] Les *Pièces originales* et celles qui les ont suivies ont servi à créer un mouvement favorable aux Calas auquel ni le roi ni le chancelier, dans la pensée de Voltaire, ne pourraient rester sourds. Ainsi ses 'mémoires' n'ont été faits que 'pour préparer les esprits, pour acquérir des protecteurs, et pour avoir le plaisir de rendre un parlement et des pénitents blancs exécrables et ridicules'.[41] Ils se dressent comme une sorte de tribune d'où l'auteur en appelle au juge suprême de tout procès: l'opinion.

En même temps, Voltaire, s'il prend d'une certaine manière la relève des défenseurs toulousains dont il utilise les factums, ouvre la voie des défenseurs parisiens qui utiliseront ses pièces. L'un d'eux cite d'ailleurs explicitement les deux lettres qui forment les *Pièces originales* au nombre de ses sources. Les autres pourront aussi se reporter à Voltaire qui, de lui-même, n'hésite pas à les y renvoyer: c'est ainsi, par exemple, qu'il conseille à Mariette de se reférer au *Mémoire de Donat Calas* à propos du 'mensonge' suggéré par Jean Calas soucieux de sauver l'honneur de sa famille.[42] Nous établissons dans les notes un certain nombre de rapprochements significatifs qui témoignent de la continuité d'un discours circulant, si l'on ose dire, de Toulouse à Paris en passant par Ferney.

On voit donc comment les 'lettres pathétiques', pour reprendre l'expression des *Mémoires secrets* relative aux écrits voltairiens 'en faveur du roué',[43] eurent une efficacité certaine dans la lutte menée pour la reconnaissance de l'innocence des Calas.

---

[40] D10718.

[41] D10705.

[42] Il renvoie à la 'Déclaration de Pierre Calas, p.23'. Marc-Antoine aurait été trouvé étendu sur le plancher, et non étranglé (D10776).

[43] *Mémoires secrets*, 15 août 1762, i.115, et 29 mars 1767, iii.165.

3

La vraie bataille[1]

i. *Le Conseil du 7 mars 1763*

> 'Ce Conseil admettant la requête en cassation a
> ordonné [...] que le parlement de Toulouse
> enverrait incessamment les procédures et les
> motifs de son arrêt' (Voltaire à Constant de
> Rebecque; 15 mars 1763, D11102).

Après l'*Histoire d'Elisabeth Canning et des Calas*, Voltaire ne
compose plus de mémoires et estime qu'il n'a plus à en composer.
Comme il le fait remarquer le 2 janvier 1763 à Mariette: 'C'est assez
que j'aie obtenu que vous écriviez [...]. J'ai rempli tous mes
devoirs en remettant leur cause [des Calas] entre vos mains'.[2] Ce
n'est pas dire pour autant qu'il se désintéresse de l'affaire. Bien au
contraire, son intérêt pour les Calas croît 'tous les jours de plus en
plus', ainsi qu'il le confie à Debrus,[3] et son but est d'obtenir en leur
faveur une satisfaction 'proportionnée à leur malheur' – même s'il
lui arrive de se demander 'quelle satisfaction' le Parlement de
Toulouse pourrait 'jamais faire à une veuve dont il a roué le mari et
qu'il a réduite à la mendicité avec deux filles et trois garçons qui ne
peuvent plus avoir d'état'.[4]

Parce qu'il s'agit d'appeler d'un arrêt d'une cour souveraine,
l'affaire est portée devant le Conseil du roi, seul habilité en ce genre
d'instance selon le Titre XVI de l'Ordonnance de 1670. Trois
avocats de Paris se chargent de la cause et rédigent des mémoires.

---

[1] Expression imagée également tirée de la lettre de Voltaire à Chauvelin du 21
septembre 1762 (D10720).

[2] D10876.

[3] D10802.

[4] D10720.

Le premier mémoire imprimé est celui d'Elie de Beaumont;[5] il est intitulé *Mémoire à consulter et consultation pour la dame A. R. Cabibel, veuve Calas, et pour ses enfants.*[6] Datée du 23 août 1762, la *Consultation* est signée de quinze avocats.[7] Voltaire lit trois fois l'ouvrage, se dit aussi touché à la troisième lecture qu'à la première et ne cache pas l'estime qu'il éprouve pour l'auteur auquel il demande son amitié. La *Consultation* lui paraît 'un chef-d'œuvre de raison, de jurisprudence et d'éloquence'. Faisant allusion à ses propres brochures, il n'hésite pas à reprendre à son compte la formule biblique du *parate vias domini* et à considérer le factum de Beaumont comme 'l'ouvrage du maître': 'Je ne sais rien de si convaincant et de si touchant'. Et il ajoute: 'Mon indignation contre l'arrêt de Toulouse en a redoublé et mes larmes ont recommencé à couler'.[8] Certes, le mémoire contient certaines erreurs. Voltaire en signale une à Debrus[9] et s'étonne que madame Calas et Gaubert Lavaysse à qui le texte a été lu aient laissé passer une méprise si préjudiciable: Beaumont, en effet, assure qu'aucun serment n'a été prêté à l'Hôtel de ville, affirmation fausse que pourraient exploiter les juges toulousains. Voltaire suggère que

[5] Jean-Baptiste-Jacques Elie de Beaumont (1732-1786), originaire de Carentan, une des gloires du Parlement de Paris devant lequel il prêta serment à vingt ans. La faiblesse et la surdité de sa voix et sa grande timidité le détournèrent de la barre (on n'a de lui qu'une seule plaidoirie prononcée). Il se spécialisa dans la consultation et la rédaction de mémoires. Il eut aussi le titre d'avocat général honoraire de Monsieur frère du roi et d'intendant des finances de Mgr le comte d'Artois. Il fut également membre de l'Académie royale des sciences et belles-lettres de Berlin, de la Société royale de Londres, de la Société libre d'émulation de Paris et des Académies de Rouen et de Caen (voir H. Moulin, *Les Défenseurs des Calas et des Sirven. Elie de Beaumont et Loiseau de Mauléon, avocats au Parlement. P. Mariette, avocat aux Conseils du roi*, Cherbourg 1883; *Annales du Barreau français*, t.v, Paris 1824).

[6] Paris 1762.

[7] Huart, L'Herminier, Gillet, Boys de Maisonneuve, Cellier, De Lambon, Mallard, Boucher d'Argis, Duchasteau, Bigot de Sainte-Croix, Moreau, Dandasne, Reymond, Thevenot Dessaule, Doillot (*Mémoire à consulter et consultation*, p.70).

[8] D10720 et D10721.

[9] D10771 et D10776.

Elie de Beaumont fasse un petit erratum,[10] tandis que Pierre Mariette dont le mémoire n'a pas encore été imprimé pourra procéder à une rectification.[11]

Car l'avocat aux Conseils qu'a sollicité Voltaire dès l'arrivée de madame Calas à Paris compose, de son côté, un factum (*Mémoire pour dame Anne-Rose Cabibel, veuve du sieur Jean Calas, marchand à Toulouse; Louis et Louis-Donat Calas leurs fils; et Anne-Rose et Anne Calas leurs filles, demandeurs en cassation d'un arrêt du Parlement de Toulouse du 9 mars 1762*, 1762) où, après avoir rappelé les faits et les deux jugements successifs de Toulouse, il étudie les vices et les nullités de la procédure à la lumière de l'Ordonnance criminelle de 1670 (p.35-56), puis, examine l'accusation quant au fond et les preuves de l'innocence des accusés à travers la critique des dépositions des témoins.[12] Le 7 octobre 1762, Voltaire écrit à l'auteur combien il est satisfait de son travail: 'Il n'y a rien que de vrai, tout est exposé dans le plus grand jour. Tous les moyens de révision sont juridiques'.[13] Et il évoque la gloire que l'avocat en recueillera, tandis qu'il lui explique que la *Consultation* co-signée est 'un préliminaire nécessaire', 'une espèce de jugement solennel', propre à prévenir celui du Conseil et à forcer en quelque manière les juges à s'y conformer.[14]

Cependant un troisième avocat se met sur les rangs: c'est

---

[10] Voltaire souhaite que des cartons soient placés dans les exemplaires envoyés à Toulouse 'pour ne pas donner prise à des chicanes' (D10833).

[11] Selon Voltaire, les autres erreurs ne touchent pas au fond.

[12] p.57 ss. Le *Mémoire* s'achève sur des observations générales (p.129-36) où il est demandé que le Conseil ordonne l'apport de la procédure.

[13] D10750.

[14] Mariette compose un deuxième mémoire de dix pages paru en 1763 sous le titre: *Réflexions pour dame Anne-Rose Cabibel, veuve du sieur Jean Calas, marchand à Toulouse; Louis et Louis-Donat Calas leurs fils; et Anne et Anne-Rose Calas leurs filles, demandeurs en cassation d'un arrêt du Parlement de Toulouse du 9 mars 1762*. Voltaire le demande le 2 janvier 1763 (D10876).

Loiseau de Mauléon[15] qui publie un *Mémoire pour Donat, Pierre et Louis Calas* (Paris 1762): 'Des défenseurs qui ont plus de lumières et non plus de zèle que moi', déclare-t-il au seuil de son développement, 'guident la veuve aux pieds du trône [...]. Ce sont les fils qui réclament mes soins' (p.3). Parce qu'Elie de Beaumont est fâché de cette concurrence, Voltaire insiste pour qu'on le rassure. 'Il est bon que plusieurs voix s'élèvent', dit-il, c'est 'un concert d'âmes vertueuses' ou, pour employer un vocabulaire plus agressif, 'ce sont trois batteries de canon qui battent la persécution en brèche'.[16] Cela ne l'empêche pas de répéter que l'on jugera sur le mémoire 'très judicieux'[17] de Mariette qui lui semble le meilleur pour instruire les juges et emporter leur conviction, car c'est le seul qui soit juridique et dans lequel tout le détail des preuves se trouve discuté. Comparant les trois mémoires, il estime que celui-là 'va au fait plus judiciairement', alors que les deux autres, qui ne sont pas sans influence sur le public, 'ont plus d'itos et de pathos';[18] mais, s'empresse-t-il de reconnaître, 'tous les trois sont fort bons'.[19] 'Les trois factums' font 'honneur au siècle', écrit-il, le 4 février 1763, à

---

[15] Alexandre-Jérôme Loiseau de Mauléon (1728-1771) devient par vocation à vingt-trois ans avocat au Parlement de Paris. Riche, il exerce sa charge avec désintéressement et son nom reste attaché à certaines causes célèbres (en dehors de celle des Calas), affaires du marquis de Brosses, de la demoiselle Alliot, du chapitre de Bouxières, du comte de Portes et d'autres encore. A quarante ans, il renonce à sa profession et achète une charge de conseiller-maître à la chambre des comptes de Lorraine. Ami de Grimm, de Rousseau (qui le compare à Démosthène), de La Harpe, il se présente vainement à l'Académie (voir Moulin, *Les Défenseurs des Calas et des Sirven*; *Annales du barreau français*, t.iv, Paris 1823).

[16] D10837.

[17] D10890.

[18] D10939.

[19] Se livrant à une même comparaison, les *Mémoires secrets* (13 décembre 1762, i.155-56), après avoir remarqué que Mariette a fait un mémoire 'dans le genre de son état', notent que celui de Beaumont 'est bien écrit, tendre, pathétique' et que, pour sa part, Loiseau 'a traité cette aventure dans un goût nouveau: c'est un roman très animé, très chaud'. Plus encore que celui d'Elie de Beaumont, le mémoire de Loiseau de Mauléon s'adresse à la sensibilité du lecteur. De son côté, la *Correspondance littéraire* note, le 15 janvier 1763, que des trois mémoires qui ont fait beaucoup de

d'Alembert qui en convient volontiers[20] et Voltaire s'exalte devant un tel engagement: 'Employer ainsi sa peine, son temps, son éloquence, son crédit; et loin de recevoir un salaire,[21] procurer des secours à des opprimés, c'est là ce qui est véritablement grand, et ce qui ressemble plus aux temps des Cicéron et des Hortensius qu'à ceux de Briet, de Huth et de frère Berthier'.[22]

Tout en s'en remettant ainsi aux spécialistes du droit, Voltaire est loin cependant de rester inactif. En effet, il mesure très lucidement la difficulté de porter plainte contre un parlement – 'Ce n'est pas une petite besogne', avoue-t-il[23] – mais, déterminé à agir en faveur de l'innocence, il multiplie hardiment les démarches et les interventions.

Le rapporteur qui a été nommé et de qui 'tout dépend'[24] est Louis Thiroux de Crosne, jeune maître des requêtes,[25] qui est sur le

---

bruit, celui de Loiseau de Mauléon 'a le plus réussi parce que l'auteur a traité la cause d'une manière moins savante que populaire' (v.206). Dans la suite de l'article, le rédacteur se plaît à suggérer d'autres moyens qui n'ont pas été exploités (comme la probité de Jean Calas).

[20] D10997. D'Alembert cependant souhaiterait dans les mémoires moins de pathos et plus de pathétique. Sur le sentiment général de Voltaire concernant le 'style des avocats', voir notamment D12499 et D13504.

[21] Les avocats ont travaillé dans un esprit de désintéressement. Dans une lettre à Debrus (D11046), Voltaire précise qu'il s'est chargé 'd'un petit honoraire' pour Mariette; aux deux autres avocats 'qui ne veulent rien', il compte faire 'présent de quelques livres à leur usage'.

[22] D10980. Dans son *Dictionnaire de littérature* (1770, i.595), Sabatier de Castres propose les mémoires d'Elie de Beaumont et de Loiseau de Mauléon comme des 'modèles' du genre où sont employées les trois formes d'éloquence, simple, tempérée et sublime. Dans le *Lycée ou Cours de littérature ancienne et moderne* (t.xiv, Paris an XII [1803], p.10), La Harpe, de son côté, classe ces mêmes mémoires, qui témoignent d'un 'progrès philosophique' dans l'éloquence du barreau, au nombre 'des bons ouvrages de littérature, quoiqu'on puisse leur reprocher quelquefois l'abus des phrases et l'enflure des mots'.

[23] D10747.

[24] D10833.

[25] Né en 1734, il sera nommé en 1767 adjoint à l'intendance de Rouen, puis, intendant. En 1785 il remplace Lenoir comme lieutenant général de police. Il se démet de ses fonctions le 16 juillet 1789 et mourra sur l'échafaud en 1794.

point d'épouser la fille de La Michodière, intendant de Lyon et correspondant du philosophe.[26] Voltaire qui a chargé son neveu, l'abbé Mignot, conseiller au Grand Conseil, de l'instruire, de l'échauffer et de le bien disposer croit pouvoir être sûr de lui. Quant aux juges, s'il les dit 'éclairés et intègres', prêts à 'rendre la justice la plus exacte' sans s'inquiéter de déplaire aux parlements,[27] il n'ignore pas que certains sont 'amis des formes et ne sont point du tout philosophes', tel Pierre Gilbert de Voisins.[28] C'est pourquoi il sent la nécessité d'acquérir des protections puissantes et efficaces dans les plus hautes sphères. Et il se tourne vers la Cour où il sait que les esprits tendent à croire à la culpabilité de Jean Calas parce qu'il leur paraît difficile d'imaginer que des juges 'sans aucun intérêt' aient pu condamner 'pour leur plaisir' un père de famille à la roue.[29] Vers la mi-octobre 1762, il estime que le mémoire d'Elie de Beaumont et la *Consultation* doivent être remis à madame de Pompadour, au duc de Choiseul, et aussi au duc de La Vallière et à la duchesse de Gramont, afin que soient effacées – notamment chez les deux premiers[30] – les fausses impressions qui leur ont été données et il ne doute pas que, si la publication du mémoire de Mariette suit aussitôt, le plus heureux effet ne se produise immanquablement.

S'il se déclare sûr du duc de Praslin, ministre des Affaires étrangères, il l'est beaucoup moins de Choiseul qui a laissé sans réponse sa missive où il évoquait l'affaire toulousaine et qui, le 9 octobre, lui fait parvenir une lettre adressée à d'Alembert et qui, publiée en juillet à Londres dans *The St. James's chronicle or The*

---

[26] Voltaire remarque que le mariage du rapporteur 'ne fera que rendre son cœur plus tendre envers une mère et deux filles dont le sort est entre ses mains' (D10940).

[27] D10833.

[28] Cet avocat général est membre du Conseil du roi depuis 1740.

[29] D10771.

[30] Soucieux d'obtenir la protection de la marquise, Voltaire pense que 'le grand point est d'intéresser son amour-propre à faire autant de bien à l'Etat que Mme de Maintenon a fait de mal' (D10971).

British evening-post[31] sous le nom du philosophe, contient des invectives contre le roi et les ministres. Cette lettre, le duc ne la juge pas 'sage' et observe sur un ton de reproche: 'On peut être peiné d'une injustice de *Messieurs*, mais prudemment il ne faut pas s'en plaindre comme vous vous en plaignez, encore moins se faire des ennemis et peut-être des affaires pour jouer le rôle d'un avocat de causes perdues'. Choiseul saisit l'occasion pour rappeler à son correspondant que les parlements jugent le criminel en dernier ressort, que le roi est astreint aux formes et que la loi n'admet que la possibilité de demander les motifs du jugement; encore cette demande entraîne-t-elle des longueurs sans que soit redressé un arrêt qui a déjà été exécuté.[32]

Voltaire s'inquiète, car il juge indispensable la protection du duc et craint les contrecoups fâcheux de ce qui est une méprise. En effet, la lettre considérée par Versailles comme authentique est la lettre qu'il a envoyée le 29 mars à d'Alembert,[33] mais sur laquelle on a brodé des infamies et des horreurs, de façon d'ailleurs 'plate et grossière', ainsi que le remarque Julie de Lespinasse.[34] Le 15 octobre, Voltaire s'étonne et se plaint auprès de Damilaville que Choiseul ait pu le soupçonner 'd'une telle bêtise, d'une telle folie, de telles expressions, d'un tel style'.[35] Deux jours après, impatient de confondre l'imposture, il demande à d'Alembert de lui envoyer, sous l'enveloppe de Choiseul, l'original où il l'instruisait de l'affaire Calas et où il disait librement son sentiment sur les huit juges toulousains partisans de la roue: 'J'ai pu vous parler avec peu de respect pour les juges, comme je leur parlerais à eux-mêmes', écrit-il, 'mais il me paraît essentiel que M. de Choiseul voie si le roi

---

[31] De jeudi, le 15 juillet à samedi, le 17 juillet, 1762, n° 211. La lettre est ainsi présentée: 'Letter from the celebrated Voltaire to Mr. d'Alembert, complaining of the cruelties exercised in France and at Geneva, on account of religious matters' (voir D.app.215, V 108, p.447-49).

[32] D10752.

[33] D10394.

[34] D10786.

[35] D10764.

et les ministres sont mêlés si indignement et si mal à propos dans ma lettre et si j'ai écrit les bêtises, les absurdités et les horreurs qu'on a si charitablement ajoutées à mon billet'.[36] D'Alembert répond sans tarder et Voltaire fait suivre au duc sa véritable lettre accompagnée du petit billet joint par d'Alembert, tandis qu'il répète qu'il ne parvient pas à concevoir comment Choiseul 'a pu imaginer un moment que cette infâme et sotte lettre' fût de lui: 'Il faudrait que je fusse un monstre pour parler mal du ministère'.[37] Début novembre, il est enfin rasséréné; il avoue: 'J'ai bien crié, et je le devais'; il ajoute: 'Il n'est pas mal de mettre une bonne fois le ministère en garde contre les calomnies dont on affuble les gens de lettres'.[38]

Tout en cherchant ainsi à acquérir le soutien des personnalités du rang le plus élevé, Voltaire se montre attentif à tout ce qui est susceptible de favoriser la cause qu'il a embrassée. Le bruit court-il que le conseiller du Parlement de Toulouse, La Salle, le seul, on s'en souvient, qui ait publiquement embrassé le parti des Calas, se rend dans la capitale? Aussitôt, soulevé d'espoir et conscient de l'avantage qui peut résulter de ce déplacement, il envisage d'écrire au parlementaire à Paris et exige que d'Argental entre en relations avec lui. Sa déconvenue sera grande lorsqu'il n'entendra plus parler de ce voyage.[39] Vers la mi-novembre, il songe à faire venir Jeanne Viguière: 'On trouvera bien quelqu'un à Genève qui entendra son jargon. On la fera déposer juridiquement à Gex, et on pourra tirer un très grand parti de cette bonne créature'.[40] Un mois plus tard, il interroge Philippe Debrus: 'La bonne servante viendra-t-elle?' et il ne cache pas son impatience: 'Je brûle d'envie de l'interroger dans le patois de Goudouli'.[41] En février 1763,

---

[36] D10768.
[37] D10790.
[38] D10794.
[39] D10797, D10802.
[40] D10802.
[41] D10833.

tandis qu'il s'engage à pourvoir aux dépenses et aux soins,[42] il redira combien cette venue lui semble utile: la servante pourrait déposer auprès d'un juge délégué par le Conseil et, à l'appui de ses dépositions, un nouveau mémoire pourrait être rédigé, résumant et couronnant les autres et propre à convaincre les juges et le public.[43]

Peut-il compter sur Louis Calas dont il souhaite une lettre aux avocats parisiens? Agacé par la conduite hésitante de ce fils qui aurait dû 'venir à Paris à pied au secours de sa mère', Voltaire remarque que le jeune homme 'ne sait ce qu'il dit' et il finira par avouer que le fils converti 'n'a pas joué un beau rôle'.[44] Il se méfie aussi du Père Bourges qui n'a pas donné suite à une lettre que lui a adressée Donat Calas et il le soupçonne d'être 'un fripon',[45] de même qu'il craint que le curé de Saint-Etienne ne soit un 'lâche', lui qui, pas plus que Bourges, ne répond à Mariette.[46] D'ailleurs des lettres et des émissaires en provenance de Toulouse sont envoyés à Paris et prétendent que Jean Calas a été justement roué et que les trois autres accusés ont été absous sous l'effet de la seule commisération.

Cependant Voltaire ne cesse d'encourager madame Calas à persévérer dans son entreprise. Comme la veuve est sans ressources (de nombreux effets ont été pillés, les deux tiers des biens confisqués en vertu du jugement du 9 mars 1762), une collecte est faite en sa faveur et avec Elie Bertrand, la margravine de Baden-Durlach, Elie de Beaumont, madame de Haran et d'autres,[47] Voltaire participe généreusement. En même temps, il soutient moralement 'la pauvre Mme Calas'. Même si, dans un

---

[42] 'On lui donnera des gages plus forts qu'à Toulouse. On les lui assurera pour sa vie, on aura soin d'elle si elle tombe malade' (D11031).

[43] En fait, la déposition de la servante aurait paru dictée par Voltaire lui-même. Celui-ci renoncera à son projet.

[44] D11046.

[45] D10890.

[46] D10940.

[47] Voir D10762, D10782, D10958, D10871.

moment de vivacité, il déclare qu'elle n'a point d'esprit et va même jusqu'à parler d'une 'huguenote imbécile',[48] il se montre généralement délicat à son égard, il la rassure et la réconforte. Non insensible à sa dignité, il prie Debrus de 'ménager un peu' sa 'sentimentalité' et sa 'faiblesse': 'Plaignons-la, servons-la et ne la contristons point'. Il rend hommage à son courage: 'Il me paraît qu'elle fait tout ce qu'elle peut',[49] et il recommande vivement à d'Alembert de la protéger, tandis que l'abbé Mignot et les d'Argental, de leur côté, la secondent.

En décembre 1762, un premier signe favorable est donné. Anne-Rose et Anne Calas sont, on l'a dit, enfermées chacune dans un couvent de Toulouse. Des interventions sont faites en faveur de leur délivrance. Notamment La Beaumelle rédige en leur nom un placet adressé au comte de Saint-Florentin et où il demande la révocation de l'ordre donné.[50] Mais, parce qu'il pense qu'elles ne seront rendues à leur mère qu'après la révision du procès, Voltaire, lui, recommande de temporiser et redoute l'effet de sollicitations trop souvent réitérées auprès de celui qui a soutenu les ennemis des Calas et obtenu la lettre de cachet. Or, voici que, le 8 décembre, les demoiselles Calas sont relâchées grâce à l'entremise généreuse et efficace de la duchesse d'Anville animée par l'intérêt de l'humanité et par le zèle que Voltaire déploie dans l'affaire: 'Mr de Maurepas a obtenu qu'elles sortiroient du couvent [...]. C'est à luy seul qu'elles en sont redevables'.[51] Une condition est imposée: les deux jeunes filles doivent demeurer à Paris chez un monsieur Dumas, rue Neuve Saint-Eustache.[52]

---

[48] D10789, D10810.

[49] D10788.

[50] Le texte est reproduit par Coquerel, *Jean Calas et sa famille*, p.372-75. Taphanel ajoute qu'au placet est jointe une supplique de Mme Calas rédigée de la même main (*La Beaumelle et Saint-Cyr*, p.337-38).

[51] D10829.

[52] Voir les 'Lettres de la sœur Anne-Julie Fraisse', dans Coquerel, *Jean Calas et sa famille*, p.402.

Voltaire, qui, le 23 décembre, ignore encore la nouvelle et reste persuadé que, la mère ayant une fois triomphé, les filles 'sortiront de leur prison par une belle porte',[53] s'empresse de tirer la signification de cet 'élargissement'[54] quand il l'apprend: il y voit 'un gage infaillible du gain du procès'. Car, souligne-t-il, 'si le ministère ne croyait pas Calas innocent, il n'aurait pas rendu les filles à la mère'. Et il écrit à Anne-Rose et Anne Calas: 'Je crois que le temps des épines est passé et qu'on rendra justice à votre respectable mère et à vous. Je vous félicite d'être auprès d'elle'.[55] Déjà il imagine le spectacle attendrissant de la mère et des deux filles se rendant en pleurs et en habits de deuil au Conseil pour redemander 'le sang d'un époux et d'un père'.[56]

Lorsqu'elle quitte Toulouse, Nanette Calas a entre les mains une lettre que lui a remise Anne-Julie Fraisse, religieuse de la Visitation, qui l'a entourée de soins affectueux pendant son séjour au couvent. Dans cette lettre qu'elle adresse à son cousin germain, Guillaume Castanier d'Auriac, président du Grand Conseil, gendre du chancelier de Lamoignon, la Visitandine le prie de bien vouloir contribuer à la réhabilitation de la famille Calas: 'Nous avons eu sept mois dans notre maison une de ces demoiselles [...]. La religion en était l'objet que nous n'avons pu remplir: c'est à Dieu seul qu'il appartient. A cela près, elle a gagné l'amitié et l'estime de notre communauté par ses excellentes qualités [...]. Nous avons eu occasion de connaître ce qui reste de cette famille; leur bon caractère nous assure de leur innocence'.[57] Envoyant aux d'Argental copie de cette lettre, Voltaire souligne combien elle lui paraît favorable: 'Quoique la religieuse avoue que

---

[53] D10856.

[54] 'Ce mot d'élargir ne convient guère, mais cela veut dire qu'on les a tirées de la prison appelée couvent où on les avait renfermées' (D10863).

[55] D10923 (à noter que Besterman confond les noms des demoiselles Calas). Il a précédemment écrit (le 29 décembre) à Mme Calas: 'Le Conseil a trop d'honneur et de justice pour ne pas venger le sang de votre mari' (D10862).

[56] D10890, D10895.

[57] 'Lettres', dans Coquerel, *Jean Calas et sa famille*, p.381. Voir *Lettre à un des principaux magistrats du Conseil d'Etat* datée du 24 décembre 1762 (Toulouse 1763).

Mlle Calas sera damnée dans l'autre monde, elle avoue qu'elle et toute sa famille méritent beaucoup de protection dans celui-ci'. Voltaire voit là un contraste saisissant avec 'la barbarie des assassins en robe noire' et une dénonciation de leur 'fanatisme sanguinaire'. Il ne doute pas de l'effet que doit produire à Paris, si elle y circule, cette missive empreinte de 'simplicité' et de 'vertueuse indulgence'.[58]

L'année 1763 s'ouvre sur un aveu d'impatience: 'Je soupire après le jugement, comme si j'étais parent du mort', écrit Voltaire, le 9 janvier, à Cideville.[59] Dans les semaines qui suivent, il peut renouveler cette expression d'empressement inquiet ('Je ne dormirai guère jusqu'à la décision du Conseil'),[60] s'irriter de voir traîner l'affaire, mais il sait aussi recommander et accepter l'attente. Il s'indigne quand d'Alembert lui rapporte le mot d'un conseiller au Parlement selon lequel la requête ne sera point admise 'parce qu'il y a plus de magistrats que de Calas'.[61] Discours 'insolent', 'tyrannique', 'absurde', 'révoltant', commente, exaspéré, Voltaire qui espère bien que le propos se révélera vain et que les membres du Conseil auront à cœur de faire primer l'équité sur 'l'honneur de la magistrature'.[62] Car, même s'il n'échappe pas à toute alarme, il tend à avoir confiance et à interpréter favorablement les délais et les retards grâce auxquels les sollicitations peuvent être multipliées et les juges mieux instruits. D'ailleurs Paris semble bien disposé – la capitale n'est-elle pas plus éclairée, plus humaine que Toulouse? – et l'Europe 'a déjà jugé'.[63] Voltaire compte sur le cri public pour retenir les magistrats sur la voie du

---

[58] D10927, D10929, D10933. Voltaire en envoie copie autour de lui, notamment à Elie de Beaumont: 'Je vois avec plaisir que les sœurs de la Visitation n'ont pas le cœur si dur que messieurs; j'espère que le Conseil pensera comme la dame de la Visitation' (D10934).

[59] D10895.

[60] D10937.

[61] D10906.

[62] D10925, D10929.

[63] D10980.

refus de la révision; de toute façon, quand bien même le Conseil dirait non, le public, lui, a porté définitivement son arrêt: 'Les juges de Toulouse seront à jamais en exécration aux honnêtes gens'.[64]

Dans le courant de janvier 1763, Voltaire croit toucher à la décision du Conseil qui, selon Mariette, devrait être rendue avant la fin du mois. Il apprend bientôt que le duc de Praslin a l'intention de se rendre au Conseil par conscience de l'importance de l'affaire et par intérêt pour lui, Voltaire.[65] Il apprend bientôt aussi qu'Elie de Beaumont a travaillé deux heures tête à tête avec Thiroux de Crosne et que les deux hommes 'ont été si contents l'un de l'autre qu'ils se sont embrassés'.[66] Le 30 janvier, il se permet d'écrire au rapporteur[67] pour lui transmettre un fait dont les avocats n'ont pas été instruits, qui ne constitue certes pas une preuve juridique mais qui est susceptible de renforcer les autres preuves. Ce fait qu'il trouve décisif, il le tient de la lettre d'un certain La Salle[68] adressée à Philippe Debrus: la servante catholique des Calas restée en Languedoc se confesse et communie tous les huit jours; or, 'elle a été témoin que le père, la mère, les enfants et Lavaysse ne se quittèrent point dans le temps qu'on suppose le parricide commis'. 'Si elle a fait un faux serment en justice pour sauver ses maîtres', poursuit Voltaire, 'elle s'en est accusée dans la confession; on lui aurait refusé l'absolution, elle ne communierait pas'.[69] Le 13 février, il explique à La Michodière qu'étant sûr de l'innocence des Calas comme de son existence et agissant pour ainsi dire en tant que 'témoin', il a pris la liberté de s'adresser au gendre de son

---

[64] D10879.

[65] 'Voilà bien un digne homme!' s'exclame le philosophe: 'Je vois que son bon esprit a été convaincu par les raisons des avocats et que son cœur a été touché' (D10939).

[66] D10958.

[67] La même lettre est envoyée à d'Aguesseau (D10982).

[68] La lettre conservée au British Library est datée des Cévennes, 17 janvier 1763; voir l'édition Pléiade de la *Correspondance*, éd. F. Deloffre, Paris 1977-1988 (ci-après Pléiade), 7557, n.2.

[69] D10963.

correspondant, se défend non sans quelque habileté hypocrite d'avoir voulu solliciter[70] et présente sa lettre comme un simple 'hommage' qu'il a cru devoir à la vérité, confiant dans l'équité et les lumières du rapporteur. Celui-ci, à la suprise de Voltaire, répond[71] et annonce même qu'il a l'intention de se rendre à Ferney. Voltaire aussitôt alerte Debrus et dégage la portée de la réponse: 'Je vois qu'on ne néglige point notre affaire. Vous sentez bien qu'elle est immanquable, puisque le rapporteur me dit qu'il viendra nous voir, et qu'assurément il n'y viendrait point s'il était contre nous'.[72]

Fin janvier, il apprend que les mémoires des Calas, réimprimés à Montpellier, y ont été saisis sur ordre du présidial de la ville, à la demande du Parlement de Toulouse et avec l'accord de Saint-Florentin lequel, dans une lettre du 27 janvier, félicite à ce propos le duc de Fitz-James, commandant du Languedoc.[73] Indigné qu'on ait osé supprimer des factums d'avocats, se demandant si une requête ne doit pas être présentée contre une telle tyrannie, il critique vivement la saisie dont il mesure les conséquences:

c'est outrager à la fois le conseil à qui on les a présentés et les avocats qui les ont faits. Si les avocats n'ont pas le droit de plaider, il n'y aura donc plus ni droit ni loi en France [. . .]. Il n'appartient qu'aux juges devant qui l'on plaide de supprimer un factum en le déclarant injurieux et abusif, mais ce n'est pas assurément aux parties à se faire justice elles-mêmes.

Pourtant il incline à penser que le Parlement de Toulouse, en voulant éloigner les coups qu'on lui porte, fait voir précisément qu'il les mérite et que sa démarche va le rendre odieux au Conseil et il finit par se rassurer: 'On ne doit plus regarder les juges du

---

[70] 'Les sollicitations ne doivent avoir lieu dans aucun procès, encore moins dans une affaire qui intéresse le genre humain' (D11001).

[71] Le 10 février. Voltaire confie la lettre à Debrus le 20 février et lui demande de ne la montrer à personne (D11026). Mais, deux jours plus tard, il lui permet de la communiquer aux personnes zélées et discrètes dont il est sûr et notamment à Moultou (D11037).

[72] D11026.

[73] Coquerel, *Jean Calas et sa famille*, p.364.

Languedoc que comme des criminels qui cherchent à écarter les preuves de leur crime aux yeux de leur province'.[74]

A partir de la mi-février, Voltaire laisse entendre à divers correspondants que l'affaire a été rapportée par Thiroux de Crosne au Conseil de la manière la plus favorable, c'est-à-dire, précise-t-il, de la manière la plus juste, la plus équitable.[75] En fait, comme il l'avoue métaphoriquement à Debrus le 20 février, il a cru la pièce 'jouée' alors qu'elle n'était que 'répétée': sa méprise vient du fait que les jeunes maîtres des requêtes, en charge de causes importantes, ont l'habitude de faire des 'répétitions à huis clos' devant certains de leurs confrères.[76] C'est en réalité le 23 février que Thiroux de Crosne rapporte pour la première fois l'affaire, ainsi que l'écrit Thieriot[77] qui précise qu'il y aura encore deux séances, mais non pas à huitaine l'une de l'autre. Voltaire peut alors annoncer le 2 mars au marquis d'Argence: 'L'affaire des Calas a été rapportée; elle est en très bon train; je réponds du succès'.[78]

Le mardi 1er mars, le Bureau des cassations juge la requête admissible. Le lundi 7, a lieu la séance du Conseil. Assemblé à Versailles, présidé par le chancelier, composé des deux semestres,[79] en présence des ministres d'Etat, le Conseil, d'une voix unanime, décide, sur le mémoire de Mariette, au cours d'une séance de trois heures et un quart, l'envoi de la procédure: le greffier en chef du Parlement de Toulouse devra communiquer les charges et informations, et le procureur général rendre compte au Conseil, au nom du Parlement, des motifs qui ont conduit les juges à rouer Jean Calas. Pendant la séance, la galerie de Versailles est 'remplie de

---

[74] D10982.

[75] D11004, D11008, D11009, D11018.

[76] D11026.

[77] D11044.

[78] D11060. Voir aussi D11057, D11063 ...

[79] Le semestre d'hiver commence le 1er octobre et finit le dernier jour de mars de l'année suivante, le semestre d'été commence le 1er avril et finit le dernier jour de septembre.

personnes de tout rang et de tout âge',[80] impatients et émus, tant l'opinion – grâce à Voltaire – s'est prise de passion pour la malheureuse famille. Dans l'attente de la décision, Anne-Rose Calas, l'aînée des filles, se trouve mal. La mère, qui, à son arrivée, a reçu de nombreuses marques de sympathie des ministres eux-mêmes, s'est, selon l'usage, constituée prisonnière et l'on rapporte que le geôlier qui lui avait fait servir le matin un petit déjeuner refusa tout salaire.[81]

Le surlendemain, madame Calas remercie Voltaire en termes chaleureux: 'Je ne trouve point d'Expressions assez vives pour vous témoigner ma sensibilité à tout ce que je vous dois [...]. Je ne dois point vous taire que vous avez porté le calme à mes tribulations et que je sens comme je le dois les effets de votre générosité et protection'. Et elle se dit d'avance sensible à tout ce qu'elle lui devra encore puisque la bienfaisance du philosophe 'ne se lasse point de chercher des nouveaux motifs à [sa] juste reconnaissance'.[82]

C'est le 12 mars que Voltaire est informé de la décision: 'c'est un bien beau jour [...] que celui où nous apprenons l'arrêt du Conseil, et la manière dont le roi a daigné se déclarer contre les dévots fanatiques', écrit-il à Moultou.[83] Il exulte, pleure de joie, s'attendrit à la pensée de 'l'attendrissement universel' dont la galerie des Glaces a été le théâtre, et s'écrie que c'est là 'une occasion où la voix du peuple est la voix de Dieu'.[84] Il s'empresse de remercier le rapporteur: 'Vous vous êtes couvert de gloire', lui écrit-il sur un ton dithyrambique, 'et vous avez donné de vous la plus haute idée par la manière dont vous avez parlé dans ce nombreux Conseil dont vous avez enlevé les suffrages'.[85] Il dit sa gratitude au duc de

---

[80] D11110.

[81] Voir le récit reproduit par Coquerel, *Jean Calas et sa famille*, p.240-42.

[82] D11080.

[83] D11087. 'Un beau jour pour les âmes sensibles', dit-il à Elie de Beaumont (D11094).

[84] D11087.

[85] D11091. D'autres lettres font entendre l'éloge de Thiroux de Crosne et de son éloquence touchante (par exemple, D11103, D11110).

Praslin à qui il sait qu'il doit beaucoup. Il se tourne aussi vers les avocats. A Elie de Beaumont, l'auteur des opuscules de 1762 se présente de nouveau comme le 'Jean-Baptiste' face au 'sauveur'.[86] Il ne cesse de confier sa joie, ce qu'il nomme 'son singulier plaisir', et notamment à ceux qui l'ont aidé, que ce soit en Suisse (Moultou, Debrus) ou à Paris: en particulier, il reconnaît sa dette envers les d'Argental qui lui ont rendu compte de tout ce qui se passait et aussi envers Damilaville: 'Vous avez bien aidé à la victoire, vous avez servi les Calas mieux que personne'.[87] Ecrivant à Elie Bertrand, il lui suggère que la nouvelle soit insérée dans la presse et lorsque la *Gazette de Berne* (ou *Nouvelles de divers endroits*) affirme que la veuve Calas a été 'mise hors de cour avec défense de poursuivre', il s'élève contre cette 'grosse sottise' dont il entend demander rectification.[88] Bien sûr, il félicite madame Calas dont il loue la dignité d'épouse et de mère: 'On doit vous honorer autant qu'on doit abhorrer le jugement de Toulouse'.[89]

Il a conscience de la rareté de la chose obtenue, c'est-à-dire du fait que des particuliers soient parvenus à leur fin face à un Parlement, alors surtout qu'il s'agit de protestants sans crédit et sans argent, perdus au fond du royaume. Dans un élan d'optimisme, il incline à penser que les hommes ne sont pas 'tous de méchants coquins' et qu'il y a de la 'justice' et de 'l'humanité' sur terre.[90]

En même temps, il ne manque pas de souligner le sens et la portée de l'arrêt et notamment de l'ordre d'envoyer les motifs: c'est, à ses yeux, 'une espèce de flétrissure' pour le parlement, 'une espèce de réprimande', et déjà comme une justification de Jean Calas au regard du roi et du Conseil.[91] C'est pourquoi il compte sur une victoire complète et la suite lui paraît être une série de

[86] D11094.
[87] D10788, D11103.
[88] D11099, D11107.
[89] D11100.
[90] D11103.
[91] D11100, D11135: 'Quand on est content de la conduite des gens, on n'exige point qu'ils disent leurs raisons', observe-t-il.

formalités. Il le dit à Elie de Beaumont, le répète à madame Calas ('Le reste ne sera qu'une discussion de procédures et ne consistera que dans des formes juridiques'),[92] tandis que, fort des réactions favorables de l'opinion à la décision du Conseil, il n'hésite pas à assurer que le public et l'Europe entière ont dès maintenant réhabilité la mémoire de Calas.

Rendant compte du jugement, la *Correspondance littéraire*, qui se montre sceptique non sur la réforme probable de l'arrêt ni sur le rétablissement de la mémoire de Jean Calas, mais sur la punition éventuelle des juges,[93] reconnaît que, de toute façon, la gloire en reviendra à Voltaire: 'Il a osé prendre la défense de l'humanité et de la cause de chaque citoyen;[94] il a rendu toute l'Europe attentive à cette déplorable aventure'.

ii. *L'arrêt du 4 juin 1764*

'L'arrêt par lequel on avait roué Calas a été cassé d'une voix unanime' (Voltaire à Gabriel Cramer; 7 ou 8 juin 1764, D11912).

A vrai dire, la suite va se révéler moins facile et moins rapide que Voltaire ne le prétend. Elle va exiger de sa part encore bien des soins et des démarches et requérir une attention soutenue et vigilante. Du reste, il est décidé à poursuivre son engagement avec le même zèle: 'Ma vivacité pour cette affaire', assure-t-il, 'ne se ralentira jamais'.[95]

---

[92] D11094, D11100.

[93] 'Punira-t-on des juges qui ont violé les formes sacrées de leur ministère, qui ont attaqué la sûreté publique, en dévouant aux supplices un innocent malgré la sauvegarde des lois? Ce crime, le plus atroce qu'on puisse commettre contre la société, aura-t-il été commis impunément?' (1er avril 1763, v.257).

[94] Pour la *Correspondance littéraire*, à travers l'honnête Jean Calas, c'est tout citoyen qui se trouve menacé: 'La vertu n'a plus de poids; l'homme de bien ne voit plus rien qui le protège contre les événements' (v.207-208).

[95] D11307.

A la suite de la décision du 7 mars, il en vient à penser qu'un présent du roi à la veuve Calas aurait le plus heureux effet.[96] Peu importe la somme; ce qui compte, c'est la portée symbolique du geste qu'applaudiraient les catholiques comme les protestants, la France comme l'Europe entière: 'Ce serait bien alors que la mémoire du pauvre Calas serait réhabilitée'. A cette fin, il écrit à la duchesse de Gramont pour qu'avec l'aide de madame de Pompadour elle intervienne auprès du monarque. Et, dans l'effervescence de son imagination, il va jusqu'à suggérer la manière de solliciter la générosité royale: 'On parle au roi de la petite Calas, qui s'évanouit deux fois pendant ce Grand Conseil qui se tenait à Versailles; on lui dit que les gens tenant la cour de parlement sont bien puissants, puisqu'ils font rouer les pères de famille, sans forme de procès; le roi s'attendrit, il donne une petite somme de sa cassette . . .'.[97] Peut-être objectera-t-on qu'il vaudrait mieux attendre l'issue du procès. 'Non', rétorque Voltaire, 'il ne faut point attendre; quand même Calas aurait pendu son fils, il faudrait encore soulager la veuve; vingt personnes l'ont fait, pourquoi le roi ne le ferait-il pas?'[98]

Cependant Voltaire s'inquiète de savoir où l'affaire va être renvoyée. Sera-ce au Conseil ou, comme bien des gens le prétendent, devant un autre parlement de province tel que celui d'Aix ou de Grenoble? Or Voltaire n'ignore pas que les parlements se ménagent entre eux; d'ailleurs un parlement n'a point de juridiction sur un autre. Ainsi la justice ne saurait être complète: 'Nous obtiendrions après bien des peines et des délais, la réhabilitation de la mémoire de Jean Calas, mais de bonne foi, n'est-elle pas entièrement réhabilitée? y-a-t-il quelqu'un dans l'Europe qui puisse en douter? [...] L'arrêt du parlement de

---

[96] Dès le 10 décembre 1762, il déclarait qu'il espérait, une fois le premier point gagné, 'des grâces de la Cour' pour la famille infortunée (D10833).

[97] D11112. Voltaire demande à Voisenon d'intervenir auprès de la duchesse (D11114).

[98] D11114. En fait, c'est à l'issue du procès que le roi aidera matériellement la veuve et sa famille (voir ci-dessous).

Toulouse est déclaré injuste par le Conseil et par le public'. Ce que Voltaire, lui, souhaite, c'est une 'réparation': la condamnation solidaire de David, 'premier auteur de toute cette cruauté fanatique', et des juges 'à payer les frais du procès et à demander pardon à la veuve'. Mais voilà ce qu'un parlement n'accordera jamais. C'est pourquoi Voltaire est convaincu qu'un renvoi devant le Grand Conseil serait 'ce qui peut arriver de plus favorable': 'Nous pourrions obtenir à Paris quelque chose de plus', reconnaît-il, même s'il pressent que 'ce plus' serait 'bien mince'.[99] Dans cette perspective, il demande que soient consultés avocats et amis et espère que Mariette œuvrera en ce sens.

De toute façon, dans l'attente de la procédure et des motifs, il exige que soit observée la plus grande prudence. La situation lui semble en effet imposer des ménagements extrêmes: aucune démarche hasardée et intempestive ne doit être entreprise. Aussi s'inquiète-t-il du débit en Suisse et à Genève d'exemplaires des *Toulousaines*[100] d'Antoine Court de Gébelin. Car il craint qu'à la suite de l'ouvrage qui mêle l'affaire Sirven à l'affaire Calas,[101] le Parlement de Toulouse ne joigne au Conseil les deux affaires et ne justifie l'exemple qu'il a donné avec Jean Calas. Lui-même avait précisément recommandé aux trois avocats de ne jamais faire allusion à l'autre affaire languedocienne – ce qu'ils ont fait. Bref, Voltaire redoute que le livre de Court ne fasse grand tort. Le 14 mars, il prie Jacob Vernes d'intervenir pour que les *Lettres* ne soient pas répandues en France et que le débit en soit suspendu.[102] Court de Gébelin accepte de retarder la diffusion jusqu'à ce que l'ordre parti pour Toulouse soit exécuté et consent à corriger les

---

[99] D11143, D11277.

[100] Imprimées à Lausanne sous le nom d'Edimbourg (D11097). L'ouvrage est interdit par le Conseil de Genève le 21 mars 1763 parce qu'il 'contient plusieurs traits imprudents, injurieux au parlement de Toulouse et qui bien loin de servir aux protestants de France pourraient leur être nuisibles'.

[101] L'affaire Sirven est rapportée dans la lettre XXI (p.331-67). Court évoque également l'exécution du pasteur Rochette et des frères de Grenier.

[102] D11097.

exemplaires qui passeront en France afin d'adoucir les passages trop incisifs. Voltaire s'en réjouit et est prêt à 'consoler' l'auteur 'par un petit présent' à titre de dédommagement du retard apporté et des cartons insérés.[103]

Quant à son propre livre sur la tolérance, dont l'origine est liée aux Calas et aux 'pénitents blancs' et que mentionne la correspondance dès décembre 1762,[104] Voltaire, qui d'emblée n'envisage de le faire paraître qu'une fois la révision jugée, attendra en fait octobre 1763 pour le diffuser largement parce qu'il estimera alors que le *Traité* ne pourra pas nuire aux Calas.[105]

Non, Voltaire ne veut qu'aucun écrit susceptible de compromettre la cause ne paraisse avant l'envoi de la procédure et des motifs, pas même, comme il le fait remarquer à Debrus, un écrit sur 'la barbare procession de Toulouse'.[106] Le 23 juin, il redit à Mariette: 'Je pense qu'il faut bien se donner de garde de rien écrire sur cette affaire ni en vers ni en prose. Elle est en règle. Les déclamations sont inutiles, et il n'appartient qu'à vous d'écrire, quand on instruira la révision du procès. On espère tout de votre sagesse, de votre véritable éloquence et de votre bonne volonté'.[107]

Cependant, comme on peut le deviner, les magistrats de Toulouse se montrent irrités par la décision du 7 mars et peu empressés d'exécuter l'ordre du Conseil. Pour copier les pièces de la procédure, le greffier demande à madame Calas une somme élevée – 1500 livres. A peine Voltaire l'a-t-il appris qu'il se récrie avec vivacité. Quoi! un tel montant 'pour transcrire le griffonnage

[103] Lorsque vers la fin de l'année 1763, Court sera à Paris sous un autre nom, Voltaire redoutera que l'auteur des *Toulousaines* ne veuille précipiter le succès de ce que lui-même a entrepris en faveur des protestants du royaume et il répétera qu'il faut d'abord laisser juger définitivement l'affaire des Calas (D11546).

[104] D10827.

[105] Sur l'histoire de l'impression du *Traité sur la tolérance* et de sa diffusion (commencée en privé dès après le 7 mars 1763), voir l'Introduction de J. Renwick, V56c.

[106] D11211. Il s'agit de la procession annuelle du 17 mai commémorative du massacre de protestants à Toulouse en 1562.

[107] D11277.

48

d'un abominable tribunal'? Et qui plus est, l'on ose s'adresser à la veuve même! Mais 'ce n'est pas à elle à payer l'obéissance que le parlement de Toulouse doit au roi'. Sarcastique, Voltaire poursuit: 'Je ferais copier la *Somme* de saint Thomas tout entière pour deux cents francs tout au plus. Les juges de Toulouse rouent et le greffier écorche'.[108] Impossible néanmoins d'échapper à 'l'écorchement': Voltaire le sait qui déjà envisage de réunir la somme en la répartissant 'entre les contribuants' dont il offre d'être.[109] Le 24 mai 1763, écrivant à Jacob Vernes, il constate sur un ton d'amère ironie : 'Il a fallu payer cher l'extradition des pièces, mais tout cela est fait par la justice. Ah *manigoldi* !'[110]

Et pourtant les pièces tardent à être envoyées. Une date limite a été fixée par le Conseil, le 11 juin 1763. Dans la lettre du 24 mai qui vient d'être citée, Voltaire affirme: 'Enfin l'infâme procédure des infâmes juges de Toulouse est partie, ou part cette semaine'. A tort. Car le procureur général du Parlement de Toulouse laisse passer sans agir l'échéance du terme prescrit. Voltaire se trompera encore le 12 juillet lorsqu'il croira pouvoir annoncer à Constant de Rebecque l'arrivée des pièces à Paris.[111] Comme il le reconnaît le 6 août, la nouvelle était 'prématurée', mais l'erreur excusable: 'M. Mariette m'écrivait *je vais voir les pièces qui doivent être chez M. de Crosne*. Elles n'étaient pourtant point arrivées; monsieur le chancelier ne les reçut que dix jours après, il les garda quelque temps avant de les remettre au rapporteur.'[112] C'est en effet seulement à la fin de juillet que le Parlement de Toulouse daigne s'exécuter. Dans une lettre datée du 3 août 1763, Anne-Julie Fraisse

---

[108] D11186, D11187.
[109] D11187: 'Je fais la même offre', ajoute-t-il, 'quand il s'agira de prendre à partie les juges eux-mêmes' (D11187). Le 5 mai, il demande à Laleu de donner six louis d'or pour son compte à Mme Calas 'afin de l'aider un peu à poursuivre la juste réparation qu'on doit à la mémoire de son mari' (D11193).
[110] D11228.
[111] D11305.
[112] D11341.

signale à Nanette Calas que la procédure est partie 'depuis quelques jours'.[113]

Voltaire surveille alors attentivement la reprise de l'affaire. Le 23 août, il demande à Damilaville quand Mariette la 'recommencera'.[114] Un mois plus tard, il laisse entendre à Ribote-Charron que le procès aura lieu après la Saint-Martin: c'est du moins ce dont l'avocat aux Conseils l'a flatté.[115] Il l'espère encore le 20 octobre. Mais, le 13 décembre, il est contraint de reconnaître qu'il n'y a rien de nouveau.[116] L'attente qui va se prolonger sera marquée par des mouvements alternatifs de confiance dans le gain indubitable du procès et de désespoir d'atteindre au succès. Afin de frapper le pouvoir et les juges, Voltaire se tourne vers les princes étrangers – margravine de Baden-Durlach, Frédéric de Hesse-Cassel, Frédéric II – et sollicite leur générosité en faveur de la famille infortunée.[117] Le 18 janvier 1764, il croit pouvoir annoncer au cardinal de Bernis que l'affaire se jugera 'définitivement' au mois de février.[118] Mariette publie un nouveau mémoire (*Observations pour la dame veuve Calas et sa famille*)[119] dont les d'Argental se disent extrêmement contents.[120] Mais février s'écoule et rien ne se passe. Au début de mars, Voltaire s'inquiète du bruit qui court et selon lequel cinq députés du Parlement de Toulouse se trouvent à Paris, tant il craint qu'ils puissent nuire à la cause. Il connaît alors un accès de pessimisme: avouant que rien n'est 'si difficile que de faire du bien', il désespère d'obtenir la justice entière et les dédommagements dus: 'On obtiendra la révision, les juges seront ménagés,

---

[113] 'Lettres de la sœur A.-J. Fraisse', dans Coquerel, *Jean Calas et sa famille*, p.387. La Visitandine signale également le départ de Louis Calas pour Paris. 'Peutêtre fut-il chargé de remettre à sa mère les actes', suggère Coquerel (p.246).

[114] D11379.

[115] D11436, D11470.

[116] D11556.

[117] D11648, D11685, D11787.

[118] D11650.

[119] Paris 1764.

[120] D11668.

Calas restera roué'.[121] Le 11 mars, impatient, il prie Damilaville de lui dire si l'on continue ou si l'on abandonne le procès.[122] Son impatience redouble dans les mois qui suivent. C'est finalement le 4 juin 1764 que le Conseil d'Etat prononce l'arrêt de cassation: le jugement des capitouls du 27 octobre 1761 est cassé pour vices de forme[123] et, en conséquence, sont cassés les arrêts du Parlement de Toulouse des 9 et 18 mars 1762. La *Correspondance littéraire* précise que, de plus de soixante membres, magistrats et ministres, dont était composé le Conseil, 'vingt étaient d'avis d'ordonner la révision du procès par une sorte de ménagement pour une cour souveraine' et que tous les autres opinaient 'pour la cassation pure et simple qui est la forme la plus désobligeante'. 'Aucun', ajoute-t-elle, 'n'a douté un instant que l'arrêt ne fût de toute nullité'.[124]

Dès qu'il est informé du résultat, Voltaire, ranimé, s'empresse de répandre autour de lui la nouvelle: 'Voilà des juges fanatiques confondus, et l'innocence publiquement reconnue'.[125] Il compli-mente les Végobre, Debrus, Cathala, et manifeste son contente-ment. 'C'est une belle fête pour un cœur comme le vôtre', écrit-il à Constant de Rebecque.[126] La 'belle fête' est d'abord pour le cœur de Voltaire.

Tout en disant sa joie, la duchesse de Saxe-Gotha, qui a répandu ses libéralités sur les Calas,[127] rend hommage à l'action du philosophe en faveur de la malheureuse famille: 'C'est bien Vous, c'est bien Votre bienfaisance et Votre éloquence mâle et généreuse qui l'avés secourue et protégée [...] sans Vous,

---

[121] D11748.

[122] D11763.

[123] 'En ce qu'ordonnant que les accusés seraient confrontés les uns aux autres, il n'a pas été ordonné qu'ils seraient récolés sur leurs interrogatoires. Ce faisant, a cassé les confrontations desdits accusés faites sans avoir procédé préalablement à leurs récolements' (cité par Elie de Beaumont, *Mémoire à consulter et consultation pour les enfants du défunt Jean Calas, marchand à Toulouse*, Paris 1765, p.4).

[124] *Correspondance littéraire*, 15 juin 1764, vi.19-20.

[125] D11919.

[126] D11923.

[127] D11286, D11304, D11927.

Monsieur, l'iniquité triomphoit et l'inocence périssoit. Cette protection équitable et généreuse de Votre part Vous gagne l'admiration et l'amour de tous les siècles et une imortalité presque plus sûre encor, que celle que Vous procure la Henriade'. Certes, ajoute-t-elle, 'pour l'honeur de l'humanité il eût été à souhaiter que l'arrêt barbare des juges de Toulouse eût pu être cassé deux ans plustôt.' Mais 'enfin', reconnaît-elle, 'il est toujours beau et magnanime de la part du Roi et de son conseil de l'avoir fait encor, et aussi promtement qu'il leur a été possible'.[128]

Le procès est renvoyé aux requêtes de l'Hôtel au Souverain – un tribunal composé des juges qui ont cassé l'arrêt toulousain.[129] Le 27 juin, Anne-Julie Fraisse 'félicite' sa correspondante de la juridiction désignée: 'On ne pouvait rien faire de mieux à vos intérêts'.[130]

Mais déjà, Voltaire, soucieux, s'interroge sur l'issue de ce procès qui recommence. Sera-t-il possible d'obtenir le remboursement des frais et des dommages et intérêts? sera-t-il possible de prendre David à partie?[131] Un peu désabusé, il observe: 'Je vois qu'il est beaucoup plus aisé de rouer un homme que de lui faire réparation'.[132]

---

[128] D11953.

[129] 'Pour y être ordonné et fait le récolement desdits accusés, et ensuite être procédé à de nouvelles confrontations des accusés les uns aux autres et à telles instructions qu'il appartiendra [...]. Ordonné à cet effet que les charges et procédures apportées au greffe du Conseil seront portées à celui desdites Requêtes de l'Hôtel, même les confrontations déclarées nulles par le présent arrêt, lesquelles serviront de mémoires seulement' (Elie de Beaumont, *Mémoire à consulter et consultation*, p.5).

[130] 'Lettres de la sœur A.-J. Fraisse', dans Coquerel, *Jean Calas et sa famille*, p.395. Dans une lettre antérieure (du 13 juin), la religieuse annonçait qu'elle écrirait à M. d'Auriac pour le remercier et faire part de la reconnaissance des Calas.

[131] Comme le maître des requêtes François Fargès de Polisy 'a opiné pour faire des injonctions aux juges de Toulouse', Voltaire commente: 'C'est très noblement opiner à mon avis' (D11954). Richelieu précise à Voltaire, pour l'avoir appris dans sa retraite, que d'Aguesseau ayant trouvé 'l'avis un peu trop ferme', Fargès avait repris: '*Oui, messieurs, je persiste dans mon avis, ce n'est pas ici le cas d'avoir des ménagements*' (D12002).

[132] D11919.

iii. *Le jugement définitif*

‘La justice complète rendue enfin aux Calas est
applaudie de toute l’Europe’ (Voltaire à Le
Bault; 20 mars 1765, D12485).

Dans le courant du mois de juin 1764, Voltaire reçoit une lettre
anonyme de Toulouse qui, d’une manière ‘assez bien raisonnée en
apparence’, conclut à la culpabilité de tous les Calas et affirme que
les juges toulousains ‘n’ont à se reprocher que de ne les avoir pas
tous condamnés’. Le philosophe commente avec humour: ‘Je
présume que si j’étais à Toulouse, on me ferait un assez mauvais
parti’. Ou encore: ‘Je crois que s’ils [les juges] me tenaient, ils
pourraient bien me faire payer pour les Calas’. C’est pourquoi il se
réjouit d’avoir choisi son camp sur la frontière... [133]

Le maître des requêtes Guillaume-Joseph Dupleix de Bacquencourt est nommé rapporteur.[134] Les avocats reprennent la plume.
Mariette fait paraître un *Mémoire* (c’est le quatrième) *pour la veuve
Calas et sa famille* (1765). Elie de Beaumont, de son côté, publie
d’abord le *Mémoire à consulter et consultation pour les enfants du
défunt Jean Calas, marchand à Toulouse*, daté du 22 janvier 1765 et
signé de sept autres avocats,[135] où il s’attache à montrer que David
et ses collègues ont négligé les formes prescrites par les ordonnances et manifesté une prévention marquée contre les Calas de
telle sorte que ceux-ci sont déclarés fondés à prendre à partie les
capitouls. En février, un nouveau mémoire est diffusé du même
Elie de Beaumont, *Mémoire pour dame Anne-Rose Cabibel veuve*

---

[133] D11954, D11955, D11987.

[134] Ce rapporteur deviendra intendant de Bourgogne (il succédera à Amelot de
Chaillou) et, à partir de 1775, Voltaire aura recours à lui pour les affaires du pays de
Gex: ‘S’il n’a pas pitié de notre pauvre petit trou, je lui députerai l’ombre de Calas qui
lui dira, *homme équitable et éloquent, qui avez secouru les morts, secourez les vivants*’
(D20472). Voir aussi D20495.

[135] De Lambon, Mallard, d’Outremont, Mariette, Gerbier, Legouvé et Loiseau
de Mauléon.

Calas et pour ses enfants (1765), construit sur six preuves et qui insiste notamment sur le fait que Marc-Antoine est bien mort protestant et n'a jamais été maltraité par ses parents pour cause de religion, que les convives du dîner du 13 octobre 1761 ne se sont jamais quittés, que Lavaysse et Jeanne Viguière ne sauraient être impliqués dans l'affaire. De ce *Mémoire*, Voltaire qui, au cours de la première semaine de janvier, a renoué contact avec 'le protecteur de l'innocence opprimée'[136] prend connaissance vers la fin de février; il ne cache pas alors à l'auteur sa satisfaction[137] et ne doute pas de l'effet du factum: 'Il me paraît impossible que votre mémoire ne porte pas la conviction dans l'esprit des juges et l'attendrissement dans les cœurs'.[138] Il avoue, dans sa fameuse lettre ostensible du 1er mars 1765 à Damilaville, qu'il a 'dévoré' le *Mémoire*, qu'il l'a admiré, qu'il en a été ému ('J'ai répandu des larmes'), tout en reconnaissant aussi qu'il ne lui a rien appris: 'Il y a longtemps que j'étais convaincu, et j'avais eu le bonheur de fournir les premières preuves'.[139] C'est dans cette même lettre qu'il affirme avoir vu renouveler les temps où Cicéron justifiait devant une assemblée de législateurs Amerinus accusé de parricide.[140]

---

[136] D12318. Elie de Beaumont vient d'accomplir un voyage en Angleterre: Voltaire pense qu'il a dû être 'aussi bien reçu qu'un juge des Calas le serait mal' par cette nation 'ennemie des préjugés'. Sur la réception de l'avocat comme 'doctor of laws' de l'Université d'Oxford, voir *Gentleman's magazine*, 15 septembre 1764, xxxiv.496.

[137] La même impression favorable est confiée à d'Argental que Voltaire remercie pour ses interventions auprès de l'avocat et les encouragements qu'il a prodigués à celui-ci (D12440). La *Correspondance littéraire* (15 mars 1765, vi.231) reconnaît qu'il y a dans le *Mémoire* 'un peu de déclamation', 'mais pas assez pour ôter au sujet sa force'.

[138] Et il invite l'avocat à jouir 'de l'honneur et du plaisir d'être le vengeur de l'innocence': 'Toute cette affaire vous a comblé de gloire. Il ne reste plus aux Toulousains qu'à vous faire amende honorable en abolissant pour jamais son infâme fête, en jetant au feu les habits des pénitents blancs, gris et noirs et en établissant un fond pour la famille Calas' (D12421).

[139] D12425.

[140] Roscius Amerinus, citoyen d'Amerie (Ombrie), proscrit par Sylla, accusé du meurtre de son père (voir, de Cicéron, le *Pro Roscio Amerino*).

Gaubert Lavaysse, pour sa part, rédige, lui aussi, un nouveau mémoire (*Mémoire du sieur François-Alexandre Gualbert Lavaysse*, 1765) dont la 'simplicité attendrissante' et la 'vérité sans ostentation' ne laissent pas Voltaire indifférent.[141]

Cependant la procédure suit son cours. Après avoir ordonné par jugement du 27 novembre 1764 l'enregistrement de l'arrêt du Conseil du 4 juin, les Requêtes ordonnent, le 2 mars 1765, que madame Calas, Pierre, Lavaysse et Jeanne Viguière seront récolés en leurs interrogatoires et confrontés les uns aux autres. Assignés par ordonnances de Dupleix de Bacquencourt en date des 4 et 5 mars, les accusés, qui se sont constitués prisonniers et enfermés dans la Conciergerie du Palais[142] où ils reçoivent 'les visites d'un grand nombre de personnes de la première distinction et d'autres honnêtes gens',[143] sont tour à tour récolés et confrontés du 4 au 6 mars. Le 7, ils présentent deux requêtes, l'une, pour être déchargés de l'accusation, prendre à partie les capitouls et assesseurs et les faire assigner à fin de condamnation solidaire,[144] l'autre pour remettre la mémoire de Jean Calas 'en sa bonne fame et renommée'.[145]

Des témoignages en faveur des Calas qui n'avaient pu être rendus dans le cadre de la procédure toulousaine (qu'on se souvienne du monitoire, des briefs intendits...) sont enfin produits. Telle la déposition que font par écrit les huit négociants de Genève qui avaient été en relations avec Jean Calas et sa famille.[146]

---

[141] D12459.

[142] Elie de Beaumont le signale dans son *Mémoire à consulter* daté du 22 janvier 1765. Selon la *Correspondance littéraire*, ils se sont rendus en prison 'huit jours avant le jugement' (15 mars 1765, vi.230).

[143] *Correspondance littéraire*, mars 1765, vi.230.

[144] Sont demandées 200 000 livres de dommages et intérêts envers Mme Calas et Pierre, 30 000 livres envers Lavaysse et 20 000 envers Jeanne Viguière.

[145] Une autre requête est présentée, le 7 mars, par Louis, Donat et les deux filles pour permettre de prendre à partie les capitouls et les condamner solidairement à 200 000 livres de dommages et intérêts 'résultant de la condamnation injuste prononcée contre leur père [...] et de la vente de tous ses biens'.

[146] Voir ci-dessus 2.ii.

C'est le 9 mars 1765 – jour anniversaire de la condamnation de Jean Calas[147] – que les Requêtes de l'hôtel, tous les quartiers assemblés, prononcent leur jugement au terme de six séances, les cinq premières de quatre heures chacune, la dernière de huit heures et demie. L'arrêt définitif est rendu à l'unanimité par quarante juges (parmi lesquels quatorze intendants de province)[148] et Voltaire soulignera plus tard le rôle décisif de Dupleix de Bacquencourt: 'C'est lui qui entraîna toutes les voix, et qui vengea la nature humaine autant qu'il le pouvait, de l'absurde barbarie des Pilate de Toulouse'.[149]

Les accusés et la mémoire de Jean Calas sont pleinement déchargés de l'accusation, leurs écrous seront rayés et biffés de tous les registres où ils se trouveront inscrits et le jugement sera transcrit en marge desdits écrous et aussi imprimé et affiché partout où besoin sera. En ce qui concerne la prise à partie, les magistrats (qui ne s'estiment pas compétents) 'ont renvoyé et renvoient' les demandeurs 'à se pourvoir ainsi qu'ils aviseront'.[150] Rendant compte de la décision, le *Journal encyclopédique* ajoute qu'il est arrêté 'que la Compagnie écrira au roi une lettre qui sera communiquée à M. le Contrôleur général et présentée à Sa Majesté par le doyen des doyens pour exposer au roi le déplorable état de la famille des Calas et intéresser en sa faveur sa bonté paternelle'. Le même périodique laisse entendre que 'la Compagnie doit encore supplier Sa Majesté d'abolir la procession qui se célèbre tous les ans le 17 mai à Toulouse [...] comme tendant à entretenir la division

[147] Le choix de la date ne plaît pas à l'auteur de la *Correspondance littéraire*: 'Rien ne m'a fait autant de peine que cette puérilité solennelle dans une cause de cette espèce [...]. Il me semble voir des enfants qui jouent avec les poignards et les instruments du bourreau' (vi.231).
[148] 'Nouvelles politiques', dans *Journal encyclopédique*, 15 mars 1765, iii.163.
[149] D19243.
[150] *Jugement souverain des Requêtes ordinaires de l'Hôtel du roi [...] du 9 mars 1765. Extrait des registres des Requêtes ordinaires de l'Hôtel du roi au Souverain* (1765), p.30.

entre les sujets du roi'.[151] Conseiller d'Etat à Genève, Jean-Pierre Crommelin, rapportant, de Paris, le 12 mars, à Pierre Lullin, secrétaire du Conseil, le contenu de l'arrêt souligne la vive hostilité des réactions du public à l'encontre du tribunal languedocien: 'Le public réuni voudrait qu'on pendît les juges de Toulouse et que l'on rouât le capitoul'.[152]

Voltaire ne connaît la nouvelle qu'après le 15 mars.[153] Il est alors saisi d'une profonde émotion: 'Un petit Calas était avec moi quand je reçus votre lettre', raconte-t-il aux d'Argental, le 17 mars, 'et celle de Mme Calas et celle d'Elie et tant d'autres; nous versions des larmes d'attendrissement, le petit Calas et moi. Mes vieux yeux en fournissaient autant que les siens: nous étouffions'. Il le redit à madame Calas ('J'ai embrassé Donat Calas en versant des larmes de joie') et à bien d'autres correspondants: 'Quand j'ai appris le succès, j'ai versé longtemps de ces larmes d'attendrissement et de joie que Mlle Clairon fait répandre'.[154] Il multiplie les démonstrations d'affection: 'J'embrasse Pierre de tout mon cœur', écrit-il à madame Calas; 'Souffrez que je vous en dise autant, aussi bien qu'à mesdemoiselles vos filles. Ne m'oubliez pas, je vous en supplie,

151 *Journal encyclopédique*, iii.163. Les *Mémoires secrets* signalent le 15 mai 1765 (ii.190) qu'à la suite du jugement des maîtres des requêtes, l'histoire de cette cérémonie vient d'être publiée sous le titre *Histoire de la délivrance de la ville de Toulouse, arrivée le 17 mai 1562, où l'on voit la conspiration des huguenots contre les catholiques, leurs différents combats, la défaite des huguenots et l'origine de la procession du 17 mai, le dénombrement des reliques de Saint Cernin, le tout tiré des annales de ladite ville* (la Préface plaide pour la suppression de cette cérémonie, 'monument trop durable du fanatisme et de la révolte').
152 D12454. Destitué par un arrêt de février 1765 'non pour son horrible conduite envers Jean Calas, mais pour avoir voulu rançonner des Anglais pour l'enterrement d'un de leurs parents mort à Toulouse', David est atteint de frénésie et enfermé comme fou (*Correspondance littéraire*, vi.230 et 414).
153 A cette date, il s'en tient encore aux formules de l'espoir d'un 'plein succès' (D12462; voir aussi D12460).
154 D12468, D12469, D12472, D12482.

auprès de M. de Lavaysse'.[155] Il songe aussi à 'Cicéron de Beaumont': 'Si vous le revoyez', dit-il à François de Chennevières, 'embrassez-le pour moi des deux côtés'. Et de s'écrier: 'Vive Elie de Beaumont! il a le feu du char de son bon patron'.[156]

Il avoue que la nouvelle a suspendu ses maux[157] et il clame autour de lui (à Damilaville, à Marmontel, à François et Théodore Tronchin, à Ami Camp, et à d'autres encore) sa joie pure, 'bien pure', inexprimable même,[158] et qu'augmente la sensibilité partagée de ses correspondants,[159] même s'il lui arrive aussi de rappeler le long effort obstiné qu'il a dû soutenir: 'ce n'est pas sans peine que nous avons réussi. Il a fallu trois ans de peines et de travaux pour gagner enfin cette victoire'.[160]

Il reçoit des lettres émues de ceux qui se sont occupés de l'affaire ou s'y sont intéressés. Il parle de l'honneur de la France, invoque l'applaudissement universel: 'Genève est comme Paris, il bat des mains à vos juges', fait-il remarquer à madame Calas, 'L'Europe attendrie bénit la justice qu'on vous a rendue'. Il qualifie de 'beau monument' 'la lettre écrite au roi et présentée par le doyen des maîtres des requêtes pour obtenir une pension en faveur des Calas et l'abolition de la détestable fête annuelle de Toulouse'.[161] Le 20 mars, il écrit à Cideville: 'Vous étiez donc à Paris [...] quand le dernier acte de la tragédie des Calas a fini si heureusement; la pièce est dans les règles, c'est à mon gré le plus beau cinquième acte qui soit au théâtre'.[162] De ce succès, d'Alembert tient à marquer la part

---

[155] D12469. Même Louis n'est pas oublié: le 27 mars 1765, Voltaire avertit Mme Calas qu'il a reçu une lettre de celui-ci: 'Ne sachant pas sa demeure, je vous écris pour le remercier de son attention. Je m'intéresse à tous vos enfants' (D12506).

[156] D12482. Voir aussi D12483. L'éloge d'Elie de Beaumont va s'accentuer dans la mesure où l'avocat accepte de s'occuper des Sirven: 'Il faudra dresser une statue à M. de Beaumont avec le fanatisme et la calomnie sous ses pieds' (D12491).

[157] D12469, D12476, D12566.

[158] D12477, D12484, D12497.

[159] D12479, D12497.

[160] D12497. Voir aussi D12503.

[161] D12469, D12476.

[162] D12483.

prépondérante qui revient à Voltaire: 'C'est à vous qu'ils en ont l'obligation, vous seul avez remué toute la France et toute l'Europe en leur faveur'. Le rédacteur de la *Correspondance littéraire* rend également hommage au philosophe: 'C'est à ses soins infatigables, à ses secours de toute espèce que cette famille infortunée est redevable de la justice tardive qu'elle obtient aujourd'hui'. Et de confier: 'J'aimerais mieux avoir fait cette action que la plus belle de ses tragédies'.[163]

---

[163] D12486; *Correspondance littéraire*, 15 mars 1765, vi.230. Le 20 mars, la sœur Anne-Julie Fraisse dit sa joie et celle de la communauté à l'annonce du succès (voir Coquerel, *Jean Calas et sa famille*, p.399).

4

Après la victoire[1]

i. *La pension royale*

'On roue un homme plus vite qu'on ne lui donne
une pension' (Voltaire à d'Alembert; 25 mars
1765, D12499).

Dans la lettre qu'ils adressent au vice-chancelier, René-Charles de
Maupeou,[2] les maîtres des requêtes de l'Hôtel au souverain, après
avoir souligné la ruine entière des Calas à la suite des longs revers
endurés,[3] poursuivent: 'Nous vous supplions, Monseigneur,
d'implorer pour eux les bontés du roi; son cœur paternel sera
touché sans doute de leur situation. Sa Majesté n'a pas de sujets plus
dignes d'exciter sa pitié puisqu'elle n'en a pas de plus malheureux'.[4]
     Du sort réservé à cette demande, Voltaire aussitôt se préoccupe
et s'inquiète. Parce que le dédommagement tarde, il se fait
sarcastique: 'La reine a bu, dit-on à sa [de madame Calas] santé,
mais ne lui a point donné de quoi boire'. Il se fâche, s'impatiente –
'J'attends tous les jours la nouvelle qui m'apprendra que le roi [...]
accorde une pension' – et ce d'autant plus que le monarque ne
saurait que gagner à cette libéralité: 'Le roi se fera adorer en
accordant cette grâce [...] il aura l'intérêt de son argent en
bénédictions. Un roi fait ce qu'il veut des cœurs: tous les
protestants sont prêts à mourir pour son service'.[5]
     Sur ces entrefaites, Maupeou répond aux magistrats en termes

---

[1] Terme employé par Voltaire dans sa lettre à Charles Bordes du 23 mars 1765
(D12497).
     [2] Nommé en 1763 vice-chancelier, il deviendra chancelier en 1768.
     [3] Ils ont subi cinq procès successifs qui ont coûté 'des sommes immenses'
(D12542).
     [4] Lettre reproduite par Coquerel, *Jean Calas et sa famille*, p.254-55.
     [5] D12508, D12530, D12529, D12552.

favorables: 'Le roi dont l'âme est sensible à la justice et au malheur
[...] a accordé à la veuve Calas une gratification de douze mille
francs, six mille francs à chacune de ses filles, trois mille francs à ses
fils, trois mille francs à la servante et six mille francs pour les frais de
voyage et de procédure'.[6] Soit un total de 36 000 livres. Lavaysse,
on le voit, n'est pas nommé: c'est que, comme l'explique la
Correspondance littéraire,[7] son père jouit 'd'une fortune honnête';
néanmoins, et bien que le jeune homme lui-même se dise 'fort
content d'avoir été oublié', le rédacteur de la *Correspondance* se
demande 'si ceux qui l'ont oublié doivent être aussi contents que
lui'. Précisons que la somme de 3000 francs prévue pour les fils
revient au seul Pierre et que Louis en est exclu. Aussi Saint-
Florentin, envoyant, le 17 avril, au Contrôleur général, Clément-
Charles-François de Laverdy, un mémoire où Louis Calas demande une augmentation de sa propre pension sur les économats,
insistera-t-il pour que celui-ci partage la gratification royale ou
qu'à tout le moins il soit l'objet d'une 'grâce particulière'. Car le
ministre trouve étrange que le seul catholique de la famille soit
privé de sa part et il ne voudrait pas que, de la générosité de
Louis xv, on puisse 'rien conclure en faveur de la religion' que
professent les autres membres de la famille.[8]

C'est au cours d'une entrevue dont il prend l'initiative que le
vice-chancelier annonce le bienfait du monarque à madame Calas
et aux siens qui sont présentés au roi et à la reine laquelle se montre
fort obligeante à leur égard.[9]

Voltaire à qui madame Calas a, dès le 11 avril, appris la nouvelle
du don royal, exprime sa joie, redit qu'il en a oublié tous ses maux,
devine le contentement d'Elie de Beaumont, de Damilaville,

[6] Coquerel, *Jean Calas et sa famille*, p.254-55.
[7] 15 avril 1765, vi.265.
[8] *Correspondance littéraire*, vi.365-66.
[9] Voir la lettre d'Anne-Julie Fraisse du 12 juin 1765, dans Coquerel, *Jean Calas et sa famille*, p.402, et *Correspondance littéraire*, 15 avril 1765, vi.263.

nargue 'les ennemis de la raison et de l'humanité'[10] et assure qu'on bénit le roi dans les pays étrangers.

Pourtant Damilaville ne cache pas, pour sa part, son désappointement; il écrit le 22 avril à Voltaire:

Nous sommes bien heureux si les étrangers sont contents de nos petites générosités. J'ai bien peur qu'on ne nous en bénisse qu'à Geneve où 36 000[ll] peuvent paraître considérables; mais à Londres où Fréeport les aurait donné tout seul, que dira t'on? Que dira t'on surtout quand on saura que cette restitution aussi modique que Légitime, ne sera payée qu'en trois ans à raison de 1 200[ll] par année? Peut on être content avec cela? Non! il faut rougir de honte pour ceux qui n'en ont point à déshonorer La nation. La situation malheureuse des affaires, me faisait supporter La médiocrité de la somme; mais quand on est forcé de donner peu, aumoins faut il payer comptant. Que fera cette famille d'une petite somme, reçue par petites parties? Il faudra la dépenser a mesure. Une malheureuse servante que les souffrances encore plus que l'âge ont conduite au bord de la fosse, vivra t'elle asséz pour recevoir ses mille Ecus? Il semble qu'on veuille hériter d'Elle.

Et il en vient à comparer la France et la Russie au détriment de la première:

Ce n'est pas ainsi que font Les Tartares. Caterine donne 16 000[ll] et cent pistoles de pension à un homme de mérite que sa nation Laisse dans une espèce d'indigence. Ses officiers n'ont n'y fait rouer injustement son Père, n'y dévasté sa fortune. Son bienfait est pourtant payé sur le champ. Vous l'avez dit, Les grands exemples nous viennent du nord, mais qu'il est triste d'en recevoir de semblables quand on devrait en donner, et d'en si mal profiter quand on en a reçu.[11]

---

[10] D12557.

[11] D12566. Quelques jours plus tard, Damilaville reprend la comparaison esquissée: 'nous devenons des Scites et les Russes deviennent des Grecs. Mettez à côté de cela ce qu'on fait pour les malheureux Calas et comment on le fait, et vous verrez que j'ai raison' (D12575).

ii. *La prise à partie*

'Cette famille infortunée [...] a la permission de
prendre ses juges à partie' (Voltaire à Sébastien
Dupont; 20 avril 1765, D12561).

Au fond de lui-même, Voltaire a toujours pensé que c'était à David
et aux juges de Toulouse, auteurs de la catastrophe, à indemniser
ceux qu'ils ont persécutés, même s'il considère que la pension du
roi est plus honorable. Cependant, dans leur jugement, les maîtres
des requêtes ne se prononcent pas sur la demande 'en prise à partie
et dommages-intérêts'; selon les termes employés, ils 'ont renvoyé'
et 'renvoient' les Calas 'à se pourvoir ainsi qu'ils aviseront'.[12] Au
lendemain du 9 mars, Voltaire se montre, quant à lui, très prudent;
c'est que le roi n'a pas alors encore donné sa réponse sur la
gratification. Tiraillé entre ceux qui conseillent la prise à partie et
ceux qui la déconseillent, il refuse d'opter et suggère, guidé par son
habileté manœuvrière, de commencer par 'faire pressentir' le vice-
chancelier et le contrôleur général (les deux ministres du ressort
desquels dépend précisément la pension), car il redoute toute
démarche susceptible de 'déplaire à la cour' et d''affaiblir la bonne
volonté du roi'. D'après lui, il faudrait engager monsieur Héron à
savoir par le premier secrétaire du vice-chancelier ce qu'il pense de
la chose.[13]

Interrogé sur ce point au cours de son entretien avec madame
Calas, Maupeou se contente de répondre: 'Vous avez de bons
conseils, consultez-les et faites ce qu'ils vous diront'.[14] Rendant
compte à Voltaire de l'entrevue, Elie de Beaumont, le 11 avril,
commente:

---

[12] *Jugement souverain des Requêtes ordinaires de l'Hôtel du roi*, p.30.

[13] D12511, D12515, D12516, D12518.

[14] Maupeou s'est d'abord déclaré contre la prise à partie alors qu'au Conseil le duc
de Praslin plaidait pour que la gratification ne portât pas préjudice à celle-ci
(D12544).

Cette réponse a cela de bon qu'elle n'annonce nullement que la prise à partie déplaise au roi, comme les Toulousains d'ici l'avaient répandu d'abord. On doute néanmoins qu'elle puisse avoir lieu si les esprits des magistrats du conseil ne sont un peu ranimés, *tantae molis est* de punir parmi nous des prévaricateurs dont les charges excèdent 40.000 livres. Le dernier résultat de l'assemblée tenue chez m. d'Argental, le mercredi 3 avril, a été que pour être conséquent et raisonnable il fallait aussi prendre à partie les treize juges de la Tournelle, plus coupables encore que les capitouls puisqu'ils étaient préposés par la loi pour les rectifier. Pour cela, il faut la permission du conseil et l'on craint fort que ces petits rois plébéiens ne paraissent assez puissants pour que, par une faiblesse honorée du nom de politique, on refuse de la permettre; on dit même qu'ils font à Toulouse la bonne contenance de vouloir faire imprimer la procédure, et qu'ils ont rendu arrêt portant défense d'afficher notre jugement d'absolution. Mais ce dernier fait n'est pas confirmé. On pense qu'il n'y a que des défenses verbales, qui après tout produiront le même effet.[15]

Toulouse, en effet, réagit vivement au jugement du 9 mars 1765. Anne-Julie Fraisse rapporte, le 17 avril, à Nanette Calas: 'Notre Parlement a fait, dit-on, des assemblées secrètes pour examiner la légitimité des pouvoirs des requêtes, mais ils n'ont rien trouvé à pouvoir les combattre. Ils disent qu'ils feront imprimer la procédure et la donneront au public pour leur justification. Je réponds qu'ils s'en garderont bien'.[16] De son côté, Voltaire rapporte que le parlement a défendu, sous des peines corporelles, 'qu'on affichât l'arrêt des maîtres des requêtes', que toutes les chambres se sont assemblées le 21 mars[17] et que des commissaires ont été nommés pour faire des remontrances au roi: 'ils doivent demander, 1° que S[a] M[ajesté] n'accorde plus si facilement des évocations, 2° que s'il en accorde ce ne soit que d'un parlem^t à un autre, 3° que le roi n'ait point d'égard au jugem^t des Requêtes

[15] D12541.
[16] 'Lettres', dans Coquerel, *Jean Calas et sa famille*, p.400.
[17] Ou le 20 (D12522).

de l'hôtel en faveur des Calas, 4° que le roi approuve et conserve à jamais la procession du 17ᵉ May . . .'.[18] Comme Voltaire l'écrit avec humour aux d'Argental, ces messieurs lui 'paraissent opiniâtres': 'Peut-être je devrais, plus humble en ma misère, / Me souvenir du moins que je parle à leur frère.'[19] 'Mais', poursuit-il, 'ce frère appartient à l'humanité avant d'appartenir à messieurs'.[20] Cependant il a beau prévoir la réaction hostile de l'étranger ('Ce nouvel excès va indigner l'Europe'), il se garde de toute assurance, craignant que le pouvoir ne cherche à ménager les parlementaires de Toulouse.

Lorsqu'il apprend que la pension a été accordée et que Maupeou s'en est remis à l'avis des 'conseils', il devient affirmatif et déclare à ses correspondants que le roi permet la prise à partie.[21] S'exaltant déjà, il souligne le caractère rare et significatif de la chose: 'Ce sera une grande époque' et aussi 'une grande leçon', dit-il, car 'un tel exemple doit rendre tous les juges bien circonspects quand il s'agit de la vie des citoyens'. Pour trouver un précédent, il est obligé de remonter à François Iᵉʳ et au massacre de Cabrières et de Mérindol; encore 'cette cruelle affaire' était-elle 'bien d'un autre genre'. Le 22 avril, Damilaville lui annonce que, dès que le jugement sera signifié, 'on présentera la requête pour la prise à partie' et il en

---

[18] D12511, D12518.

[19] *Mithridate*, acte I, scène ii.

[20] D12522. S'adressant à Grimm, le 4 avril, Gabriel Cramer, à qui Voltaire a annoncé peu auparavant l'assemblée du Parlement de Toulouse (D12520), s'indigne: 'Il faut que tout ce monde là ait le diable au corps; quoj, sur les huit disciples de Minos qui ont condamné au hazard un père de famille pour cause de la mort de son fils, il n'y en a pas aujourd'huy un seul, qui soit épouvanté de l'excès de la prévention qui l'a rendu criminel, pas un seul qui sache se destituer de sa place pour ne juger de sa vie, et pour donner la finance de sa Charge aux enfans, à la femme, à la servante, du père, du mari, du maître, qu'ils ont assassiné? Mon cher philosophe, cela m'attriste, cela me vieillit' (D12526).

[21] D12557, D12561.

souligne le bien-fondé: 'Il est [...] juste que les juges iniques qui ont causé Le désastre de cette famille Le réparent'.[22]

En fait, la requête ne sera pas présentée. A. Coquerel cite un document d'après lequel Maupeou détourne la famille Calas de cette procédure qui 'ne tendrait qu'à la ruine totale de la famille'.[23] De toute façon, David Lavaysse n'a pas caché aux Calas que son fils ne se joindrait pas à eux s'ils tentaient la démarche.

Ainsi, la justice reste sur ce plan incomplète. 'Il ne manque à cette famille que le pardon que les huit juges fanatiques doivent lui demander à genoux, l'argent à la main', écrit, le 16 juillet 1765, Voltaire, qui, trois mois plus tard, s'étonne de l'inaction du Parlement de Toulouse qu'il estime 'honteuse': 'S'il croit avoir bien jugé les Calas, il doit publier la procédure pour tâcher de se justifier. S'il sent qu'il se soit trompé, il doit réparer son injustice ou du moins son erreur. Il n'a fait ni l'un ni l'autre, et voilà le cas où c'est le plus infâme des partis de n'en prendre aucun'.[24] Convaincue également que ce serait aux juges toulousains 'à répondre du sang de l'innocent' et qu'il conviendrait de les attaquer en justice, la *Correspondance littéraire*[25] s'indigne à la pensée que de tels juges, après avoir condamné Jean Calas, puissent continuer 'à disposer par leurs arrêts, de la vie, de l'honneur et de la fortune des citoyens' et se plaît à rapporter l'anecdote suivante: 'Un conseiller de ce parlement se trouvant l'hiver dernier dans un cercle, on lui fit des reproches sur cette conduite inouïe. Il crut excuser ses confrères en disant: Il n'y a pas de si bon cheval qui ne bronche. – A la bonne heure, lui répondit une femme d'esprit qui était là: mais, monsieur, toute une écurie!'

---

[22] D12543, D12552, D12561, D12566.
[23] *Jean Calas et sa famille*, p.257, n.1.
[24] D12802, D12932.
[25] 15 juin 1764, vi.19, et 15 mars 1765, vi.230-31.

iii. *L'estampe*

'Ce tableau sera bien intéressant et j'espère que
l'estampe vaudra quelques secours à ces infor-
tunées' (Damilaville à Voltaire; 24 avril 1765,
D12569).

Cependant, comme la pension accordée par Louis xv ne suffit pas,
si élevées sont les dépenses engagées – et encore alourdies par les
frais considérables pour faire signifier le jugement des maîtres des
requêtes aux prisons de Toulouse, de Paris et de Versailles – 'il faut
bien', comme le remarque Damilaville, le 22 avril, 'que les
particuliers secourent cette famille malheureuse'.[26] En Angleterre,
une souscription est ouverte en sa faveur.[27] Sur cet exemple,
Grimm imagine un moyen de lancer à son tour une souscription
pour aider les Calas. Il demande à Carmontelle, lecteur du duc de
Chartres (on sait qu'il est lui-même attaché à la maison des
d'Orléans) et connu pour ses dessins faciles et agréables de
représenter les membres de la famille Calas et Gaubert Lavaysse.
Son intention est de faire graver le dessin, de proposer en
souscription les estampes et d'offrir la planche à madame Calas.
Approuvé par Marin le 17 juillet 1765, ayant reçu de Sartine un
permis d'imprimer le 18, un *Projet de souscription pour une estampe
tragique et morale*, assorti d'une épigraphe empruntée à Lucrèce,[28]
est tiré à cinq mille exemplaires. Il décrit le tableau, les six portraits
dont le caractère ressemblant est souligné avec force,[29] la position

---

[26] D12566.
[27] 'Cette nation là ne cesse d'humilier La nôtre, et la nôtre ne cesse de se dégrader.
Cela fait pitié, mais consolons nous puis qu'il est encore au monde des endroits où la
raison et la vertu sont encore chéries et respectées. La patrie du sage est partout'
(D12556).
[28] 'Qualibus in tenebris vita quantisque periclis / Degitur hoc aevi quodcumque
est'. Les *Mémoires secrets* signalent la parution le 11 août (ii.220-21).
[29] Damilaville insiste beaucoup aussi sur la ressemblance (D12569).

des personnages et le décor choisi – celui de la prison de la Conciergerie. Le prix de l'estampe est fixé à six livres; une liste d'adresses de 'receveurs' de souscriptions est dressée pour la France et pour l'étranger, tandis que monsieur Le Pot d'Auteuil, notaire rue Saint-Honoré, est chargé de rassembler tous les fonds recueillis.[30] Il est prévu que les estampes dont le nombre ne dépassera pas celui des souscripteurs seront en état de paraître avant septembre 1765, mais que la souscription restera ouverte jusqu'à la fin de l'année 1765.[31]

Le *Projet* laisse entendre que les frais de la gravure sont supportés 'par un petit nombre de personnes que l'amitié réunit depuis longtemps' au nombre desquels on peut identifier, en dehors de Grimm, madame d'Epinay, Diderot, d'Alembert et Damilaville. C'est précisément celui-ci qui, le 22 avril, signale à Voltaire l'entreprise qui se forme et dont les initiateurs espèrent tirer 'au moins cinq à six mille livres' au bénéfice de madame Calas. Quelques jours plus tard – le 29 avril – Damilaville propose à Voltaire de participer: 'Voulez vous être de notre cadeau à la pauvre veuve Calas? Je vous ai réservé un intérêt dans cette affaire où il n'est admis que des philosophes et en fort petit nombre [...] vous n'avez qu'à parler'.[32] Voltaire applaudit à l'idée qu'il trouve 'merveilleuse', souscrit pour douze estampes et, avec sa vivacité coutumière, avance une suggestion: 'Il me vient en idée de faire dessiner aussi le portrait du petit Calas qui est encore à Genève; il a la physionomie du monde la plus intéressante. On pourrait, pour en faire un beau contraste, le placer à la porte de la prison, sollicitant un conseiller de la Tou[r]nelle. Voyez [...] si cette idée vous plaît, parlez-en à Mme Calas'.[33] A vrai dire, Voltaire a

---

[30] Diderot écrit à Damilaville, le 12 septembre 1765, que 'le mysothée Naigeon' est 'notre receveur' (D12879).

[31] *Correspondance littéraire*, 15 avril 1765, vi.263 et xvi.352 ss.

[32] D12566, D12575.

[33] D12573. Le 4 mai 1765, écrivant à Elie de Beaumont, il lance cette autre suggestion: 'Il faudra vous peindre avec les Calas à vos pieds' (D12581).

cru que le tableau et la gravure étaient faits et qu'il ne s'agissait plus que d'acheter des estampes. Détrompé, il donne de nouveau son assentiment, tant le nom des Calas remplit son cœur: 'Mettez-moi au rang des souscripteurs de quelque manière que ce puisse être et de quelque manière que vous l'entendiez'. A plusieurs reprises, il reviendra sur sa volonté d'être un des coopérateurs et ouvrira généreusement sa bourse:

Si vous êtes quatre à la tête de la bonne œuvre de faire graver une estampe au profit de la famille Calas, je suis le cinquième, si vous êtes trois, je suis d'un quart, si vous êtes deux, je me mets en tiers. Vous pouvez prendre chez M de Laleu l'argent qu'il faudra, il vous le fera compter à l'inspection de ma lettre.[34]

Le 10 mai, Voltaire prévient Damilaville qu'on va 'dessiner [...] le joli minois' de Donat Calas. Le 20 mai, il lui adresse 'deux petits croquis': 'J'aurais désiré qu'on l'eût fait un peu plus ressemblant, et qu'on n'eût pas sacrifié une chose si importante à l'idée de le représenter dans une attitude douloureuse qui défigure son joli visage. Si vous voulez vous servir de ce dessin, recommandez au peintre de faire Donat le plus joli qu'il pourra'. Deux jours plus tard, après avoir envoyé le portrait peint à l'huile par Huber, il redit son insatisfaction: 'Sa mère aidera à rectifier les traits. Ils sont mieux peints dans le cœur de cette digne mère que par le pinceau de M. Hubert'.[35] En fait, le personnage de Donat ne sera pas ajouté à la scène de la Conciergerie. Quoi qu'il en soit, Voltaire, en fin connaisseur des réactions du public, presse et harcèle Damilaville: 'Avez-vous fait commencer l'estampe des Calas? Il ne faut pas laisser refroidir la chaleur du public. Il oublie vite, et il passe aisément du procès des Calas à un opéra-comique'.[36]

---

[34] D12586, D12639; voir aussi D12606.
[35] D12590, D12606, D12613.
[36] D12644.

C'est de La Fosse qui, après le refus de J. G. Wille,[37] est chargé de l'exécution de la gravure. Selon une convention datée du 10 mai, il promet de remettre la planche terminée à Grimm au plus tard le 15 août contre 1 200 livres. La gravure est faite avec approbation et privilège du roi qui, donnés le 7 août à Compiègne, autorisent la vente de l'estampe pour neuf ans.

La souscription lancée reçoit un bon accueil. Des personnalités prestigieuses s'empressent de se mettre sur les rangs. Le *Projet de souscription* fait ainsi état de la duchesse d'Anville, des maréchales duchesses de Luxembourg et de Mirepoix. Gabriel Cramer offre ses services: 'Envoyés-moi force prospectus des Portraits des Calas', écrit-il à Grimm, 'j'en causerai d'abord avec Duvillard,[38] qui est un galant homme, tout cœur, et qui faira les choses en conscience; quant à moj, j'envoyerai le projet de souscription, et j'intéresseraj tout ce que je connois d'honnêtes gens dans le pays de Vaud et dans les Cantons Evangéliques, à Lausanne, Vevey, Yverdon, Neufchatel, Berne, Basle, Zurich, etc'.[39]

Mais à peine le *Projet* commence-t-il à être diffusé que la souscription, pourtant favorisée par les noms les plus illustres, se trouve suspendue. Le libraire Humblot rapporte à Grimm: 'M. l'abbé de Grave, censeur royal [...] prétend que le Parlement ne souffrira pas que l'estampe paraisse'. En effet, comme l'avait d'ailleurs prévu Diderot, des conseillers du Parlement ont été 'choqués' par le projet et son retentissement public. Le 15 août 1765, Grimm énonce les trois raisons qui ont motivé la suspension: '1° Parce que M. de Voltaire paraissait être le premier instigateur de cette souscription; 2° parce que l'estampe est un monument injurieux au parlement de Toulouse; 3° parce que ce serait faire du bien à des protestants'. Le rédacteur de la *Correspondance littéraire* refuse de commenter, tout en avouant qu'il est 'incompréhensible qu'on ose empêcher la nation de suivre l'exemple de bonté que son roi lui a donné et que, pour éviter un dégoût à sept ou

---

[37] *Journal*, publié par G. Duplessis (Paris 1857), p.237.
[38] Emmanuel Duvillard, libraire, éditeur à Genève.
[39] D12822.

huit officiers coupables d'un parlement, on ose priver d'un secours nécessaire des innocents qui ont été si cruellement outragés'. Voltaire, lui, et l'on ne s'en étonne pas, ne se prive pas de commenter. Il secoue les d'Argental qui se sont montrés réticents: 'Vous ne voulez pas', leur écrit-il le 23 août, 'qu'on grave Mme Calas et ses enfants; vous craignez que cela ne déplaise à M. David, et à huit conseillers de Toulouse'. Il poursuit, ironisant: 'Graver Mme Calas! la grande police ne peut souffrir un pareil attentat. Ma foi, messieurs les Welches, on vous siffle d'un bout de l'Europe à l'autre, et il y a longtemps que cela dure'. 'Cependant', ajoute-t-il à l'adresse de ses correspondants, 'je vous pardonne en faveur des âmes bien nées, et véritablement françaises qui sont encore parmi vous, et surtout en faveur de mes anges. J'espère que l'attention polie qu'on a eue pour messieurs de Toulouse, n'empêchera pas que l'estampe ne soit très bien débitée'.[40] A d'autres correspondants, il exprime son indignation, dénonce 'un vol manifeste' et ne peut s'empêcher de marquer le caractère mesquin et dérisoire de la suspension: 'J'avoue qu'il s'est passé dans le monde des choses plus barbares, comme par exemple les massacres de Josué, les proscriptions de Sylla, celle du Triumvirat, la Saint-Barthélemy, etc., etc., etc., mais je n'ai jamais entendu parler d'une chose si injuste, si ridicule'. Et d'ajouter: 'Je ne puis regarder la défense que comme une folie passagère qu'on aura honte de soutenir'.[41]

Effectivement, comme cette défense est dépourvue de toute forme juridique (le projet ne bénéficie-t-il pas d'un privilège?), une sorte d'accommodement est trouvé. Le 12 septembre, Diderot fait savoir à Damilaville que 'les obstacles à la souscription sont à peu près levés'.[42] Celle-ci pourra se poursuivre, mais toute insertion dans la presse est interdite. En annonçant cette 'espèce de tolérance', la *Correspondance littéraire*, le 15 septembre,[43] affirme

---

[40] D12845.
[41] D12870.
[42] D12879.
[43] vi.373-74.

dans un accès de découragement que 'la suspension a tout dérangé'. Néanmoins, et même si elle n'a pas accru l'empressement du public, comme l'escomptait Voltaire, la suspension n'a pas empêché les adhésions. Voltaire qui, dès la mi-août, commençait à recevoir des signatures de souscripteurs continue à collecter les souscriptions. Il remet la liste à Damilaville (il a réuni quarante-neuf souscriptions dont cinq non payées), l'invite à retirer l'argent chez Laleu,[44] tandis qu'il n'hésite pas à solliciter ses correspondants princiers, tel l'Electeur Palatin dont le ministre à Paris pourrait souscrire au nom du prince.[45] Le 4 novembre, il signale qu'il y a pour environ 1000 écus de souscriptions à Genève où François Tronchin se montre très actif.[46] Ainsi 'la souscription va son train'[47] – en France comme à l'étranger, auprès des grands comme auprès des moins favorisés de la fortune.[48] Certains souscripteurs font preuve de générosité: Choiseul donne 100 louis, la duchesse de Saxe-Gotha 288 livres, la princesse héréditaire de Hesse-Darmstadt 144.[49]

Cependant l'estampe n'est pas diffusée avant le début du second trimestre 1766. Le 28 mars, les *Mémoires secrets* annoncent qu'elle 'va enfin se distribuer'. Le 30 avril, la sœur Anne-Julie Fraisse avertit Nanette qu'elle a reçu 'l'estampe si désirée'.[50] Le 9 mai,

---

[44] D12829, D12870, D12938, D12965. A propos d'un problème de souscription posé ultérieurement, voir D13271 et D13295.

[45] D12915, Pléiade 9136; D12965, Pléiade 9180. C'est Collini qui joue l'intermédiaire auprès du prince.

[46] D12868, D12873, D12965.

[47] D12970.

[48] Voir l'anecdote rapportée par la *Correspondance littéraire* du 15 août 1765 (vi.343-45) et qui met en scène un maître-maçon, André Souhart.

[49] D13270, D12846. Catherine II donne 5000 livres 'avec une politesse qui est au-dessus de ses dons' (D12834; voir aussi *Mémoires secrets*, 28 mars 1766, iii.13).

[50] 'Lettres', dans Coquerel, *Jean Calas et sa famille*, p.409. Mme Calas fait parvenir par David Lavaysse une estampe à La Beaumelle qui compose des vers à placer au bas de celle-ci (p.462). Mme Calas écrit à cette occasion à La Beaumelle le 30 mars 1766 et lui marque sa reconnaissance pour tous les services rendus (Taphanel, *La Beaumelle et Saint-Cyr*, p.338-39).

Voltaire écrit à madame Calas qu'il a 'baisé' son estampe et qu'il l'a placée, comme il le lui avait confié le 17 janvier 1766, au chevet de son lit: 'Vous et votre famille, vous êtes la première chose que je vois en m'éveillant. Monsieur votre fils Pierre est parfaitement ressemblant, je suis persuadé que vous l'êtes de même'. S'il reconnaît que l'estampe n'a pas une valeur artistique remarquable, il l'apprécie pour le symbole qu'elle représente ('Le premier objet que je verrai en m'éveillant sera la vertu persécutée et respectée') et pour sa charge affective – c'est un 'monument' précieux à son cœur.[51]

Destinée à éterniser 'la plus horrible des injustices' et 'la plus belle réparation',[52] l'initiative de Grimm témoigne bien de l'émotion publique et de l'élan d'humanité qu'a suscités l'affaire Calas, même si elle n'a pas tout à fait répondu aux espoirs des philosophes qui la conçurent: le 31 décembre 1766, madame Calas signe quittance à Grimm pour la somme de 4070 livres 8 sols, soit 1000 à 2000 livres de moins que ce qui avait été prévu.

Lorsqu'en 1775 Amélie Suard séjournera à Ferney, elle remarquera au chevet du lit de son hôte, à côté de l'estampe, une autre gravure représentant 'la femme et les enfants de Calas embrassant leur père au moment où on va le mener au supplice';[53] à son tour elle notera la puissance sensible, sinon esthétique de l'œuvre: 'on n'a pas besoin ici de l'habileté de l'artiste pour émouvoir', écrit-elle, 'mille sentiments douloureux pénètrent l'âme qui se retrace ce spectacle'. Et comme elle reprochera à Voltaire d'avoir mis cette gravure sous ses yeux, le philosophe lui

[51] D13117, D13288. Dès le 15 avril 1765, la *Correspondance littéraire* prévenait: 'Nous n'offrirons pas au public un chef-d'œuvre de gravure, mais nous lui offrirons les traits de la vertu et de l'innocence barbarement outragées'.

[52] D12606.

[53] A Berlin où Voltaire envoie le second portrait de Donat Calas, Chodowiecki compose 'Les Adieux de Calas à sa famille' (1767) où l'on voit Pierre baiser la main de son père, une des filles à genoux entourer de ses bras Jean Calas assis dont on ouvre les fers et l'autre fille, debout, appuyer sa tête contre celle de son père.

répondra gravement: 'Ah! madame, pendant onze ans je n'ai été occupé que de cette malheureuse famille, et de celle des Servins et pendant tout ce temps [. . .], je me suis reproché comme un crime le moindre sourire qui m'est échappé.'[54]

iv. *La polémique avec Fréron*

'Vous protégez l'innocence des Calas contre un scélérat' (Voltaire à d'Argence; 20 septembre 1765, D12892).

Alors que le projet de l'estampe prend forme, une polémique s'engage à l'instigation de Fréron. Celui-ci publie, dans l'*Année littéraire*,[55] en date du 4 mai 1765, une 'Lettre d'un philosophe protestant à M*** sur une lettre que M. de Voltaire a écrite à M. D'Am. . . à Paris au sujet des Calas'. De cette Lettre, Fréron aurait reçu copie pour l'insérer dans ses feuilles: ce n'est bien sûr qu'une fiction. Jaloux, comme l'insinue la *Correspondance littéraire*,[56] de la gloire que Voltaire a tirée de ses interventions en faveur des Calas, Fréron entend ôter à son vieil ennemi la part qui lui revient dans la justice rendue et, pour cela, met en cause 'les beaux raisonnements' qui ont conduit le philosophe à croire à l'innocence des accusés et qui sont exposés dans la lettre ostensible adressée à Damilaville le 1er mars 1765.[57]

Reprenant, en effet, les différents motifs développés par Voltaire, Fréron conteste d'abord, en avançant l'exemple de Junius Brutus,[58] l'argument selon lequel le fanatisme est œuvre de jeunesse, se plaisant d'ailleurs à relever la contradiction entre cette affirmation et le fait de soutenir que Calas a été condamné par

---

[54] D19502.
[55] Lettre VI, iii.145-63.
[56] 1er octobre 1765, vi.379-80.
[57] D12425.
[58] Au nom du salut de la république, il condamna à mort ses fils qui avaient conspiré en faveur du rétablissement de la royauté.

74

des juges fanatiques – des juges généralement âgés de cinquante ans et plus. Il se gausse, d'autre part, de la preuve de l'innocence tirée de l'aveu de Donat Calas relatif à la tendresse de son père et confirmé par deux négociants genevois: il est plutôt tenté d'y voir une 'preuve de la candeur et de la simplicité de M. de Voltaire'. Une même réaction moqueuse et sceptique est adoptée face à la protestation de madame Calas jurant au nom d'un Dieu rémunérateur que son mari n'est pas coupable: voilà qui fait 'l'éloge du cœur et de la croyance de M. de Voltaire', mais non assurément de sa 'dialectique', déclare le journaliste qui, parodiant le raisonnement, imagine le juge rapporteur jurant au nom du même Dieu que Jean Calas est coupable. Par ailleurs, Fréron s'étonne des investigations menées auprès des gouverneurs actuels ou anciens de la province du Languedoc et des provinces voisines ('Que pouvaient-ils savoir d'une affaire aussi obscure?'), soupçonne Voltaire de vanité ('Toujours des ducs [...], des commandants, des ministres d'état!') et en vient à affirmer que l'homme de Ferney a agi moins par sentiment d'humanité que par désir de faire parler de lui, cependant qu'il s'élève avec vigueur contre l'attribution – outrageante pour les catholiques du Languedoc – de la croyance d'après laquelle le meurtre d'un enfant renégat serait un point de doctrine des protestants: n'est-ce pas attribuer à toute une province 'le fanatisme de quelques particuliers'?

Profondément choqué par l'article du périodique qui tend à mettre en doute, par-delà l'argumentation contestée de Voltaire, le jugement souverain des maîtres des requêtes, le marquis d'Argence, brigadier des armées du roi, prosélyte de 'la bonne cause' et qui a séjourné trois mois chez le philosophe au début de l'affaire Calas, écrit, le 20 juillet 1765, une lettre à Voltaire qui est publiée fin septembre et où il se livre à un commentaire critique des raisonnements de Fréron.[59] Revenant sur l'exemple avancé de

---

[59] D12807. *Lettre de M. le marquis Dargence, brigadier des armées du roi* (1765).

Brutus, il montre qu'il s'agit d'un juge accomplissant son devoir et que le rapprochement avec un Jean Calas parricide est donc inopérant. A propos de la valeur probatoire du témoignage de Donat, il réplique: 'Non, ce n'est pas une preuve juridique complète, mais c'est la plus grande des probabilités'. Il souligne l'absurdité de la comparaison entre madame Calas et un juge faisant serment d'avoir jugé selon sa conscience, car la conscience du juge, à la différence de celle de madame Calas, 'peut avoir été trompée par de faux indices'. Il s'indigne enfin que puisse être suspectée l'accusation si publiquement répandue en Languedoc et portée contre les parents protestants tenus de donner la mort à leurs enfants qui veulent changer de religion.

Le 24 août, Voltaire remercie et félicite d'Argence d'avoir supérieurement confondu la calomnie.[60] Il étale le mépris qu'il éprouve pour l'auteur de feuilles qu'il prétend n'avoir jamais lues. Avec émotion, il rappelle l'effet que produisit la lettre sincère de madame Calas:

Si cet homme avait vu la lettre que Mme Calas écrivit de la retraite où elle était mourante, et dont on la tira avec tant de peine; s'il avait vu la candeur, la douleur, la résignation qu'elle mettait dans le récit du meurtre de son fils et de son mari, et cette vérité irrésistible avec laquelle elle prenait Dieu à témoin de son innocence, je sais bien qu'il n'en aurait pas été touché, mais il aurait entrevu que les cœurs honnêtes devaient en être attendris et persuadés.

> Ce n'est pas aux tyrans à sentir la nature
> Ce n'est pas aux f... à sentir la vertu'.[61]

Voltaire rappelle aussi les circonstances précises qui ont conduit le maréchal de Richelieu et le duc de Villars à s'intéresser à l'affaire et à prendre parti au terme d'une sérieuse information.

Le 30 août 1765, il renouvelle ses remerciements à d'Argence[62]

---

[60] D12848. La lettre est publiée à la suite de celle de d'Argence.
[61] *Mérope*, IV.ii (le manuscrit donne 'fripons').
[62] D12855; voir aussi D12888, D12892.

– auquel il consacre une strophe dans l'*Ode à la Vérité*[63] – et évoque l'indignation générale qu'a suscitée le folliculaire. En effet, dès le 15 mai, les *Mémoires secrets*,[64] sans défendre d'ailleurs la valeur des arguments voltairiens, ne cache pas leur irritation devant l'attitude et le procédé hypocrite du journaliste:

Il est bien extraordinaire qu'on sache un mauvais gré à ce grand homme d'avoir embrassé aveuglément la cause d'un vieillard qu'il souhaitait n'être pas trouvé coupable. Quelque peu raisonné que fût son zèle, il ne lui fait que plus d'honneur. Les vrais philosophes sauront très mauvais gré à Fréron d'avoir mis sous le nom d'un autre philosophe toutes les mauvaises chicanes, tous les raisonnements scolastiques qu'il emploie pour prouver que M. de Voltaire a eu tort.

De son côté, la *Correspondance littéraire* dénonce en termes violents la bassesse et l'indignité de Fréron: 'Il faut être le dernier des hommes pour oser attaquer l'innocence d'une famille si cruelle-ment opprimée, simplement parce qu'elle compte parmi ses défenseurs un homme qu'on a intérêt de décrier [...]. Il faut aussi être le dernier des hommes pour supporter patiemment le châtiment qu'il a plu à M. le marquis d'Argence [...] d'infliger'. Et le rédacteur trouve également 'terrible' pour Fréron la réponse de Voltaire à d'Argence: 'Le mot, *je sais bien qu'il n'en aurait pas été touché*, est un des plus cruels qu'on ait jamais dits d'un bandit'.

Lorsqu'en mars 1767 se répand le bruit selon lequel Jeanne Viguière mourante aurait avoué que les Calas aidés de Lavaysse avaient tué Marc-Antoine, Voltaire, qui y voit une manœuvre de Fréron, rappellera l'épisode et redira sa vive répulsion: 'Je ne me souviens qu'avec horreur que Fréron osa jeter des soupçons sur l'innocence des Calas dans une de ses feuilles qu'on m'envoya et qui est la seule que j'aie jamais vue de ce misérable'.[65]

---

[63] 'Qu'il est beau, généreux d'Argence, / Qu'il est digne de ton grand cœur / De venger la faible innocence / Des traits du calomniateur!' (M.viii.484).

[64] ii.193-94.

[65] D14062. Voir ci-dessous Appendice III.

v. *Des liens indéfectibles d'amitié*

'Je ne cesserai tant que je vivrai de m'intéresser à
vous' (Voltaire à Anne-Rose Calas; 17 janvier
1766, D13117).

Jusqu'à la fin de sa vie, Voltaire reste en relation avec la famille
Calas à laquelle il témoigne un attachement et un dévouement
inviolables. Il demeure d'abord lié avec les deux fils, Donat et
Pierre, qu'il a directement approchés et qui ont constitué à Genève
une société de commerce notamment pour une fabrique de bas de
soie.[66] Parti en 1765 à Paris pour se constituer prisonnier, Pierre,
au lendemain du jugement définitif, envisage de retourner en
Suisse afin de poursuivre ses activités commerciales. Voltaire
aussitôt s'inquiète; le gouvernement ne risque-t-il pas en effet de
mal interpréter une telle résolution? 'Calas a-t-il d'autre patrie que
celle où Cicéron Beaumont l'a si bien défendu? où le public l'a si
bien soutenu? où les maîtres des requêtes l'ont si bien jugé? où le
roi a comblé sa famille de bienfaits?' A son avis, il vaudrait mieux
que Pierre fasse son commerce à Paris. A tout le moins souhaite-t-il
que le jeune homme ne parte pas sans 'une permission expresse';
encore redoute-t-il que la demande de permission ne heurte la
Cour et que le ministère ne l'accorde qu'en prenant 'une très
mauvaise opinion de lui'.[67] Cependant Pierre repart à Genève et
lorsqu'en août 1765, il va en Allemagne pour son petit commerce de
bijouterie, Voltaire intervient en sa faveur auprès de l'Electeur
palatin par l'intermédiaire de Collini: 'Je vous supplie de lui rendre
tous les services qui dépendront de vous'. De fait, Collini présente
Pierre à l'Electeur qui lui achète la plus grande partie de ses articles.
La duchesse de Saxe-Gotha reçoit également le protégé de

---

[66] Les fonds sont fournis par H. Cathala à partir d'une souscription antérieure.
Les deux associés s'engagent à commercer pour le compte de leur famille. L'acte est
signé le 15 septembre 1763 (voir Coquerel, *Jean Calas et sa famille*, p.467-69).
[67] D12580, D12581.

Voltaire: 'J'ai vu Pierre Calas qui m'a vivement touché et m'a retracé avec plaisir l'image de votre bienfaisance', écrit la duchesse à Voltaire le 30 décembre 1765.[68] Voltaire revoit Pierre au commencement de 1766. En octobre, celui-ci se rend à Paris et est chargé par le philosophe d'un paquet pour Damilaville. Quand, en 1769, Elie de Beaumont est de passage à Ferney, Voltaire reçoit Calas à sa table et observe: 'C'est un repas de famille'.[69] Pierre qui, ainsi que Donat, reçoit, en septembre 1770, le titre de bourgeois de Genève sur la recommandation du duc de Choiseul se mariera en juillet 1772 avec Marthe Martin.[70]

Cependant Voltaire garde aussi des rapports avec madame Calas qui, entourée de ses filles, continue de demeurer à Paris. A la respectable veuve, il présente régulièrement ses souhaits de prospérité et de félicité. Madame Calas, de son côté, n'oublie pas d'adresser des témoignages de son fidèle souvenir, de renouveler sa juste et infinie gratitude à son lointain protecteur, et de redire son estime et son respect. Le 25 février 1767, Nanette Calas épouse Jean-Jacques Duvoisin, pasteur originaire de Suisse, chapelain de l'ambassade de Hollande en France depuis 1759:[71] Louis XV a accordé, le 31 janvier, un brevet par lequel il permettait ce mariage. Dès qu'il est au courant, Voltaire dit sa joie. A l'adresse de la mère, il formule ce vœu: 'Je voudrais que tous vos enfants se mariassent, et que votre nom se perpétuât à jamais, pour servir d'un témoignage éternel à votre probité et à l'iniquité infâme des juges qui auraient dû avoir sur l'épaule les fleurs de lis sur lesquelles ils osent s'asseoir'. En décembre 1767, naît un fils qui meurt quelques jours après: Voltaire exprime son affliction à madame Calas et, présentant ses obéissances aux Duvoisin, il ajoute: 'je

---

[68] D12839, D13072.

[69] D13117, D13604, D13620, D13622, D15972. Voir aussi D15869, D15876.

[70] Coquerel, *Jean Calas et sa famille*, p.272. Donat mourra en 1776, Pierre en 1790.

[71] Il deviendra chapelain perpétuel en février 1768. Voltaire laisse entendre que le mariage est 'le fruit' des 'soins' de Damilaville (D13910).

veux absolument qu'il y ait de leur race dans le monde'.[72] Aussi est-ce avec 'un plaisir extrême' qu'en novembre 1768, il apprend que madame Duvoisin a accouché; déjà il imagine le destin de l'enfant: 'Je souhaite qu'élevé par son père et sous vos yeux il devienne un ministre éloquent qui enseigne la tolérance aux hommes. Cette divine tolérance sera mieux reçue dans sa bouche que dans toute autre. Ce sera le fils de Caton qui prêchera la liberté'.[73]

En 1770, madame Calas que Voltaire n'a jamais vue passe par Ferney à l'occasion d'un déplacement de sa famille à Genève pour la santé de son gendre. La rencontre est toute marquée d'émotion: 'Mme Calas que j'embrassai hier avec tous ses enfants ...', écrit Voltaire, le 7 juin, à d'Alembert, et c'est alors qu'il apprend de la bouche même de la mère que le procureur général, Riquet de Bonrepos, 'avait conclu à la faire pendre' et à rouer Pierre et Lavaysse. Le 27 décembre 1770, madame Calas, de retour à Paris, remercie chaleureusement son hôte pour son accueil. Lui répondant en janvier 1771, Voltaire ne cache pas que 'la chose du monde' qu'il désirait le plus était de la voir, l'assure qu'il a été 'enchanté' de se trouver entre elle, ses filles et son gendre: 'Je me croyais de la famille', et il dit simplement son regret de l'absence de Lavaysse.[74]

Madame Calas reverra à Paris, en 1778, le patriarche par deux fois, dès son arrivée et un mois avant qu'il ne meure. J. L. Wagnière note l'attendrissement partagé de la première rencontre dans la capitale. Lorsqu'en novembre 1781 il est informé du bruit

---

[72] D13908, D14662. Le 2 février 1767, Voltaire écrivait à Damilaville: 'Ce sont des vengeurs qui vont naître' (D13910).

[73] D15306. Né le 12 octobre 1768, ce fils mourra en 1771. Un autre fils, Alexandre-Benjamin, naîtra le 24 septembre 1772 (voir Coquerel, *Jean Calas et sa famille*, p.479-81).

[74] D16499, D16868, D16973. En novembre 1771, Mme Duvoisin porte à l'attention de Voltaire l'affaire d'une protestante, Mlle Camp, mariée, malgré la loi, à Jean-Louis-Frédéric-Charles vicomte de Bombelles dont elle a eu une fille, et que son mari quitte pour épouser régulièrement une catholique. Voltaire répond qu'il est 'fâché de laisser en mourant tant d'infortunés dans le monde' (D17460, D17470). Voir *Sur le procès de Mademoiselle Camp* (1772).

qui se répand et selon lequel Voltaire aurait, dans ses derniers jours, reconnu Calas coupable parce qu'il aurait appris 'que quatre personnes s'étaient glissées derrière une tapisserie d'où elles avaient entendu ce monstre prononcer à son fils sa sentence de mort', il s'élève avec une vigoureuse indignation contre pareille assertion dont il soutient sur son honneur la fausseté et répète que Voltaire est mort 'fermement convaincu de l'innocence de Calas et de sa famille'. Comme son témoignage est contesté sous le prétexte que lui-même était alors absent de Paris (il est parti à Ferney fin avril 1778 chercher des papiers et des livres), il produit deux certificats qui attestent la permanence des convictions du philosophe – l'un de d'Hornoy, daté du 6 décembre 1781, l'autre en date du 8 janvier 1782, signé par madame de Saint-Julien qui, elle, peut prétendre ne pas avoir quitté Voltaire pendant son séjour à Paris: 'Je vous puis certifier', écrit-elle, 'que ce grand homme n'a pas cessé d'être convaincu de leur [des Calas] innocence et qu'il a toujours reçu Mme Calas avec tous les témoignages de l'intérêt'.[75]

Lors du transfert des cendres de Voltaire au Panthéon, le 11 juillet 1791, le cortège passe devant la maison de monsieur de Villette où est dressé un amphithéâtre sur le devant duquel on distingue, à côté de Belle et Bonne, 'les deux demoiselles Calas en robe blanche, ceintes d'un ruban noir'. 'Mais', rapportent les *Révolutions de Paris*,[76] 'la pluie qui survint ne permit pas aux dames Villette, Calas et autres de suivre l'urne cinéraire jusqu'à Sainte-Geneviève'.[77]

Ajoutons que Voltaire n'est pas non plus resté indifférent au sort du coaccusé des Calas, Gaubert Lavaysse, même si le mariage de la

[75] *Additions au Commentaire historique sur les œuvres de l'auteur de La Henriade*, dans Longchamp, *Mémoires sur Voltaire et sur ses ouvrages* (Paris 1826), i.56-60.
[76] 9-16 juillet 1791, n° 105, p.9.
[77] La Convention, en l'an II, décidera de faire dresser une colonne là où Jean Calas a été exécuté (voir Coquerel, *Jean Calas et sa famille*, p.277-78). Mme Calas mourra le 29 avril 1792, sa fille aînée en 1800 et Anne Duvoisin en 1820 (son mari décède, lui, en 1780).

sœur avec La Beaumelle en 1764[78] – auquel s'est opposé le père en raison des obligations qu'il avait envers le philosophe – l'a affecté, comme il en fait l'aveu à Damilaville le 4 juillet 1767: 'Je fus affligé qu'une famille à laquelle je m'intéresse fût alliée à un homme si coupable, mais je n'en demeurai pas moins attaché à cette famille'.[79] A l'occasion des hostilités reprises cette année-là entre les deux hommes, madame de La Beaumelle reproche à Voltaire 'une lettre horrible' composée contre son mari et tout à fait imméritée ('Depuis douze ans, mon mari n'a pas écrit une syllabe contre vous', prétend-elle) et en vient à rappeler à celui qui jouit de la gloire d'être le protecteur des Calas le rôle qu'a joué son époux dans leur réhabilitation 'tant par des effets réels que par des mémoires' d'après lesquels les avocats parisiens et Voltaire lui-même ont agi et travaillé.[80] Quelques jours plus tard, Gaubert Lavaysse s'entremet et prie Voltaire d'excuser l''extrême vivacité' de sa sœur:

[Je] lui ai promis [...] d'interposer entr'elle, son mari et vous Monsieur, les services que vous m'avés rendus et toutes les bontés dont vous m'honorés. C'est par cette puissante médiation que je vous supplie, Monsieur, de pardonner à ma sœur le soupçon injurieux qu'elle a pu former sur votre compte et d'accorder à M[r] de La Beaumelle la continuation de la paix.[81]

Dans sa réponse, Voltaire assure Lavaysse que 'les outrages réitérés' de son beau-frère 'n'ont pas altéré les sentiments' qu'il lui conservera toujours et il finit par penser que, si Lavaysse ne parvient pas à contenir les 'horreurs' de La Beaumelle, c'est que celui-ci est 'un monstre incorrigible'.[82] La dernière lettre que nous possédions de Voltaire à Lavaysse est du 5 janvier 1769; elle est écrite à la suite de la disparition de David, le père, décédé le 9

[78] Voir ci-dessus p.10, n.36.
[79] D14254.
[80] D14225.
[81] D14242.
[82] D14331a, D14339.

82

novembre 1768.[83] Comme il l'avait envisagé avant le drame du 13 octobre 1761, Lavaysse se lancera dans le négoce. Il se rendra en Angleterre, puis, deviendra correspondant de la Compagnie des Indes à Lorient.[84]

[83] D15414.
[84] Il mourra en 1786.

5

Des abominations des Calas aux horreurs des Sirven et autres désastres[1]

i. Une autre affaire languedocienne

'On a essuyé celles [les larmes] des Calas, c'est à présent le tour des Sirven' (Voltaire à Damilaville; 27 mai 1765, D12618).

Au lendemain du jugement du 9 mars 1765, Voltaire reporte toute son attention sur l'autre famille languedocienne également victime du fanatisme[2] et dont il ne voulait pas que l'on fît état tant que l'affaire Calas n'était pas jugée. Le voici engagé dans les méandres d'un nouveau procès qu'il ne va cesser de rapprocher de celui des Calas. Les mêmes préjugés que ceux qui ont fait rouer Jean Calas sont à la source de ce second drame: 'l'horrible fanatisme du peuple qui séduit quelquefois jusqu'aux magistrats'.[3] Objet d'une condamnation comparable,[4] les Sirven, dans leur fuite, sont venus, éplorés, comme Donat et Pierre, le solliciter au pied des Alpes. Et ils 'demandent au Conseil la même justice contre les mêmes juges'.[5] Profondément touché dans sa sensibilité ('Ce pauvre homme et sa famille me fendent le cœur'), Voltaire va se donner avec le même empressement, la même chaleur, la même générosité de cœur ('Je

---

[1] Les expressions sont respectivement empruntées à la lettre de Voltaire aux d'Argental du 10 avril 1765 (D12535) et à sa lettre à Rochefort d'Ally du 16 juillet 1766 (D13422).

[2] M. et Mme Sirven qui ont trois filles sont accusés d'avoir noyé l'une d'elles sous le prétexte qu'elle devait embrasser la religion catholique. Décrétés de prise de corps, ils fuient avec leurs deux autres filles en Suisse. Voir notre Introduction de l'*Avis au public sur les parricides imputés aux Calas et aux Sirven*, V 61, à paraître.

[3] D12598.

[4] Par sentence du haut justicier de Mazamet en date du 29 mars 1764, Sirven est condamné à être rompu vif, la mère à être pendue et les deux filles à assister à la potence et à être bannies (D12645).

[5] D13759.

m'oublie moi-même [...] pour ne songer qu'aux Sirven'), avec aussi la même volonté de demander et d'obtenir justice: 'Il faut réussir à l'affaire des Sirven comme à celle des Calas'.[6]

De nouveau, Voltaire entend prendre le public pour juge, fort de l'exemple antérieur: 'Voyez', fait-il observer aux d'Argental 'ce qu'a produit le cri de la nation dans l'affaire des Calas'. Mais il est obligé de reconnaître que l'affaire Sirven suscite moins d'intérêt, de faveur et d'enthousiasme: c'est que l'affaire Calas qui l'a précédée a bénéficié de toute la pitié et de toute l'indignation de la France et de l'Europe: 'malheur à tous ceux qui viennent les derniers, dans quelque genre que ce puisse être! L'attention du public n'est plus pour eux'. Voltaire connaît en effet son public: 'Il se refroidit bien vite, il n'aime pas les répétitions, il lui faut du nouveau et c'est ce qui fait la fortune de l'opéra-comique'. Sur un ton d'humour noir, il ira jusqu'à écrire: 'Il faudrait à présent avoir eu deux hommes roués dans sa famille pour faire quelque éclat dans le monde'.[7]

Lui qui s'est tant apitoyé sur le sort malheureux des Calas affirme désormais, sans doute parce que le procès requiert alors toute son ardeur et qu'il compte par là mieux aiguillonner et persuader ses correspondants, que les Sirven sont bien plus infortunés et bien plus à plaindre. Aux soutiens et aux conseils qui entouraient les Calas – qu'on songe aux protestants du Languedoc et de Genève – il oppose l'abandon dans lequel se trouve la famille Sirven: 'elle n'a jusqu'ici d'autre appui que moi', écrit-il, le 3 septembre 1766, à Théodore Tronchin. Il le répète à Elie de Beaumont le 16 février 1767. Car l'avocat parisien 'prend une seconde fois la défense de l'innocence opprimée'.[8] Si cette

---

[6] D12623, D13551, D12573.

[7] D13754, D12873, D12923.

[8] D13533, D12535. En cette même période, Beaumont a un procès familial à mener qui le conduit à invoquer en sa faveur les lois contre lesquelles la défense des Sirven, après celle des Calas, le conduit à s'élever: Voltaire déplore 'cette contradiction frappante', soupçonne l'avocat, ici mené par l'intérêt, d'avoir entrepris la cause des Calas et des Sirven 'par l'envie de briller' (D14235). Finalement, lorsque ce procès personnel s'achève, le philosophe reconnaît qu''il est juste que le défenseur des Calas et des Sirven prospère' et il se flatte alors de voir le procès Sirven rapporté (D14445).

nouvelle affaire ne doit pas lui procurer autant de prestige que la première, elle lui fera du moins 'autant d'honneur' et d'ailleurs Elie de Beaumont réparera 'par son éloquence ce qui manque à la catastrophe'.[9] Comme au temps de l'affaire Calas, Voltaire lui transmet des éléments, lui fait des suggestions[10] et, lorsqu'il prendra connaissance du mémoire rédigé, le philosophe reconnaîtra que celui-ci, plus difficile à composer – le sujet étant 'moins tragique',[11] 'l'objet de la requête moins favorable, les détails moins intéressants' – l'emporte sur les factums écrits en faveur des accusés toulousains: 'Vos mémoires sur les Calas sont de beaux morceaux d'éloquence, celui-ci est un effort du génie'.[12]

Ainsi, tout au long de ces années où il s'occupe des Sirven et qui se prolongent jusqu'en 1769, voire jusqu'en 1771,[13] Voltaire est ramené par le jeu de la comparaison au procès des Calas. Oui, 'le temps était plus favorable pour les Calas', comme il l'écrit le 12 juillet 1766 à Végobre. Et pourtant l'innocence des Sirven lui semble 'plus palpable', car 'il y avait du moins contre les Calas des sujets de soupçon, puisque le cadavre du fils avait été trouvé dans la maison paternelle, et que le père et la mère avaient nié d'abord que ce malheureux se fût pendu': ici, rien de tel. D'autre part, alors qu'il

---

[9] D13007, D12969.

[10] Il lui signale, par exemple, une affaire sur laquelle il a lui-même enquêté et qui se produit en 1765 à Montpellier où un père – catholique – est accusé d'avoir assassiné l'un de ses fils – preuve supplémentaire, s'il en est besoin, de cette 'rage d'accuser en Languedoc les pères de tuer les enfants' (voir D12902, D12905, D12912, D12913, D13066) et où un procureur du roi 'se laisse entraîner par l'esprit de vertige qui anime le peuple' (D12912). 'Ce dernier exemple' joint à celui des Calas 'fera voir quels horribles préjugés règnent dans les esprits des Wisigoths. Cela peut non seulement fournir de beaux traits d'éloquence, mais encore disposer favorablement le Conseil' (D13066).

[11] L'exécution n'a eu lieu qu'en effigie.

[12] D13147.

[13] 'La révision des Calas a duré trois années; celle des Sirven en a duré sept' (D19290). Sirven est mis hors d'instance et mainlevée de ses biens saisis est donnée le 16 novembre 1769; le 25 novembre 1771, le parlement réforme la sentence du 29 mars 1764: c'est la réhabilitation. Mme Sirven est morte en 1765.

y avait 'des dépositions formelles contre Calas', il n'en est aucune contre les Sirven: leur seule fuite est la source de leur condamnation; mais c'est qu'ils ont été précisément incités à fuir, dès qu'ils se sont vus l'objet d'un décret de prise de corps, en raison de 'l'emportement du peuple du Languedoc contre les Calas'.[14] Quant à la sentence prononcée, Voltaire la trouve non seulement plus cruelle, mais encore plus insensée, 'plus absurde': en effet, les juges des Sirven n'ont pas même eu la possibilité d'alléguer, comme ceux des Calas, 'quelques faibles et malheureux prétextes'.[15]

C'est pourquoi Voltaire tend à penser qu'il n'est pas possible qu'on ne rende pas aux Sirven la même justice qu'aux Calas. Pourtant la requête présentée au Conseil privé du roi est rejetée le 29 janvier 1768; les Sirven n'ayant été condamnés que par contumace ne sauraient être soustraits à leurs 'juges naturels'. Très fortement déçu, Voltaire qui, l'année précédente, a eu connaissance d'un petit écrit d'un conseiller du Parlement de Toulouse où l'abominable arrêt contre les Calas se trouve justifié et loué et l'incompétence des maîtres des requêtes soutenue,[16] demeure réticent à l'idée d'envoyer ses protégés à Toulouse, tant il devine et redoute la manière dont les membres de la Cour, 'plus ulcérés que corrigés' à la suite du jugement du 9 mars 1765, traiteraient les pauvres Sirven.[17]

---

[14] Voltaire confie à Damilaville, le 27 novembre 1765, qu'un homme de loi languedocien lui a mandé qu'il avait conseillé lui-même à Sirven de fuir et 'que dans le fanatisme qui aliénait alors tous les esprits', Sirven 'aurait été infailliblement sacrifié comme Calas' (D13007).

[15] D13407, D12498, D12559, D13909.

[16] Cet imprimé fait à Toulouse sur ordre du parlement (D14530) n'a pas été retrouvé. Voltaire le transmet – non directement – au rapporteur parisien de l'affaire Sirven, Daniel-Marc-Antoine Chardon, pour qu'il soit produit au procès. Il en perçoit finalement l'avantage: 'On ne pouvait mieux nous servir. Ces gens-là ont amassé des charbons ardents sur leur tête' (D14721).

[17] D12560.

Mais voici que, vers la fin de l'année 1768, il apprend que Toulouse se transforme. C'est l'abbé Joseph Audra qui le lui assure. Certes, ce professeur d'histoire au collège royal de Toulouse qui projette de faire un abrégé de l'*Essai sur les mœurs* à l'usage des classes ne nie pas qu'il y a dans la ville 'plus qu'ailleurs des hommes durs et opiniâtres, incapables de se prêter à un seul moment à la raison', mais il constate aussi que 'leur nombre diminue chaque jour' et remarque en particulier que 'toute la jeunesse du parlement' est dévouée à Voltaire: 'On va jusqu'à se reprocher le jugement rendu contre Mr. Rochette et les trois gentilshommes; on regarde le premier comme injuste et le second comme trop sévère'.[18] Voltaire qui annonce autour de lui ce changement[19] s'empresse de sonder 'ces bonnes dispositions pour savoir si les Sirven peuvent en sûreté aller purger leur décret à Toulouse'. Soucieux de les confier à un homme capable de les guider, il écrit, au début de février 1769, à Théodore Sudre qui, en 1761 et 1762, a osé 'lutter contre le fanatisme sans autre intérêt que celui de protéger l'innocence'. Il lui explique qu'une nouvelle occasion se présente de signaler son 'humanité' et, non sans quelque habileté, prétend avoir persuadé aux Sirven, inquiets de se rendre dans une ville où 'fumait encore du sang de Calas', que 'plus le parlement de Toulouse avait été malheureusement trompé par les démarches précipitées du capitoul David dans le procès de Calas, plus l'équité de ce parlement serait en garde contre toutes les séductions dans l'affaire des Sirven'. Il n'hésite pas à affirmer: 'J'ai même regardé le supplice de Calas comme un gage de l'équité compatissante avec laquelle les Sirven seraient jugés'.[20] Finalement, en mars 1769, Sirven se trouve à Toulouse; le 25 août, il est écroué. Lorsque les conseillers toulousains remettent l'affaire à des

---

[18] D15287.
[19] A Choiseul (D15307), Christin (D15311), Elie de Beaumont (D15430), d'Argental (D15444), d'Hornoy (D16038)...
[20] D15430, D13722, D15466.

juges autres que le juge initial, Voltaire qui s'en réjouit observe que le parlement 'semble faire amende honorable aux mânes de Calas'. Ecrivant, le 4 septembre, au jeune avocat Pierre-Firmin de La Croix qui, à la place de Sudre, s'est chargé de la défense, il se dit convaincu 'que le parlement embrassera avec zèle l'occasion de montrer à l'Europe qu'il ne peut être séduit deux fois par le fanatisme du peuple' et, ajoute-t-il, adroit et prudent, 'par de malheureuses circonstances qui peuvent tromper les hommes les plus équitables et les plus habiles'. Il envisage même de faire le voyage de Toulouse, sûr d'être reçu avec bonté ('Je suis très bien avec le parlement de Toulouse qui expie son crime envers les Calas en protégeant les Sirven'), mais madame Denis à qui il a fait part de son dessein sera satisfaite d'apprendre par la suite l'abandon du projet, ayant su par Lekain que Toulouse n'est pas revenue sur les Calas, comme on veut le faire accroire au philosophe.[21] Quand interviendra la décision définitive, Voltaire l'interprétera comme 'une amende honorable à la cendre des Calas'.[22] Cependant, Toulouse, même si elle commence à s'ouvrir aux lumières de la raison, semble devoir garder quelque chose d'une ville espagnole: Voltaire n'est-il pas informé en décembre 1771 que le premier président du parlement demeure convaincu de la culpabilité des Calas et de Gaubert Lavaysse?[23]

[21] D15855, D15870, D15828, D15945.

[22] D17501; voir aussi D17538.

[23] D17478, D17497, D17501. C'est par considération pour David Lavaysse qu'ils auraient été épargnés.

ii. *La litanie des victimes de la justice*

'Il [Lally] se promène probablement dans les
Champs-Elysées avec les ombres de Langlade,
de la femme Sirven, de Calas, de la maréchale
d'Ancre [...]. On dit que le chevalier de La
Barre est dans cette troupe' (Voltaire à Gabriel-
Henri Gaillard; 23 janvier 1769, D15445).

Si l'affaire Calas est pour Voltaire préoccupé des Sirven un point
constant de référence, elle est également présente à l'esprit du
philosophe affronté à l'autre affaire qui, en ces mêmes années, le
requiert et le mobilise, celle du chevalier de La Barre et de
d'Etallonde. Comme il le reconnaît lui-même, il s'y intéresse
'autant qu'à celle des Calas et à celle des Sirven'. Il la place
ouvertement 'à côté' de l'affaire Calas et, lorsqu'il apprend en 1769
qu'on doit lui envoyer un portrait du chevalier, il déclare qu'il le
mettra au chevet de son lit 'à côté de celui des Calas'.[24] Le
rapprochement a valeur symbolique.

Cependant, comparant le drame d'Abbeville à celui de Toulouse,
il n'hésite pas à soutenir que le second (où, par le biais du *Dictionnaire
philosophique*, il est d'ailleurs personnellement impliqué) le cède au
premier en abomination. Les qualificatifs courent sous sa plume
pour dire l'horreur plus révoltante et semblent avec le temps
s'accentuer et comme s'accélérer: le procès de La Barre est reconnu
plus affreux, plus exécrable, plus odieux, plus atroce que celui de
Calas. L'affaire qui, à travers le sort de l'officier de Frédéric II, se
prolonge jusqu'en 1775 est estimée 'pire', 'cent fois pire'.[25] C'est que
les juges de Calas ont pu se tromper sur des apparences – de 'fausses
apparences' qu'ils ont prises pour des 'preuves', comme il l'explique
à Beccaria le 30 mai 1768 – et sur des 'préjugés' qu'ils ont pris pour
des 'raisons'. 'Mais les juges du chevalier de La Barre n'ont point été

[24] D19374, D19592, D15516.
[25] D19373, D19321.

en erreur'. Voltaire le redira en 1772 à d'Alembert: 'La mort de
l'infortuné chevalier de La Barre est un bien plus grand crime que
celle de Calas: au moins dans celle-ci, un juge peut alléguer d'avoir
été séduit par des présomptions et par le cri public; dans celle-là, c'est
une indécence punie comme le prétendu parricide de Toulouse'.
Les juges du chevalier qui ont châtié par la mort ce qui ne devait
être que l'objet d'un emprisonnement de six mois ont été 'des
monstres sanguinaires de gaieté de cœur'.[26] Lorsqu'à partir de 1774,
il sera persuadé que la mort de La Barre est le simple 'effet d'une
tracasserie entre Mme Faideau de Brou [...] et un cuistre de juge
subalterne', il considérera les horreurs d'Abbeville comme 'cent fois
plus infernales que l'assassinat des Calas'. Il en viendra même à
affirmer: 'L'aventure des Calas est une légère injustice et une petite
méprise pardonnable en comparaison des manœuvres infernales
dont j'ai la preuve en main'.[27]

Les rapprochements ainsi opérés conduisent Voltaire à évoquer
souvent sur le mode ternaire les trois affaires de la décennie dans
lesquelles il s'est tant investi. Sorte de refrain obsessionnel qui
ponctue l'œuvre et notamment la correspondance et qui atteste la
profondeur et la sincérité des engagements successifs du philosophe. 'Arlequins anthropophages', s'écrie-t-il à l'adresse des
juges, le 16 juillet 1766, 'je ne veux plus entendre parler de vous.
Courez du bûcher au bal, et de la grève à l'opéra-comique, rouez
Calas, pendez Sirven, brûlez cinq pauvres jeunes gens'. 'Voilà trois
désastres bien extraordinaires en peu d'années', soupire Voltaire
dans une lettre à Rochefort d'Ally du même jour: 'ceux des Calas,
des Sirven et de ces malheureux jeunes gens d'Abbeville'. Avec
Chabanon, il recourt à l'image mythologique: 'La boîte de Pandore
s'est ouverte depuis quelque temps; il en est sorti des malheurs
horribles. Les Calas, les Sirven, les La Barre ont déchiré mon
cœur'.[28]

---

[26] D15044, D17808, D19442.
[27] D19263, D19301, D19377.
[28] D13420, D13422, D13570.

Cependant, par l'effet d'une sorte d'élargissement, Voltaire peut mentionner dans le même mouvement de litanie attristée d'autres affaires auxquelles il s'est intéressé: sont ainsi évoqués le comte de Lally Tollendal et son bâillon, Martin, Monbailli.[29] L'affaire Calas est aussi mise en rapport avec les grands drames historiques de l'injustice dont le rappel récurrent traverse toute l'œuvre du philosophe, qu'il s'agisse d'une injustice collective – 'Je mets cet assassinat', écrit-il à propos de l'aventure du chevalier de La Barre, 'immédiatement au-dessous de la Saint-Bartélemy' – ou d'une injustice qui a frappé tel ou tel personnage: la correspondance égrène, à côté des Calas, les noms de la plupart des victimes des siècles successifs qui hantent la mémoire de l'historien, Servet, la maréchale d'Ancre, Marillac, Vanini, Grandier, Montecuccoli, Langlade.[30] Conseillant à madame Du Deffand la lecture de 'la queue du *Siècle de Louis XIV*' – c'est-à-dire 'La prison de la Bourdonnais' et 'La mort de Lally' – pour voir 'comme les hommes sont justes', Voltaire poursuit: 'Quand je serai plus vieux, j'y ajouterai la mort du chevalier de La Barre et celle de Calas afin qu'on connaisse dans toute sa beauté le temps où j'ai vécu'. Lorsque la réforme Maupeou entraînera la disparition des anciens parlements, Voltaire fera remarquer à ses correspondants qu'il n'a pu qu'abhorrer les 'assassins de Calas, les assassins de Sirven, les assassins du comte de Lally', ces hommes 'qui versaient le sang de l'innocence', 'qui portaient la barbarie dans le centre de la politesse' et qui 'uniquement occupés de leur sotte vanité laissaient agir leur cruauté sans scrupule'. Non, Voltaire n'a pas de mérite à prendre parti pour le nouveau parlement: 'Il y a longtemps que les Calas, les

[29] Par exemple, D13428 ('Ici Calas roué, là Sirven pendu, plus loin un bâillon dans la bouche d'un lieutenant général, quinze jours après, cinq jeunes gens condamnés aux flammes pour des folies qui méritaient Saint-Lazare'), D17230.

[30] D14832 ('le meurtre de Calas est une action très pardonnable en comparaison de l'assassinat juridique commis sur la personne de Servet. Les juges de Calas ont été trompés sur de faux indices; mais les juges de Genève violèrent ouvertement tous les droits des nations'), D15445, etc.

chevaliers de La Barre, les Lally, etc., etc., etc., m'avaient brouillé avec les tuteurs des rois'.[31]

De ces diverses interventions en faveur des victimes judiciaires, Voltaire conclut qu'il ose croire que Dieu l'avait fait pour être avocat. Il définit la méthode qu'il a suivie, celle de la recherche attentive des preuves de l'innocence, préalable indispensable à toute protection et à toute sollicitation: 'J'ai vu toutes les pièces des procès de Calas, de Sirven, de Monbailly, du chevalier de La Barre, du comte de Lally, du comte de Morangiés et d'autres encore'. Il pose la règle que son expérience lui a fait découvrir: 'dans toutes les affaires il y a un centre, un point principal contre lequel toutes les chicanes doivent échouer. C'est sur ce principe que j'osai me mêler des procès criminels affreux et absurdes intentés contre les Calas, les Sirven, Monbailly, contre M. de Morangiés'. Surtout, il insiste sur le fait qu'il n'a pu abandonner ces innocents infortunés et délaissés: 'C'est mon destin [...] de combattre contre l'injustice'.[32] Un destin qu'il a vécu jusqu'à son dernier souffle.

[31] D15506, D17175, D17189, D17308.
[32] D19393, D19392, D19443.

6

Un grand bien né de l'horrible mal[1]

i. Pour une réforme de la justice

'J'espère que nous apprendrons aux juges à ne
se plus jouer du sang innocent' (Voltaire à Elie
Bertrand; 7 octobre 1762, D10747).

L'affaire Calas conduit Voltaire à mettre à nu les défauts de
l'ordonnance de 1670 et à dénoncer l'arbitraire des juges. Dans
une formule au parallélisme antithétique d'une amère ironie, il
constate: 'Rien n'est si aisé que d'être condamné à mort, et rien de si
difficile que de connaître seulement pourquoi on a été condamné'.[2]
Du secret de la procédure, du jugement et de ses motifs, dénoncé
dès la *Lettre de Donat Calas*, à la mise en œuvre de supplices
inhumains (torture, roue), la démarche de la justice criminelle se
révèle barbare dans la France de Louis xv et engendre 'd'étranges
scènes' qui jettent le discrédit et la honte sur le pays et 'font frémir
le reste de l'Europe'.[3] Voltaire pourrait reprendre à son compte
l'observation de d'Alembert: 'Notre jurisprudence criminelle est le
chef-d'œuvre de l'atrocité et de la bêtise'.[4] Il est pleinement
d'accord avec Frédéric ii qui, méditant sur l'affaire Calas ainsi
que sur les affaires Sirven et La Barre, incline à penser que 'la
justice est mal administrée en France, qu'on se précipite souvent
dans les procédures et qu'on s'y joue de la vie des hommes'.
Soulignant le caractère assez dérisoire d'une décision de cassation
alors que la victime a péri, le roi de Prusse rappelle ce que Voltaire
illustre à travers l'*Histoire d'Elisabeth Canning* et ne cessera jamais
de réclamer: un indispensable contrôle de toute décision qui

---

[1] Opposition dont joue Voltaire écrivant à Debrus le 14 mars 1763 (D11093).
[2] D19213.
[3] D14086.
[4] D16176.

94

prononce une peine capitale. 'Il ne faut jamais laisser aux tribunaux', remarque Frédéric II, 'le pouvoir d'exécuter des sentences de mort, avant qu'elles n'aient été revues par les tribunaux suprêmes et signées par le souverain'.[5]

Directement éclairé par son engagement au service des Calas sur les imperfections législatives et jurisprudentielles, Voltaire déploiera désormais une vigueur inlassable en faveur d'une réforme de la loi et de l'exercice de la justice. De ses mémoires de 1762 à l'une de ses dernières œuvres, le *Prix de la justice et de l'humanité* (1777), en passant par l'*Avis au public sur les parricides*, le *Commentaire sur le livre Des délits et des peines* (1766) ou par les opuscules consacrés à la défense de La Barre et d'autres accusés, il redit l'urgente nécessité de remédier à l'administration d'une justice par trop souvent inique et cruelle.

ii. *Vers l'ébranlement du 'monstre'*

'J'espère que la cruauté et le fanatisme seront confondus' (Voltaire à la margravine de Baden-Durlach; 28 octobre 1762, D10782).

Voltaire se plaît à le répéter: qui a fait rouer Jean Calas? qui a failli faire périr, avant de les réduire à la misère, ses coaccusés? La superstition, 'la plus abominable superstition' dont le fils est 'l'esprit persécuteur', ou encore, car les deux termes jouent en alternance, le fanatisme, l''abominable fanatisme'.[6] Voltaire stigmatise ici les deux monstres qui, depuis tant de siècles, ont, à ses yeux, mis à mal le genre humain. Plus terribles que la peste, plus

---

[5] D13508. 'Le meilleur usage établi en Prusse comme dans toute l'Allemagne et en Angleterre est qu'on n'exécute personne sans la permission expresse du souverain', écrit, le 26 septembre 1765, Voltaire à Elie de Beaumont. Et de comparer avec ce qui a lieu en France où cette coutume autrefois établie n'est plus en vigueur: 'On est un peu trop expéditif [...] On y roue les gens de broc en bouche avant que le voisinage même en soit informé' (D12902).

[6] D11052, D12503, D10775.

funestes que la guerre, ils ont sacrifié d'innombrables victimes et foulé aux pieds la raison, la nature et l'humanité. Pour les désigner, Voltaire use volontiers d'images. C'est ainsi qu'il compare la superstition à 'une hydre toujours renaissante' dont on ne peut 'détruire toutes [l]es têtes', mais dont il est bon de 'couper quelqu'une de temps en temps'.[7] Or le procès Calas constitue l'une de ces occasions privilégiées. Dans l'euphorie qui suit le jugement des maîtres des requêtes, Voltaire, recourant à un bestiaire plus ou moins fantastique, affirme résolument: 'Ce grand exemple rognera pour longtemps les griffes affreuses du fanatisme'. Quand il apprend que le roi accorde aux Calas 36 000 livres et leur permet de prendre leurs juges à partie, il écrit sur le mode de la personnification: 'Il faut à présent que le fanatisme rougisse, se repente et se taise'. Dans une lettre presque contemporaine, il assimile le fanatisme à un arbre dont une branche arrachée fait 'une plaie' sensible jusque dans les 'racines'.[8]

L'affaire Calas s'analyse donc comme 'un grand coup porté contre le fanatisme'.[9] Après avoir provoqué tant d'horreurs, elle se révèle susceptible d'heureuses conséquences. De l'effroyable aventure qui semble nous reporter au temps de la Saint-Barthélemy ou à celui des Albigeois, on voit en effet s'élever la raison et l'humanité si longtemps persécutées. Voltaire l'annonce à la veille de l'arrêt de mars 1763: 'Cette affaire des Calas fera un bien infini à la raison humaine'. Aussi le jugement du 9 mars 1765 lui paraît-il être 'un beau moment dans les fastes de la raison qui ne sont pas', comme il le souligne, 'le plus gros livre que nous ayons'.[10] En même temps qu'il peut servir au triomphe de la raison, 'l'excès du fanatisme' peut conduire sur le chemin de la tolérance: 'quand la rigueur a fait des injustices dont on rougit, on penche vers la

---

[7] D10747.

[8] D12481, D12557, D12606. Autre variation métaphorique: 'Cette aventure peut désarmer le bras du fanatisme ou du moins émousser ses armes' (D12497).

[9] D10860.

[10] D11069, D12470.

tolérance'.[11] Avant même que ne soit prononcée la cassation des décisions toulousaines, Voltaire pensait que l'affaire pourrait 'faire rentrer bien des gens en eux-mêmes, inspirer quelque indulgence, et apprendre à ne pas rouer son prochain, uniquement parce qu'il est d'une autre religion que nous'.[12] Le procès Calas et son retentissement ont finalement favorisé la diffusion de la tolérance, l''un des droits les plus sacrés du genre humain' et qui, faut-il le rappeler, constitue le premier article du 'catéchisme' de Voltaire. Il semblerait même que l'affaire puisse 'faire espérer une tolérance universelle', mais, Voltaire, très lucide, a conscience qu'il n'est pas possible de l'obtenir de sitôt, tant l'Eglise et le pouvoir ont partie liée:

Les hommes ne sont pas encore assez sages; ils ne savent pas qu'il faut séparer toute espèce de religion de toute espèce de gouvernement, que la religion ne doit pas plus être une affaire d'Etat que la manière de faire la cuisine. Il doit être permis de prier Dieu à sa mode, comme de manger suivant son goût; et que pourvu qu'on soit soumis aux lois, l'estomac et la conscience doivent avoir une liberté entière.[13]

A tout le moins, cette avancée vers la tolérance devrait d'abord pouvoir bénéficier aux protestants de France. Très tôt, Voltaire le pressent. 'Cette affaire est très capable', écrit-il à Debrus à la fin de 1762, 'de faire obtenir à vous autres huguenots, une tolérance que vous n'avez point eue depuis la révocation de l'édit de Nantes'.[14] A la même époque, il confie à Moultou: 'Je pense [...] que l'aventure des Calas peut servir à relâcher beaucoup les chaînes de vos frères qui prient Dieu en fort mauvais vers'. Il le redira à Cathala après le jugement de mars 1765: voilà qui devrait forcer 'le ministère à la tolérance que tout le public réclame'.[15] De fait, les protestants dont le regard inquiet s'est porté sur l'affaire et qui en ont attendu l'issue

[11] D10849.
[12] D11009.
[13] D12479.
[14] Non sans ironie, il ajoute: 'Je sais bien que vous serez damnés dans l'autre monde, mais il n'est pas juste que vous soyez persécutés dans celui-ci' (D10870).
[15] D10885, D12567.

97

avec une impatience craintive ont vu les vexations et les persécutions se relâcher. Voltaire le signale dans une lettre à d'Argence d'octobre 1765: 'On me mande de Languedoc que cette fatale aventure a fait beaucoup de bien à ces pauvres huguenots, et que depuis ce temps-là on n'a envoyé personne aux galères pour avoir prié Dieu en pleine campagne en vers français aussi mauvais que nos psaumes latins'.[16] Les protestants ont d'ailleurs tendu à interpréter le présent des 36 000 livres comme un signe de la volonté du roi d'œuvrer en leur faveur. En réalité, l'état civil des protestants tardera à être reconnu – il faudra attendre l'édit de novembre 1787 – mais il est caractéristique qu'en 1773 Suzanne Necker avoue que 'si quelqu'un dans l'univers pouvoit faire rendre aux enfants des protestants le droit d'hériter de leur père, ce seroit celui [...] qui a sauvé [...] la mémoire de Calas de la honte du crime':[17] c'est suggérer la part qui revient à Voltaire, défenseur de la mémoire du roué, dans l'évolution des mentalités et des consciences.

Cependant, par-delà le sort des Réformés, c'est tout le genre humain qui se trouve ici concerné; c'est à lui que s'adresse la leçon de tolérance que dispense l'affaire Calas. Voltaire y insiste: ce procès est 'la cause du genre humain'. Et il importe à celui-ci 'que les fanatiques de Toulouse soient confondus':[18] toutes les nations, toutes les religions y sont intéressées.

C'est pourquoi l'affaire Calas fait époque – et, pour reprendre les expressions récurrentes en variation, elle marque une 'bonne époque', une 'belle époque', une 'grande époque', une 'époque singulière dans l'histoire de l'esprit humain'.[19] Grâce à elle, les lumières s'étendent: 'Cette horrible aventure de Calas a fait ouvrir les yeux à beaucoup de monde'.[20] Certes, Voltaire sait bien que les progrès de la raison se font 'à pas lents', alors que 'le

[16] D12932.
[17] D18626.
[18] D11787, D10810.
[19] D14031, D12462, D12598, D12562.
[20] D11930.

fanatisme parcourt la terre à pas de géant', que, dès que la raison et l'humanité commencent à 'parler', le fanatisme 'hurle';[21] il ne se cache pas les résistances tenaces: 'Le fanatisme dresse encore ses échafauds'.[22] Faisant allusion à sa *Lettre à Damilaville* du 1er mars 1765, il remarque que, si 'ces petites grenades' jetées 'à la tête du monstre' 'le font reculer pour un moment', 'sa rage en augmente' et il 'revient [...] avec plus de furie'.[23] Il n'empêche: 'L'esprit de tolérance commence à s'introduire sur les ruines du fanatisme':[24] Voltaire le constate avec satisfaction. Les provinces, quoiqu'elles gardent encore des traces de barbarie, se forment et, on l'a vu, même 'l'infâme obstination du parlement visigoth de Toulouse'[25] finit par être ébranlée. L'horreur du fanatisme gagne l'Europe entière, comme en témoigne, de manière quasi symbolique, la lettre de cet Espagnol qui demande au patriarche de Ferney 'des armes contre le monstre en dépit de la Sainte-Hermandad'.[26] Lorsqu'en 1776 paraîtra l'édit portant suppression des jurandes et communautés de commerce, arts et métiers, Voltaire mesurera le chemin parcouru et, se reportant au drame des années 1761-1762, il s'écriera: 'Béni soit l'article 14 [...] qui abolit les confréries! Si on avait aboli en Languedoc les confréries des pénitents bleus, blancs et gris, le bonhomme Calas n'aurait pas été roué et jeté dans les flammes'.[27] Peu après, il dira à Moultou: 'Il

---

[21] D15870, D15044.

[22] D11722.

[23] D12508.

[24] D11706.

[25] D13551.

[26] Il s'agit de Joaquim d'Eguia, marquès de Marros qui, dit Voltaire dans une lettre à Damilaville, 'brûlerait le grand inquisiteur s'il en était le maître'. Un exemplaire du *Dictionnaire philosophique* lui est envoyé (D12563). 'Ce serait une belle conquête que celle de l'Espagne, si nous pouvions y détrôner l'inquisition', rêve d'Alembert (D12575).

[27] D20020. L'article XIV énonce: 'Défendons pareillement à tous maîtres, compagnons, ouvriers et apprentis desdits corps et communautés de former aucune association ni assemblée entre eux, sous quelque prétexte que ce puisse être. En conséquence, nous avons éteint et supprimé, éteignons et supprimons toutes les confréries' (*Les Edits de Turgot*, Paris 1976, p.99).

me paraît que les choses sont bien changées depuis l'horrible aventure des Calas'.[28]

C'est là comme le prélude d'un 'âge d'or' qui succédera à 'l'âge de fer'[29] et que Voltaire, il le sait et le regrette, ne verra pas: 'Je ne mangerai pas des fruits de l'arbre de la tolérance que j'ai planté', écrit-il à Lavaysse, le 5 janvier 1769, 'je suis trop vieux, je n'ai plus de dents; mais vous en mangerez un jour, soyez-en sûr'.[30] Voltaire prophétise alors: 'Il se fera sans doute un jour une grande révolution dans les esprits'. 'Encore quelques années et le grand jour viendra après un si beau matin'. Du moins, lui qui a trouvé dans la réforme de 'l'abominable arrêt' 'une consolation bien touchante' mourra-t-il dans l'espérance que les hommes deviendront 'plus éclairés et plus doux'.[31]

Cet avènement aura été le fruit de la philosophie. Car, comme Dieu, les philosophes savent 'tirer le bien des plus grands maux'.[32] L'exemple des Calas montre que, seule, la philosophie peut triompher du fanatisme: 'C'est l'ibis qui vient casser les œufs du crocodile'.[33] On se souvient de l'allégorie que dessine la *Lettre* du 1er mars 1765 et selon laquelle la philosophie 'a deux filles' que le fanatisme 'voudrait faire périr comme Calas': la vérité et la tolérance, tandis qu'elle ne veut, pour sa part, que 'désarmer les enfants du fanatisme, le mensonge et la persécution'.[34] Voltaire, qui, dans cette même *Lettre*, rappelle que 'le penchant d'un philosophe n'est pas de plaindre les malheureux', mais 'de les servir', ne manque pas de relever qu'aucun prêtre n'a aidé les Calas:[35] c'est la 'philosophie' 'toute seule' qui a secouru 'ceux qui expiraient sous le glaive du fanatisme'.[36] L'histoire du procès des

[28] D20114.
[29] D20020.
[30] D15414.
[31] D12503, D15499, D10789.
[32] D11085.
[33] D12500.
[34] D12425.
[35] 'Car, Dieu merci, l'abbé Mignot n'est pas prêtre', précise-t-il (D12462).
[36] D12468, D12462.

Calas conduit ainsi à un hommage à cette philosophie qui apprend aux hommes 'à être sages et justes' et au gouvernement à être modéré, mais dont les fidèles sont, hélas, encore trop peu nombreux dans une nation qui mêle la frivolité à la barbarie et qui se compose de 'deux espèces' – des 'singes oisifs qui se moquent de tout' et des 'tigres qui déchirent'.[37]

iii. *Le protecteur des Calas*

On ne s'étonne pas dès lors que le philosophe Voltaire devienne par une sorte de synonymie le défenseur de Calas, le vengeur de la mémoire du malheureux Calas ou encore le père des Calas.[38] A ce titre, il ne cessera jusqu'à sa mort de voir porter à ses pieds 'le cri de l'humanité'[39] et d'être sollicité par les victimes de la justice, de Delisle de Sales[40] à Lally en passant par les plus obscurs Du Plaquet[41] ou Jean-Louis de Poilly.[42] C'est notamment en référence à son engagement en faveur des infortunés Toulousains qu'il sera nommé l'avocat du genre humain, le défenseur de l'innocence opprimée, le bienfaiteur et l'honneur de l'humanité.[43] Parmi ceux – si nombreux – qui ont loué et glorifié l'œuvre du Voltaire protecteur des Calas, on est tenté de citer ici les deux correspondants royaux du 'Nord'. Le 13 août 1775, Frédéric II analyse le rôle original de l'écrivain philosophe: 'Vous avés eu le rare avantage de réformer de vôtre retraite, les sentences cruelles des juges de vôtre

[37] D12602, D13684.
[38] D20575, D19714. Et aussi 'protecteur des veuves', 'père des orphelins' (D14105).
[39] D15505.
[40] L'affaire de la *Philosophie de la nature* semble à son auteur 'digne de servir de suite à l'histoire des Calas...' (D19943).
[41] Il entend 'porter aux pieds du défenseur des Calas [...] le tableau des disgrâces d'une famille malheureuse' (D15505).
[42] 'Se pourrait il que le deffenseur des Calas ne serait pas touché des persécutions qu'a essuié pendant cinquante ans un infortuné à qui on n'a jamais pû légitimement reprocher un crime?' (D19978).
[43] D13433, D14891, D12566.

Patrie, et de faire rougir ceux qui placés près du trône auraient dû vous prévenir':[44] c'est reconnaître que le Parnasse a su corriger les Parlements et même se substituer au gouvernement! De son côté, Catherine II énumère précisément toutes les forces hostiles auxquelles s'est affronté Voltaire: 'Vous avez combattu les ennemis réunis des hommes, la superstition, le fanatisme, l'ignorance, la chicane, les mauvais juges et la partie du pouvoir qui repose entre les mains des uns et des autres'. Et elle salue les dispositions que requiert une lutte aussi acharnée que disproportionnée: 'Il faut bien des vertus et des qualités pour surmonter ces obstacles. Vous avez montré que vous les possédez, vous avez vaincu'.[45] Juste hommage rendu à celui qui, peu après la décision du 9 mars 1765, énonce avec une conviction renforcée: 'Ce qui est bien sûr, c'est que tant que je vivrai, *Ecr*[*asez*] *l'inf*[*âme*] sera ma devise'.[46]

[44] D19604.
[45] D13433.
[46] D12590.

7

La littérature française du dix-huitième siècle consacrée à l'aventure des Calas

'L'aventure des Calas donnera lieu sans doute à beaucoup d'écrits', prévoit Voltaire, dans une lettre à Mariette du 2 janvier 1763, alors qu'il attend un nouveau mémoire de l'avocat.[1] En avançant cette prévision, Voltaire songe-t-il seulement à des factums de spécialistes? envisage-t-il déjà une littérature composée autour de la funeste affaire? Quoi qu'il en soit, toute une floraison d'œuvres est née dans le sillage du drame des Calas. Lancée dès 1763, une première série de productions d'inspiration poétique éclôt avec le jugement définitif de mars 1765. Suit une période marquée par des œuvres plus isolées desquelles se détache cependant un virulent pamphlet antireligieux. En raison des valeurs qu'elle porte, la Révolution entraîne comme une réactualisation du sujet: le théâtre notamment s'empare alors de l'affaire pour en dégager et glorifier les enjeux philosophiques.

i. *Poésie*

'Le sujet est bien intéressant' (Voltaire à Blin de
Sainmore; 9 août 1764, D12040).

Le 12 janvier 1763, les *Mémoires secrets*, observant que les poètes, après les orateurs, entrent 'en lice pour défendre la mémoire du malheureux Calas', notent que Barthe 'se met sur les rangs et chante ce héros tragique dans une héroïde nouvelle non encore imprimée'.[2] Le 28 août, les mêmes *Mémoires* (p. 270) signalent la parution d'un 'morceau plein de poésie et de pathétique', *Requête*

---

[1] D10876.

[2] *Mémoires secrets*, i.164. Cette héroïde n'est pas recueillie dans les volumes du *Théâtre complet et Œuvres diverses de M. B.* (Paris 1779).

au roi par la dame veuve Calas.[3] Ces pièces sont sans doute parmi les premiers essais poétiques qu'a suscités l'affaire toulousaine. Dans la *Requête*, antérieure au jugement souverain, mais postérieure à la décision de mars 1763, madame Calas se tourne vers le Roi présenté comme l'unique recours pour lui demander de venger son époux et la vertu. Frappée au plus profond d'elle-même, en proie à une douleur indicible, elle surmonte ses maux et son désespoir pour dire l'erreur et l'injustice, rappeler le faux zèle du peuple qui facilement calomnie et insulte, l'égarement des juges trompés par de faux indices, l'atrocité du jugement. Ponctué de suspensions de la voix, le récit qui ravive les plaies du cœur meurtri de l'épouse et de la mère déroule les sinistres épisodes qui ont suivi la découverte tragique du corps de Marc-Antoine. Le poème touche par la simplicité et la sincérité de l'expression de la plainte ('Nous traînons dans l'opprobre et dans l'ignominie / Des jours que l'innocence a marqués de son sceau'), mais aussi par l'espoir qui emporte le final – l'espoir de 'voir l'heureux jour qui déjà se dispose' où Louis xv rendra l'honneur injustement ôté.

C'est ce jour qu'exaltent les héroïdes parues en 1765: *Calas sur l'échafaud, à ses juges*, de Louis-Sébastien Mercier; *Jean Calas à sa femme et à ses enfants*, d'A.-M.-H. Blin de Sainmore ou encore *Marc-Antoine Calas le suicidé à l'univers* d'E.-T. Simon.[4] Ecrivant le 9 août 1764 à Blin de Sainmore, Voltaire ne cache pas son impatience de lire l'héroïde annoncée, étant certain que le sujet 'intéressant' en lui-même 'ne le devienne encore davantage' sous la plume du poète. Lorsque celui-ci rééditera son poème en 1767,[5]

---

[3] La *Requête* est datée de 1763, elle ne porte ni adresse ni nom d'auteur. Les *Mémoires secrets* affirment qu'elle est 'de très bonne main'. Coquerel l'attribue à Le Roy (*Jean Calas et sa famille*, p.495).

[4] Ces poèmes sont mentionnés par la *Correspondance littéraire* le 15 avril 1765 (vi.261) et le 15 août 1766 (vii.100-101).

[5] *Lettre de Jean Calas à sa femme et à ses enfants, précédée d'une Epître à Mde de ** sur le sentiment* (1767). La même année, Blin de Sainmore recueille ses *Héroïdes ou Lettres en vers* 'avec un luxe d'estampes et de vignettes' qui, notent les *Mémoires secrets*, 'en favorisent prodigieusement le débit' (1er novembre 1767, vii.473).

Voltaire, à l'occasion d'une relecture, renouvellera l'expression de sa satisfaction.[6] De 1765, on pourrait également citer l'épître de La Harpe, *A Voltaire sur la réhabilitation de la famille Calas* que le dédicataire identifie aisément ('Je me doutais bien que les vers charmants sur les Calas étaient de vous, car de qui pourraient-ils être?'), le poème de Pierre-Jean-Baptiste Nougaret – *L'Ombre de Calas le suicidé à sa famille et à son ami dans les fers*[7] – dont le philosophe accuse réception le 20 avril ('Vos vers et votre prose prouvent également vos talents et la bonté de votre cœur')[8] et aussi la *Lettre d'un cosmopolite à l'ombre de Calas*: Voltaire, s'adressant le 17 mai 1765 à l'auteur, Jean-Baptiste de Chiniac de La Bastide, loue les 'vers attendrissants' qui témoignent d'un cœur sensible.[9]

Si certaines de ces pièces adoptent la forme traditionnelle de l'épître, la plupart retiennent le genre à la mode de l'héroïde qu'illustraient déjà les poèmes de 1763. C'est par rapport à cette mode que Simon justifie son choix: 'On s'accoutume depuis quelque temps', dit-il, 'à saisir les événements et à les présenter sous cette forme comme la plus propre à faire sentir l'impression qu'ils doivent causer.'[10] Et, s'il reconnaît que le drame des Calas a donné lieu, avec les mémoires, à des beautés oratoires, il estime que la poésie est en droit de revendiquer un sujet qui est de son ressort. Blin de Sainmore ne dit guère autre chose: 'La situation est des plus intéressantes et par conséquent appartient à la poésie'.[11]

En général, ces œuvres s'ouvrent sur un propos liminaire. Le poète y définit son dessein: ainsi Chiniac de La Bastide déclare qu'il

---

[6] D12040, D14253.

[7] Poème signalé par la *Correspondance littéraire*, vi.261.

[8] D12562.

[9] D12602.

[10] *Marc-Antoine Calas le suicidé à l'univers. Héroïde* (1765), 'Lettre à Mme de S***', p.viii.

[11] *Lettre de Jean Calas à sa femme et à ses enfants*, dans *Héroïdes ou Lettres en vers*, 3e édition (1768), p.115.

entend célébrer 'la mémoire d'un vieillard infortuné que la terre a
proscrit et que la terre devait admirer', à l'occasion du 'grand jour
de la vérité' qui s'est enfin levé.[12] Mais il arrive aussi qu'un rappel
préalable soit fait de l'affaire elle-même: Blin de Sainmore retrace
les principaux épisodes en insistant sur le retentissement européen
et sur l'effet pathétique: 'Des larmes ont coulé de tous les yeux; tous
les cœurs se sont émus'.[13] Ajoutée en 1767, une Epître adressée à
l'épouse de l'avocat parisien, madame Elie de Beaumont, chante les
charmes du sentiment ('Rayon de la Divinité / Tendre ami de
l'humanité') jusque sur le plan de l'action: manière de louer, dans la
perspective de l'œuvre de la réhabilitation, la vertu de bienfaisance,
d'exalter celui qui 'Ne goûte le bien d'être heureux / Que par le
doux plaisir d'en faire'.[14]

Inversant l'ordre, Simon fait suivre son héroïde d'une longue
narration de la célèbre affaire (*Histoire des malheurs de la famille
Calas jusqu'après le jugement rendu en leur faveur pour la justification
de la mémoire de Jean Calas, père, le 9 mars 1765*) qui se veut de
forme 'historique' et pour la rédaction de laquelle l'auteur n'hésite
pas à puiser dans les différents mémoires, en laissant de côté tout ce
qui est d'ordre purement juridique.

Dans le cadre des héroïdes mêmes, tantôt c'est Jean Calas qui est
censé parler, au moment où il vient d'apprendre l'arrêt (Blin de
Sainmore) ou au moment où se font les 'sinistres apprêts' du
supplice (Mercier): le poète profite alors du caractère particulièrement dramatique de la situation pour émouvoir le lecteur. Tantôt,
c'est Marc-Antoine qui est mis en scène. Parce que, par deux fois
avant lui, Jean Calas a pris la parole, Simon imagine de se tourner
vers le fils aîné et pense que celui qui est l'auteur de la catastrophe
peut 'offrir un spectacle aussi intéressant'. De même, Nougaret fait
élever la voix de Marc-Antoine du fond du tombeau.

---

[12] *Lettre d'un cosmopolite à l'ombre de Calas* (s.d.), p.3.
[13] *Lettre de Jean Calas*, p.111.
[14] *Lettre de Jean Calas*, p.124.

Evoquant ainsi le père victime ou le fils qui est à l'origine du drame, les auteurs sont conduits à tracer un portrait des deux acteurs déjà présents dans les Mémoires. Jean Calas reste ici fondamentalement fidèle aux traits que Voltaire et les avocats ont dessiné du supplicié. Sans remonter, comme Blin de Sainmore, au temps du mariage et de la naissance des enfants, Mercier tient à rappeler le passé d'honnêteté du marchand d'indiennes ('J'ai vécu sous vos yeux avec quelques vertus'), et à souligner combien celui-ci chérissait 'la paix, la tolérance, / Les lois, l'humanité, la douce bienfaisance'.[15]

Si une allusion est faite aux remontrances du père à l'adresse de son fils aîné, il est spécifié qu'elles ont été inspirées par la seule affection paternelle. Jeté au cœur du drame, le personnage incarne des qualités que les témoins de l'exécution, tels que le Père Bourges, ont pu rapporter. Jean Calas fait entendre l'aveu répété de son innocence, même s'il reconnaît que, par souci d'honneur, il a d'abord dissimulé le suicide. Il ne se révolte pas contre ses juges qu'il déclare avoir été séduits, n'appelle pas à la vengeance, va jusqu'à les excuser: 'Je dois vous pardonner ma mort et votre erreur. / C'est la faute du sort et non de votre cœur'.[16]

Il ne murmure pas davantage contre Dieu: il l'implore, soumis, résigné, confiant, tandis qu'il ne peut s'empêcher de s'apitoyer sur le sort du reste de sa famille.

On retrouve bien là les principaux éléments du caractère représenté dans la longue série des factums. Simplement, et la poésie y aide par le recours à la prise de parole directe et par les jeux de l'harmonie qui frappent et attendrissent, les traits paraissent plus fortement accentués. Avec sa couronne de vertus morales et religieuses, Jean Calas revêt l'aspect d'un héros, d'un saint, plus, d'une sorte de nouveau Christ offrant ses douleurs et sa vie à l'exemple de Celui qui fut le messager de paix et d'humanité – le

---

[15] *Calas sur l'échafaud à ses juges* (1765), p.5.
[16] *Calas sur l'échafaud*, p.6.

Dieu des catholiques comme des protestants. En même temps, du personnage émane un courant de plus grande sensibilité – que le mari demande qu'on épargne sa femme, que le père pleure sur ses malheureuses filles à jamais privées d'époux, ou que le chef de famille lance cette dernière salutation touchante: 'Adieu, trop tendre Epouse, adieu, trop chers enfants'.[17]

Lorsque Marc-Antoine anime la fiction, les traits retenus sont ceux qui ont été exploités pour étayer la thèse du suicide: imagination, mélancolie, insatisfaction, passion du jeu. Simon lie même à cette passion la décision suicidaire puisqu'il attribue le désespoir du jeune homme à une perte d'argent au jeu. Mais une plus grande liberté s'offre au poète dans la mesure où le personnage est censé remonter des Enfers. C'est ainsi que Marc-Antoine peut faire l'aveu de son suicide: 'Oui, j'ai porté sur moi ma main dénaturée.'[18] Il ne masque pas sa responsabilité dans les malheurs qui accablent les siens: 'Et par un sort fatal, mon bras en m'immolant / Elève l'échafaud où coule votre sang.'[19] Il reconnaît ne pas avoir mérité les obsèques qui lui ont été faites. A ses juges, il annonce le châtiment de Dieu qui les attend et qu'ils partageront avec lui: 'Ses lois à mes côtés ont marqué votre place.'[20] Surtout, Marc-Antoine, chez Simon du moins, revient pour éclairer les hommes: en leur montrant ses propres erreurs, il veut leur apprendre 'à se mettre en garde contre leurs propres jugements', 'à ne plus se donner à eux-mêmes des leçons sanglantes qui les déshonorent'.[21]

Que le personnage placé sur la scène poétique soit le père ou le fils, d'inévitables allusions sont lancées à la façon dont l'accusation s'est formée et l'égarement propagé. Mercier reconstitue la soirée du 13 octobre 1761 avec les cris du père et la méprise de la foule assemblée: 'Hélas! ces cris plaintifs que poussait ma douleur, /

[17] *Calas sur l'échafaud*, p.8.
[18] *Marc-Antoine Calas le suicidé*, p.12.
[19] *Marc-Antoine Calas le suicidé*, p.13.
[20] *Marc-Antoine Calas le suicidé*, p.20.
[21] *Marc-Antoine Calas le suicidé*, 'Lettre à Mme de S***', p.ix.

Mon désespoir, mon trouble ont nourri votre erreur'. L'accent vient ainsi à être mis sur la frénésie qui a suivi:

> Tout s'arma contre moi d'une haine emportée.
> Transports peu réfléchis! fureur précipitée!
> [...]
> On n'examina rien. L'imposture grossière
> Répandait son poison et fuyait la lumière.[22]

C'est dire que sont stigmatisés les noirs méfaits du fanatisme. Voltaire le rappelait à Blin de Sainmore dans sa lettre de mars 1765: 'Il est nécessaire que l'humanité combatte le fanatisme'. La dénonciation court, vive (même si elle menace la vraisemblance par rapport au personnage que l'héroïde fait parler): 'O fanatisme impur! source de tant de crimes'.[23] Blin de Sainmore peint l'égarement d'un peuple vil, crédule, abusé, que guide et entraîne un faux zèle – ce faux zèle qui atteint jusqu'aux juges et dont Chiniac de La Bastide note les sinistres effets: '[...] Déjà par ses noires manœuvres / L'innocence succombe et le juste est proscrit.'[24] Pour La Harpe, c'est une sorte de fatalité que la permanence de ce fanatisme au sein du vulgaire.

Pourtant, ces poèmes, parce qu'ils ont été composés après la décision des maîtres des requêtes, dépassent le pessimisme attaché à la dénonciation du fanatisme persécuteur et s'éclairent des promesses lumineuses de la réhabilitation. C'est l'occasion de rendre hommage au roi. Adressant ses derniers adieux à sa famille, le Jean Calas de Blin de Sainmore s'écrie:

> Allez, courez, volez, tombez aux pieds du roi;
> Demandez-lui l'honneur que vous perdez en moi;
> Vous verrez qu'en ces lieux qu'on peint inaccessibles,
> Tous les cœurs, mes enfants, ne sont pas insensibles.
> Ce Prince bienfaisant, touché de vos malheurs,

---

[22] *Calas sur l'échafaud*, p.3.
[23] *Marc-Antoine Calas le suicidé*, p.18.
[24] *Lettre d'un cosmopolite*, p.6.

De son bandeau sacré peut essuyer vos pleurs;
De vos vils ennemis démêlant l'artifice,
Il confondra leur brigue et vous rendra justice.[25]

Simon, pour sa part, annonce le 'beau jour' où 'Près du trône des lys, asile des vertus / Du Juste qui se plaint les cris sont entendus.'[26]

Mais, on le devine, c'est avant tout l'occasion de saluer celui qui a pris l'initiative de la démarche. Dans l'*Histoire des malheurs de la famille Calas*, Simon reconstitue la réaction initiale de Voltaire: 'L'idée d'un mal ordinaire n'entre qu'avec peine dans une âme éclairée des rayons d'une saine philosophie, celle d'un forfait inouï qui révolte la raison et la nature n'y peut avoir aucun accès, c'est ce que M. de Voltaire éprouva [...]. L'idée de justifier ce malheureux se présenta à son esprit, il la saisit'.[27] Blin de Sainmore rappelle que le philosophe, pour secourir la vertu opprimée, a consacré 'sa plume, ses soins, son argent, son crédit'.[28] Nougaret loue celui qui a composé les *Pièces originales*:

Cet auteur immortel, en dépit de l'envie,
Qu'enflamment les vertus ainsi que le génie
Daigne en votre faveur écrire le premier.
Sa main qui vous défend cueille un nouveau laurier.[29]

La Harpe, lui, chante le succès des interventions du philosophe en faveur des victimes:

Tu n'as pas vainement défendu l'innocence;
Ta voix s'est fait entendre aux ministres des lois;
Leur justice et ton éloquence
D'une famille en pleurs ont su venger les droits.[30]

[25] *Lettre de Jean Calas*, p.143. L'*Epître sur le sentiment* évoque le 'pouvoir consolateur'.
[26] *Marc-Antoine Calas le suicidé*, p.21.
[27] *Marc-Antoine Calas le suicidé*, p.56-57.
[28] *Lettre de Jean Calas*, p.114.
[29] *L'Ombre de Calas le suicidé à sa famille et à son ami dans les fers, précédée d'une Lettre à M. de Voltaire* (1765), p.15-16.
[30] *A Voltaire, sur la réhabilitation de la famille Calas*, dans *Œuvres de La Harpe*, t.iii (Paris 1820), p.486.

Bref, de ces poèmes, se dégage l'image d'un Voltaire qui a su réunir au culte des arts l'exercice des vertus et de l'humanité. Peut-être est-ce Chiniac de La Bastide qui célèbre avec le plus d'emphase, sinon de force, cette double gloire de l'écrivain et du philosophe:

> L'Homère des Français, le Nestor du Parnasse,
> Le rival de Sophocle et le chantre des rois,
> Voltaire s'attendrit et de votre disgrâce
> Dans Paris qui l'admire, il fait valoir les droits.[31]

Il va de soi que la réussite poétique est inégale selon les textes. Les poésies de Mercier et de Blin de Sainmore semblent être celles qui se distinguent le plus par la noblesse de la figure centrale et par des qualités dramatiques et sensibles. Blin de Sainmore ne recule pas devant l'emploi des procédés qui accusent le pathétique (apostrophes, interjections, répétitions), mais il sait éviter l'excès et le convenu – défauts auxquels n'échappent pas certaines autres de ces productions.[32] Mais, quelle que soit l'appréciation esthétique qu'appellent ces poèmes, ce qu'il importe de souligner ici, c'est le témoignage qu'ils donnent sur le retentissement de l'affaire dans la conscience du siècle et sur le rôle rayonnant assumé par celui qui n'est pas seulement considéré comme un homme de lettres soucieux de 'contenter l'esprit' et de 'charmer les loisirs' d'une foule d'être oisifs, mais comme celui qui sait faire 'marcher la bienfaisance et l'utilité à côté des Muses'.[33]

---

[31] *Lettre d'un cosmopolite*, p.7.
[32] Sur les héroïdes, voir Renata Carocci, *Les Héroïdes dans la seconde moitié du XVIIIᵉ siècle (1758-1788)* (Fasano et Paris 1988).
[33] Nougaret, *L'Ombre de Calas*, 'Lettre à M. de Voltaire', p.3-4.

ii. *Pamphlet*

'Le magistrat qui fait rouer un hérétique [...] est
soldat de Jésus-Christ' (*Sermons*, 1780, p.213).

Le 4 février 1773, les *Mémoires secrets* signalent la parution d'un
recueil qui a pour titre *Sermons prêchés à Toulouse devant Mrs du
Parlement et du capitoulat par le R. P. Apompée de Tragopone,
capucin de la Champagne pouilleuse*. Cinq jours plus tard, ils
analysent longement cette production dont ils affirment qu'elle
est curieuse et 'très courue'.[34] Il ne s'agit bien sûr que de pseudo-
sermons,[35] imaginés et composés à partir du supplice de Jean Calas
et qui, fondés sur le procédé constant de l'antiphrase, visent à
fustiger et à vilipender les juges fanatiques de Toulouse.

Le premier sermon (il y en a deux) part d'un texte du
Deutéronome relatif à la loi de tuer et tend à montrer que les
magistrats ont à juste titre fait exécuter Jean Calas et persécuter sa
famille. L'auteur se tourne vers la Bible, vers l'histoire de l'Eglise et
de la papauté et énumère 'la longue série de meurtres, d'assassinats,
de supplices de toute espèce si glorieuse à notre sainte religion':[36]
des Moabites, des Madianites, des Amalécites jusqu'à la révocation
de l'Edit de Nantes en passant notamment par les croisades,
l'Inquisition, les guerres de religion (avec le massacre de 1552
perpétré à Toulouse et la Saint-Barthélemy), riche est la liste des
violences homicides! Les juges toulousains se placent dans cette
tradition et, si Calas était sans doute innocent, du moins était-il un
hérétique: 'Il doutait de la transsubstantiation, de l'infaillibilité du
Pape, du Purgatoire etc'. Calas était donc coupable et la conclusion

---

[34] *Mémoires secrets*, vi.276-77 et 281-83. Coquerel (*Jean Calas et sa famille*,
p.492) cite l'édition datée de 1772, à Eleutheropolis, chez Jonas Freethinker,
Imprimeur et Libraire, rue de l'Antimoine, entre le Palais de la Raison et l'Eglise
de Notre-Dame des Lumières. Nous nous reportons à l'édition de Londres, 1780.

[35] Inutile d'insister sur le pseudonyme.

[36] *Sermons*, p.15.

s'impose d'évidence à l'adresse des juges – 'soldats de Jésus-Christ': 'Vous avez [...] très bien fait de le rouer [...]. Vous avez témoigné votre obéissance aux ordres de Dieu [...]. Cet exploit est digne de votre ancienne réputation et met le comble à votre gloire'.[37]

Parce qu'ils ont ainsi répandu pour la foi le sang de l'hérétique, les magistrats de Toulouse sont, en vertu même des autorités sacrées, appelés à être récompensés. Prenant l'exemple du capitoul David et jouant sur son nom, l'auteur montre que, si le David juif a été roi, 'David le catholique, le très catholique sera chancelier, garde des sceaux de France' – à moins qu'il ne fasse une brillante carrière dans la religion, dans l'armée. L'éloge court, ironique, de 'ce grand magistrat, si savant, si juste, si intègre, si humain et si éclairé'.[38]

Ouvert sur la citation 'Beati pauperes spiritu quoniam ipsorum est regnum caelorum', le deuxième sermon s'attache d'abord à démontrer que les sciences sont opposées à la vraie piété et qu'elles constituent un obstacle au salut. Ici encore, l'auteur se reporte à la Bible: il peint les Juifs comme un peuple totalement ignorant en histoire, en philosophie, en théologie... Digne de ce peuple paraît le 'regrattier de Lunel' qui a acheté 'pour 50 000 F le droit de faire rouer un innocent' (c'est David): Dieu l'a choisi afin de 'siéger sur le trône de la justice' parce qu'il était précisément 'sans étude, sans science et même sans esprit'.[39] Du reste, les siècles d'or de l'Eglise (avec la foule de ses saints et de ses miracles) n'ont-ils pas été des siècles de ténèbres intellectuelles?

Le pseudo-prédicateur en conclut qu'il convient de sacrifier, selon la volonté de Dieu, la raison à la foi qui la contredit. Reprenant la comparaison évangélique de l'enfance, il remarque

---

[37] *Sermons*, p.83-84 et 213.
[38] *Sermons*, p.131 et 209. Le juge des Sirven aura droit lui aussi à une récompense: 'Il sera fait sans doute maître des hautes œuvres de l'Inquisition qui sera établie à Jérusalem' (p.204).
[39] *Sermons*, p.243.

qu'être des enfants, c'est renoncer à la raison et au sens commun. Mais, ajoute-t-il, en se tournant vers son auditoire supposé des capitouls et des parlementaires, 'je n'ai que faire de vous exhorter à renoncer à votre raison, au bon sens ou aux lumières naturelles, il y a longtemps que vous avez fait divorce avec ces dangereux ennemis de la foi; il y a longtemps que vous êtes devenus comme des enfants'.[40]

Nourri de citations bibliques et de références aux textes saints, illustré d'exemples et d'anecdotes historiques qui, comme le remarquent les *Mémoires secrets*, jettent de l'intérêt et de l'agrément, assorti de notes longues et nombreuses, l'ouvrage frappe par sa vigueur polémique. Il se révèle profondément antichrétien et le recours à l'antiphrase accentue la satire. Le lecteur n'est évidemment pas dupe des anathèmes lancés contre ceux qui sont appelés les 'mauvais raisonneurs', ces 'demi-hérétiques' qui osent 'porter des regards téméraires sur les objets de la foi',[41] qui préfèrent la raison à la Révélation et la loi naturelle à la loi écrite, qui privilégient les mœurs sur le dogme, vantent les progrès des sciences et des arts. Il ne l'est pas davantage ni des éloges adressés à ceux qui croient tout sans examen et obéissent aveuglément à l'Eglise et au Pape ni des exhortations propres à ranimer un zèle qui s'attiédit dans un siècle jugé 'indévot'.

Par le dessein qu'il poursuit, par l'argumentation qu'il avance – toujours appuyée de faits – ou encore par le mode polémique dont il use, le recueil, en dépit de son épaisseur et de son abondance, a, semble-t-il, quelque chose de voltairien. On retrouve la violente hostilité de Voltaire contre les Juifs et contre l'Eglise, sa revendication insistante en faveur de la raison et du développement des connaissances. Comme chez Voltaire, il y a une large information, un jeu de l'ironie, des formules et des attitudes 'pieuses'. Il est intéressant d'observer que cette critique féroce se développe à partir de l'aventure des Calas; c'est l'accusation intentée, la

---

[40] *Sermons*, p.367-68.
[41] *Sermons*, p.5 et 84.

procédure suivie, les jugements prononcés qui suscitent cette peinture d'une religion qui ne se dissocie ni du fanatisme ni de la crédulité et se révèle aussi ridicule que révoltante. En somme, l'ouvrage paraît prolonger le combat voltairien contre le 'monstre'. Signalons qu'une note finale souligne le tort fait sur le plan de la foi par la cruauté et l'injustice commises:

Le supplice de Jean Calas et la canonisation de son fils ont plus acquis de sujets à l'irréligion, plus étendu l'empire de l'incrédulité que tous les écrits des Spinoza, des Hobbes, des Toland, des Bolingbroke, des Boulanger, des Mirabaud [...]. Les crédules nuisent plus à leur cause qu'ils ne pensent et ils donnent lieu aux esprits les plus modérés et les plus simples de les soupçonner que leur religion est ou fanatisme ou artifice et politique toute pure.

Et les dernières lignes du pamphlet dégagent ouvertement, hors de toute trace d'ironie, la leçon clé de la tolérance que Voltaire a déjà tirée: 'La vérité n'entre point dans l'esprit par la violence. Elle y pénètre par la douceur et par l'éclat de sa beauté. Il n'y a que le mensonge qui dise: crois ou je te tue'.[42]

iii. *Théâtre*

'Aux Mânes de Voltaire'[43]

'L'histoire des Calas a été redite et répétée de tant de manières qu'il ne restait plus que celle de la donner en spectacle': l'observation est faite, dès avant la Révolution, par de Brumore, c'est-à-dire par Louis-Joseph Philibert de Morveau, dans l'Avant-propos d'un

---

[42] *Sermons*, p.374. L'ouvrage se termine par des Lettres qu'un étudiant en droit de Toulouse, cousin des Calas, écrit à Louis résidant à la Dalbade, couvent des Pères de l'Oratoire, et des réponses qu'il reçoit: l'échange épistolaire qui présente un tableau de l'accusation, du procès et du supplice de Jean Calas joue de l'opposition entre deux esprits, l'un (celui du cousin) qui aime 'à demander le pourquoi et le comment' (p.417), l'autre (celui de Louis) plein de docilité.

[43] Willemain d'Abancourt, *La Bienfaisance de Voltaire* (1791), p.iii.

drame intitulé *Les Calas* qu'il publie en 1778.[44] L'auteur dont la pièce n'a pas été représentée semble être le premier à avoir eu l'idée d'une transposition théâtrale. Remarquant que c'eût été là sans doute la manière de rendre l'histoire 'la plus sensible si l'on eût osé la laisser paraître dans toute sa force', il reconnaît que, pour sa part, il a 'pressé et serré les situations trop noires et trop violentes' et qu'il a tu 'la moitié des expressions du désespoir' des 'malheureuses victimes' afin de ne pas rebuter le spectateur.[45] Cependant l'histoire est, comme il est annoncé, retracée 'sous de nouveaux traits'. Jean Calas a recueilli et élevé la fille de son associé malheureux, Justine, et la destine à Marc-Antoine. Celui-ci a pour meilleur ami un certain Dumont, catholique riche et considéré, sous l'influence duquel il a abjuré. Mais ce Dumont n'est qu'un fourbe, qu'un imposteur: il dénonce au capitoul (lequel ne paraît pas sur scène) Jean Calas comme membre d'une secte que condamne la loi de l'Eglise et de l'Etat. A la fin de l'acte II, le suicide de Marc-Antoine – dégoûté de la vie et des hommes (d'autant plus qu'il a découvert la perfidie de son ami)[46] – accroît et précise la menace. Ouvertement accusé de parricide, Calas est emprisonné avec son épouse et conduit au supplice. Morveau ne cache pas le dessein qui l'a conduit à écrire sa pièce: il veut stigmatiser l'horreur du fanatisme, qui, bien que contenu 'par les progrès de la philosophie', est toujours susceptible d'un réveil brutal et terrible.[47] Dumont représente le catholique zélé qui prétend servir les intérêts et la gloire de Dieu en se faisant délateur,

---

[44] *Drames nouveaux. Les Calas en trois actes et en prose, par Mr de Brumore attaché au service de SAR Mgr. le Prince Henri de Prusse, frère du roi* (Berlin 1778). Voir Quérard, *Les Supercheries littéraires dévoilées*, i.583.

[45] C'est ainsi qu'au moment où Jean Calas est conduit à l'échafaud, il substitue chez Mme Calas aux convulsions de la douleur un évanouissement (*Les Calas*, III.viii, p.85).

[46] L'horreur de l'existence chez Marc-Antoine est très fortement soulignée, notamment dans une scène qui réunit le fils et ses parents: 'Qu'avez-vous donc fait en me mettant au monde', leur dit-il, 'sinon de m'assurer un droit à l'infortune et au malheur?' (*Les Calas*, II.ii, p.41).

[47] Avant-propos, p.8.

en répandant l'accusation de parricide, en plaçant dans un couvent Justine – qu'il souhaite épouser, car les intérêts de Dieu peuvent coïncider avec les siens![48] Face à ce personnage noir – vrai traître de mélodrame – disposé à convertir ou immoler et convaincu de l'efficacité de la persécution pour changer les dispositions du cœur,[49] Jean Calas se pose comme le porte-parole de la tolérance, désireux de laisser à chacun – et donc à son fils – la liberté de suivre les mouvements de sa conscience. Ponctuée d'éclats violents dans la dénonciation ('Fanatisme exécrable! Rage sacrée, fureur de la persécution! La différence des opinions [...] n'est souvent que le masque de tes forfaits et le prétexte de tes violences')[50] et aussi d'exhortations pressantes au respect de l'opinion de l'autre, la pièce vaut pour cette leçon que semble exprimer madame Calas lorsque, se déclarant prête, au milieu de ses plaintes, à accompagner son mari dans la mort, elle prédit:

De nos cendres confondues, s'élèveront encore des gémissements qui, en portant nos malheurs sous tous les pôles, crieront vengeance chez toutes les nations de la terre; ils feront naître la honte et le remords dans le sein de nos persécuteurs et ils rendront peut-être un jour le fanatisme l'effroi des hommes, l'horreur du monde et l'exécration de l'univers comme il en fut le destructeur et le fléau.[51]

Quoique, par sa portée, le drame de Morveau annonce directement les pièces qui vont fleurir sous la Révolution, nous devons auparavant signaler une autre tentative de mise en forme théâtrale, faite à l'étranger, mais dont une version française est proposée en 1780. Cette année-là, paraît, en effet, *La Mort de Calas, tragédie bourgeoise*, traduite du hollandais en français par le chevalier

---

[48] Précisons qu'auparavant Jean Calas lui a refusé Justine.

[49] C'est ainsi qu'il compte profiter des épreuves de Mme Calas pour lui faire abandonner 'les voies d'impiété' (III.v, p.79).

[50] II.vi, p.51-52. Voir également III.ii (tableau de la frénésie qui s'empare de tous les états), III.v (amplification dénonciatrice du 'zèle féroce et insensé').

[51] III.i, p.66-67.

d'Estimauville de B.[52] Dès la scène i de l'acte I, Jean Calas se trouve en prison ainsi que sa femme et son fils Pierre. Centré sur le personnage du père, ce premier acte s'attache au portrait de celui qui, au sein des malheurs, demeure l'âme tranquille, confiant en Dieu, étonné qu'un Père Confesseur que devrait guider la charité puisse le tourmenter plus que le consoler. L'acte II s'organise autour d'une délibération des juges: face à quelques-uns des conseillers qui recommandent la prudence et l'humanité, se dresse David, le capitoul, présenté ici comme le premier président du Parlement, et qui, en proie à 'une inspiration divine', prend sur lui la sentence de mort (II.iii). Le personnage est peint dans tout son acharnement et toute sa haine et la pièce se rehausse de l'opposition très vive entre cet impitoyable bourreau et la victime parfaitement résignée à la volonté de Dieu. Mais à peine l'exécution a-t-elle lieu que David – et c'est l'objet de l'acte III – paraît l'esprit agité, la conscience bourrelée de remords: 'Fatal remords [...] pourquoi as-tu permis qu'au mépris des lois et de l'équité, je versasse le sang de la vertu et de l'innocence?'[53] Ainsi la pièce est dotée d'une finalité avant tout d'ordre moral: le méchant, aveuglé par une passion inique, est puni, mieux, se punit puisqu'il finit par s'élancer par une fenêtre. 'O juges de la terre, apprenez par cet exemple à ne jamais laisser l'injustice triompher dans vos cœurs': la 'tragédie bourgeoise' s'achève ou presque sur cet appel à la vertu.[54]

Avec la Révolution, les événements qu'elle fait naître et les concepts qu'elle véhicule, le théâtre reprenant l'affaire Calas en

---

[52] L'adresse est 'Leyde, chez C. Van Hoogeveen, junior'. Une note de la Préface précise que la pièce originale, bien qu'elle ait paru sous le nom d'une société littéraire établie à Leyde, a été écrite par C. Van Hoogeveen, membre et directeur de cette société, 'sur la première nouvelle de l'aventure tragique qui en fait le sujet' et qu'elle a été jouée 'avec applaudissement' (p.v). La pièce originale, *De Dood van Calas. Treurspel in drie bedrijven, door van Hoogeveen, Jr.*, a paru à Leyde en 1766.

[53] III.iv, p.55.

[54] III.vi, p.63.

retrouve la portée polémique qui paraît d'autant plus accentuée que le genre se charge alors volontiers d'une visée propagandiste.

Le 17 décembre 1790, le Théâtre du Palais-Royal représente *Calas ou Le Fanatisme*, drame en quatre actes et en prose d'Auguste-Jacques Lemierre d'Argy.[55] Le lendemain, c'est une tragédie en cinq actes et en vers de Jean-Louis Laya[56] (*Jean Calas*) que les Comédiens Français interprètent sur les planches du Théâtre de la Nation. L'année suivante voit paraître trois nouvelles pièces. Le 31 mai 1791, le même Théâtre de la Nation joue une pièce dramatique en un acte et en vers de François-Jean Willemain d'Abancourt:[57] *La Bienfaisance de Voltaire*. Le 6 juillet, c'est, sur le Théâtre-Français, la première représentation de la tragédie de Marie-Joseph Chénier, *Jean Calas*. Quelques semaines plus tard, le 31 juillet, Jean-Baptiste Pujoulx[58] fait jouer au Théâtre-Italien *La Veuve Calas à Paris ou Le Triomphe de Voltaire* (1791), pièce en un acte et en prose. Ainsi, en l'espace de sept mois, cinq pièces reportent l'attention sur le drame de 1761 et ce qui s'en est suivi. Si l'on en croit Palissot, Lemierre d'Argy et Laya auraient devancé Chénier qui, le premier partout, aurait eu l'idée de traiter le sujet.[59] Mais il va de soi que le transfert des cendres de Voltaire, décidé le 30 mai 1791 et qui a lieu, nous l'avons rappelé, le 11 juillet, explique la faveur du thème mis en scène: Willemain d'Abancourt ne cache pas qu'il entend par sa pièce s'associer à l'hommage national dont le patriarche de Ferney est l'objet. De même, Pujoulx déclare vouloir honorer celui à qui la patrie reconnaissante a rendu 'les honneurs du triomphe'.[60]

---

[55] Né en 1762, mort en 1815, il a surtout fait des traductions.

[56] Ce dramaturge (1761-1833) est aussi un poète (il a écrit des héroïdes) et un critique.

[57] Il a notamment publié dans le *Mercure* des poèmes, des contes, des anecdotes.

[58] Né en 1762, mort en 1821, il a écrit surtout des comédies.

[59] Chénier aurait même achevé sa tragédie 'longtemps avant que ces Messieurs n'eussent barbouillé leurs canevas' (*Lettre de M. Palissot sur la tragédie de Calas*, dans *Jean Calas, tragédie*, 1793).

[60] *La Veuve Calas à Paris*, p.2.

Il arrive que la pièce reflète le mouvement même de l'aventure à ses débuts: dîner, découverte du corps, procédure toulousaine avec interrogatoires et jugement. L'action dramatique nous conduit alors, comme chez Laya, de l'appartement des Calas (actes I et II) à la salle de l'interrogatoire (acte III), puis dans la prison de Jean Calas (acte IV), avant de nous faire pénétrer dans celle de madame Calas (acte V). De son côté, Chénier qui fait alterner les lieux extérieurs et les lieux intérieurs nous introduit dans la salle du Parlement et dans la prison.

De ce type de pièce auquel se rattache également le drame de Lemierre d'Argy et qui repose sur le procès de la victime suppliciée, se distinguent les œuvres de Willemain d'Abancourt et de Pujoulx qui se placent, elles, dans la perspective de la réhabilitation. Pujoulx justifie d'ailleurs son propos par rapport aux Laya et aux Chénier: 'Plusieurs auteurs ont pensé que le procès de Calas, présenté avec énergie, offrirait une grande leçon aux interprètes des lois et j'ai cru que le tableau de la réhabilitation pourrait exciter dans les cœurs sensibles le désir de défendre les opprimés'. Persuadé que 'le tableau de la vertu récompensée est aussi puissant sur les cœurs que celui du vice puni', il souhaite, face aux trois pièces bâties sur 'l'assassinat juridique' de Calas et dont l'effet est 'peut-être plus que terrible', 'répandre un peu de baume sur les plaies profondes et douloureuses que laissait ce spectacle trop vrai pour n'être pas déchirant'.[61]

Lorsque les dramaturges se réfèrent à l'épisode toulousain, ils ont à cœur de souligner d'emblée la fidélité à la vérité historique. Mais cela ne les empêche pas d'apporter certaines modifications dans les situations, les personnages, leurs motivations – ou même d'inventer, selon le conseil de Boileau que rappelle Lemierre d'Argy: 'Inventez des ressorts qui puissent m'attacher'.[62] Ainsi, l'auteur de *Calas ou Le Fanatisme* suppose que les deux filles qui

---

[61] *La Veuve Calas à Paris*, p.2. Selon Willemain d'Abancourt (*La Bienfaisance de Voltaire*, scène xi, n.1), Pujoulx aurait démarqué sa pièce.

[62] *Art poétique*, chant iii, vers 26.

étaient absentes de la ville le soir du 13 octobre 1761 sont restées à Toulouse,[63] il fait de La Salle un capitoul et a l'idée d'introduire sur la scène un fils de David, meurtrier par amour. Chez Laya, Pierre n'apparaît pas; c'est Jeanne Viguière qui découvre le cadavre suspendu. Par ailleurs, Laya imagine, outre une histoire d'amour entre Rose Calas et Lavaysse, une vieille dissension entre David et Jean Calas. Voici près de trente ans, en effet, Jean Calas, à la suite d'une insulte publique faite à deux protestants, a démasqué avec succès le rapport tendancieux du capitoul. Aussi celui-ci saisit-il l'occasion de venger l'injure qu'il a jadis reçue. Tout en reconnaissant qu'il ne peint pas le vrai David dont le nom n'est du reste jamais prononcé, Laya considère qu'il confère à l'action une marche plus dramatique et qu'il rend le personnage plus supportable. Chénier, quant à lui, ne présente pas le capitoul; se plaçant au stade du deuxième jugement, il campe, avec Clérac, le personnage du magistrat accusateur.

Cependant, en dehors de ces changements, on retrouve les principaux faits et protagonistes. La victime présente les traits que nous connaissons et que les poètes de 1765 ont déjà retracés et loués: probité, fermeté, résignation; lorsqu'il est exécuté, Jean Calas semble porter 'sur son front l'image de la Divinité'.[64] Marc-Antoine est lui aussi saisi dans son caractère tel que l'ont fixé Sudre et David Lavaysse avant Voltaire: jeune homme doué, mais sombre, rêveur, dégoûté des hommes et de la vie – ce trait étant particulièrement accentué. Laya suggère une profonde misanthropie: 'Quelquefois égaré par ce délire extrême, / Dans l'horreur des humains, il se confond lui-même'.[65] Déjà, Lemierre d'Argy peignait Marc-Antoine abattu, résistant aux avances affectueuses et amicales de sa sœur et de Lavaysse et appelant avidement la mort: 'Mourir! dormir! un sommeil éternel! une nuit éternelle! père,

[63] Les personnages féminins sont par là plus nombreux.
[64] *Calas ou Le Fanatisme* (1791), IV.v, p.118.
[65] Jean-Louis Laya, *Jean Calas* (1791), I.i, p.b.

mère, amis, parents, je vous délivrerai d'un monstre. [. . .] La mort! la mort! courons!'[66]

Cependant ces pièces tendent à jouer d'une antithèse interne qui renvoie au mouvement même du procès: à celui qui accuse injustement (capitoul ou magistrat) s'oppose celui qui défend l'innocence et qui n'est autre que le . . . conseiller La Salle. De pièce en pièce, se dessine ainsi un contraste entre le juge dur, féroce, intraitable et le juge modéré, raisonnable, compatissant, tolérant. Chez Lemierre d'Argy, face à David qui, conformément au David historique, s'affirme l'ennemi des protestants, prêt à appliquer contre eux les rigueurs de la loi et convaincu qu''anéantir cette race impie, c'est servir le ciel', se dresse La Salle qui déclare: 'Un hérétique peut être un honnête homme, la vertu est de tous les états'.[67] Le personnage accusateur de David acquiert ici un relief d'autant plus marqué que son fils ne cesse de dénoncer l'aveuglement paternel et que, bourrelé de remords pour le crime qu'il a lui-même commis, il va jusqu'à se prétendre le meurtrier de Marc-Antoine.[68] Dans la tragédie de Chénier, dès la première scène, La Salle s'affronte à Clérac. Catholique sûr de ses principes, celui-ci juge possible la fureur parricide et conçoit '[. . .] Qu'un zèle fanatique / Arme contre son fils la main d'un hérétique'.[69] Vivement opposé au protestantisme, il n'hésite pas à vanter les bienfaits de la révocation de l'Edit de Nantes. Mais, reconnaissons-le, il ne reste pas insensible aux arguments de La Salle et, à la fin de l'acte II, nous le voyons remettre la décision. Lorsqu'il aura été conduit à prononcer le verdict de condamnation, il dira lui-même: 'C'est en versant des pleurs que j'ai fait mon devoir'.[70] Il ne s'opposera pas à une dernière rencontre du père et de sa famille (acte IV) et, aussitôt après l'exécution, il avouera son trouble.

[66] *Calas ou Le Fanatisme*, I.xv, p.30.
[67] *Calas ou Le Fanatisme*, III.v, p.92.
[68] D'où l'élargissement des Calas à la fin de l'acte III. Mais l'autodénonciation ne résiste pas aux faits et l'acte IV réunit les Calas dans un cachot.
[69] *Jean Calas, tragédie*, I.i.23-24.
[70] *Jean Calas, tragédie*, III.v.797.

Avec la pièce de Laya, le heurt est d'autant plus accentué que le capitoul, réglant un compte personnel, adopte à l'égard des Calas une attitude d'hypocrisie et de perfidie qui accentue sa noirceur morale. Laquelle semble se renforcer encore du fait qu'au lieu d'être aveuglément attaché aux préjugés du fanatisme, comme l'est, par exemple, le David de Lemierre d'Argy, il se sert lucidement de ce fanatisme pour assouvir sa vengeance.[71]

Car, comme on le devine, le 'monstre' est très présent dans l'ensemble des pièces. Plus encore que les poèmes antérieurs, ce théâtre révolutionnaire retentit de la dénonciation du terrible fléau. La Harpe, ex-disciple de Voltaire, ne voit même dans le sujet retenu que 'la misérable facilité de déclamer contre le fanatisme et contre notre ancienne jurisprudence'.[72] De toute façon, le titre de Lemierre d'Argy parle de lui-même. 'Aveugle fanatisme, opprobre de l'humanité, quand cesseras-tu d'exercer tes fureurs?': dès la scène v de l'acte I, l'interrogation résonne en 1790 avec un accent particulier. Dans la même pièce, David exhale sa haine de la tolérance, 'ce principe détestable qui', dit-il, 'détruit les mœurs et brise tous les liens'.[73] Ce que redit l'assesseur du capitoul de Laya:

> C'est l'esprit tolérant qui détruit les Etats.
> Le règne des vertus cesse où le sien commence
> Et toujours la douceur enhardit à l'offense.[74]

Avec Chénier, le fanatisme s'incarne dans le peuple égaré qui s'avance sur le devant de la scène et qui réclame à grands cris la punition des Calas (I.iv). Le verdict tombe-t-il? La malédiction fuse: '[...] O détestable rage, / Fanatisme insensé, voilà ton digne ouvrage'.[75] C'est encore Chénier qui fait entendre ces vers

---

[71] 'Franc scélérat, suborneur de témoins et digne de la corde', ainsi le qualifie La Harpe (*Correspondance littéraire adressée à Son Altesse Impériale Mgr le Grand-Duc, aujourd'hui Empereur de Russie et à M. le comte André Schowalow*, t.vi, Paris 1807, p.2).

[72] La Harpe, *Correspondance littéraire*, p.2.

[73] *Calas ou Le Fanatisme*, II.ix, p.67.

[74] Jean-Louis Laya, *Jean Calas*, III.v, p.53.

[75] *Jean Calas, tragédie*, III.iv.741-42.

violents: 'Repoussez loin de vous ces prêtres sanguinaires / Qui vous font désirer le trépas de vos frères'.[76]

Cependant le contexte contemporain explique que la satire et la revendication tendent à s'élargir. Critique des prêtres sur lesquels s'accumulent les griefs d'accusation (orgueil, richesse, bellicisme), critique du pouvoir despotique: ce sont tous les abus de l'ancien régime que Chénier dénonce tandis qu'il esquisse la vision d'un monde nouveau placé sous le signe de la tolérance, de la justice, de la liberté politique. Et, s'il est encore question de religion, cette religion se situe sur le seul plan de l'horizontalité:

> Aimer le genre humain, secourir la misère,
> C'est la religion, c'est la loi tout entière;
> C'est le précepte saint que Dieu même a dicté:
> Son culte véritable est dans l'humanité.[77]

Faut-il ajouter que c'est évidemment La Salle (nouvelle métamorphose du personnage) qui appelle de ses vœux ce monde renouvelé?

> Que la raison tardive apporte sa lumière;
> Il est temps; les Français sous le joug écrasés
> Doivent avoir besoin d'être désabusés.
> Qu'enfin la liberté succède au despotisme,
> La douce tolérance au sanglant fanatisme,
> Une loi juste et sage à ce code insensé
> Qu'avec la cruauté l'ignorance a tracé[78]

Le mouvement, on le voit, répond à une aspiration issue de la philosophie des Lumières et traduit plus précisément la pensée et le credo de Voltaire – ce Voltaire qui ne cesse d'être exalté.

Si Lemierre d'Argy, qui ouvre sa pièce publiée sur une 'Histoire abrégée de Jean Calas tirée des œuvres de Voltaire', se contente de laisser prévoir, à travers un rêve de celui qui va être exécuté, une

---

[76] *Jean Calas, tragédie*, I.iv.199-200.
[77] Le propos est mis dans la bouche du personnage Le Religieux (I.v.219-22).
[78] *Jean Calas, tragédie*, V.viii.1399-1405.

justice rendue ultérieurement ('Oui, oui, l'on me rendra justice, mille voix généreuses vont s'élever pour me défendre'),[79] Laya et Chénier réservent le final de leurs tragédies à l'évocation explicite du recours intenté à l'initiative du philosophe. Dans le *Jean Calas* de Laya, La Salle – encore lui! – annonce à madame Calas l'arrivée de Voltaire à Toulouse: déjà il s'est rendu auprès de l'adversaire du fanatisme, lui a peint le malheur des Calas et leur innocence et il rapporte la réaction du 'grand homme':

> Il frémit, il s'indigne, il pâlit à ma voix!
> Ses yeux [...]
> Au nom du capitoul lancent des étincelles!
> 'Si je les défendrai! Je le veux, je le dois,
> Dit-il, amenez-les dans ma maison, chez moi.

Et La Salle poursuit: 'Venez, cette vengeance approche; le génie / Va s'armer, va tonner sur ce sénat impie'.[80] C'est aussi La Salle qui, dans la pièce de Chénier, conseille d'en appeler à Voltaire. A madame Calas désolée qui déclare: 'J'ai tout perdu', le conseiller du Parlement rétorque: 'L'honneur, l'honneur n'est pas perdu. / [...] A sa [de Jean Calas] mémoire il peut être rendu'.[81] Et, comme madame Calas s'effraie à la pensée des démarches à accomplir, seule, dans la capitale, des supplications à adresser à un 'ministre inflexible', La Salle suggère:

> Je connais un soutien plus sûr, plus honorable,
> Plus auguste [...]
> Sans honte et sans frayeur, vous pourrez l'implorer.

Et il précise:

> [...] Il est près des monts helvétiques
> Un illustre vieillard, fléau des fanatiques,
> Ami du genre humain; depuis cinquante hivers,
> Ses sublimes travaux ont instruit l'univers:

---

[79] *Calas ou Le Fanatisme*, IV.ii, p.111.
[80] *Jean Calas*, IV.iii, p.110.
[81] *Jean Calas, tragédie*, V.ii.1176-77.

> A ses contemporains prêchant la tolérance,
> Ses écrits sont toujours des bienfaits pour la France
> [...]
> Courez vous prosterner aux genoux de Voltaire.
> Vous serez accueillis sous son toit solitaire.
> Il vous tendra les bras.[82]

Cet éloge vibrant du philosophe qui clôt les tragédies de Laya et de Chénier emporte et colore toute la pièce chez Willemain d'Abancourt et Pujoulx. Ouverte sur un poème adressé 'Aux Mânes de Voltaire' et qui chante le combattant du fanatisme et du despotisme, la pièce dramatique de Willemain d'Abancourt, qui se déroule dans un petit salon de Ferney, est entièrement construite autour de la figure de 'l'homme admirable'. Madame Calas et l'une de ses filles, installées chez Voltaire, attendent, prises entre l'espoir et la crainte, le jugement définitif. Mais voici que Pierre arrive de Paris, porteur de la bonne nouvelle:

> [...] Ah! ma sœur! ah! ma mère!
> Mon digne bienfaiteur! Il est vengé, mon père!
> L'honneur nous est rendu, le triomphe est complet.

Et les Calas se jettent aux pieds du philosophe qui les relève et les embrasse. 'Quel spectacle touchant', commente La Salle qui lui aussi s'est rendu à Ferney.[83] Voltaire apparaît ici comme une sorte de dieu tutélaire. Pour le faire parler, Willemain d'Abancourt mêle à des vers de sa composition des vers mêmes de Voltaire. Plaçant ainsi dans la bouche de son personnage le vers célèbre de l'*Epître à Horace*: 'J'ai fait un peu de bien c'est mon meilleur ouvrage', il poursuit à sa manière: 'Ouvrage fortuné qui vivra d'âge en âge, / Le seul qui maintenant puisse flatter mon cœur!'

C'est ce même génie bienfaisant, protecteur de la faible innocence, que l'on retrouve au centre de la pièce de Pujoulx. Le dramaturge imagine que Voltaire s'est déplacé incognito à Paris

---

[82] *Jean Calas, tragédie*, V.ii.1222-40.
[83] *La Veuve Calas à Paris*, scène xi, p.39.

pour être témoin, le 9 mars 1765, de la satisfaction de la vertueuse famille. Le philosophe se rend à la Conciergerie où l'action se situe. Sur le devant de la scène qui représente une chambre, s'élève, à gauche, un tronc de colonne supportant un buste de Voltaire sur le socle duquel est attachée une inscription manuscrite: 'Au plus grand Génie, au cœur le plus sensible'. Accompagné du Porte-Clef qui signale que madame Calas ne reçoit pas ce jour-là,[84] Voltaire demande à voir sans être vu. Comme le Porte-Clef ne cesse de louer le philosophe et son action bienfaisante, Voltaire, quoique profondément ému, banalise, afin de ne pas se laisser démasquer, ce qui est si hautement glorifié au point que le Porte-Clef en vient à croire que celui qu'il introduit n'aime pas Voltaire. La même conclusion est tirée par Jeanne qui survient et qui, à son tour, encense le philosophe dont nous apprenons que madame Calas lit régulièrement des pages sur la tolérance.

Cependant, tandis que Voltaire se cache, s'avancent les membres de la famille Calas. En ce jour décisif, madame Calas exprime ses appréhensions que tâchent de calmer ses enfants, mais Jeanne, en faisant part de la venue de celui qu'elle qualifie de 'méchant', ne fait qu'aviver les craintes de la veuve. Bientôt, une foule au loin s'avance, Elie de Beaumont en tête, les vêtements en désordre, le visage baigné de larmes. Parvenu dans la chambre, il commente les 'cris de joie et d'attendrissement'. Tous les Calas se jettent à ses pieds, offrant l'hommage d'une joie pure. L'avocat rapporte alors le jugement rendu d'une voix unanime. Mais un bruit s'élève de l'endroit où est caché Voltaire. Pierre va chercher l'homme suspect et reconnaît celui qui s'efforce de cacher son visage: 'M. de Voltaire!' Aussitôt les Calas font cercle, les uns à genoux, les autres les mains tendues; oppressé, se soutenant à peine, Voltaire balbutie: 'Mes amis . . . mes enfants . . . je suis vieux. . . je suis faible . . . mon âme seule . . . ménagez-moi'. Et il s'effondre dans leurs bras. Revenant un peu à lui, il presse Elie de Beaumont sur son

---

[84] 'Les gens sensibles et bienfaisants viennent en foule depuis qu'elle est en prison', déclare le Porte-Clef (scène i, p.5).

cœur, relève Jeanne, cependant que madame Calas le couronne: 'Une couronne', s'écrie-t-il, 'pour ce que j'ai fait... Ah! ne faites pas cette injure à l'humanité'.[85]

Comme peut le faire présager le sous-titre, la pièce prend l'allure d'un dithyrambe. Tous les personnages, qui d'ailleurs tendent à parler le langage du philosophe, se retrouvent dans la célébration de la bienfaisance du grand homme – jusqu'à Jeanne qui ne peut prononcer le nom de Voltaire sans pleurer. Ne se dit-elle pas prête à aller à Ferney à pied? Lorsqu'Elie de Beaumont fait allusion à ses factums, il observe modestement: 'J'ai suivi la route que m'avait ouverte, que m'avait tracée M de Voltaire', et, alors qu'à l'issue du procès, une couronne de chêne lui est présentée, il l'écarte et, désignant le buste du philosophe: 'C'est à cet homme célèbre', dit-il, 'que vous devez l'arrêt qui proclame l'innocence d'une victime du fanatisme; c'est à lui que je dois le bonheur d'avoir plaidé une si belle cause. Allons ensemble poser cette couronne sur son auguste image'.[86] Quant à Pierre, s'il refuse par incompétence de se prononcer sur l'œuvre littéraire, il se reconnaît du moins, lui qui a été reçu en ami et en fils, le droit de se prononcer sur l'homme: 'Son âme, son caractère, son humanité, je les défendrai contre les attaques des méchants, je les défendrai contre l'univers entier. [...] Je suis homme, je suis sensible, je suis fils de Calas; à ces titres, je dois connaître, je connais le cœur de M. de Voltaire'.[87]

Malgré des maladresses et des faiblesses dramatiques ou psychologiques, malgré une tendance déclamatoire et une sensibilité trop souvent débordante,[88] ce théâtre de la fin du siècle a

---

[85] *La Veuve Calas à Paris*, scène xiii, p.29-30.

[86] *La Veuve Calas à Paris*, scène xii, p.28.

[87] *La Veuve Calas à Paris*, scène viii, p.22.

[88] Sur l'approche esthétique de ces pièces, les problèmes de genre qu'elles posent, voir M. Carlson, *The Theatre of the French Revolution* (Ithaca, N.Y. 1966); W. D. Howarth, 'Tragedy into melodrama: the fortunes of the Calas affair on the stage', *SVEC* 179 (1978), p.120-30. Signalons que le fils d'Anne Duvoisin, Alexandre-Benjamin, composa sur la visite de sa grand-mère à Ferney une pièce intitulée *Un déjeuner à Ferney en 1765 ou La Veuve Calas chez Voltaire*, en un acte et en vers (Le Mans 1832).

l'intérêt de renforcer l'image que donnaient les poèmes de 1765 – celle d'un Voltaire qui non seulement conjugue arts et humanité, mais tend à placer la joie de la bienfaisance au-dessus de la jouissance de la gloire littéraire. L'image convient assurément à l'auteur des *Pièces originales* et des autres mémoires qui sut mettre son temps, ses relations, son crédit et aussi son génie au service de la défense d'une famille obscure injustement persécutée.

R.G.

Pièces originales concernant la mort des sieurs Calas et le jugement rendu à Toulouse

édition critique

par

Robert Granderoute

INTRODUCTION

1. *Composition*

Si, comme nous l'avons dit,[1] le placet reproduit par la *Correspondance littéraire* le 15 juin 1762 et qui figure dans l'Appendice I semble être le premier texte composé par Voltaire dans le cadre de l'affaire, les deux lettres recueillies sous le titre de *Pièces originales concernant la mort des sieurs Calas et le jugement rendu à Toulouse* correspondent à son premier texte publié.

Placée sous la signature de Mme Calas, présentée comme un simple extrait, la première lettre paraît bien reposer sur une missive écrite par la veuve, sur la demande de Voltaire, à un destinataire dont nous savons seulement qu'il a 'couché' chez les Calas. S'agirait-il de Philippe Des Arts, qui, dans le certificat notarié dont nous avons fait mention plus haut, déclare avoir 'logé', à l'occasion d'un de ses quatre voyages en Languedoc, 'pendant cinq ou six jours' dans la maison de Jean Calas? Ou ne s'agirait-il pas plutôt de Philippe Debrus qui, dans la même pièce officielle, rappelle qu'il est passé à Toulouse en 1754, alors qu'il allait aux eaux de Barèges, et a 'logé' chez les Calas 'pendant huit ou dix jours'? Quoi qu'il en soit, il ne fait pas de doute que la lettre que nous lisons aujourd'hui et qui correspond à un compte rendu détaillé de la journée du drame telle qu'elle a été vécue par la mère et l'épouse, a été non seulement assortie de notes mais également retouchée par Voltaire qui a su préserver et accentuer l'air de simplicité, de naïveté, de vérité et le pouvoir d'émotion qui frappent et qui touchent.

Signée Donat Calas, la seconde lettre a été composée fin juin et, si l'on s'en rapporte à Théodore Tronchin, à l'occasion d'une de ces entrevues que le philosophe avait alors régulièrement avec

[1] Voir Introduction, p.22-23.

ses correspondants genevois. Ecrivant en effet, le 29 juin, à Jacob Vernes, Tronchin rapporte que Voltaire, accompagné de Debrus et de Végobre, a, deux jours auparavant, été 'trois heures' dans son cabinet 'd'où', précise-t-il, 'sortit une lettre du fils Calas à sa mère qui s'imprime à présent'. 'Voltaire', ajoute-t-il, 'n'a jamais rien fait de si bon'.[2] A coup sûr, sont notamment mis ici à profit les renseignements tenus de l'auteur prétendu, ce jeune Donat dont la candeur et la douleur ont d'emblée tant ému Voltaire – 'Je vis un enfant simple, ingénu, de la physionomie la plus douce et la plus intéressante, et qui en me parlant faisait des efforts inutiles pour retenir ses larmes' (D12425) – et qui, en dépit de son absence lors de l'horrible catastrophe', 'a le même intérêt que sa mère': 'Leurs noms réunis ne peuvent-ils pas faire un grand effet?', demande Voltaire (D10566).

2. *Publication et accueil*

A une date malheureusement non précisée, Voltaire envoie un court billet à Gabriel Cramer: 'Voylà les pièces du procez que nous vous prions tous d'imprimer sans délai. Sacrifions la suitte du menteur au plaisir de secourir l'innocence' (D10546). Selon Besterman, il s'agirait du premier *Mémoire* d'Elie de Beaumont. En fait, nous inclinons à penser que Voltaire parle des deux Lettres, lui qui, s'adressant, le 8 juillet, à Fyot de La Marche, s'exprime en termes similaires: 'Je prends la liberté de vous envoyer deux pièces singulières d'un procez affreux dont je vous ai déjà parlé' (D10569). Le billet non daté remonterait ainsi aux tout derniers jours de juin et correspondrait à la remise du manuscrit à l'imprimeur de chez qui sortira, sans nom de lieu ni de libraire, l'édition de Genève.

Le 2 juillet, Voltaire écrit à Damilaville: 'Lisez, mon frère; frémissez, pleurez et agissez': une 'feuille' est jointe que le destinataire doit 'tâcher de faire imprimer' au profit de Mme Calas; car,

[2] Bpu, fr. 296, f.193.

quand celle-ci 'n'en aurait que trois louis, ce serait une petite consolation' (D10550). Cette feuille, c'est très probablement le texte des *Pièces originales* ou, à tout le moins, la lettre de Donat Calas dont il est ouvertement question dans la missive du 5 juillet adressée aux d'Argental et où Voltaire exprime le même vœu de voir imprimer cette pièce à Paris et de voir remettre par le libraire 'quelques louis' à la veuve infortunée (D10559). Sont-ce les deux *Lettres* qui accompagnent la correspondance du 2 juillet envoyée au marquis de Nicolaï et au comte de Saint-Florentin? On l'imagine volontiers: 'Si les pièces cy jointes', écrit Voltaire au premier, 'vous persuadent et vous touchent j'ose vous conjurer d'en parler ou d'en écrire à Monsieur le chancelier' (D10551), cependant qu'il supplie le second 'd'excuser l'attendrissement' qui le force à l'importuner (D10552).

Dans une lettre datée par Besterman du 3 juillet, Voltaire parle explicitement à Cathala des 'deux pièces originales', c'est-à-dire, précise-t-il, des 'lettres de la mère et du fils', et il estime important qu'elles soient imprimées à Paris, car 'elles disposeront le public, elles l'animeront et la cour déjà instruite, ne pourra s'empêcher de faire venir la procédure de Toulouse'. Voltaire insiste: 'Mon avis est qu'on touche le public par l'impression de la lettre de la mère et du fils auxquels on ne peut répondre et que le cri public force le chancelier à interposer l'autorité royale' (D10554). Dès le 29 juin, il écrivait à Debrus qu'il fallait que Mme Calas fût comme 'portée au roy sur les bras du public attendri' et que 'le cri des nations' éveillât la négligence ou l'indifférence (D10538). Le 14 juillet, il confie au même correspondant l'espoir de voir une édition des *Pièces originales* faite à Paris, laisse entendre que Duchesne s'en est chargé, que Damilaville a soin de la 'presser' et qu'il faut envoyer chez le libraire 'une personne intelligente qui lui dise que le public désire ces pièces' (D10585). Le 26, dans une lettre à Audibert, il s'étonne qu'on n'ait pas encore imprimé les deux lettres: 'Je me flatte', écrit-il, 'qu'à la fin on permettra qu'elle soient publiées' (D10605). Le même jour, il renouvelle à Damilaville sa prière du 2 juillet qu'il avait de nouveau formulée le 8 (D10567):

'Que votre bon cœur [...] rende ce service à la famille la plus infortunée' et il remarque que Diderot 'peut aisément engager quelque libraire à faire cette bonne œuvre' (D10607). Mais, le 12 juillet déjà, Damilaville ne cachait pas qu'à propos de l'impression, il y avait 'Lieu d'apréhender des Difficultés par la crainte que l'on a de rien faire ny rien dire qui puisse choquer les Parlements' (D10582). 'Est-il possible qu'on n'imprime pas à Paris les mémoires des Calas?' lui demande, le 31 juillet, Voltaire de plus en plus impatient (D10621). Et, le 4 août, ayant appris que les d'Argental avaient 'gagné le coadjuteur', il se montre désabusé: 'Hélas, il est bien triste qu'on soit obligé de prendre des précautions pour faire paraître deux lettres où l'on parle respectueusement des moins respectables des hommes, et où la vertu la plus opprimée s'exprime en termes si modestes' (D10630). Finalement, après bien des obstacles, une édition paraît en août (Voltaire, lui, parle de 'deux éditions', D10675) et, comme celle de Genève, ne porte mention ni de lieu ni de libraire. Il semble que la distribution ait été assurée par Joseph Merlin à qui ne déplaisaient pas les écrits séditieux.[3]

Adressant les deux Lettres à certains de ses correspondants – François de Chennevières, chargé de les faire lire et d''élever la voix publique en faveur des infortunés' (D10555), les d'Argental (D10559), Mariette (D10566, D10571), Bernis (D10597) –, Voltaire se plaît à demander lui-même: 'peut on tenir contre les faits avérez que ces pièces contiennent?' (D10559); 'tous les faits sont vrais', assure-t-il ailleurs (D10597), et il ne manque pas de souligner 'avec quelle naïveté la nature [...] s'exprime' (D10569).

Destinées à susciter les protections indispensables pour que la procédure soit rendue publique et que la justice 'dise pourquoy elle a condamné Calas' (D10559) – et par là c'est non seulement Mme Calas, mais aussi 'le public' et 'l'humanité' qui sont intéressés, car il importe à tous que les arrêts soient motivés –, les *Pièces originales* n'ont pas été sans impact sur les esprits, même si un duc de Villars, qui pourtant intervient par lettre en faveur des Calas

[3] Bn F22097, f.44-45 et 65-70.

136

auprès de Saint-Florentin, déclare qu'elles ne l'ont pas fait changer de sentiment et qu'elles ne contiennent que ce qu'il a déjà lu dans les mémoires imprimés pour les Calas (D10565). Elles 'intéressent quiconque les a lues', reconnaît, le 8 juillet, Voltaire qui poursuit: 'tout le monde plaint la veuve Calas, le cri public s'élève, ce cri peut frapper les oreilles du Roy' (D10566). Le 12 juillet, Damilaville, qui a exécuté les ordres du philosophe en ce qui concerne la distribution des 'deux Lettres imprimées', avoue: 'Elles m'ont fait pleurer, et personne ne les a entendu sans en faire autant' (D10582). Le 14 juillet, Voltaire confie à Debrus: 'La publication des lettres de la mère et du fils a produit déjà un prodigieux effet'. Elles ont, assure-t-il, 'entièrement convaincu m^r de Nicolaï p^r président de la chambre des comptes' qui l'a mandé au docteur Tronchin (D10585). De son côté, Audibert, qui a fait remettre un exemplaire des 'lettres originales' à Choiseul, dit à Voltaire, le 20 juillet, sa réaction sensible (D10595):

J'y ai reconnu cette touchante humanité, cet esprit de philosophie et de tolérance que l'on admire dans vos procédez, vos discours, et vos écrits. Il est impossible de lire ces lettres sans être vivement ému, sans prendre parti contre les Juges, et sans se pénétrer des mêmes sentimens qui vous animent. Rien n'est plus propre à exciter l'attention publique, sur cette malheureuse affaire, oubliée et presque ignorée à Paris et à la Cour, que de répandre grand nombre de ces Pièces originales. Il en naîtra une fermentation dans les esprits, qui peut produire d'heureux effets.

Précisément, d'Alembert se plaint que Voltaire n'ait pas donné assez d'exemplaires des 'Pièces justificatives': 'Tout Paris devrait en être inondé' (D10622). Lorsqu'il envoie les deux Lettres, le 21 juillet, à Bernis, Voltaire observe que 'l'affaire commence à étonner et attendrir Paris' (D10597). 'Il nous paraît', note-t-il dans une lettre du 26 juillet à Damilaville, 'que ces pièces nous ont déjà attiré quelques partisans' (D10607). A Debrus, il apprend que le premier président du Grand Conseil a pleuré en lisant la lettre de Donat Calas: 'Il faut', ajoute-t-il, 'qu'on le sache' (D10609). A Varenne de Fénille, il apprend, le 30 juillet, que le contrôleur général a vu 'les premiers mémoires pour la famille des Calas' et qu'il en a été 'touché' (D10619). Un mois plus tard, il reviendra sur l'heureuse efficacité de son opuscule: 'Dieu soit béni de ce que les 2 lettres de la mère et du fils ont effrayé et attendri les hommes sur ces horreurs, et donnent des protecteurs à l'innocence' (D10675).[4]

3. Editions[5]

62G

[*titre de départ*] [*filet triple, 78 mm*] / PIÉCES ORIGINALES / *CONCERNANT* / LA MORT DES S^{RS} CALAS, / ET LE JUGE-MENT RENDU A TOULOUSE. / [*filet gras-maigre, 78 mm*] / *Extrait d'une Lettre de la Dame veuve CALAS,* / *du 15 Juin 1762.* / NON, Monſieur, il n'y a rien que je ne faſſe / [...]

8°. sig. A^8 B^4 (B4 bl.); pag. 22; $4 signé, chiffres arabes (– B3-4; B2 signé 'Bij'); réclames par cahier.

[1]-6 Extrait d'une lettre de la dame veuve Calas, du 15 juin 1762; 7-22 Lettre de Donat Calas, fils, à la veuve dame Calas, sa mère. De Châtelaine, 22 juin 1762.

Versailles: A in-8 E 552 e (6); Bn: 8° Ln^{27} 3378; – Rés. Z Bengesco 283 (6); – Rés. Z Beuchot 905 bis (7) (relié dans un recueil orné d'un ex-libris au nom d'Auguste Rigaud de Montpellier).

62G1

[*titre de départ*] [*filet triple, 75 mm*] / PIECES ORIGINALES / *CONCERNANT* / LA MORT DES S^{RS}. CALAS. / ET LE JUGE-MENT RENDU A TOULOUSE. / [*filet gras-maigre, 76 mm*] / *Extrait*

---

[4] Dans la trentième et dernière lettre des *Toulousaines* (p.438 ss.), Court de Gébelin signale que les *Pièces originales* 'ont été enlevées dans le moment' (il fait la même remarque à propos du *Mémoire de Donat Calas* et de l'*Histoire d'Elisabeth Canning et de Jean Calas*).

[5] Section préparée avec la collaboration de Andrew Brown.

d'une Lettre de la Dame veuve CALAS, / *du 15 Juin 1762.* /
NON, Monſieur, il n'y a rien que je ne faſſe / [...]

8°. sig. A⁸ B⁴ (B4 bl.); pag. 22; $4 signé, chiffres arabes (– B3-4; B2
signé 'Bij'); réclames par cahier.

[1]-6 Extrait d'une lettre de la dame veuve Calas, du 15 juin 1762; 7-22
Lettre de Donat Calas, fils, à la veuve dame Calas, sa mère. De
Châtelaine, 22 juin 1762.

La feuille B appartient à l'édition 62G.

Bn: 8° Ln²⁷ 3379 (1) (B4 absent; inséré dans un recueil qui regroupe
d'autres pièces concernant l'affaire Calas et dont le titre porte 'RE-
CUEIL / DE DIFFERENTES PIECES / SUR / *L'AFFAIRE
MALHEUREUSE* / DE LA FAMILLE / DES CALAS.').

62G2

[*titre de départ*] [*filet gras-maigre, 79 mm*] / PIÉCES ORIGINALES /
CONCERNANT / LA MORT DES Sᴿˢ. CALAS, / ET LE JUGE-
MENT RENDU A TOULOUSE. / [*filet, 76 mm*] / *Extrait d'une lettre
de la dame veuve Calas* / *du 15 Juin 1762.* / NON, Mr. il n'y a rien que
je ne faſſe pour / [...]

8°. sig. A⁸ B⁴ (B4 bl.); pag. 22; $4 signé, chiffres arabes (– B4); sans
réclames.

[1]-6 Extrait d'une lettre de la dame veuve Calas du 15 juin 1762; 7-22
Lettre de Donat Calas fils, à la veuve dame Calas sa mère. De Chatelaine
22 juin 1762.

Taylor: V8 C2 1762.

62PB

PIECES / ORIGINALES / CONCERNANT / LA MORT / DES
Sʀs. CALAS, / ET LE JUGEMENT / RENDU A TOULOUSE. /

8°. sig. A-B⁸ (B8 bl.?); pag. 29; $5 signé, chiffres romains; sans réclames.

[1] titre; [2] bl.; [3] Pièces originales concernant la mort des Srs Calas et
le jugement rendu à Toulouse; [3]-9 Extrait d'une lettre de la dame
veuve Calas du 15 juin 1762. De Paris où elle est avec le Sr la Vaisse;

10-29 Lettre de Donat Calas fils, à la veuve dame Calas sa mère. De Chatelaine 22 juin 1762.

A la fin de la p.29, on lit les adresses suivantes: 'A Amsterdam chez *Magerus* et *Harrevelt*, à Haarlem chez J. *Bosch*; à Leyden, chez les Frères *Luchtmans*; à Rotterdam *J.D. Beman*; à la Haye chez *Pierre Gosse* Junior et *Daniel Pinet*. 1762.'

Bn: Rés. Z Beuchot 906 (3) (B8 absent; correction à la plume dans le titre et [p.3]: 'LA MORT D*u* S*r* CALAS').

62LN

HISTOIRE / D'ELIZABETH CANNING, / ET DE / JEAN CALAS. / 2. Memoire de DONAT CALAS pour ſon / Père, ſa Mère & ſon Frère. / 3. Declaration de PIERRE CALAS. / AVEC / Les piéces Originales, concernant la mort des / Srs. CALAS, & le jugement rendu à Tou- / louſe. / Par Monſieur de VOLTAIRE. / [*ornement, 24 x 19 mm*] / A LONDRES, / Chez JEAN NOURSE, Libraire, dans le STRAND. / M. DCC. LXII. /

[*faux titre*] [*filet gras-maigre, 85 mm*] / HISTOIRE / D'ELIZABETH CANNING, / ET DE / JEAN CALAS, / *&c. &c.* / [*filet maigre-gras, 85 mm*]/

8°. sig. ¹π² A-C⁸ D⁴; pag [*4*] 59; $4 signé, chiffres romains (– B3-4, D3-4; B2 signé 'Bji'); sans réclames.

[*1*] faux titre; [*2*] bl.; [*3*] titre; [*4*] bl.; [1]-41 autres textes; [42] Pièces originales concernant la mort des Srs Calas, et le jugement rendu à Toulouse; [42]-46 Extrait d'une lettre de la dame veuve Calas, du 15 juin 1762; 47-59 Lettre de Donat Calas, fils, à la veuve dame Calas, sa mère. De Châtelaine, 22 juin 1762.

Bodley: G. Pamph. 824 (1); BL: E 2221 (3).

62LBH

ORIGINAL / PIECES / RELATIVE TO / The TRIAL and EXECU-TION / OF / Mᴿ. JOHN CALAS, / Merchant at TOULOUSE, / Who was broke on the Wheel in that City, / purſuant to his Sentence by the PARLIA- / ment of LANGUEDOC, for the ſuppoſed / Murder of his eldeſt Son, to prevent his / turning ROMAN CATHOLICK. / With a PREFACE,

ORIGINAL
PIECES

RELATIVE TO

The TRIAL and EXECUTION

OF

Mᴿ. JOHN CALAS,

Merchant at TOULOUSE,

Who was broke on the Wheel in that City,
pursuant to his Sentence by the PARLIA-
MENT of LANGUEDOC, for the supposed
Murder of his eldest Son, to prevent his
turning ROMAN CATHOLICK.

With a PREFACE, and REMARKS on the Whole,
By M. de VOLTAIRE.

LONDON,
Printed for T. BECKET and P. A. DE HONDT,
in the STRAND.
M,DCC.LXII.

Original pieces relative to the trial and execution of Mr. John Calas.
Page de titre de 62LBH, Bodleian Library, Oxford.

and Remarks on the Whole, / By M. de VOLTAIRE. / [*filet, 81 mm*] / [*filet, 70 mm*] / *LONDON*, / Printed for T. Becket and P. A. de Hondt, / in the Strand. / [*filet, 36 mm*] / M.DCC.LXII. /

8°. sig. A-N^4 O^2 (A1 bl?); pag. vii [viii] 99; $2 signé, chiffres arabes (– A1-2, O2); réclames par page.

[i-ii] bl.; [iii] titre; iv-vii Avis de l'éditeur / Advertisement of the Publisher; [viii] bl.; [1] B1*r* 'PIECES ORIGINALES / CONCER-NANT / La Mort des S^{RS}. CALAS, / ET / Le Jugement rendu a Toulouse. / Par Monsieur De Voltaire. / ORIGINAL PIECES / CONCERNING / The Death of the two CALAS'S, / AND / The Sentence given at Toulouse. / B'; 1-9 Pièces originales concernant la mort des srs Calas, et le jugement rendu à Toulouse. Extrait d'une lettre de la dame veuve Calas du 15 juin 1762 de Paris, où elle est avec le Sr La Vaisse. Original pieces concerning the death of the two Calas's, and the sentence given at Toulouse. Extract of a letter concerning the widow Calas, dated the 15th of June, 1762, from Paris, where she now is, together with Mr La Vaisse.; 10-31 Lettre de Donat Calas fils, à la veuve dame Calas sa mère. De Chatelaine, 22 juin 1762. A letter from Donat Calas the son, to the widow Calas his mother. Chatelaine, June 22, 1762; 32-99 autres textes.

Publiée à Londres, cette édition est une édition bilingue des pièces de Voltaire en faveur des Calas. La page de gauche est consacrée au texte français, celle de droite à la traduction anglaise, la pagination étant continue.

Voici l''Avis de l'éditeur' en français (orthographe modernisée, ponctuation respectée, minuscules substituées aux majuscules après les points-virgules): 'Si le public ne se trompe pas, celui à qui nous devons la connaissance des malheurs de la famille Calas est un des hommes le plus célèbre de notre siècle, et le moins suspect de partialité en cette matière; c'est la voix de la nature qui touche son cœur, et fait couler ses larmes; au sein du bien-être et de l'indépendance, il a frémi d'un événement qui fait horreur; il l'a suivi dans toutes ses circonstances; ses moments les plus précieux ont été employés à écouter les gémissements de la veuve et des orphelins, à leur donner des consolations, et de la confiance dans l'équité de leur souverain; il plaide pour l'humanité, en prêtant des expressions à la vérité timide, et en rendant le courage à des infortunés, que la terreur et le désespoir avaient abattus. Puissent des motifs si nobles porter l'évidence aux pieds du trône, et frapper la conscience des juges et de tous ceux à qui il importe peu que l'innocent ait péri; il n'est pas au pouvoir des hommes de racheter le sang versé injustement, mais qu'au moins la roue, sur laquelle on a fait expirer comme un monstre, le plus malheureux, le plus honnête, et le meilleur des pères, soit à jamais un monument effrayant contre les préjugés et le fanatisme!'

Bodley: G. Pamph. 2704 (6).

NM (1765)

Nouveaux mélanges philosophiques, historiques, critiques, &c. &c. &c. [Genève, Cramer], 1765-1776. 19 vol. 8°. Bengesco iv.230-39; Trapnell NM; BnC 111-135.

Volume 2 (1765): [196]-200 Pièces originales concernant la mort des srs Calas, et le jugement rendu à Toulouse &c. &c. Extrait d'une lettre de la Dame veuve Calas du 15 juin 1762; 200-213 Lettre de Donat Calas fils, à la veuve dame Calas sa mère. De Chatelaine 22 Juin 1762.

Les *Nouveaux mélanges* forment un supplément aux éditions Cramer de 1756 et années suivantes. Voltaire en fut partiellement responsable.

Bn: Z 27259.

w68 (1771)

Collection complette des œuvres de M. de Voltaire. [Genève, Cramer; Paris, Panckoucke], 1768-1777. 30 vol. 4°. Bengesco iv.73-83; Trapnell 68; BnC 141-144.

Volume 16 (1771): [485]-488 Pièces originales concernant la mort des srs Calas, et le jugement rendu à Toulouse &c. &c. Extrait d'une lettre de la Dame veuve Calas. Du 15 juin 1762; 488-497 Lettre de Donat Calas fils, à la veuve dame Calas sa mère. De Chatelaine 22 Juin 1762.

La grande édition in-quarto, dont les vingt-quatre premiers volumes furent édités à Genève par Cramer. Les volumes 25 à 30 furent imprimés en France pour le compte de Panckoucke.

Bn: Rés. m Z 587 (16):

w71 (1773)

Collection complette des œuvres de M. de Voltaire. Genève [Liège, Plomteux], 1771-1777. 32 vol. 12°. Bengesco iv.89-91; Trapnell 71; BnC 151.

Volume 16 (1773): 549-581 Pièces originales concernant la mort des Srs Calas et le jugement rendu à Toulouse, &c. &c.

Cette édition reprend le texte de w68. Voltaire n'a pas participé à sa préparation.

Taylor: VF.

w75G

La Henriade, divers autres poèmes et toutes les pièces relatives à l'épopée. [Genève, Cramer & Bardin], 1775. 37 vol. (40 vol. avec les *Pièces détachées*). 8°. Bengesco iv.94-105; Trapnell 75G; BnC 158-161.

Volume 35: 339-342 Pièces originales concernant la mort des Srs Calas, et le jugement rendu à Toulouse, &c. &c. Extrait d'une lettre de la Dame veuve Calas. Du 15 juin 1762; 343-354 Lettre de Donat Calas fils, à la veuve dame Calas sa mère. De Châtelaine 22 juin 1762.

L'édition dite *encadrée* est la dernière revue par Voltaire.

Taylor: VF.

K84

Œuvres complètes de Voltaire. [Kehl], Société littéraire-typographique, 1784-1789. 70 vol. 8°. Bengesco 2142; Trapnell K; BnC 164-193.

Volume 30: 199-203 Pièces originales concernant la mort des sieurs Calas, et le jugement rendu à Toulouse &c. Extrait d'une lettre de la Dame veuve Calas; 203-215 Lettre de Donat Calas fils, à la veuve dame Calas sa mère.

La première impression in-octavo de l'édition de Kehl.

Bn: Rés. p.Z 2209 (30).

4. *Principes de cette édition*

Nous choisissons comme texte de base l'édition en 22 pages dont le lieu d'impression est Genève (62G). Les autres éditions dont nous disposons n'offrent aucune variante notable, les différences étant presque exclusivement de l'ordre de l'orthographe et de la ponctuation. Les variantes qui figurent dans l'apparat critique et que nous distinguons des simples coquilles (non relevées) sont empruntées aux éditions 62PB et 62LN.

Traitement du texte de base

Nous respectons dans le texte de base l'orthographe des noms de lieux et des noms de personnes. Nous respectons la ponctuation. Les seules modifications apportées en ce domaine sont les suivantes: – suppression de la virgule qui précède l'ouverture et la fermeture d'une parenthèse; – 'Extrait', l.63: remplacement du point d'interrogation par un point; – 'Lettre', l.132 et p.159, n.*d*, l.4: remplacement du point par un point d'interrogation; p.172, n.*k*, l.5: ajout d'un point après l'abréviation N. Ajoutons que nous substituons, après les points-virgules, une minuscule à la majuscule employée.

Nous corrigeons les coquilles suivantes que présente le texte de base et dont certaines sont d'ailleurs rectifiées dans l'exemplaire Bn 8° Ln^{27} 3379 (1): 'Extrait', l.82, 'je pria' a été corrigé en 'je priai'; 'Lettre', l.162, 'placea u' en 'place au'; n.*e*, l.6, 'd'un grands poids' en 'd'un grand poids'; n.*e*, l.8, 'spetacle' en 'spectacle'; n.*i*, l.6, 'prouveront-elle' en 'prouveront-elles'; n.*l*, l.15, 'le disent' en 'se disent'.

Les aspects suivants de l'orthographe et de la grammaire ont été modifiés selon l'usage moderne.

1. Consonnes

- absence de la consonne *p* dans le mot 'tems' et son composé 'long-tems'.
- absence de la consonne *t* dans les finales en -*ans* et en -*ens*: battans, cens, couvens, déposans, différens, enfans, impudens, innocens, instans, jugemens, momens, mouvemens, parens, Pénitens, Protestans, raisonnemens, sentimens, tourmens.
- emploi de la double consonne dans: allarmes, apperçut, jetter, rappeller.
- orthographe étymologique dans: sçais, sçus, sçachiez, etc.

2. Voyelles
 – emploi de *y* à la place de *i* dans: ayent, claye, voyent, vraye.
 – emploi de *oi* à la place de *ai* dans: n'auroient, avoit (et: avait).

3. Graphies particulières
 – l'orthographe moderne a été rétablie dans les mots suivants: Confrairie, hazard, r'ouvrir, solemnel.

4. Accents
L'accent aigu
 – absent dans: deshonore, irreprochable, repliqua.
 – présent dans: céler, Génève.
L'accent grave
 – absent dans: contenterent, frere (et: frère), mene, mere, passerent, pere (et: père), seizieme.
L'accent circonflexe
 – absent dans: grace.
 – présent dans les participes passés: dûe, pû, vû (et: vu).
Tréma
 – absent dans: inoui(e).

5. Traits d'union
 – présent dans: C'est-là, d'en-haut, long-tems, pas-là, Reine-d'Hongrie, très-mauvais.

6. Majuscules
 – supprimées: Accusateur, Accusés, Avocats, Arrêt(s), Catholique, Chan-celier, Chirurgien, Confrairie, Cour, Couvent, Eglise, Factums, Fenassiers, Greffe, Jacobins, Juges, Jugemens (et: jugement), Jurisprudence, Justice, Lettre(s), Loix, Loueurs, Magistrat(s), Mars, Martyr, Mémoires, Messieurs, Ministres, Nations, Octobre, Pénitens, Physiciens, Public, Prédicateurs, Protestante, Provinces, Réformés, Religion, Roi, Roquefort, Secte, Ser-vante, Service, Trône, Tyrans, Ville.

7. Points de grammaire
 – pluriel en -*x* dans: loix.
 – emploi d'un *s* pluriel dans: aucunes mesures; absence d'un *s* pluriel dans: salles d'arme.

147

- emploi du *s* adverbial: jusques-là.
- accord au féminin: le ridicule excessif de cette supposition suffirait seule.

8. Divers

- élision employée dans: d'entr'eux.
- abréviations: Mr. devient M.; Sr. devient sieur, SRS. devient SIEURS (titre de départ).

PIÈCES ORIGINALES
CONCERNANT
LA MORT DES SIEURS CALAS
ET LE JUGEMENT RENDU À TOULOUSE

Extrait d'une Lettre de la Dame veuve CALAS, du 15 Juin 1762.

Non, Monsieur, il n'y a rien que je ne fasse pour prouver notre innocence, préférant de mourir justifiée à vivre et à être crue coupable. On continue d'opprimer l'innocence, et d'exercer sur nous et notre déplorable famille une cruelle persécution. On vient encore de me faire enlever, comme vous le savez, mes chères filles, seuls restes de ma consolation, pour les conduire dans deux différents couvents de Toulouse;[1] on les mène dans le lieu qui a servi de théâtre à tous nos affreux malheurs: on les a même séparées. Mais si le roi daigne ordonner qu'on ait soin d'elles, je n'ai qu'à le bénir.[2] Voici exactement le détail de notre malheureuse affaire, tout comme elle s'est passée au vrai.

Le 13 octobre 1761, jour infortuné pour nous, M. Gobert la Vaisse,[3] arrivé de Bordeaux (où il avait resté quelque temps)[4]

---

[1] Anne-Rose, née à Toulouse le 8 juin 1741, appelée Rosine, et Anne, née le 1er septembre 1742, appelée Nanette, toutes deux absentes le jour du drame et qui, le jour du jugement de leur père, se sont réfugiées à Montauban où leur mère, une fois libérée, les a rejointes, sont enlevées en vertu d'une lettre de cachet le 28 mai 1762 (voir ci-dessus, Introduction générale, p.14-15).

[2] Hypothèse habile mais sans vraisemblance quand on sait que les enfants enlevés des familles protestantes sont voués à des conversions forcées. Les deux jeunes filles seront libérées le 8 décembre (voir Introduction générale, p.37).

[3] Né à Toulouse le 24 octobre 1741, baptisé, quoiqu'issu d'une famille protestante, le 31 octobre en l'église cathédrale de Saint-Etienne (mais c'est là un acte de portée purement civile), François-Alexandre Gaubert Lavaysse est le troisième fils d'Antoinette Faure et de David Lavaysse, avocat au Parlement de Toulouse, qui prit la plume pour défendre son fils; voir ci-dessus, p.11.

[4] Après des études chez les Jésuites de Toulouse qu'il achève en soutenant dans

149

pour voir ses parents, qui étaient pour lors à leur campagne,[5] et cherchant un cheval de louage[6] pour les y aller joindre, sur les quatre à cinq heures du soir, vient à la maison;[7] et mon mari lui dit que puisqu'il ne partait pas s'il voulait souper avec nous, il nous ferait plaisir; à quoi le jeune homme consentit;[8] et il monta me voir dans ma chambre, d'où, contre mon ordinaire, je n'étais

1

---

sa seizième année des thèses de philosophie dédiées à l'ordre des avocats (An, V[4] 1478 B, pièce 273), François-Alexandre décide d'entrer dans le commerce. Placé de décembre 1757 à novembre 1759 chez les frères Duclos, négociants toulousains, dont les affaires ne sont pas heureuses, il entre en septembre 1760 chez Fesquet, négociant et armateur à Bordeaux, où il reste treize mois et demi. Son départ de Bordeaux, où il a suivi par ailleurs des cours d'anglais et de pilotage, est en rapport avec des projets de fortune qui l'attendent au Cap-Français (Saint-Domingue) auprès d'un oncle maternel, exécuteur testamentaire d'un riche commerçant. Mais, avant de s'embarquer, il vient saluer ses parents à Toulouse. Parti de Bordeaux le 6 octobre, il s'arrête à Montauban du 8 au 12 et arrive à Toulouse le 12 vers 17 h 30 (*Mémoire du sieur Gaubert Lavaysse*, Toulouse s.d., p.5-13; *Mémoire de Me David Lavaysse, avocat en la cour, pour le sieur François-Alexandre-Gaubert Lavaysse, son troisième fils*, Toulouse s.d., p.5-8).

    [5] A 30 kilomètres environ de Toulouse, à Caraman, où est né le père. Octobre est l'époque des vacances judiciaires et D. Lavaysse passe avec sa famille 'les vacations à la campagne' (*Mémoire de D. Lavaysse avocat au Parlement de Toulouse pour Fr. Alex. Gaubert Lavaysse c'on fils cadet*, An, K 723, pièce 19, f.1).

    [6] C'est peu avant midi, après une matinée pluvieuse, qu'il commence cette recherche.

    [7] Selon Jean Orsoni, qui tente de reconstituer à la minute près le déroulement horaire de la journée du 13 octobre, c'est vers 15 h 30 que Lavaysse entre dans la boutique de cotonnades des Calas sise rue des Filatiers, et où il aperçoit des personnes de Caraman en train de procéder à des achats; il concerte avec elles son départ pour le lendemain dans la mesure du moins où il aura trouvé d'ici-là un cheval ('L'Affaire Calas avant Voltaire', thèse dact., Université Paris-Sorbonne, 1971, p.126).

    [8] Déjà lancée la veille au soir, l'invitation, renouvelée le 13 au matin par Jean Calas (Audition d'office de J. Calas, ADHG, 101 B2, f.6r) est alors faite non seulement par le père, mais aussi par deux de ses fils: Lavaysse, après avoir refusé, se laisse convaincre par l'offre que lui fait 'Calas cadet', qui connaît mieux la ville que lui, de l'accompagner chez les loueurs de chevaux (*Mémoire du sieur Gaubert Lavaysse*, p.15).

pas sortie.[9] Le premier compliment fait, il me dit: Je soupe avec   20
vous, votre mari m'en a prié. Je lui en témoignai ma satisfaction,
et le quittai quelques moments pour aller donner des ordres à ma
servante.[10] En conséquence je fus aussi trouver mon fils aîné
(Marc-Antoine),[11] que je trouvai assis tout seul dans la boutique,
et fort rêveur,[12] pour le prier d'aller acheter du fromage de   25
Roquefort;[13] il était ordinairement le pourvoyeur pour cela, parce

[9] La chambre située au premier étage n'est pas la chambre à coucher du couple qui donne sur la rue et est sans fenêtre, mais une pièce d'accueil qui donne à l'arrière sur une 'galerie' dont il est question plus loin. La procédure confirme l'assertion de Mme Calas: 'répond qu'elle resta toute la journée à travailler et qu'elle ne vit personne que le Sieur Lavaisse qui vint la voir l'après-midi' (Interrogatoire d'A.-R. Calas, 20 octobre, ADHG, 101 B2, f.152r).

[10] Jeanne Viguière (selon la féminisation du nom du père Viguier), née à Toulouse, alors âgée non de 45 ni de 52 ans comme l'indique la procédure (Audition d'office de J. Viguière, ADHG, 101 B2, f.9r; Interrogatoire, 23 octobre, f.153r) mais probablement de 70 ans environ, entrée chez les Calas en 1737 selon son interrogatoire sur écrou ('répond que le trois du mois de juin dernier il a fait 24 ans qu'elle est au service dudit sieur Calas', f.111r), est catholique (on sait que les protestants, selon l'ordonnance du 11 janvier 1686, ne pouvaient prendre à leur service un domestique de même religion).

[11] Né à Toulouse le 5 novembre 1732, baptisé à Saint-Etienne le 7 (An, V⁴ 1478 B, pièce 236) quoique protestant (les enfants des Calas sont, comme Gaubert Lavaysse, baptisés sans que pour autant la cérémonie ait une portée proprement religieuse), il travaille avec son père.

[12] Voltaire paraît transposer ici, au mépris, semble-t-il, de la vérité (Marc-Antoine doit être alors occupé avec des clientes), l'attitude du jeune homme telle que l'a perçue Lavaysse à son retour vers 19 h: 'assis dans un fauteuil, la tête appuyée sur le coude et fort rêveur' (La Salle, *Observations pour le sieur Jean Calas, la dame de Cabibel son épouse et le sieur Pierre Calas leur fils*, s.l. 1762, p.24), 'tout pensif dans un fauteuil, sa tête appuyée sur une de ses mains' (*Mémoire de Mᵉ David Lavaysse*, p.9); cf. Interrogatoire sur écrou de Lavaysse, ADHG, 101 B2, f.115v: 'assis sur un fauteuil, son visage penché sur sa main'. Voltaire souligne ainsi d'emblée le caractère mélancolique du personnage et par là conforte la thèse du suicide.

[13] 'Elle le pria d'aller acheter un morceau de fromage de roquefort' (Interrogatoire d'A.-R. Calas, 9 novembre, ADHG, 101 B2, f.346r). Le commentaire et la mise en scène qui suivent semblent bien de la plume de Voltaire.

qu'il s'y connaissait mieux que les autres. Je lui dis donc: Tiens, va acheter du fromage de Roquefort, voilà de l'argent pour cela, et tu rendras le reste à ton père; et je retourne dans ma chambre joindre le jeune homme (La Vaisse) que j'y avais laissé. Mais peu d'instants après, il me quitta, disant qu'il voulait retourner chez les fenassiers (a) voir s'il y avait quelque cheval d'arrivé, voulant absolument partir le lendemain pour la campagne de son père, et il sortit. [15]

Lorsque mon fils aîné eut fait l'emplette du fromage, [16] l'heure du souper arrivée, (b) tout le monde se rendit pour se mettre à

(a) Ce sont des loueurs de chevaux. [14]
(b) Sur les sept heures. [17]

---

[14] Issu du mot latin *fenum*, le terme est un 'mot du patois toulousain du XVIIIe siècle désignant des tenanciers d'écuries publiques où l'on nourrissait et logeait les bêtes des voyageurs et où l'on louait également des chevaux' (Orsoni, p.189, n.41).

[15] Après être resté 'un temps à la boutique', 'il passa ensuite quelque moment avec la dame de Calas étant monté dans son appartement et ensuite il sortit avec le sieur Calas cadet' (Interrogatoire de Lavaysse, 20 octobre, ADHG, 101 B2, f.147r). La recherche se révélera infructueuse: en ce temps des vendanges, 'tous les chevaux étaient pris' (*Mémoire du sieur Gaubert Lavaysse*, p.14).

[16] Selon J. Viguière (Interrogatoire sur écrou, ADHG, 101 B2, f.112v), Marc-Antoine porta le fromage, qu'il avait été chercher avant souper, 'à la chambre où l'on mangea'. Chargé en fin d'après-midi de différentes commissions par son père (La Salle, *Observations*, p.27-31), Marc-Antoine a dû procéder à l'achat juste avant le repas. Des témoins, selon Sudre, 'ont assuré, prétend-on, que Marc-Antoine fut employé depuis 7 heures pour aller chercher du fromage' (*Suite pour les sieurs et demoiselle Calas*, Toulouse 1762, p.14).

[17] Sans doute un peu plus tard. Dans son premier *Mémoire*, Sudre note que Pierre Calas et Lavaysse 'rentrent vers sept et quart'. 'Et l'on se mit à table', ajoute-t-il (*Mémoire pour le sieur Jean Calas, négociant de cette ville; dame Anne Rose Cabibel son épouse; et le sieur Jean-Pierre Calas un de leurs enfants*, Toulouse s.d., p.6); voir ci-dessous, *Mémoire de Donat Calas*, n.30.

table, et nous nous y plaçâmes.[18] Durant le souper qui ne fut pas fort long,[19] on s'entretint de choses indifférentes, et entre autres des antiquités de l'Hôtel de ville;[20] et mon cadet (Pierre)[21] voulut en citer quelques-unes, et son frère le reprit, parce qu'il ne les racontait pas bien, ni juste.[22]

40

Lorsque nous fûmes au dessert,[23] ce malheureux enfant, je veux dire mon fils aîné (Marc-Antoine), se leva de table, comme c'était sa coutume,[24] et passa à la cuisine. La servante (c) lui dit: Avez-

(c) La cuisine est auprès de la salle à manger, au premier étage.[25]

---

[18] Sur la place respective des convives, que Voltaire ne précise pas ici et dont la connaissance n'est pas sans importance par rapport à la présence ou à l'absence de Marc-Antoine au dîner, comme le remarque Sudre selon qui l''uniformité persévérante' des prévenus à exposer l'ordre dans lequel ils étaient à table est une justification de la participation réelle du jeune homme au souper (*Mémoire pour le sieur Jean Calas*, p.83-84), voir Appendice I, Requête au roi.

[19] Il dura trois quarts d'heure environ, s'achevant vers 20 h 10-20 h 15 (Orsoni, p.134 et 139).

[20] Ce sujet de conversation ne surprend pas si l'on se rappelle que vient d'être achevée en 1755 la façade du Capitole sous la direction de l'architecte municipal Guillaume Cammas (1688-1777). En fait, il n'est pas attesté par la procédure (voir Interrogatoire sur écrou de J. Viguière, ADHG, 101 B2, f.113r: 'répond que pendant le souper il ne se parla de rien et que le sieur Lavaisse parlait de la ville de Bordeaux'); c'est sans doute un détail tenu des Calas eux-mêmes.

[21] Né le 25 septembre 1733, Jean-Pierre, appelé Pierre, travaille, comme l'aîné, chez son père.

[22] Marc-Antoine est plus cultivé que son frère.

[23] Composé de raisins blancs et de marrons ou châtaignes.

[24] Il a seulement mangé 'un peu de raisin blanc' (Interrogatoire de Lavaysse, 8 novembre, ADHG, 101 B2, f.339r) dont on trouvera des peaux dans l'estomac lors de l'autopsie. Dans son *Mémoire*, Gaubert Lavaysse note que Marc-Antoine 'quitta la table avant nous et sortit' (p.4). Sudre rapporte de son côté: 'Marc-Antoine quitta la table le premier, il était dans l'usage de sortir l'après-souper pour aller jouer au billard' (*Mémoire pour le sieur Jean Calas*, p.6). L'usage qu'a Marc-Antoine de sortir est signalé dans la procédure par la mère (Interrogatoire sur écrou, ADHG, 101 B2, f.110r; Interrogatoire, 9 novembre, f.346v) et par le père (Interrogatoire sur écrou, f.102v).

[25] Selon Orsoni (p.88-91), à la cuisine qui, avec une fenêtre, donne sur la rue correspond, à l'arrière, la pièce d'accueil; la salle à manger jouxte celle-ci et c'est la chambre à coucher des parents qui lui correspond sur le devant.

vous froid, Monsieur l'aîné? chauffez-vous. Il lui répondit: Bien   45
au contraire, je brûle;[26] et sortit. Nous restâmes encore quelques
moments à table,[27] après quoi nous passâmes dans cette chambre
que vous connaissez, et où vous avez couché,[28] M. La Vaisse, mon
mari, mon fils et moi; les deux premiers se mirent sur le sopha,
mon cadet sur un fauteuil, et moi sur une chaise, et là nous fîmes   50
la conversation tous ensemble.[29] Mon fils cadet s'endormit,[30] et
environ sur les neuf heures trois quarts à dix heures, M. La Vaisse
prit congé de nous,[31] et nous réveillâmes mon cadet pour aller

[26] 'Il passa un instant à la cuisine et descendit': Sudre ne rapporte aucun élément
de conversation (*Mémoire pour le sieur Jean Calas*, p.6). D. Lavaysse, dont pourtant
le *Mémoire* inédit signale seulement que Marc-Antoine 'passa dans la cuisine où la
servante le vit quelque moment et descendit' (An, K 723, pièce 10, f.2), apporte
plus de précision dans le *Mémoire de Me David Lavaysse* qui constitue ici la source
de Voltaire: 'Il entre dans la cuisine, et s'approche du feu: *avez-vous froid, Monsieur
l'Aîné, lui dit la servante? Non, lui répondit-il, je brûle*' (p.38). Et l'avocat commente:
'Il brûlait sans doute, il était dévoré de ces feux, il sentait ce bouillonnement de
sang qui précède toujours un pareil acte de désespoir'. Reprise dans le *Mémoire de
Donat Calas*, la formule qui, selon D. Lavaysse, 'ne peut partir que de la nature et
du sentiment', sera retranscrite par les avocats parisiens; voir, par exemple, Loiseau
de Mauléon, *Mémoire pour Donat, Pierre et Louis Calas* (Paris 1762), p.8. Non
interrogée sur ce point à Toulouse, la servante déclare, en 1765, dans le cadre de la
procédure devant le Conseil du roi: 'Marc-Antoine étant entré dans la cuisine, elle
lui demanda ce qu'il avait, à quoi Marc-Antoine répondit qu'il n'avait rien, sur quoi
lui ayant dit de se chauffer s'il avait froid, ledit Marc-Antoine répliqua qu'il n'en
avait pas besoin, qu'au contraire il suait' (An, V^4 1478 B, pièce 295, mercredi 6 mars
1765, En la Chambre du Conseil desdites Requêtes de l'Hôtel; voir aussi pièce 300,
samedi 9 mars 1765).

[27] Se référant aux interrogatoires des accusés, Orsoni précise: 'probablement pas
plus d'un quart d'heure' (p.141).

[28] La pièce d'accueil pouvait servir de chambre pour amis. Sur l'identité probable
de celui auquel est adressée la Lettre, voir ci-dessus, p.133.

[29] La conversation se tint entre Jean Calas et le jeune invité; Mme Calas prit,
elle, un ouvrage de broderie (*Mémoire du sieur François-Alexandre Gualbert
Lavaysse*, Paris 1765, p.5).

[30] Voir ci-dessous, *Mémoire de Donat Calas*, 'Déclaration de Pierre', n.115.

[31] Sudre (*Mémoire pour le sieur Jean Calas*, p.6; et *Suite pour les sieurs et demoiselle
Calas*, p.15) fixe le départ de Lavaysse à '9 heures et demie', de même que La Salle
(*Observations*, p.61). Gaubert Lavaysse, dans son premier *Mémoire*, parle de '9
heures trois-quarts' (p.16), David Lavaysse de '9 heures et demie ou trois-quarts'

accompagner ledit La Vaisse, lui remettant le flambeau à la main pour lui faire lumière,[32] et ils descendirent ensemble. 55

Mais lorsqu'ils furent en bas, l'instant d'après, nous entendîmes de grands cris d'alarme, sans distinguer ce que l'on disait, auxquels mon mari accourut, et moi je demeurai tremblante sur la galerie, n'osant descendre, et ne sachant ce que ce pouvait être.[33]

Cependant, ne voyant personne venir, je me déterminai de 60 descendre, ce que je fis; mais je trouvai au bas de l'escalier M. La Vaisse, à qui je demandai avec précipitation, qu'est-ce qu'il y avait. Il me répondit qu'il me suppliait de remonter, que je le saurais; et il me fit tant d'instance que je remontai avec lui dans ma chambre. Sans doute que c'était pour m'épargner la douleur 65 de voir mon fils dans cet état,[34] et il redescendit. Mais l'incertitude où j'étais, était un état trop violent pour pouvoir y rester longtemps;

(*Mémoire*, p.9 et 33). Orsoni rappelle que c'est entre 21 h 35 et 21 h 40 que les cris des Calas ont commencé à être entendus des voisins (p.144): Lavaysse a donc pris vraisemblablement congé peu avant 21 h 35.

[32] L'usage chez les Calas est de faire raccompagner les visiteurs par leurs enfants afin de soulager la servante qui est d'un âge avancé et d'une démarche lente (Interrogatoires sur la sellette d'A. R. Calas, ADHG, 101 B2, f.400*v*, et de J.-P. Calas, f.405*r*). Selon Mme Calas, Lavaysse 'prit le flambeau en disant que peut-être sondit fils le tomberait' (Interrogatoire, 9 novembre, f.347*r*); selon Lavaysse, 'le Sieur Calas père alluma une chandelle et le répondant prit celle qui était déjà allumée et sortit suivi du Sieur Calas cadet qui lui prit le flambeau à demi-escalier' (Interrogatoire sur écrou, f.116*v*).

[33] Après le départ de Lavaysse, Jean Calas s'est rendu 'aux lieux' (Interrogatoire sur les charges, ADHG, 101 B2, f.322*v*), et c'est de ces lieux, situés à mi-étage, qu'il descend. Restée au premier étage, Mme Calas, dans ses interrogatoires, insiste sur le fait qu'elle n'entendit qu''un grand cri', 'des cris' sans distinguer les paroles prononcées (f.11*v*).

[34] Ayant quitté Pierre ainsi que Jean Calas qui vient de descendre, Lavaysse va au-devant de Mme Calas qui suit de près son mari: 'Je l'arrêtai, persuadé qu'elle ne soutiendrait pas cet affreux spectacle' (*Mémoire du sieur Gaubert Lavaysse*, p.16; voir aussi Audition d'office de Lavaysse, ADHG, 101 B2, f.6*v*; Interrogatoire sur écrou, f.117*v*; Interrogatoire, 8 novembre, f.330*v*). Egalement mentionné par Sudre (*Mémoire pour le sieur Jean Calas*, p.6: 'ce spectacle n'était pas pour elle'); et D. Lavaysse (*Mémoire* inédit, An, K 723, pièce 10, f.2; *Mémoire*, p.10: 'le plus horrible spectacle qui puisse frapper les yeux d'une mère'), l'épisode est confirmé par Mme Calas elle-même dès son audition d'office (f.11*v*).

j'appelle donc ma servante, et lui dis: Jeannette, allez voir ce qu'il y a là-bas, je ne sais pas ce que c'est, je suis toute tremblante; et je lui mis la chandelle à la main, et elle descendit:[35] mais ne la voyant point remonter pour me rendre compte, je descendis moi-même.[36] Mais, grand Dieu! quelle fut ma douleur et ma surprise, lorsque je vis ce cher fils étendu à terre![37] Cependant je ne le crus pas mort, et je courus chercher de l'eau de la Reine d'Hongrie, croyant qu'il se trouvait mal;[38] et comme l'espérance est ce qui nous quitte le dernier, je lui donnai tous les secours qu'il m'était possible pour le rappeler à la vie, ne pouvant me persuader qu'il fût mort.[39] Nous nous en flattions tous, puisque l'on avait été chercher le chirurgien, et qu'il était auprès de moi, sans que je l'eusse vu ni aperçu, que lorsqu'il me dit qu'il était inutile de lui faire rien de plus, qu'il était mort.[40] Je lui soutins alors que cela ne se pouvait

[35] 'La demoiselle Calas l'appela, lui dit de prendre une chandelle et de descendre au plus vite pour voir ce qui se passait au bas de la maison où le Sieur Lavaysse l'avait empêchée de descendre. La servante prit en conséquence une chandelle et descendit à la boutique' (Interrogatoire sur écrou de J. Viguière, ADHG, 101 B2, f.114r).

[36] Dans son Interrogatoire sur la sellette, Mme Calas donne une autre version: elle serait descendue avec la servante après l'avoir appelée (ADHG, 101 B2, f.398r).

[37] Marc-Antoine a été auparavant dépendu par son père.

[38] Cette version coïncide avec celle qui résulte de la confrontation devant le Parlement de Mme Calas et du témoin Jeanne Sales: 'Elle accusée descendit une seconde fois et entra dans la boutique et aperçut son fils étendu auprès de la porte du magasin. Et l'accusée remonta tout de suite pour aller chercher de l'eau de la reine d'Hongrie pour lui donner du secours' (An, V⁴ 1478 B, pièce 221, f.26-27r). Cependant, dans son audition d'office, Mme Calas prétend avoir pris l'eau dès sa seconde descente (ADHG, 101 B2, f.11v).

[39] Scène attestée par la procédure (Auditions d'office d'A.-R. Calas, ADHG, 101 B2, f.11v; de Jean Calas, f.5v).

[40] Le chirurgien qui n'est qu'un 'garçon' ou 'élève' chirurgien (Antoine Gorsse ou Gorce) a été cherché et ramené par Pierre. Dans son Interrogatoire sur écrou, Mme Calas déclare: 'ledit Gorse a dit à la répondante qu'il était inutile de rien faire, que ledit Marc-Antoine son fils était mort' (ADHG, 101 B2, f.11v). Dans cette même audition, elle affirme qu'elle a trouvé le sieur Gorse en entrant; plus tard, elle assure ne pas pouvoir le préciser (Interrogatoire, 9 novembre, f.347v: 'elle ne se rappelle pas s'il [Gorse] y était plus tôt qu'elle dans le trouble où elle était, elle se rappelle seulement que le sieur Gorse dit qu'il était mort').

156

pas, et je le priai de redoubler ses attentions, et de l'examiner plus exactement, ce qu'il fit inutilement; cela n'était que trop vrai. Et pendant tout ce temps-là mon mari était appuyé sur un comptoir à se désespérer; de sorte que mon cœur était déchiré entre le déplorable spectacle de mon fils mort, et la crainte de perdre ce cher mari, de la douleur à laquelle il se livrait tout entier sans entendre aucune consolation;[41] et ce fut dans cet état que la justice nous trouva,[42] lorsqu'elle nous arrêta dans notre chambre, où on nous avait fait remonter.[43]

Voilà l'affaire tout comme elle s'est passée mot à mot; et je prie Dieu, qui connaît notre innocence, de me punir éternellement, si j'ai augmenté ni diminué d'un *iota*, et si je n'ai dit la pure vérité en toutes ces circonstances; je suis prête à sceller de mon sang cette vérité, etc.

94   62PB toutes ses circonstances

[41] Sudre rapporte les manifestations de douleur à travers les témoignages de Delpech, 10e témoin ('On criait [...], on se désespérait [...] La demoiselle Calas, pâle et tremblante, ne voulait recevoir aucune consolation') et de Gorsse, 4e témoin: 'La mère pleurait beaucoup [...], le père pleurait aussi, se désespérant d'un pareil malheur' (*Suite pour les sieurs et demoiselle Calas*, p.24). Lors de sa confrontation avec Jeanne Sales, Mme Calas signale que son mari 'qui était au fond du magasin' 'se désespérait'. Voltaire tient, lui, à montrer chez Mme Calas une certaine force d'âme.

[42] Allusion à la venue sur les lieux du drame de deux capitouls et d'un assesseur; voir *Mémoire de Donat Calas*, n.58.

[43] C'est Cazeing, l'ami venu les consoler, qui les oblige à regagner leur appartement en raison de leur grande affliction (Interrogatoire sur écrou de Jean Calas, ADHG, 101 B2, f.108r). Sur le moment de cette remontée, voir Orsoni, p.249-53.

Lettre de Donat Calas, Fils, à la veuve dame Calas, sa Mère

De Châtelaine, 22 Juin 1762.

Ma chère infortunée et respectable mère. J'ai vu votre lettre du 15 juin entre les mains d'un ami qui pleurait en la lisant;[44] je l'ai mouillée de mes larmes. Je suis tombé à genoux, j'ai prié Dieu de m'exterminer, si aucun de ma famille était coupable de l'abominable parricide imputé à mon père, à mon frère, et dans lequel vous, la meilleure et la plus vertueuse des mères, avez été impliquée vous-même.

Obligé d'aller en Suisse depuis quelques mois pour mon petit commerce,[45] c'est là que j'appris le désastre inconcevable de ma famille entière. Je sus d'abord que vous ma mère, mon père, mon frère Pierre Calas, M. La Vaisse, jeune homme connu pour sa probité et pour la douceur de ses mœurs,[46] vous étiez tous aux fers

---

[44] Voltaire lui-même.

[45] Né le 11 octobre 1739, baptisé à Saint-Etienne le 12 (Orsoni, p.108, n.82), Donat-Louis, appelé Donat, est apprenti 'chez un fabricant' de Nîmes (D12425) chez qui son père l'a placé et il est, par suite, absent de Toulouse le 13 octobre 1761. En fait, c'est en raison du procès fait aux siens et pour prévenir un éventuel emprisonnement que, sur le conseil qui lui est donné, il se réfugie en Suisse. Fin mars 1762, Voltaire apprend la présence du jeune homme 'assez près de [sa] chaumière' (D12425) et s'empresse de le rencontrer.

[46] Ce portrait moral, qui n'apparaît pas dans la Lettre précédente mais que reprend le *Mémoire de Donat Calas*, est issu des Mémoires toulousains: La Salle renvoie aux deux *Mémoires pour Lavaysse* où des certificats authentiques constatent la bonne éducation du jeune homme, 'ses bonnes mœurs, la douceur de son caractère' (*Observations*, p.16 et 59). Les défenseurs parisiens peignent Gaubert Lavaysse en termes comparables.

à Toulouse;[47] que mon frère aîné, Marc-Antoine Calas, était mort d'une mort affreuse, et que la haine qui naît si souvent de la diversité des religions,[48] vous accusait tous de ce meurtre. Je tombai malade dans l'excès de ma douleur, et j'aurais voulu être mort.

On m'apprit bientôt qu'une partie de la populace de Toulouse avait crié à notre porte, en voyant mon frère expiré: 'C'est son père, c'est sa famille protestante qui l'a assassiné, il voulait se faire catholique;(d) il devait abjurer le lendemain; son père l'a étranglé

(d) On a dit qu'on l'avait vu dans une église.[49] Est-ce une preuve qu'il devait abjurer? Ne voit-on pas tous les jours des catholiques venir entendre des prédicateurs célèbres en Suisse, dans Amsterdam, à Genève, etc.?[50] Enfin, il est prouvé que Marc-Antoine Calas n'avait pris aucune mesure pour changer de religion;[51] ainsi nul motif de la colère prétendue de ses parents.

[47] C'est à la suite de la lecture de la sentence des capitouls (18 novembre 1761) que le substitut du procureur général fait mettre aux accusés, qui pourtant ont interjeté appel et ne relèvent plus de la juridiction des capitouls, 'les fers aux pieds' (*Mémoire de Me David Lavaysse*, p.18-19).

[48] Au début de son premier *Mémoire*, Sudre observe: 'La religion a été mêlée dans cette cause et, dans tous les temps, dans toutes les nations, le peuple a été pris d'aversion pour ceux qui sont d'une religion opposée' (p.4).

[49] Dans son premier *Mémoire*, Sudre rapporte le témoignage de la demoiselle Durand qui déclare avoir vu Marc-Antoine à la messe (p.65). D'autres dépositions vont dans le même sens, celle, par exemple, de Marie Mendouze, 26e témoin de l'information menée par les capitouls (ADHG, 101 B2, f.48r).

[50] A la suite de Voltaire, Elie de Beaumont, dans son premier *Mémoire*, observe que, 'dans les pays protestants', les catholiques 'entrent quelquefois dans les temples' (p.31).

[51] Aucun indice ne fut découvert qui pût révéler, de la part de Marc-Antoine, une intention de se convertir au catholicisme. Ni instructeur ni confesseur ne se présentèrent, ni heures, ni livres de théologie ou de controverse, ni crucifix, ni chapelet ne furent trouvés: la défense toulousaine, qui relève parallèlement les actes de protestantisme accomplis jusqu'à la veille de sa mort par Marc-Antoine, montre ainsi que celui-ci n'avait aucune disposition à se convertir (Sudre, *Mémoire pour le sieur Jean Calas*, p.62 ss., 103; *Suite pour les sieurs et demoiselle Calas*, p.35 ss., 52; La Salle, *Observations*, p.41, 56; *Mémoire de Me David Lavaysse*, p.26). Il est

de ses mains, croyant faire une œuvre agréable à Dieu; il a été assisté dans ce sacrifice par son fils Pierre, par sa femme, par le jeune La Vaisse'. [52]

On ajoutait que La Vaisse âgé de vingt ans, arrivé de Bordeaux le jour même, [53] avait été choisi dans une assemblée de protestants, pour être le bourreau de la secte, et pour étrangler quiconque changerait de religion. On criait dans Toulouse que c'était la jurisprudence ordinaire des réformés. [54]

L'extravagance absurde de ces calomnies me rassurait; plus elles manifestaient de démence, plus j'espérais de la sagesse de vos juges.

Je tremblai, il est vrai, quand toutes les nouvelles m'apprirent qu'on avait commencé par faire ensevelir mon frère Marc-Antoine dans une église catholique, sur cette seule supposition imaginaire, qu'il devait changer de religion. [55] On nous apprit que la confrérie des pénitents blancs lui avait fait un service solennel comme à un martyr, qu'on lui avait dressé un mausolée, et qu'on avait placé sur ce mausolée sa figure, tenant dans les mains une palme. [56]

également fait état de la vaine tentative d'un magistrat (M. de La Motte) pour inciter Marc-Antoine au changement de religion.

[52] Voltaire présente à sa manière – vive et énergique – les propos qu'aurait lancés voisins et passants attroupés devant la maison des Calas à la suite des cris perçus. Issu du premier *Mémoire* de Sudre et du *Mémoire de Me David Lavaysse*, le motif est repris et précisé dans le *Mémoire de Donat Calas* (voir l.147-160) avec le même terme dévalorisant de 'populace' qu'employait déjà La Salle (*Observations*, p.69).

[53] Sur Lavaysse et sa venue à Toulouse, voir ci-dessus, n.3 et 4.

[54] Référence à l'existence d'un complot protestant et à la croyance en une 'justice protestante' que reprend le Monitoire dans son article 4, mais dont aucun témoignage ne fait état, comme le souligne La Salle qui parle à ce propos de 'fable' (*Observations*, p.33 et 65); voir *Mémoire de Donat Calas* (n.55).

[55] Le service d'inhumation a lieu en effet dans l'église-cathédrale de Saint-Etienne, paroisse dans laquelle est situé le domicile des Calas; voir *Mémoire de Donat Calas*, n.77.

[56] La cérémonie pour le repos de l'âme du défunt se déroule quelques jours après l'inhumation à Saint-Etienne. Un magnifique catafalque est érigé avec une représentation plus macabre que ne le laisse entendre ici Voltaire puisqu'il s'agit d'un squelette prêté par un chirurgien; voir *Mémoire de Donat Calas*, n.78. Dans

Je ne pressentis que trop les effets de cette précipitation, et de
ce fatal enthousiasme. Je connus que puisqu'on regardait mon
frère Marc-Antoine comme un martyr, on ne voyait dans mon
père, dans vous, dans mon frère Pierre, dans le jeune La Vaisse
que des bourreaux.[57] Je restai dans une horreur stupide un   45
mois entier. J'avais beau me dire à moi-même: Je connais mon
malheureux frère, je sais qu'il n'avait point le dessein d'abjurer, je
sais que s'il avait voulu changer de religion, mon père et ma mère
n'auraient jamais gêné sa conscience;[58] ils ont trouvé bon que mon
autre frère Louis se fît catholique;[59] ils lui font une pension;[60] rien   50
n'est plus commun dans les familles de ces provinces, que de voir
des frères de religion différente; l'amitié fraternelle n'en est point

---

son *Mémoire*, David Lavaysse souligne que la palme signifie que Marc-Antoine
était 'un martyr de la religion catholique' (p.17); voir aussi *Mémoire* inédit, An,
K 723, pièce 10, f.7. L'évocation de Marc-Antoine prétendu 'martyr' est fréquente
dans la correspondance de Voltaire (D10387, D10394, D10419...).

[57] David Lavaysse (*Mémoire*, p.17) et La Salle (*Observations*, p.12) montrent bien
que les services religieux préjugent de deux points du fond, à savoir que Marc-
Antoine a été tué par ses parents et qu'il l'a été en haine de sa conversion, et qu'ils
ont eu pour effet de 'retenir ceux qui auraient pu déposer de faits capables de
détruire ces superstitions' et d'enhardir les autres.

[58] Voir le propos tolérant de Jean Calas rapporté par le *Mémoire de Donat Calas*,
l.80-85. Interrogée en la matière, Mme Calas répond 'que ce sont des choses libres,
que la conscience l'est et qu'on doit suivre ses lumières' (Interrogatoire, 20 octobre,
ADHG, 101 B2, f.151*v*).

[59] Né le 11 novembre 1736, baptisé le 12, Jean-Louis, appelé Louis, est le troisième
fils des Calas. Il a effectivement abjuré le protestantisme sans opposition de la part
de ses parents, comme il le reconnaît dans sa *Déclaration* du 2 décembre 1761 (p.4).
Peut-être, avoue-t-il lui-même, son père a-t-il attribué son changement à 'quelque
motif humain'; néanmoins il ne lui témoigna aucune indignation et l'embrassa
tendrement lorsqu'il le revit (p.5).

[60] Le nouveau converti est légalement en droit d'exiger pour son entretien une
pension de son père. A la demande de Louis qui a quitté la maison paternelle en
1756, et par l'entremise d'un ancien capitoul, Borel, Jean Calas accorde une pension
et peut, à l'occasion, payer les dettes contractées par son fils (jusqu'à 600 livres).
Auparavant, il a remis à l'archevêque de Toulouse, qui l'avait convoqué à ce sujet,
400 livres pour l'apprentissage de Louis chez un commerçant toulousain et non
nîmois comme il avait été d'abord décidé.

refroidie;[61] la tolérance heureuse, cette sainte et divine maxime dont nous faisons profession, ne nous laisse condamner personne; nous ne savons point prévenir les jugements de Dieu; nous suivons les mouvements de notre conscience, sans inquiéter celle des autres.

Il est incompréhensible, disais-je, que mon père et ma mère, qui n'ont jamais maltraité aucun de leurs enfants,[62] en qui je n'ai jamais vu ni colère, ni humeur, qui jamais en leur vie n'ont commis la plus légère violence, aient passé tout d'un coup d'une douceur habituelle de trente années, à la fureur inouïe d'étrangler de leurs mains leur fils aîné, dans la crainte chimérique qu'il ne quittât une religion qu'il ne voulait point quitter.

Voilà, ma mère, les idées qui me rassuraient; mais à chaque poste, c'étaient de nouvelles alarmes. Je voulais venir me jeter à vos pieds, et baiser vos chaînes. Vos amis, mes protecteurs, me retinrent par des considérations aussi puissantes que ma douleur.

Ayant passé près de deux mois dans cette incertitude effrayante, sans pouvoir ni recevoir de vos lettres, ni vous faire parvenir les miennes, je vis enfin les mémoires produits pour la justification de l'innocence. Je vis dans deux de ces factums[63] précisément la même chose que vous dites aujourd'hui dans votre lettre du 15 juin, que mon malheureux frère Marc-Antoine avait soupé avec vous avant

---

[61] En réalité, Louis, après sa conversion, a rompu toute relation – sauf pour des besoins d'argent – avec ses parents (auxquels il ne rend jamais visite) ainsi qu'avec ses frères et sœurs. 'Depuis que je suis sorti de la maison, je n'y suis jamais rentré' (*Déclaration*, p.5). Le jour même du drame, il rencontre Marc-Antoine dans la rue vers 17 heures et lui demande si le quart de sa pension lui sera bientôt payé – à quoi l'aîné répond brusquement que cela ne le regarde pas.

[62] Parmi les indices relevés à l'encontre des accusés, il y avait les mauvais traitements imputés au père envers Louis (Sudre, *Mémoire pour le sieur Jean Calas*, p.78 ss.) et envers Marc-Antoine. Louis a d'ailleurs, dans sa *Déclaration* (p.4), apporté un démenti. Les défenseurs parisiens répondront à leur tour à ces imputations; voir par exemple Elie de Beaumont, *Mémoire à consulter et consultation pour la dame A. R. Cabibel, veuve Calas, et pour ses enfants* (Paris, 23 août 1762), p.27-28.

[63] Le premier *Mémoire* de Sudre (p.36, 83) et les *Observations* de La Salle (p.18).

sa mort, et qu'aucun de ceux qui assistèrent à ce dernier repas de   75
mon frère ne se sépara de la compagnie qu'au moment fatal où
l'on s'aperçut de sa fin tragique. (e)

(e) Il est de la plus grande vraisemblance que Marc-Antoine Calas se
défit lui-même; il était mécontent de sa situation;[64] il était sombre,
atrabilaire,[65] et lisait souvent des ouvrages sur le suicide.[66] La Vaisse,
avant le souper, l'avait trouvé dans une profonde rêverie.[67] Sa mère s'en
était aussi aperçue. Ces mots *je brûle* répondus à la servante, qui lui   5
proposait d'approcher du feu, sont d'un grand poids. Il descend seul en
bas après souper. Il exécute sa résolution funeste. Son frère au bout de
deux heures, en reconduisant La Vaisse, est témoin de ce spectacle. Tous
deux s'écrient; le père vient, on dépend le cadavre:[68] voilà la première
cause du jugement porté contre cet infortuné père. Il ne veut pas d'abord   10
dire aux voisins, aux chirurgiens: Mon fils s'est pendu, il faut qu'on le
traîne sur la claie, et qu'on déshonore ma famille.[69] Il n'avoue la vérité
que lorsqu'on ne peut plus la celer.[70] C'est sa piété paternelle qui l'a

[64] Voltaire précise les raisons de ce mécontentement dans le *Mémoire de Donat Calas*, l.99-104.

[65] Marc-Antoine est présenté par David Lavaysse comme 'naturellement sombre et mélancolique' (*Mémoire*, p.9; voir aussi *Mémoire* inédit, An, K 723, pièce 10, f.2). Voltaire reviendra dans le *Mémoire de Donat Calas* sur ce naturel et Elie de Beaumont, dans son premier *Mémoire*, parlera à son tour 'du caractère sombre et atroce' du jeune homme (p.21).

[66] Voltaire énumérera ces ouvrages dans le *Mémoire de Donat Calas*, l.104-109.

[67] Voir ci-dessus, n.12.

[68] Voltaire détaille dans ses opuscules ultérieurs ces séquences du drame.

[69] Selon la législation en vigueur, le corps du suicidé totalement nu était traîné dans les rues sur une claie, exposé aux injures de la foule, puis suspendu à un gibet. Ce traitement couvrait la famille d'infamie. D'où la dissimulation à laquelle recourt d'abord Jean Calas; sur cette dissimulation, voir *Mémoire de Donat Calas*, 'Déclaration de Pierre', l.37-39.

[70] Le mensonge est soutenu lors de l'audition d'office faite dès l'arrivée à l'Hôtel de ville. Mais, comme la défense l'a soutenu, cette audition était nulle de plein droit parce qu'elle n'avait été requise par personne et qu'il n'y avait encore ni accusés ni prévenus. C'est le 15 octobre, dans l'interrogatoire sur écrou, que Jean Calas 'avoue la vérité', de même que Pierre (tous deux, ainsi que Lavaysse, avaient fait mystère à Mme Calas et à la servante du genre de mort de Marc-Antoine, selon Sudre, *Mémoire*, p.28).

Pardonnez-moi, si je vous rappelle toutes ces images horribles; il le faut bien. Nos malheurs nouveaux vous retracent continuellement les anciens, et vous ne me pardonneriez pas de ne point rouvrir vos blessures. Vous ne sauriez croire, ma mère, quel effet favorable fit sur tout le monde cette preuve que mon père et vous, et mon frère Pierre, et le sieur La Vaisse, vous ne vous étiez pas quittés un moment, dans le temps qui s'écoula entre ce triste souper et votre emprisonnement. [72]

Voici comme on a raisonné dans tous les endroits de l'Europe où notre calamité est parvenue; j'en suis bien informé, [73] et il faut que vous le sachiez. On disait:

Si Marc-Antoine Calas a été étranglé par quelqu'un de sa famille, il l'a été certainement par sa famille entière, et par La Vaisse, et par la servante même; car il est prouvé que cette famille, et La Vaisse, et la servante (ƒ) furent toujours tous ensemble; les

---

perdu: [71] on a cru qu'il était coupable de la mort de son fils, parce qu'il n'avait pas voulu d'abord accuser son fils.

(ƒ) Cette servante est catholique et pieuse; [74] elle était dans la maison depuis trente ans; [75] elle avait beaucoup servi à la conversion d'un des

[71] Si faute il y a, dit Sudre, c'est une faute 'dictée par l'humanité' et qui 'mérite bien quelque indulgence' (p.29). 'Il n'est personne au monde qui n'ait agi de même' (La Salle, *Observations*, p.7).

[72] Argument capital aux yeux de Voltaire (voir Appendice I) que reprendront, après les avocats toulousains, les avocats parisiens; voir notamment Mariette, *Réflexions pour dame Anne-Rose Cabibel, veuve du sieur Jean Calas, marchand à Toulouse; Louis et Louis-Donat Calas, leurs fils; et Anne et Anne-Rose Calas, leurs filles, demandeurs en cassation d'un arrêt du Parlement de Toulouse, du 9 mars 1762* (Paris 1763), p.2, et Gaubert Lavaysse dans son *Mémoire* de 1765 (p.14, 22).

[73] On sait combien Voltaire a provoqué et répercuté à la fois les réactions de l'étranger – marquées d'ailleurs d'indignation et d'horreur.

[74] Selon Louis Calas, Jeanne Viguière est 'une sainte fille, qui entend la messe tous les jours, qui ne perd pas un moment la présence de Dieu et qui communie deux fois la semaine' (*Déclaration*, p.7). Cette catholique est présentée par Sudre, dans son premier *Mémoire*, comme 'd'une piété édifiante' (p.7) et par La Salle comme 'd'une dévotion exemplaire' (*Observations*, p.17).

[75] Voir ci-dessus, n.10.

juges en conviennent, rien n'est plus avéré. Ou tous les prisonniers sont coupables, ou aucun d'eux ne l'est, il n'y a pas de milieu. Or il n'est pas dans la nature qu'une famille, jusque-là irréprochable, 95 un père tendre, la meilleure des mères, un frère qui aimait son frère, un ami qui arrivait dans la ville, et qui par hasard avait soupé avec eux, aient pu prendre tous à la fois, et en un moment, sans aucune raison, sans le moindre motif, la résolution inouïe de commettre un parricide. Un tel complot dans de telles circonstances 100 est impossible; (g) l'exécution en est plus impossible encore. Il est donc infiniment probable que les juges répareront l'affront fait à l'innocence.

Ces discours me soutenaient un peu dans mon accablement.

Toutes ces idées de consolation ont été bien vaines. La nouvelle 105

---

enfants du sieur Calas. [76] Son témoignage est du plus grand poids. Comment n'a-t-il pas prévalu sur les présomptions les plus trompeuses?

(g) Dans quel temps le père aurait-il pu pendre son fils? Ce n'est pas avant le souper, puisqu'ils soupèrent ensemble. Ce n'est pas pendant le souper, ce n'est pas après le souper, puisque le père et la famille étaient en haut, quand le fils était descendu. Comment le père, assisté de main-forte, aurait-il pu pendre son fils aux deux battants d'une porte au rez-de-chaussée, [77] sans un violent combat, sans un tumulte horrible? [78] Enfin pourquoi ce père aurait-il pendu son fils pour le dépendre? Quelle absurdité dans ces accusations!

---

n.*g*, 1-2   62LN   pas pendant le souper
n.*g*, 4-5   62PB   assisté même de main-forte

---

[76] 'Elle a contribué à ma conversion', reconnaît Louis (*Déclaration*, p.7). Comme le précise Jeanne Viguière elle-même, 'autant qu'elle a pu, elle a inspiré audit Jean-Louis Calas de se faire instruire et de changer de religion' (Interrogatoire sur écrou, ADHG, 101 B2, f.111*v*).

[77] Il s'agit de la porte qui permet de communiquer de la boutique donnant sur la rue avec le magasin ou arrière-boutique.

[78] La même observation est avancée par les avocats toulousains.

arriva, au mois de mars, du supplice de mon père.[79] Une lettre qu'on voulait me cacher, et que j'arrachai, m'apprit ce que je n'ai pas la force d'exprimer, et ce qu'il vous a fallu si souvent entendre.

Soutenez-moi, ma mère, dans ce moment où je vous écris en tremblant, et donnez-moi votre courage; il est égal à votre horrible situation. Vos enfants dispersés, votre fils aîné mort à vos yeux, votre mari, mon père, expirant du plus cruel des supplices, votre dot perdue,[80] l'indigence et l'opprobre succédant à la considération et à la fortune.[81] Voilà donc votre état! Mais Dieu vous reste, il ne vous a pas abandonnée; l'honneur de mon père vous est cher, vous bravez les horreurs de la pauvreté, de la maladie, de la honte même, pour venir de deux cents lieues implorer aux pieds du trône la justice du roi:[82] si vous parvenez à vous faire entendre, vous l'obtiendrez sans doute.

[79] Prononcé le 9 mars 1762, l'arrêt du Parlement de Toulouse est exécuté le 10 mars.

[80] Le père de Mme Calas, Pierre Cabibel, dont les affaires commerciales en Angleterre étaient florissantes, avait donné à sa fille une dot de 10 000 livres (Orsoni, p.69).

[81] En fait, la fortune des Calas était plutôt médiocre surtout en ces années où le commerce pâtissait de la guerre de Sept Ans: 'Dans l'état de langueur où est le commerce, celui du sieur Calas produisait à peine de quoi nourrir sa famille' (Sudre, *Mémoire pour le sieur Jean Calas*, p.38). Selon l'inventaire dressé seulement après l'exécution de Jean Calas, la valeur des biens composés exclusivement de marchandises et de meubles ne s'élevait qu'à 80 000 livres lesquelles étaient, comme l'écrit le subdélégué Amblard à Saint-Priest, le 28 avril 1762, 'absorbées par les frais de justice, les dettes et par la dot de la femme' (cité par A. Coquerel, *Jean Calas et sa famille: étude historique d'après les documents originaux*, Paris 1869, p.268). Dans sa correspondance, Voltaire fait souvent allusion à la 'mendicité' à laquelle le Parlement de Toulouse a réduit Mme Calas et ses enfants (D10720, D10775). Il fut, on le sait, à l'origine de collectes en faveur de la veuve et lui-même a contribué de ses propres deniers.

[82] Sous la pression de ses amis et protecteurs dont Voltaire, Mme Calas accepte de quitter sa retraite campagnarde des environs de Montauban où elle s'est réfugiée et d'aller solliciter à Paris où elle arrive en juin 1762.

Que pourrait-on opposer aux cris et aux larmes d'une mère et 120
d'une veuve, et aux démonstrations de la raison? Il est prouvé que
mon père ne vous a pas quittée, qu'il a été constamment avec
vous, et avec tous les accusés, dans l'appartement d'en haut, tandis
que mon malheureux frère était mort au bas de la maison. Cela
suffit. On a condamné mon père au dernier et au plus affreux des 125
supplices; mon frère est banni par un second jugement;[83] et malgré
son bannissement, on le met dans un couvent de jacobins de la
même ville.[84] Vous êtes hors de cour, La Vaisse hors de cour.[85]
Personne n'a conçu ces jugements extraordinaires et contradictoires. Pourquoi mon frère n'est-il que banni, s'il est coupable du 130
meurtre de son frère? Pourquoi, s'il est banni du Languedoc, est-
il enfermé dans un couvent de Toulouse? On n'y comprend rien.
Chacun cherche la raison de ces arrêts et de cette conduite, et
personne ne la trouve.

Tout ce que je sais, c'est que les juges, sur des indices trompeurs, 135
voulaient condamner tous les accusés au supplice,[86] et qu'ils se
contentèrent de faire périr mon père, dans l'idée où ils étaient que

[83] En date du 18 mars 1762, ce jugement du Parlement de Toulouse condamne
Pierre au 'bannissement perpétuel hors du royaume lui faisant défense de rompre
son ban à peine de la vie' (An, V⁴ 1478 B, pièce 233).

[84] Le jugement n'eut qu'une exécution symbolique (voir ci-dessus, Introduction
générale, p.14).

[85] Par le même jugement du 18 mars 1762 (le rapporteur avait conclu à leur
bannissement). Mais cette forme de prononcé laisse une espèce de flétrissure que
les prévenus chercheront à effacer à l'occasion de la révision.

[86] Selon les conclusions définitives du 11 mars 1762, Mme Calas, Pierre et
Lavaysse devaient être livrés aux mains de l'exécuteur de la haute justice et
J. Viguière, après avoir assisté à l'exécution, devait être conduite au quartier de
force de l'Hôpital pour y demeurer le reste de ses jours (An, V⁴ 1478 B, pièce 232).
Dans une lettre du 20 mars adressée à Saint-Priest et citée par A. Coquerel (p.208),
Amblard signale que sept juges contre six votèrent la mort de Mme Calas, de Pierre
et de Lavaysse. Mais cette majorité était légalement insuffisante.

cet infortuné avouerait en expirant le crime de toute la famille.[87] Ils furent étonnés, m'a-t-on dit, quand mon père, au milieu des tourments, prit Dieu à témoin de son innocence et de la vôtre,[88] et mourut en priant ce Dieu de miséricorde de faire grâce à ces juges de rigueur, que la calomnie avait trompés.[89]

Ce fut alors qu'ils prononcèrent l'arrêt qui vous a rendu la liberté, mais qui ne vous a rendu ni vos biens dissipés, ni votre honneur indignement flétri, si pourtant l'honneur dépend de l'injustice des hommes.

Ce ne sont pas les juges que j'accuse, ils n'ont pas voulu, sans doute, assassiner juridiquement l'innocence;[90] j'impute tout aux calomnies, aux indices faux, mal exposés, (h) aux rapports de l'ignorance, aux méprises extravagantes de quelques déposants, aux cris d'une multitude insensée, et à ce zèle furieux qui veut que

(h) Quand le père et la mère en larmes étaient vers les dix heures du soir auprès de leur fils Marc-Antoine déjà mort et froid,[91] ils s'écriaient, ils poussaient des cris pitoyables, ils éclataient en sanglots; et ce sont ces

---

[87] Selon les termes de l'arrêt, Jean Calas est soumis à la question ordinaire et extraordinaire 'pour tirer de lui l'aveu de son crime, complices et circonstances'.

[88] On relève dans le procès-verbal d'exécution du 10 mars 1762 la réponse leitmotiv de Jean Calas soumis à la torture et déclarant 'qu'il est innocent de même que les autres accusés' (An, V⁴ 1478 B, pièce 231). L'évocation de Calas prenant Dieu à témoin de son innocence est fréquente dans la correspondance de Voltaire (D10386, D10387, D10389...).

[89] La scène de l'exécution est reprise et développée dans l'*Histoire d'Elisabeth Canning et de Jean Calas*; voir ci-dessous, p.361-63, l.86-121.

[90] Cette alliance de mots est souvent employée dans la correspondance (D10573), accompagnée du même souci de ne pas accuser les juges (voir Appendice 1). Variantes: 'assassinat fait en robe et en bonnet carré' (D10679), 'assassinat revêtu des formes de la justice' (D10680), 'assassinat [...] commis avec le glaive de la loi' (D10720).

[91] Constatation faite par Antoine Gorsse, 4ᵉ témoin de l'information menée par les capitouls: 'L'[Marc-Antoine]ayant examiné et touché son pouls, ses tempes et porté la main sur son cœur, il le trouva froid sur toutes ces parties' (ADHG, 101 B2, f.27v).

ceux qui ne pensent pas comme nous, soient capables des plus grands crimes.[93]

Il vous sera aisé, sans doute, de dissiper les illusions (*i*) qui ont surpris des juges, d'ailleurs intègres et éclairés; car enfin, puisque mon père a été le seul condamné, il faut que mon père ait commis seul le parricide. Mais comment se peut-il faire qu'un vieillard de soixante et huit ans,[95] que j'ai vu pendant deux ans attaqué d'un rhumatisme sur les jambes,[96] ait seul pendu un jeune homme de 155

sanglots, ces cris paternels, qu'on a imaginé être les cris mêmes de Marc-Antoine Calas, mort deux heures auparavant: et c'est sur cette méprise qu'on a cru qu'un père et une mère qui pleuraient leur fils mort, assassinaient ce fils;[92] et c'est sur cela qu'on a jugé. 5

(*i*) Un témoin a prétendu, qu'on avait entendu Calas père menacer son fils quelques semaines auparavant. Quel rapport des menaces paternelles peuvent-elles avoir avec un parricide? Marc-Antoine Calas passait sa vie à la paume, au billard, dans les salles d'armes; le père le menaçait, s'il ne changeait pas. Cette juste correction de l'amour paternel, et peut-être quelque vivacité, prouveront-elles le crime le plus atroce et le plus dénaturé?[94] 5

[92] Tous éléments que révèle effectivement l'examen de la procédure. Voltaire semble se souvenir du premier *Mémoire* de Sudre ('objets frivoles qu'on honore du nom d'indices', p.91) qui souligne, dans son second *Mémoire*, qu'il n'y a 'rien de plus trompeur' que des indices, simples conjectures et présomptions (p.45), et de La Salle dénonçant des 'indices souvent trompeurs' qui se réduisent à des 'misères', à des 'riens' (*Observations*, p.26, 54).

[93] En rapportant une déposition, Voltaire donne un exemple de ces méprises dans le *Mémoire de Donat Calas*, 'Déclaration de Pierre', l.110-116.

[94] Voltaire revient sur ce témoignage dans le *Mémoire de Donat Calas*, 'Déclaration de Pierre', l.126-132.

[95] Age inexact (Jean Calas a 64 ans, étant né le 19 mars 1698) et que Voltaire doit sans doute à La Salle (*Observations*, p.33). Sudre attribue au père 67 ans. Dans sa correspondance, Voltaire a d'abord présenté Calas comme un vieillard de 69 ans (D10419, D10445).

[96] 'Le père avait des jambes très affaiblies depuis deux ans, ce que je sais d'un de ses enfants' (D10419; cf. D10545).

vingt-huit ans, dont la force prodigieuse et l'adresse singulière   16
étaient connues?[97]

Si le mot de *ridicule* pouvait trouver place au milieu de tant
d'horreurs, le ridicule excessif de cette supposition suffirait seul,
sans autre examen, pour nous obtenir la réparation qui nous est
due. Quels misérables indices, quels discours vagues, quels rapports   16
populaires pourront tenir contre l'impossibilité physique démontrée?[98]

Voilà où je m'en tiens. Il est impossible que mon père, que
même deux personnes aient pu étrangler mon frère. Il est impossible
encore une fois que mon père seul soit coupable, quand tous les   17
accusés ne l'ont pas quitté d'un moment. Il faut donc absolument,
ou que les juges aient condamné un innocent, ou qu'ils aient
prévariqué en ne purgeant pas la terre de quatre monstres
coupables du plus horrible crime.

Plus je vous aime et vous respecte, ma mère, moins j'épargne   17
les termes. L'excès de l'horreur dont on vous a chargée, ne sert
qu'à mettre au jour l'excès de votre malheur et de votre vertu.
Vous demandez à présent ou la mort ou la justification de mon
père; je me joins à vous, et je demande la mort avec vous, si mon
père est coupable.   18

Obtenez seulement que les juges produisent le procès criminel,
c'est tout ce que je veux, c'est ce que tout le monde désire, et ce
qu'on ne peut refuser.[99] Toutes les nations, toutes les religions y

170   62PB   père soit seul coupable

[97] Voltaire doit avoir été mis au courant par Donat de ces qualités physiques dont il
fait souvent état dans sa correspondance (D10419, D10566...) et en un même
jeu d'opposition.

[98] Notion tôt lancée dans la correspondance (D10391), fréquemment reprise
(D10419, etc.) et qui sera développée par la défense parisienne (voir notamment le
premier *Mémoire* d'Elie de Beaumont, p.24).

[99] Sur cette demande que le Parlement de Toulouse refusera obstinément jusqu'à
l'arrêt du 7 mars 1763 rendu par le Grand Conseil à l'unanimité, voir ci-dessus,
p.26 ss.

sont intéressées. [100] La justice est peinte un bandeau sur les yeux;
mais doit-elle être muette? Pourquoi, lorsque l'Europe demande   185
compte d'un arrêt si étrange, ne s'empresse-t-on pas à le donner?
C'est pour le public que la punition des scélérats est décernée.
Les accusations sur lesquelles on les punit doivent donc être
publiques. [101] On ne peut retenir plus longtemps dans l'obscurité
ce qui doit paraître au grand jour. Quand on veut donner quelque   190
idée des tyrans de l'Antiquité, on dit qu'ils décidaient arbitrairement de la vie des hommes. Les juges de Toulouse ne sont point
des tyrans, ils sont les ministres des lois, ils jugent au nom d'un roi
juste; s'ils ont été trompés, c'est qu'ils sont hommes: ils peuvent
le reconnaître, et devenir eux-mêmes vos avocats auprès du trône.   195
Adressez-vous donc à M. le chancelier, (j) à messieurs les
ministres avec confiance. Vous êtes timide, vous craignez de parler;
mais votre cause parlera. Ne croyez point qu'à la cour on soit aussi
insensible, aussi dur, aussi injuste, que l'écrivent d'impudents
raisonneurs, à qui les hommes de tous les états sont également   200

(j) M. le chancelier [102] se souviendra sans doute de ces paroles de
M. Daguesseau, son prédécesseur, dans sa seizième mercuriale. 'Qui
croirait qu'une première impression pût décider quelquefois de la vie et
de la mort? Un amas fatal de circonstances qu'on dirait que la fortune a
assemblées exprès pour faire périr un malheureux, une foule de témoins   5
muets, et par là plus redoutables, déposent contre l'innocence; le juge se
prévient, l'indignation s'allume, et son zèle même le séduit: moins juge
qu'accusateur, il ne voit que ce qui sert à condamner, et il sacrifie aux
raisonnements de l'homme celui qu'il aurait sauvé, s'il n'avait admis que
les preuves de la loi. Un événement imprévu fait quelquefois éclater   10
dans la suite l'innocence accablée sous le poids des conjectures, et dément
les indices trompeurs dont la fausse lumière avait ébloui l'esprit du

[100] Formule récurrente dans les opuscules et aussi dans la correspondance
(D10519, D10559, D10720...).
[101] Idée reprise dans l'*Histoire d'Elisabeth Canning et de Jean Calas*, l.56-60.
[102] Guillaume de Lamoignon de Blanc-Mesnil (1683-1772), chancelier de France
du 27 novembre 1750 au 15 septembre 1768.

inconnus. Le roi veut la justice; c'est la base de son gouvernement; son Conseil n'a certainement nul intérêt que cette justice ne soit pas rendue. Croyez-moi, il y a dans les cœurs de la compassion et de l'équité: les passions turbulentes et les préjugés étouffent souvent en nous ces sentiments; et le Conseil du roi n'a certainement ni passion dans cette affaire, ni préjugé qui puisse éteindre ses lumières.

Qu'arrivera-t-il enfin? Le procès criminel sera-t-il mis sous les yeux du public? Alors on verra si le rapport contradictoire (*k*)

___

magistrat. La vérité sort du nuage de la vraisemblance: mais elle en sort trop tard; le sang de l'innocent demande vengeance contre la prévention de son juge, et le magistrat est réduit à pleurer toute sa vie un malheur que son repentir ne peut réparer'.[103]

(*k*) De très mauvais physiciens ont prétendu qu'il n'était pas possible que Marc-Antoine se fût pendu.[104] Rien n'est pourtant si possible: ce qui ne l'est pas, c'est qu'un vieillard ait pendu au bas de la maison un jeune homme robuste, tandis que ce vieillard était en haut.

N.B. Le père en arrivant sur le lieu où son fils était suspendu, avait voulu couper la corde, elle avait cédé d'elle-même; il crut l'avoir coupée. Il se trompa sur ce fait inutile devant les juges qui le crurent coupable.[105]

___

[103] Il s'agit non de la seizième mais de la dix-septième Mercuriale intitulée 'La Prévention', composée pour la Saint-Martin 1714, mais qui ne fut pas prononcée à cause de la maladie du premier président (Henri-François d'Aguesseau, *Œuvres*, Paris 1759, i.192; BV21: Yverdon 1763-1765); on lit, à la suite de la première phrase qui contient le démonstratif 'cette' au lieu de l'article indéfini 'une', une phrase omise par Voltaire: 'et pouvons-nous assez déplorer ici les tristes et funestes effets de la prévention?' Evoquant ce passage de 'l'excellent M. le Chanc. Daguesseau', A. Court de Gébelin le qualifie de 'morceau sublime' (*Les Toulousaines*, lettre 30, p.439).

[104] Soit en rapport avec le billot, soit en rapport avec la hauteur de la porte ou encore la position de ses battants; voir le *Mémoire de Donat Calas*, 'Déclaration de Pierre', l.144-152, où est évoqué un de ces 'très mauvais physiciens', en l'espèce le bourreau.

[105] Lorsque Jean Calas souleva le corps de son fils, la corde et le billot auquel elle était attachée tombèrent d'eux-mêmes, sans qu'il s'en aperçût. D'où la méprise qui lui fait croire 'qu'on avait coupé la corde' sans qu'il se souvienne 'si ce fut lui [...], son fils ou le sieur Lavaysse qui coupèrent la corde' (Interrogatoire sur écrou, ADHG, 101 B2, f.103r). Dans sa confrontation avec son père, Pierre déclare au

d'un chirurgien[107] et quelques méprises frivoles doivent l'emporter   210
sur les démonstrations les plus évidentes que l'innocence ait jamais
produites. Alors on plaindra les juges de n'avoir point vu par leurs
yeux dans une affaire si importante, et de s'en être rapportés à
l'ignorance; alors les juges eux-mêmes joindront leurs voix aux
nôtres. (*l*) Refuseront-ils de tirer la vérité de leur greffe? Cette   215
vérité s'élèvera alors avec plus de force.

On dit encore que ce père accablé et hors de lui-même, avait dit dans
son interrogatoire, *tous les conviés passèrent au sortir de table dans la même
chambre.* Pierre lui répliqua: Eh! mon père, oubliez-vous que mon frère   10
Marc-Antoine sortit avant nous, et descendit en bas? Oui, vous avez
raison, répondit le père. *Vous vous coupez, vous êtes coupable*, dirent les
juges. Si cette anecdote est vraie, de quoi dépend la vie des hommes?[106]
    (*l*) Qu'on oppose indices à indices, dépositions à dépositions,
conjectures à conjectures; et les avocats qui ont défendu la cause des
accusés, sont prêts de faire voir l'innocence de celui qui a été sacrifié.

contraire 'que la corde ne fut pas coupée et qu'il y a apparence que son père la crut
coupée, vu la facilité avec laquelle elle suivit de même que la bille lorsque son père
souleva le corps de Marc-Antoine' (f.368*r*). Les juges qui savent que la corde est
entière exploitent la méprise du père pour le confondre.
    [106] Sudre, entre autres prétendues contradictions qu'on fait valoir, relève celle-
ci, à savoir que 'le père a dit que Marc-Antoine était sorti de table avec tous les
autres, même qu'il était ensuite resté demi-heure avec eux dans la chambre où l'on
passa au lieu que tous les autres ont dit que Marc-Antoine Calas était sorti de table
avant la fin du souper'. Et l'avocat commente: 'Ce doit avoir été par conséquent
une distraction du père; et ne grossissons pas des choses si simples: on vit bonnement
en famille, un des enfants quittera la table avant les autres, il est très possible que
le père n'y fasse pas attention' (*Mémoire pour le sieur Jean Calas*, p.87).
    [107] Jean-Pierre Lamarque, maître en chirurgie, requis par M. de Pimbert, avocat
du roi, procède à l'autopsie le 15 octobre 1761 et, dans son procès-verbal, conclut
au fait que Marc-Antoine 'avait mangé trois ou quatre heures avant sa mort, car la
digestion des aliments était faite' – le temps de cette opération étant 'fixé à trois ou
quatre heures'. Or moins de deux heures se sont écoulées entre le dîner et la
découverte du corps de Marc-Antoine; voir *Mémoire de Donat Calas*, l.182-190.

Persistez donc, ma mère, dans votre entreprise. Laissons-là notre fortune: nous sommes cinq enfants sans pain; mais nous avons tous de l'honneur, et nous le préférons, comme vous, à la vie. Je me jette à vos pieds, je les baigne de mes pleurs; je vous demande votre bénédiction avec un respect que vos malheurs augmentent.

DONAT CALAS

A Châtelaine, le 22 juin 1762.

S'il ne s'agit que de conviction, on s'en rapporte à l'Europe entière. S'il s'agit d'un examen juridique, on s'en rapporte à tous les magistrats, à ceux de Toulouse même, qui avec le temps se feront un honneur et un devoir de réparer, s'il est possible, un malheur dont plusieurs d'entre eux sont effrayés aujourd'hui. Qu'ils descendent dans eux-mêmes, qu'ils voient par quel raisonnement ils se sont dirigés. Ne se sont-ils pas dit, Marc-Antoine Calas n'a pu se pendre lui-même, donc d'autres l'ont pendu: il a soupé avec sa famille et avec La Vaisse, donc il a été étranglé par sa famille et par La Vaisse? On l'a vu une ou deux fois, dit-on, dans une église, donc sa famille protestante l'a étranglé par principe de religion. Voilà les présomptions qui les excusent.

Mais, à présent, les juges se disent sans doute, Marc-Antoine Calas a pu renoncer à la vie; il est physiquement impossible que son père seul l'ait étranglé, donc son père seul ne devait pas périr: il nous est prouvé que la mère, et son fils Pierre, et La Vaisse, et la servante, qui seuls pouvaient être coupables avec le père, sont tous innocents, puisque nous les avons tous élargis; donc il nous est prouvé que Calas le père, qui ne les a pas quittés un instant, est innocent comme eux.

Il est reconnu que Marc-Antoine Calas ne devait pas abjurer, donc il est impossible que son père l'ait immolé à la fureur du fanatisme. Nous n'avons aucun témoin oculaire, et il ne peut en être. Il n'y a eu que des rapports d'après des ouï-dire; or ces vains rapports ne peuvent balancer la déclaration de Calas sur la roue, et l'innocence avérée des autres accusés; donc Calas le père que nous avons roué, était innocent; donc nous devons pleurer sur le jugement que nous avons rendu; et ce n'est pas là le premier exemple d'un si juste et si noble repentir. [108]

[108] A la fin de l'*Histoire d'Elisabeth Canning*, Voltaire imagine, dans un mouvement assez comparable, les juges faisant un retour sur eux-mêmes (p.367-68).

APPENDICE I

Requête au roi

Le texte que nous publions ici pourrait correspondre à une version de la Requête au roi dont il est question dans la lettre de Voltaire à Henri Cathala (D10481) et dont se font également l'écho les lettres D10509 et D10545 adressées respectivement à Damilaville (15 juin) et à Cathala. Divers arguments de fond semblent militer en faveur d'une attribution à Voltaire. Comme le philosophe le souligne à Cathala (D10481), il s'agit d'insister sur le fait que les convives du dîner du 13 octobre ne se sont pas quittés un seul instant: le texte reproduit ci-dessous lance tôt, pour le reprendre *in fine*, cet argument que Voltaire estime décisif et à lui seul suffisant. D'autre part, il ne s'agit pas d'accuser les juges qui ont 'jugé selon les lois': la Requête que nous présentons tend bien à excuser les juges, à proclamer leur 'bonne foi', à montrer qu'ils sont essentiellement à plaindre. Par ailleurs, dans sa lettre à Damilaville, Voltaire demande que les faits soient éclaircis et constatés auprès de Mme Calas: un exposé du 'fait' suit ici l'exorde de la suppliante.

D'autres indices peuvent être encore relevés à partir de la lettre D10545 et de ses paragraphes numérotés: la désignation, dans la Requête, de Pierre comme 'troisième fils' ('Pierre Calas le banni est le 3e fils'), l'affirmation de l'innocence de la veuve ('Je crois qu'il faut absolument dire que la Dame Calas a été déclarée innocente, attendu qu'on lui a réservé 24000£'), l'allusion à l'état de Jean Calas 'depuis deux ans incommodé des jambes' ('C'est le fils Donat, qui a assuré que son père avait depuis deux ans mal aux jambes'), l'argument selon lequel si 'on trouve un mort dans une maison, on est porté à croire qu'il y a été assassiné' ('La Loi porte, que lorsqu'un homme a été menacé par un autre, et qu'on le trouve mort dans la maison du menaçant, celui cy est réputé coupable'), la mauvaise interprétation des juges devant l'attitude de Jean Calas protestant de son innocence et refusant de répondre 'aux questions étrangères' ('Calas le père ayant très mal répondu dans ses interrogatoires, ils [les juges] ont supposé qu'il était criminel'), la référence si chère à Voltaire à 'toutes les voix de l'Europe' s'unissant à la voix de la veuve, le sentiment également cher au philosophe que l'affaire importe à la 'sûreté publique'. Rien d'ailleurs qui, dans l'expression et le style, semble s'opposer à l'attribution que nous suggérons à la suite d'Ulla Kölving (voir ci-dessus, p.22-23): la phrase souple, vive, sensible, sait jouer notamment de l'éclat de nombreuses antithèses.

Dans l'annotation dénuée de portée informative, nous tentons de montrer les rapports précis qui peuvent être tissés entre cette Requête et les textes reconnus de Voltaire et nous avançons un certain nombre de rapprochements: les échos, nombreux, sont non seulement de l'ordre du fond (arguments, incidents, attitudes adoptées ou imaginées... et jusqu'aux erreurs telles que les âges des père et fils Calas), mais encore de l'ordre de la forme: on relève des correspondances de structures et de mouvements de phrase, d'expressions, d'images... Deux détails, seuls, sont sans équivalent dans le discours voltairien attesté: le fait que Lavaysse ait été après jugement enfermé dans un couvent comme Pierre Calas, les précisions concernant la place respective des convives lors du dîner du 13 octobre.

Redisons-le: cette Requête répond bien à l'orientation dessinée par Voltaire dans sa correspondance et regroupe faits, arguments, observations que nous relevons dans la série des écrits qu'ouvrent dès juillet les *Pièces originales*.

Dans le manuscrit de la *Correspondance littéraire*, le 'placet' est précédé d'une courte notice où le rédacteur, tout en soulignant le caractère précieux d'un morceau 'peu connu dans le public', en reconnaît 'le désordre'. A tout le moins peut-on dire qu'il y a certaines redites... Mais n'oublions pas que Voltaire envoie un texte que Damilaville est chargé de retourner pour que le philosophe y donne 'la dernière forme' (D10509), pour qu'il en fasse, comme il est dit dans la lettre à Cathala, 'un ouvrage également vrai et également intéressant dans tous ses points' (D10545).

Le rédacteur de la *Correspondance littéraire* avoue ignorer si le placet 'a été présenté au Roi'. Faut-il rappeler que Voltaire, lui, a abandonné son projet pour lancer les *Pièces originales*?

Nous reproduisons le texte préparé pour l'édition de la *Correspondance littéraire* entreprise sous la direction d'Ulla Kölving et tiré du manuscrit G1D, f.308*v*-314*r* (ICL, i.110).

REQUÊTE AU ROI

Le placet suivant est encore peu connu dans le public: je ne sais s'il a été présenté au roi. Malgré le désordre qui y règne, il est précieux à conserver. Cette histoire fait frémir. Tout homme qui n'a pas perdu le sentiment de l'humanité doit réclamer la justice la plus sévère contre ce fanatisme atroce qui outrage et déshonore 5 la nation à la face de l'Europe; mais il n'appartient qu'aux philosophes de faire de tels réquisitoires, et ce n'est pas là l'ouvrage d'un capucin qui veut faire l'avocat général de la nation, et qui ne fait que l'avocat général d'Abraham Chaumeix, comme dit M. de Voltaire. 10

Sire
L'une de vos plus fidèles sujettes, et sûrement la plus malheureuse, se jette aux pieds de Votre Majesté avec ce qui lui reste de sa déplorable famille, et implore votre justice.
Mère de six enfants,[1] j'ai vu périr l'aîné par une mort affreuse. 15

---

[1] Les *Pièces originales* évoquent tour à tour les deux filles – Anne-Rose et Anne – et les quatre garçons: Marc-Antoine, Jean-Pierre (ou Pierre), Louis et Donat; voir respectivement n.1, 11, 21, 59 et 45.

Le troisième de mes fils[2] accusé d'avoir assassiné son frère, m'est arraché par un bannissement, changé arbitrairement en une prison dans un couvent; peine trop peu proportionnée au crime, si mon fils est coupable; peine injuste, s'il est innocent; peine infligée contre les lois.[3]

Mon mari négociant, à qui jamais on n'a fait aucun reproche, qui pendant quarante ans a vécu à Toulouse[4] sans que jamais on ait soupçonné sa probité ni ses mœurs, est mort presque à mes yeux par le plus cruel et le plus honteux supplice. Mes filles m'ont été enlevées,[5] mes autres enfants sont dispersés,[6] mon bien et ma dot saisis.[7]

J'ai été moi-même enveloppée dans l'accusation d'un parricide, et quoique déclarée innocente,[8] quoique les juges m'aient rendu ma liberté qu'ils ne pouvaient m'ôter plus longtemps, sans violer toutes les lois divines et humaines, l'horreur d'avoir été accusée subsiste, et déchire une âme aussi sensible que vertueuse déjà trop déchirée par la mort épouvantable d'un mari et d'un fils, et par les malheurs et l'opprobre d'une famille entière.

Je commence, Sire, par attester Dieu dont vous êtes pour moi l'image, puisque vous êtes mon roi, je commence par jurer en sa présence et en la vôtre, que non seulement je suis innocente, mais

[2] En réalité le second (Pierre a moins d'un an que Marc-Antoine). L'erreur revient tout au long de la Requête et Louis est, à tort, désigné comme le second fils. Dans sa lettre à Cathala (D10545), Voltaire renvoie au factum de Sudre: 'Par le mémoire p[r] Jean Calas page 5 il est dit que Pierre Calas le banni, est le 3e fils' (en fait cela résulte seulement de l'ordre de l'énumération); voir ci-dessus, p.175.

[3] Mouvement oppositif qui apparaît dans les *Pièces originales* en commentaire du rappel de la transmutation de la peine de Pierre ('Lettre de Donat', l.129-132).

[4] Voir *Mémoire de Donat Calas*, l.63-64.

[5] Enlèvement du 28 mai 1762 évoqué au début des *Pièces originales* (voir n.1).

[6] Louis est à Toulouse, Donat est en Suisse.

[7] Allusion récurrente dans les opuscules (*Pièces originales*, 'Lettre de Donat', l.112-113 et *Mémoire de Donat Calas*, l.297-298).

[8] La même expression est reprise plus bas: dans sa lettre à Cathala (D10545) Voltaire déclare qu'il 'faut insister' sur 'la certitude reconnue de l'innocence'; voir ci-dessus, p.175.

que mon mari livré à un supplice affreux, mon fils banni et enfermé malgré son bannissement, ont été aussi innocents que moi du crime inouï qu'on leur impute, et qu'on a imputé à moi-même et à nos amis.

Je prie Dieu le juge des juges de ne me jamais faire de miséricorde, de me punir éternellement, si je trompe Votre Majesté.

Je ne viens point, Sire, plaider simplement pour la restitution de ma dot, pour qu'on me rende un pain, qui sera trempé à jamais de larmes. Le soutien de la vie n'est pas mon objet, l'honneur est mon seul guide,[9] c'est lui seul qui m'a conduite du fond de ma province, comme il a toujours animé les maisons illustres dont j'ai l'honneur d'être alliée.[10]

Je suis innocente; mon mari livré au supplice, mon fils banni et cependant enfermé, le sieur Lavaisse absous, et cependant enfermé aussi dans un couvent,[11] sont innocents comme moi-même; je dis plus encore, il est absolument impossible qu'ils ne le soient pas.

Nos ennemis (et pourquoi la seule différence des opinions nous a-t-elle fait des ennemis?), nos ennemis, dis-je, aussi inconséquents que cruels, nous ont tous accusés, moi, mon époux, un de mes enfants, un ami de la maison, sage, doux, plein de candeur et de vertu d'avoir tous assassiné, étranglé mon propre fils aîné, dont nous pleurions tous la mort.[12]

Il est constaté, il est prouvé par le procès criminel, et je prends Dieu encore une fois à témoin que mon mari indignement supplicié, mon troisième fils accusé du même parricide, banni et enfermé, le sieur Lavaisse absous et enfermé, moi relâchée et déclarée inno-

40

45

50

55

60

---

[9] Donat affirme la même noblesse d'attitude à la fin de sa Lettre (*Pièces originales*).

[10] De cette ascendance d'Anne-Rose Calas, née Cabibel, et de ces alliances avec l'aristocratie, Donat fait état dans son *Mémoire*, l.64-66.

[11] De cette affirmation qui sera reprise plus bas, nous n'avons pas trouvé trace dans notre documentation; voir ci-dessus, p.176.

[12] Allusion est faite à 'quelques ennemis de la famille' qui seraient à l'origine de la calomnie dans la *Requête au roi* (l.7-9) accompagnant les *Pièces originales*.

cente, nous ne nous sommes pas quittés un seul moment[13] tandis qu'on supposait que nous commettions tous cet horrible parricide. Ainsi nous sommes tous également innocents, également calomniés, ou également criminels, il n'y a pas de milieu.

Cependant, Sire, mon époux a expiré sur la roue, un vieillard de 68 ans, qui depuis deux ans était incommodé des jambes,[14] a été supposé avoir pendu un jeune homme de 27 ans, le plus robuste et le plus adroit à tous les exercices qui fut dans Toulouse, il n'est dans la nature ni qu'un père ait pendu son fils, sans aucune cause, ni qu'un vieillard ait eu la force de pendre un jeune homme vigoureux.[15]

Cependant sur ces indices trompeurs,[16] sur les cris furieux de nos ennemis acharnés, mon mari est condamné au dernier supplice.

Si mon troisième fils accusé du meurtre de son frère, est en effet complice, pourquoi n'est-il pas condamné à la mort (comme j'aurais été obligée de l'y condamner moi-même, malgré l'amour maternel, si j'avais pu être son juge.) Pourquoi est-il banni?

---

[13] Argument capital aux yeux de Voltaire (voir ci-dessus, p.175) et que fait valoir Donat (*Pièces originales*, 'Lettre de Donat', l.81-85). Dans la lettre à Cathala (D10481), Voltaire souligne que la Requête 'suffit s'il est vray que la veuve Calas, son fils et la Vaisse et le malheureux père ne se sont point quittez depuis ce souper funeste. Ce fait seul dit tout. Il ne faut entrer dans aucun détail'. Et il insiste: 'Encor une fois tout dépend de cette grande vérité. La compagnie est-elle demeurée ensemble dans la même chambre depuis le souper ou non?'

[14] Même erreur d'âge – Jean Calas a 64 ans – dans les opuscules voltairiens (voir *Pièces originales*, 'Lettre de Donat', l.158), même expression relative à la faiblesse des jambes dans le *Mémoire de Donat Calas* (l.323); voir ci-dessus, p.175.

[15] Mêmes qualités physiques attribuées à Marc-Antoine dans les *Pièces originales* (l.159-161), même argument avancé de l'impossibilité physique du meurtre accompli par le père (l.165-167). La remarque: 'il n'est dans la nature ni qu'un père ait pendu son fils, sans aucune cause' peut être rapprochée de l'observation correspondante de la 'Lettre de Donat': 'Il n'est pas dans la nature qu'[. . .]un père tendre [. . .] sans aucune raison' (l.95-99).

[16] Même expression dans la 'Lettre de Donat', l.135 (*Pièces originales*), où l'on relève en variation l'expression: 'indices faux' (l.149).

Pourquoi est-il ensuite enfermé? Pourquoi Lavaisse absous est-il   80
aussi en prison dans un couvent? Enfin pourquoi suis-je libre? [17]

Si mon époux fut coupable, je le répète, Sire, nous le sommes
tous, et c'est la mort que je demande. Nous étions tous ensemble,
je ne peux trop le redire, dans le temps funeste où l'on supposait
que nous étions assez dénaturés pour donner la mort à mon fils   85
aîné, l'objet de mes larmes et de ma honte; qu'on fasse donc périr
dans les supplices, et le fils emprisonné, et la mère absoute, et
Lavaisse absous, ou qu'on rende justice à la mémoire de mon mari.

Mon fils, Pierre Calas, est-il coupable de la mort de son frère?
Je dois demander sa punition moi qui suis leur mère. Lavaisse est-il   90
complice, je demande le supplice de Lavaisse. Mais sont-ils
innocents, comme ils le sont, la calomnie les a-t-elle opprimés?
Je demande réparation; j'implore la justice de Votre Majesté, et
toutes les voix de l'Europe se joignent à la mienne. [18]

Voici le fait, Sire, dans la plus pure vérité, et je supplie encore   95
une fois que ma vie dépende de la plus légère atteinte donnée à
cette vérité que j'expose devant votre trône.

FAIT

Nous avions le malheur, Sire, d'être mon mari et moi ce qu'on
appelle de nouveaux réunis. J'avoue à vos pieds qu'élevés dans la
religion de nos pères, nous l'avons secrètement professée, [19] sans   100
gêner jamais nos enfants, et leur laissant la liberté entière de suivre
les mouvements de leur conscience. [20] Nous avions depuis trente
ans une servante catholique qui contribua beaucoup à convertir à

---

[17] Mouvement assez analogue dans l'interrogation, l'étonnement, et l'incompré-
hension sous la plume de Donat: *Pièces originales* ('Lettre de Donat', l.125-134) et
Mémoire de Donat Calas (l.290-296).

[18] Formule finale de résonance proprement voltairienne; voir ci-dessus, p.176.

[19] Esquisse de la profession de foi initiale de Donat dans son *Mémoire*?

[20] Cette tolérance des parents protestants est également soulignée dans le *Mémoire
de Donat Calas*.

la religion catholique notre second fils, Louis Calas.[21] Nous n'en sûmes mauvais gré ni à notre fils à qui nous fîmes une pension,[22] ni à la servante que nous avons toujours gardée.[23] Ce fils sait, et il l'a déposé, que son père dit à un magistrat, *J'approuve la conversion de mon fils, je ne veux pas gêner sa conscience; cette gêne ne sert qu'à faire des hypocrites.*[24]

Jamais peut-être il ne fut de meilleurs parents que nous, et c'est à nous qu'on impute un parricide! Jamais nous n'avons frappé nos enfants, jamais nous ne leur dîmes des paroles dures que dans ces occasions où leurs fautes les rendent nécessaires; nous avons traité ainsi nos apprentis pendant trente années; nous les avons tous élevés dans l'amour des lois, dans celui qu'on doit à son souverain, dans la charité qu'on doit à tout le monde. Que celui-là s'élève contre nous qui nous a jamais entendu parler autrement, et que ma vie dépende de la validité de son témoignage.

Notre désastre inconcevable est venu d'un fils aîné à qui Dieu fasse miséricorde, s'il peut être quelque grâce pour lui; si la justice divine pardonne à l'aliénation des sens. Il était triste, mélancolique, atrabilaire, mécontent de son existence. Il avait voulu être avocat, il était bachelier; mais il ne put parvenir au grade de licencié, parce que n'étant pas catholique, il ne put obtenir de certificat qui le mît à portée d'être reçu; le commerce ne lui convenait pas; il se trouvait sans état à l'âge de 27 ans; un goût violent pour le billard lui avait coûté beaucoup d'argent, et nous lui en fîmes souvent de vifs reproches. Sa situation le porta au désespoir.[25]

Enfin le 13 octobre 1761 un de ses amis nommé Lavaisse, fils

---

[21] Même notation temporelle dans la note *f* des *Pièces originales* et influence reconnue dans les mêmes termes dans le *Mémoire de Donat Calas* (l.76-77).

[22] Même indication dans le *Mémoire de Donat Calas* (l.86-87).

[23] Remarque analogue dans le *Mémoire de Donat Calas* (l.77-78).

[24] Déclaration de Jean Calas reproduite en termes proches dans le *Mémoire de Donat Calas*, l.81-83.

[25] De ce portrait de Marc-Antoine, de son itinéraire, les éléments se retrouvent dans les *Pièces originales* note *e* et le *Mémoire de Donat Calas*, l.96-109.

182

d'un avocat célèbre de Toulouse arrivé la veille de Bordeaux, et   130
n'ayant pas trouvé de chevaux pour rejoindre sa famille à la
campagne, soupe chez nous.[26] Nous nous mettons à table à sept
heures selon notre usage,[27] j'étais à la droite de mon mari, et
j'avais à la mienne le malheureux Marc Antoine Calas, dont la
mort causera bientôt la mienne, et a causé celle de son père.   135
Lavaisse était auprès de Marc Antoine, et Pierre mon troisième
fils était à la gauche de mon mari, toutes ces circonstances funestes
ne sont que trop présentes à ma mémoire![28]

Marc Antoine sort de la table avant nous, triste et pensif, il va
dans la cuisine; nous passons tous dans une chambre où nous   140
restons jusqu'à neuf heures et demie ou environ. Pendant ce temps
la servante propose à cet infortuné de s'approcher du feu. Ah, lui
répond-il, je brûle, et il passe dans notre magasin.[29]

Lavaisse se retire à neuf heures et demie.[30] Mon fils Pierre prend
un flambeau, descend avec lui et l'éclaire;[31] surpris de trouver en   145
bas la porte qui conduit au magasin ouverte, il entre, il trouve
mon fils aîné en chemise pendu aux deux battants de la porte du

---

[26] L'ouverture du paragraphe peut être rapprochée de celle du paragraphe narratif
correspondant du *Mémoire de Donat Calas*, l.110.

[27] 'Selon l'usage simple de nos familles réglées et occupées', est-il précisé dans le
Mémoire de Donat Calas (l.116-117).

[28] Information absente des opuscules voltairiens; voir ci-dessus, p.176. 'Nous
nous y [à table] plaçâmes', écrit seulement Mme Calas dans sa Lettre (*Pièces
originales*, l.37). Comparer la disposition que J. Orsoni tire des dépositions (p.134-
35).

[29] L'expression morale de Marc-Antoine sortant est indiquée dans le *Mémoire de
Donat Calas*: 'd'un air sombre, et profondément pensif' (l.126-127). L'anecdote de
la conversation tenue à la cuisine est rapportée par Mme Calas (*Pièces originales*,
l.44-46) et par Donat dans son *Mémoire* (l.124-125).

[30] Il y a plus d'imprécision dans les *Pièces originales* (l.52) et le *Mémoire de Donat
Calas* (l.128-129).

[31] Narration plus détaillée dans les *Pièces originales* (l.53-55) et le *Mémoire de
Donat Calas*, 'Déclaration de Pierre', l.15-16.

magasin même, son habit plié sur une chaise. [32] Ils poussent des cris effrayants; [33] nous descendons à ces cris mon mari et moi; le sieur Lavaisse vole à moi au haut de l'escalier, me pousse dans ma chambre, me veut épargner ce spectacle. [34]

Mon fils Pierre d'un côté, Lavaisse de l'autre vont chercher du secours. [35] Je descends bientôt, je trouve le corps de mon fils Antoine à terre que son père et son frère avaient dépendu, [36] pour tâcher de le rappeler à la vie. Nous lui donnons inutilement mon mari et moi des liqueurs spiritueuses; [37] il était mort, son corps était froid. Les chirurgiens arrivent; la justice vient bientôt après. [38] Nous étions tous éperdus de douleur et de saisissement. La première idée qui nous vient à tous dans ce moment épouvantable, c'est de vouloir sauver la mémoire de notre fils, c'est de dire qu'il est mort d'accident, précaution vaine que l'amour paternel suggéra un moment. [39]

On nous traîne tous en prison; nous avouons tous la vérité funeste, et la manière dont notre fils a péri. [40]

Tout se réunit alors contre nous. Par des circonstances inouïes,

150

155

160

165

---

[32] Même description dans le *Mémoire de Donat Calas* et la 'Déclaration de Pierre' ('habit plié sur le comptoir', l.135-136; 'habit proprement plié sur le comptoir', l.36-37).

[33] 'grands cris d'alarme' (*Pièces originales*, l.57).

[34] Anecdote rapportée par Mme Calas (*Pièces originales*, l.60-66).

[35] La 'Déclaration de Pierre' détaille les sorties respectives des deux jeunes gens (l.40-47).

[36] En fait, le père seul (*Mémoire de Donat Calas*, l.142-145).

[37] Expression du *Mémoire de Donat Calas* (l.146) où l'initiative, comme dans les *Pièces originales* (l.74), est laissée à la mère seule.

[38] Voir *Mémoire de Donat Calas*, 'Déclaration de Pierre', l.48-69.

[39] Le recours à cette dissimulation destinée à préserver l'honneur de Marc-Antoine et aussi de la famille est mentionné, dans sa Déclaration, par Pierre qui en attribue l'idée à son père (voir l.37-40).

[40] Ce n'est qu'au cours des interrogatoires sur l'écrou que Jean Calas, Pierre et Lavaysse révèlent le suicide. L'avocat Carrière, ami de David Lavaysse, qui a pu rencontrer le jeune Lavaysse, invite à l'aveu de la vérité dans trois lettres adressées respectivement à Jean Calas, à Pierre et à Lavaysse, et dont la première, seule, parvient à son destinataire le 15 octobre.

quelques gens du peuple imaginent que nous avons étranglé notre propre fils parce qu'il devait le lendemain abjurer notre religion. [41]

Cette opinion insensée se répand dans la ville; on n'examine rien; on ordonne que mon fils sera enseveli comme catholique, on lui fait un service pompeux. Il y a dans la ville une confrérie de pénitents blancs. On débite que mon fils devait se faire non seulement catholique, mais encore pénitent blanc. Cette confrérie lui fait une pompe funèbre, lui dresse un mausolée. Sa représentation y est figurée de grandeur naturelle, elle tient dans les mains une palme, il est regardé comme un martyr, et nous comme des bourreaux. [42] La populace est prête à l'invoquer, et demande notre supplice, tandis que nous pleurons notre fils.

Les juges en première instance nous condamnent tous à la question. Moi à la question! Moi, sa mère, qui répandais tant de larmes, qui n'avais su sa mort que la dernière, qui n'avais jamais entendu dire que mon fils eût la moindre volonté d'abjurer, qui s'il l'avait résolu, l'aurais laissé aux mouvements de sa conscience!

Le parlement de Toulouse casse la sentence du capitoul et sa procédure, [43] mais notre condition n'en a pas été meilleure. Tout ce qui peut porter les juges à la rigueur, toutes les présomptions funestes contre l'innocence, tous les indices qui peuvent excuser des juges, semblaient se réunir pour nous perdre.

Le cri public était violent, et pouvait faire impression. On trouve un mort dans une maison, on est porté à croire qu'il y a été assassiné. [44]

170

175

180

185

190

---

[41] C'est le soir même du 13 octobre que le *Mémoire de Donat Calas* fait entendre les voix accusatrices s'élevant de la 'populace' attroupée devant la maison des Calas (l.147-160).

[42] Evocation en termes assez voisins dans la 'Lettre de Donat' (*Pièces originales*, l.37-40). Voir aussi *Mémoire de Donat Calas*, l.218-223.

[43] Le 5 décembre 1761, le Parlement casse la sentence mais non la procédure. La même erreur commise dans le *Mémoire de Donat Calas* imprimé à Genève est corrigée par Voltaire sur l'exemplaire qui nous a servi de texte de base; voir ci-dessous, *Mémoire de Donat Calas*, p.311, l.228-229.

[44] Voir ci-dessus, p.175-76. Jean Calas est accusé d'avoir menacé son fils.

Il se peut à toute force que mon malheureux fils eût balancé entre les deux religions, quoique je n'en aie jamais rien su; quoiqu'on n'ait trouvé rien, ni dans ses papiers, ni dans ses livres qui pût autoriser ce soupçon.[45] N'importe, un témoin ou faux ou imprudent peut l'avoir dit, et dès lors on présume ce qui pourtant n'est pas dans la nature, qu'un père et une mère ont assassiné leur fils, qu'un frère a assassiné son frère pour cause de religion. Cette idée est horrible; mais elle a pu passer enfin de la bouche du peuple dans l'esprit des juges.

Notre malheureuse et pardonnable déclaration, que notre fils était mort d'une mort naturelle était d'abord en contradiction avec la vérité. Nous avouons cette vérité aussitôt que nous dûmes la manifester, peut-être ce premier devoir de sauver à la mémoire de notre fils et à notre famille l'opprobre d'un suicide, s'est-il trouvé contre nous.

Ce qui surtout sert d'excuse aux juges;[46] mais ce qui a opéré notre catastrophe, c'est la méprise des témoins auriculaires qui ont pris mes cris et mes sanglots pour les cris et les soupirs de mon fils qu'on supposait que nous assassinions. Nous entrons à neuf heures et trois quarts dans l'endroit fatal où était le corps de mon fils aîné, nos clameurs se font entendre à quelques-uns de nos voisins; ils les prennent pour les clameurs de mon fils même qui lutte contre ses assassins. Hélas, il y avait deux heures qu'il était mort! La méprise est assez sensible, mais les dépositions peuvent nous avoir fait tort toutes absurdes qu'elles sont, la forme peut l'avoir emporté sur le fond.[47]

---

[45] Remarque similaire dans le *Mémoire de Donat Calas*, l.203-205.

[46] Attitude fondamentale que tient à observer Voltaire à l'égard des magistrats toulousains; voir ci-dessus, p.175. 'Il est très important de ne point accuser les juges' (D10481).

[47] Pierre, dans sa Déclaration (l.110-116), rapporte deux dépositions qui illustrent ces 'méprises'. Dans son *Mémoire*, Donat note que des 'témoins auriculaires' ont débité des 'accusations absurdes' et se demande 'comment la forme l'a emporté sur le fond'.

Mon malheureux époux succombant sous la douleur et sous le poids de la situation, effrayé du cri de ses ennemis, d'autant plus acharnés qu'ils pensent venger la religion, craignant que dans son accablement il ne lui échappe une parole indiscrète, demande conseil à son avocat, qui lui dit de se borner à protester de son innocence. Il croit son avocat, et répond simplement à ses juges qu'il est innocent, et n'entre point dans des questions étrangères qu'on lui fait. Les juges interprètent son silence d'une manière sinistre et le croient coupable. [48]

Ils ont tous été dans la bonne foi; [49] mais j'y suis aussi. Je sais mieux qu'eux ce que pensait mon mari; je sais ce que j'ai vu, et encore une fois je demande la mort si je me trompe.

Il est certain que les juges ont cru que mon mari parlerait sur la roue; [50] il a parlé; mais pour prendre Dieu à témoin de son innocence, [51] et moi qui souffre des tourments plus longs que les siens, je l'appelle aussi en témoignage.

Ceux qui ont fait périr mon mari m'avoueront tous qu'il n'a pu seul étrangler mon fils aîné, vingt fois plus fort que lui. Il faut donc que mon fils cadet ait mis ses mains dénaturées sur mon fils aîné; le cœur d'une mère se fend en discutant ces crimes. Mais poursuivons.

Deux hommes ne suffisaient pas contre un jeune homme puissant et robuste, il faut donc que Lavaisse ait aidé à l'assassinat. Ils ne peuvent, je le répète, avoir commis ce crime sans moi, puisque je

220

225

230

235

240

---

[48] Voir ci-dessus, p.176.

[49] Insistance caractéristique (voir ci-dessus, n.46). 'Je pense qu'il est très important de faire remarquer que les juges ne se sont point écartés des loix, en suivant la forme, et qu'ils ont condamné un innocent de la meilleure foi du monde' (D10545). Et la suite de la lettre en apporte les preuves. La référence à la 'bonne foi' des juges est fréquente dans la correspondance (voir D10519).

[50] Même structure de phrase ('Il est certain') dans le *Mémoire de Donat Calas* (l.274). Les juges, dit Voltaire dans sa lettre à Cathala, 'ont supposé [...] qu'il avouerait tout sur la roue' (D10545).

[51] Formule récurrente chez Voltaire (*Pièces originales*, 'Lettre de Donat', l.140).

ne les ai point quittés; je suis donc parricide, la mort la plus cruelle m'est donc due.

Quoi, on fait expirer un vieillard sur la roue, et l'on épargne Pierre Calas son fils, et on le bannit! Pourquoi le bannit-on, s'il est innocent? Pourquoi un si léger châtiment, s'il est criminel? Pourquoi changer au mépris de la loi ce châtiment juste ou injuste porté par la loi? Pourquoi le tenir dans un couvent? Pourquoi l'y forcer à changer de religion? Est-ce pour étouffer sa voix et pour l'empêcher de demander justice au souverain? Pourquoi le jeune Lavaisse absous comme moi, est-il renfermé? Est-ce pour la même raison? [52]

Ou les juges ont condamné le plus innocent des hommes, ou ils ont mal jugé quatre criminels, indignes de grâce. Mais Dieu sait qu'ils n'ont point à se reprocher d'avoir fait grâce, et que quand la vérité sera connue, ils pleureront [53] sur le sang qu'ils ont fait jaillir des membres fracassés de mon époux innocent, qui est mort en priant Dieu pour eux. [54]

Je suis prête à démontrer, Sire, devant tels juges que Votre Majesté daignera nommer, la vérité que j'avance; elle importe à la sûreté publique. [55]

Mon mari n'a été condamné que sur des indices, et moi je m'engage à faire voir que ces indices sont trompeurs, ou à périr comme lui dans les supplices. Je ferai voir qu'il est absolument impossible qu'aucun de nous ait mis la main sur mon fils aîné. Je crois voir encore son corps froid et inanimé, sans aucune meurtrissure, qui eut nécessairement résulté d'un long combat contre ses meurtriers; sa chevelure arrangée comme elle l'était

---

[52] Amplification du mouvement relevé plus haut, n.17.

[53] Même attitude supposée chez les juges toulousains à la fin de la note *l* des *Pièces originales*, à la fin du *Mémoire de Donat Calas* et à la fin de l'*Histoire d'Elisabeth Canning et de Jean Calas*.

[54] Voltaire n'omet pas de le rappeler quand il évoque la mort de Jean Calas (voir, par exemple, *Pièces originales*, 'Lettre de Donat', l.141-142).

[55] Dimension du procès fondamentale au regard de Voltaire.

avant sa suspension funeste;[56] tous indices infaillibles qu'il n'a pu être attaqué par la force; tous indices bien supérieurs à tous ceux dont la calomnie a étalé contre nous les apparences mensongères.   270 Qu'on daigne mettre d'un côté les charges, et de l'autre une mère, une veuve qui a la vérité pour elle, et on verra de quel côté penchera la balance.[57]

Je n'accuse point mes juges; je les plains. Je m'adresse à leur souverain et au mien; j'attends mon secours d'eux-mêmes; j'ose   275 espérer qu'un jour ils deviendront mes patrons, et qu'ils m'aideront à obtenir la justice que j'implore.

---

[56] Détail de la chevelure rapporté dans le *Mémoire de Donat* (l.135) et la 'Déclaration de Pierre' (l.35).

[57] L'image de la balance est employée par Donat dans un des derniers paragraphes de son *Mémoire*.

APPENDICE II

Au roi

Dans deux lettres que Besterman date du 27 janvier 1763, Voltaire, écrivant respectivement à Paul-Claude Moultou (D10953) et à Philippe Debrus (D10954), parle d'un mémoire composé à Toulouse 'il y a très longtemps' et que Lavaysse vient de lui faire parvenir. Tandis qu'il regrette que les avocats parisiens n'aient pu en tirer profit, car ils y auraient trouvé 'des choses bien essentielles' (D10953), il invite Debrus à lui révéler l'identité de 'ces deux gros négociants de Toulouse', protestants il va sans dire, qui, à la suite de l'exécution de Jean Calas, 'ont abandonné cette ville sainte et l'ont privée de deux millions'. Grâce à cette allusion précise, nous sommes tenté de reconnaître ce Mémoire dans le texte que nous reproduisons ci-dessous et où il est fait justement état de 'cinq familles' 'qui ont emporté avec elles deux millions qu'elles avaient dans le commerce' et qui ont ainsi livré Toulouse 'à son ancienne indigence'.

Ce texte de 32 feuillets qui est conservé dans la Bibliothèque de Voltaire à Saint-Pétersbourg et qui, si l'on s'appuie sur l'allusion initiale aux deux filles de Mme Calas enlevées, a dû être rédigé après le 28 mai 1762 (date de l'enlèvement) – encore qu'on lise dans les dernières lignes: 'aujourd'hui après cinq mois d'information', ce qui placerait un peu plus tôt la date de composition –, Voltaire n'a pu lui-même l'utiliser: faut-il rappeler que ses écrits remontent à juillet-août 1762? Néanmoins nous croyons bon de le présenter ici. Il s'agit en effet d'une pièce constitutive de ce vaste discours relatif à l'affaire Calas, lancé par Sudre, Lavaysse, La Salle... et poursuivi par Voltaire avant de l'être par Elie de Beaumont, Mariette et Loiseau de Mauléon. Outre que le Mémoire fait entendre de nombreux échos avec les textes mêmes de Voltaire, il a l'intérêt d'apporter des informations qui ne semblent pas se retrouver ailleurs – ces 'choses essentielles' dont parle la lettre à Moultou –, de procéder à une vigoureuse dénonciation du fanatisme, de ses fantasmes et de ses crimes, bref de faire revivre cette page douloureuse de la vie de Toulouse d'une manière propre, comme le remarque d'ailleurs le philosophe, à redoubler, s'il est possible, chez le lecteur averti de l'affaire, l'indignation et la 'pitié' (D10953). Voici en effet restranscrits les on-dits qui concernent la prétendue abjuration de Marc-Antoine, rapportés les prétendus miracles opérés par le nouveau saint, voici restituées les réactions des Toulousains, l'évolution des esprits, l'atmosphère générale d'une ville trop proche de l'Espagne (et Voltaire pourra s'en souvenir lorsqu'ailleurs il évoquera, par exemple, la procession anniversaire de la ville 'sainte'), voici surtout brossés les portraits accusateurs des juges – capitouls et membres du Parlement – et, plus que tout autre, voici David de Beaudrigue, sa malhonnêteté et sa sottise stigmatisées, la vilenie de l'homme et l'indignité du magistrat municipal révélées dans leur horrible crudité: détails et anecdotes illustrent la place majeure et le rôle central qu'occupe le capitoul dans l'injustice commise.

Le lieu de composition du mémoire, la connaissance très précise de l'affaire dans ses différentes phases, le tableau de la ville de Toulouse, de ses magistrats, de ses cérémonies et de ses habitudes mentales, les traits lancés contre le fanatisme catholique, l'évocation de l'intervention du pasteur Rabaut, le portrait violemment accusateur de David, l'identité de celui qui transmet le document à Voltaire, tous ces éléments nous ont conduit à avancer l'hypothèse selon laquelle le texte pouvait avoir été rédigé par Laurent Angliviel de La Beaumelle. Celui-ci, on l'a rappelé plus haut,[1] s'est intéressé de près à l'affaire Calas, outre qu'il éprouvait une inimitié personnelle à l'encontre du capitoul[2] précisément si malmené ici. Nous avons fait part de notre hypothèse à Claude Lauriol qui a été en

---

[1] Voir Introduction générale, p.10-11.

[2] Voir Cl. Lauriol, *La Beaumelle. Un protestant cévenol entre Montesquieu et Voltaire*, p.538 ss.

mesure de la confirmer: en effet, l'original du texte que nous publions et qui est une copie reçue par Voltaire se trouve dans les archives privées de la famille Angliviel de La Beaumelle. Nous adressons à Claude Lauriol nos plus vifs remerciements. Nous remercions aussi très chaleureusement Gilles Susong, co-éditeur de la *Correspondance* de La Beaumelle qui paraîtra à la Voltaire Foundation et qui a bien voulu retranscrire pour nous le manuscrit original.[3] Grâce à lui, nous pouvons présenter ici les deux textes et, selon son heureuse suggestion, nous avons retenu une présentation synoptique (paragraphes en regard) qui permet de mieux mesurer les différences qui existent entre le développement composé par La Beaumelle[4] et la copie rédigée à l'intention de Voltaire. L'étude comparative montre qu'il y a d'inévitables erreurs de lecture ('précisément' au lieu de 'précieusement', 'absurde' au lieu d''abusive', 'entraîner' au lieu d''enchaîner', 'envie' au lieu d''avis'....). D'autre part, de très légers mais fréquents décalages sont opérés: outre les changements de temps, les substitutions singulier/pluriel, article défini/article indéfini, possessif/démonstratif etc. Par ailleurs, le copiste ne se prive pas de remplacer des termes ou expressions par des équivalents ou des parasynonymes: 'comme' au lieu de 'tel', 'homicide' au lieu de 'meurtrière'... Surtout, il n'hésite pas à supprimer et alléger. Tantôt, il omet un mot (adjectif, adverbe...),[5] un groupe de mots (complément circonstanciel de temps, de lieu ...), une phrase; tantôt (et l'on dépasse alors la simple faute d'inattention), c'est toute une série de phrases qu'il omet, quitte à faire, si nécessaire, 'un raccord'. On peut remarquer que les suppressions ont lieu souvent en fin de paragraphe et que, plus on avance dans le Mémoire,

---

[3] Entièrement autographe de La Beaumelle, le manuscrit forme un cahier de 38 feuillets in-4° (180 x 220 mm) uniquement écrits sur le recto: voir Archives privées de la famille Angliviel de La Beaumelle, Fiche n° 152 de Maurice Angliviel (renseignements transmis par Gilles Susong).

[4] Gilles Susong juge probable la collaboration de plusieurs proches de La Beaumelle, dont Maître David Lavaysse et la sœur de Gaubert, Mme Nicol, veuve qui épousera La Beaumelle le 23 mars 1764.

[5] Omission parfois dommageable au sens: voir lignes 259-60 (omission de 'craignant').

plus les omissions se multiplient; on observe, d'autre part, qu'elles concernent notamment des réflexions relatives au fanatisme, à la province... et aussi le détail des réactions des protestants (y compris l'intervention de Genève) à l'accusation d'homicide lancée contre eux; Voltaire, il est vrai, a déjà abordé ce dernier thème dans un de ses mémoires antérieurs (*Mémoire de Donat Calas*).

Soulignons-le: Voltaire reçoit la copie d'un écrit de celui avec qui il n'a cessé d'entretenir des rapports conflictuels. C'est, pour nous, l'occasion de mettre une nouvelle fois en relief le rôle décisif joué par La Beaumelle dans la défense des Calas et la dette de Voltaire à son égard puisque, redisons-le, La Beaumelle a participé à la rédaction des factums publiés sous les noms de Sudre et de Duroux fils. En recevant la copie envoyée par Gaubert Lavaysse, Voltaire a-t-il deviné d'où venait ce Mémoire dont il apprécie et vante l'information? On est tenté de relever à ce propos que le texte envoyé à Ferney omet le passage qui évoque l'intervention du père de Lavaysse et qui contient l'allusion probable, comme le note Gilles Susong, à La Beaumelle lui-même. Quoi qu'il en soit, Voltaire tirera parti de la copie reçue lorsqu'il composera le *Traité sur la tolérance* où, en particulier, il renvoie aux six arrêts du Conseil défendant – en vain – la fête annuelle de Toulouse[6] et rapporte les manifestations d'enthousiasme en présence du corps du 'nouveau saint'.[7]

Voltaire n'a d'ailleurs eu entre les mains qu'une version abrégée d'un manuscrit[8] qui était sans doute initialement destiné à l'impression[9] et dont la seconde partie énumère les différents moyens de cassation (il y en a douze).[10]

[6] La copie porte à hauteur de l'allusion un trait marginal.

[7] Voir infra *Traité sur la tolérance* et notre article 'L'affaire Calas, les mémoires voltairiens et le *Traité sur la tolérance*', *Etudes sur le 'Traité sur la tolérance' de Voltaire*, éd. N. Cronk (Oxford 2000).

[8] Folios 1-13.

[9] Selon Gilles Susong, la condamnation de *La Calomnie confondue* et le refus des imprimeurs toulousains d'imprimer des textes en faveur des Calas expliquent que le Mémoire n'ait pas paru; c'est, selon toute vraisemblance, La Beaumelle lui-même qui a eu l'idée de faire établir une version abrégée et de la faire passer à Voltaire.

[10] Le manuscrit s'achève sur cet alinéa: 'A ces causes, la suppliante requiert qu'il

Dans la transcription du manuscrit, Gilles Susong reproduit scrupuleusement l'orthographe et la ponctuation. Pour notre part, nous modernisons l'orthographe de la copie (sauf celle des noms propres), mais respectons la ponctuation; toutefois nous ajoutons les signes absents indispensables à la compréhension; ces interventions sont imprimées en caractères antiques. D'autre part, nous substituons des majuscules aux minuscules qui suivent un point et des minuscules aux majuscules qui suivent un point-virgule ou deux points. Certains accords (notamment des verbes avec leurs sujets au pluriel) sont également restitués entre crochets. [11]

---

plaise à Sa Majesté casser et annuller les Arrets du Parlement de Toulouse du   Mars et du   du même mois et tout ce qui s'en est suivi et pourrait s'en ensuivre et retablir la mémoire de Jean Calas son mari en sa bonne fame et renommée'.

[11] Nous tenons à exprimer toute notre gratitude à la famille Angliviel de La Beaumelle qui a bien voulu autoriser et la consultation du manuscrit et sa reproduction.

AU ROI

[1]Anne Rose Cabibel habitante de Toulouse n'oserait se présenter aux pieds du trône si elle n'avait à se plaindre que d'une injustice commune et difficile à prouver. Privée d'un de ses enfants par une mort violente, de l'autre par un bannissement perpétuel, de son mari par un arrêt qui a épuisé sur lui la cruauté des supplices; de ses deux filles par des ordres surpris, elle se serait déterminée à dévorer en secret son ignominie et sa douleur si les obligations envers la portion de sa famille qui lui reste ne lui eussent imposé la loi de venger du moins l'honneur de celle qu'elle a perdue, et si le Parlement même de Toulouse ne lui eût indiqué la voie du conseil de S. M. par un arrêt qui avoue hautement l'injustice d'un arrêt antérieur contre lequel la suppliante était toujours en droit de réclamer.

[2]La suppliante ose le dire; il n'est point, il ne fut jamais de cause de particulier plus digne de l'attention de sa Majesté; il s'agit de la sûreté de tous les pères et mères, de celle de tous les citoyens, il s'agit du rétablissement de toutes les lois que le juge a toutes violées; il s'agit de réparer l'injustice la plus scandaleuse qui ait jamais été commise.

L'Europe entière a les yeux sur cette affaire qui en intéresse une moitié par le tour que le fanatisme lui a donné. A l'ouïe de l'arrêt contre lequel la suppliante se pourvoit, on poussa de tous côtés des cris d'indignation; il n'est personne qui n'espère que S. M. daignera réparer l'outrage fait à la justice, à la nature, et à l'honnêteté publique.

FAIT

[3]La suppliante née à Londres en 17... mariée en 1731 à Jean Calas négociant de Toulouse, apparentée par son aïeule de la maison de lagarde de Montesquieu, avec une partie de la noblesse du haut Languedoc, mère de six enfants dont l'âge et la bonne

Au Roy

[1]*Anne-Rose Cabibel, habitante de Toulouse n'oseroit se présenter aux piés du trône, si elle n'avoit à se plaindre que d'une injustice commune & difficile à prouver. Privée d'un de ses fils par une mort violente, de l'autre par un bannissement perpétuel, de son mari par un arrêt qui épuisa sur lui la cruauté des supplices, de ses deux filles par des ordres surpris, elle se seroit déterminée à dévorer en secret son ignominie & sa douleur, si ses obligations envers la portion de famille qui lui reste ne lui eussent imposé la loi de venger du moins l'honneur de celle qu'elle a perdue, & si le Parlement même de Toulouse ne lui eut indiqué la voye du Conseil de Sa Majesté par un arrêt qui avoue hautement l'injustice d'un arrêt antérieur contre lequel elle étoit toujours en droit de réclamer.*

[2]*La suppliante ose le dire. Il n'est point, il ne fut jamais de cause de particuliers, plus digne de l'attention de Sa Majesté. Il s'agit de la sureté de tous les pères & même de celle de tous les citoyens. Il s'agit du rétablissement de toutes les lois, que le Juge a toutes violées. Il s'agit de réparer l'injustice la plus scandaleuse qui ait jamais été commise. L'Europe entière a les yeux sur cette affaire, qui en intéresse une moitié par le tour que le fanatisme lui donna. A l'ouïe de l'arrêt contre lequel la suppliante se pourvoit, on poussa de tous côtés des cris d'indignation. Il n'est personne qui n'espère que Sa Majesté daignera réparer l'outrage fait à la justice, à la nature, <à l'humanité> & à l'honnêteté publique.*

<La suppliante va faire un court exposé des faits. Elle imposera silence à sa douleur & ne fera parler que la vérité. Ensuite elle déduira succintement ses moyens contre l'arrêt dont elle se plaint. Elle se flatte avec une respectueuse confiance qu'à la vue des iniquités dont elle est la victime Sa Majesté saisie d'horreur voudra bien rendre l'honneur à la mémoire de l'homme le plus innocent & se plaindra de ne pouvoir lui rendre la vie.>

Fait.

[3]*La suppliante née à Londres en 17.. mariée en 1731 à Jean Calas négociant de Toulouse, apparentée par son ayeule de la maison de la*

éducation lui promettaient qu'ils seraient les appuis de sa vieillesse, jouissait du bonheur attaché à la médiocrité, lorsqu'un événement aussi fâcheux à rappeler qu'impossible à prévoir vint convertir ce qui faisait sa joie et sa gloire en autant d'instrument[s] de son infortune et de sa honte.

[4]Le 13 8bre d^{er} un de ses enfants nommé Marc Antoine Calas, âgé de 29 ans, fut trouvé pendu dans la propre maison de la suppliante. Soit que des mains ennemies eussent fait le crime comme elle voudrait le croire. Soit qu'un accès plus violent de mélancolie naturelle l'eût forcé lui-même à le commettre, comme elle est malheureusement obligée de le présumer.

[5]Le sieur Gaubert Lavaysse qui avait soupé chez la suppliante, et qui se retirait éclairé par son second fils ayant aperçu ce malheureux, nue tête, en chemise, pendu entre les deux battants de la porte, par laquelle on entre de la boutique au magasin, l'un et l'autre poussèrent des cris entrecoupés de soupirs tels que la douleur les arrache à l'âme épouvantée, à ces cris le mari de la suppliante descend, la suppliante le suit, mais elle est retenue par le s^r Lavaysse qui veut lui épargner un spectacle si désolant et qui l'instant après court chercher un chirurgien.

[6]Cependant le mari et le fils dépendent le corps. Impatiente de ne rien apprendre la suppliante descend, voit l'aîné de ses enfants n'être déjà plus qu'un cadavre. Elle en prend la tête entre ses genoux, l'arrose de ses larmes et tâche de rappeler un reste de vie qui n'est plus. Le chirurgien arrive, la voit occupée de ces tristes soins. Lui dit qu'ils sont inutiles; et trouve le corps assez froid pour juger qu'il est mort depuis deux heures, il en était dix du soir. On s'était mis à table à sept suivant l'usage des maisons bourgeoises. Marc Antoine qui avait mangé descendit seul; de sorte que le crime avait été commis soit par lui-même soit par autrui vers huit heures du soir.

[7]Voyant qu'il n'y avait plus d'espérance, le mari de la suppliante, d'après le conseil de deux amis qu'il avait fait avertir de son désastre, prie le s^r. Lavaysse d'aller chez un assesseur de l'Hôtel de ville, le requérir de se porter sur les lieux et d'y dresser son

Garde de Montesquieu avec une partie de la noblesse la plus distinguée du Haut-Languedoc, mère de six enfants dont l'âge & la bonne éducation lui promettoient qu'ils seraient les appuis de sa vieillesse, jouissoit du bonheur attaché à la médiocrité, lorsqu'un événement aussi fâcheux à rappeler qu'impossible à prévoir vint convertir ce qui fesoit sa joye & sa gloire en autant d'instrumens de son infortune & de sa honte.

[4]Le 13 octobre dernier, un de ses enfants, nommé Marc-Antoine, âgé de vingt-neuf ans, fut trouvé pendu dans la propre maison de la suppliante, soit que des mains ennemies eussent fait le crime, comme elle voudroit le croire, soit qu'un accès plus violent de mélancolie naturelle l'eût forcé lui-même à le commettre, comme elle est malheureusement obligée de le présumer.

[5]Le Sr. Gaubert Lavaysse qui avoit soupé chez la suppliante & qui se retiroit éclairé par son second fils ayant aperçu ce malheureux, nue tête, en chemise, pendu entre les deux battans de la porte par laquelle on entre de la boutique au magazin, l'un & l'autre poussèrent des cris, entrecoupés de soupirs, tels que la douleur les arrache à l'ame épouvantée. A ces cris, le mari de la suppliante descend. La suppliante le suit, mais elle est retenue par le Sr. LaVaysse qui veut lui épargner un spectacle si désolant, & qui court chez un chirurgien.

[6]Cependant le mari & le fils dépendent le corps. Impatiente de ne rien aprendre, la suppliante descend, voit l'ainé de ses enfans n'être déjà plus qu'un cadavre, prend la tête entre ses genoux, l'arrose de ses larmes & tâche de rappeler un reste de vie qui n'est plus. Le chirurgien arrive, la voit occupée de ces tristes soins, lui dit qu'ils sont inutiles, & trouve le corps assez froid pour juger qu'il est mort depuis deux heures. Il en étoit dix du soir. On s'étoit mis à table à sept, suivant l'usage des familles bourgeoises. Marc-Antoine qui avoit peu mangé, s'en étoit levé avant les autres, avoit passé un instant dans la cuisine, & étoit descendu seul: de sorte que le crime avoit été commis soit par lui-même soit par autrui vers huit heures du soir.

[7]Voyant qu'il n'y avoit plus d'espérance, le mari de la suppliante, d'après le conseil de deux amis qu'il avoit fait avertir de son désastre, prie le Sr. LaVaysse d'aller chez un Assesseur de l'hôtel de ville le requérir de se porter sur les lieux & d'y dresser son verbal pour constater

verbal pour constater la mort de Marc Antoine à l'effet d'obtenir le   6
lendemain la permission de le faire enterrer; permission que leur
qualité de nouveaux convertis rendait nécessaire.

[8]Dans le temps que le s^r. Lavaysse va quérir et mène avec lui
l'assesseur, le s^r. David capitoul suivi d'une nombreuse escorte du
guet et bientôt joint par le s^r. Brive autre capitoul,[1] vient faire une   7
irruption dans la maison de la suppliante; il mande un médecin
et deux chirurgiens. Ceux-ci examinent le cadavre, il[s] n'en
constituent point l'état, le capitoul néglige de dresser un verbal.

[9]Il allait se retirer lorsque du milieu de la foule attroupée dans la
rue il part une voix qui crie que Calas a tué son fils en haine de la   7
religion catholique que ce fils devait embrasser le lendemain. Ce cri
d'un inconnu et vraisemblablement d'un ennemi parvint aux
oreilles de deux capitouls, le s^r. Brive le méprise, le s^r. David le
saisit avec avidité, son imagination s'enflamme, ce crime lui paraît
d'autant plus croyable qu'il l'est moins. Il se place déjà parmi les   8
vengeurs de la religion. En vain son collègue, homme sage et qui ne
fut jamais comme lui repris de la justice, oppose à ces barbares
soupçons cette qualité de père, et de mère qui les repousse tous, en
vain il lui fait envisager les suites d'une pareille accusation, *Je
prends tout sur moi* lui répond David et sur le champ il monte avec   8
son escorte dans l'appartement de la suppliante, et la traîne en
prison, avec son mari, son fils, sa servante, et le s^r Lavaysse qui
était revenu avec un assesseur, et qui à force d'instances avait
obtenu la permission d'entrer dans la maison dont la porte était
gardée par des soldats. En même temps il fait transporter à l'Hôtel   9
de ville le cadavre sans en avoir constaté l'état, sans prendre aucune
précaution contre les accidents qui pourraient le défigurer en
chemin, sans avoir fait la visite des lieux: peu lui importait le
corps de délit: il avait en sa puissance les criminels qu'il venait de
créer.   9

[10]Trop pénétrée de sa douleur pour penser à cette ignominie,
la suppliante suivait en larmes le corps de son fils. Et tout le
quartier témoignait unanimement sa compassion pour un père

---

[1] Il sagit du capitoul Lisle-Bribes.

la mort de Marc-Antoine, à l'effet d'obtenir le lendemain la permission de le faire enterrer: Permission que leur qualité de Nouveaux-Convertis rendoit nécessaire.

[8]*Dans le tems que le Sr. LaVaysse va quérir & mène l'assesseur, le Sr. David Capitoul, suivi d'une nombreuse escorte du guet, & bientôt joint par le Sr. Brive autre Capitoul, vient faire une irruption dans la maison de la suppliante. Il mande un médecin & deux chirurgiens. Ceux-ci examinent le cadavre & n'en constatent point l'état. Le capitoul néglige de dresser un verbal.*

[9]*Il alloit se retirer, lorsque du milieu de la foule attroupée dans la rue part une voix qui crie que Calas a tué son fils en haine de la religion catholique que ce fils devoit embrasser le lendemain. Ce cri d'un inconnu & certainement d'un ennemi parvient aux oreilles des deux capitouls. Le Sr. Brive le méprise: le Sr. David le saisit avec avidité. Son imagination s'enflâme: la pitié qu'il donnoit à l'affliction des parens se tourne en fureur: Ce crime lui paroit d'autant plus croyable qu'il l'est moins: il se place déjà parmi les vengeurs de la religion. En vain son collègue, homme sage & qui ne fut jamais comme lui repris de justice, oppose à ces barbares soupçons cette qualité de père & de mère qui les repousse tous, en vain il fait envisager toutes les suites d'une telle accusation,* Je prends tout sur moi, *lui répond David. Et sur le champ il monte avec son escorte dans l'apartement de la supliante, & la traîne en prison avec son mari, son fils, sa servante & le Sr. La Vaysse qui étoit revenu avec un Assesseur & qui avoit obtenu la permission de rentrer dans la maison gardée par des soldats. En même tems il fait transporter à l'hotel de ville le cadavre, sans en avoir constaté l'état, sans prendre aucune des précautions contre les accidens qui pouvoient le défigurer en chemin, sans avoir fait la visite des lieux. Peu lui importoit le corps du délit: il avoit en sa puissance les criminels qu'il venoit de créer.*

[10]*Trop pénétrée de sa douleur pour penser à cette ignominie, la suppliante suivoit en larmes le corps de son fils: & tout le quartier témoignoit unanimément sa compassion pour un père septuagénaire, qui tout en marchant ne proféroit que ces lamentables paroles,* Qu'au moins mon fils ne soit pas traîné sur la claye!

septuagénaire qui par ses sanglots et ses lamentations exprimait sa
vive douleur.

[11]Les accusés croient qu'on ne le menait à l'Hôtel de ville que
pour établir le suicide par leur témoignage. [12]Interrogés d'office
ils dirent tous qu'ils avaient trouvé le corps étendu par terre dans le
magasin, cette réponse avait été concertée lorsqu'on envoya quérir
l'assesseur pour sauver l'honneur du mort et de ses parents pour
qui il aurait été bien dur de déposer et contre leur fils et contre
eux-mêmes.

[13]Dès le lendemain matin, le capitoul et ses amis sèment dans
toute la ville le bruit que quatre hérétiques ont assassiné leur fils,
leur frère, leur ami, en haine de la religion. La bouche qui répandait
cette nouvelle devait la rendre suspecte. Outre l'intérêt personnel
que le s^r. David avait de calomnier des gens qui le perdaient s'ils
n'étai[en]t efficacement calomniés, cet homme sans principes
comme sans mœurs, l'horreur d'une moitié de la ville et la risée
de l'autre, flétri par un parlement d'une admonition qualifié[e]
pour l'impureté de sa vie et la vicieuse gestion de sa charge, enfin
d'une ineptie d'esprit égale à l'atrocité de son caractère. Un tel
homme n'était pas propre à accréditer un mensonge; mais il y avait
mêlé la religion et cet intérêt si cher à tous les cœurs faisait recevoir
avidement tous les détails qu'imaginait la plus absurde imposture.

[14]L'incroyable nouvelle fut étayée de vingt autres. On assure
que ce jour-là même Marc Antoine devait abjurer l'hérésie de
Calvin, on soutient qu'il avait projeté d'entrer au noviciat des
Trinitaires, on l'avait vu la veille souffleté par sa mère aux pieds du
S^t. Sacrement, l'un nommait son catéchiste, l'autre son confesseur;
celui-ci disait que l'usage des protestants était d'égorger ceux qui
les abandonnai[en]t, celui-là avait lu dans leur confession de foi
qu'en ce cas les pères étai[en]t obligés d'être les meurtriers de
leurs enfants, quelques-uns débitaient que les nouveaux convertis
avaient à leurs gages des bourreaux appelés sacrificateurs, que ces
hommes étaient brevetés par leurs synodes, et que le s^r. Lavaisse
en était un; ce jeune homme dont la physionomie et le caractère

100

10

11

11

11

12

12

12

13

[11]*Les prisonniers croyoient qu'on ne les menoit à l'hôtel de ville que pour établir le suicide par leur témoignage. La suppliante trouvoit qu'il étoit bien dur, qu'une mère mourante de la mort de son fils fut obligée d'aller déposer contre lui. Pouvoit-elle imaginer l'imputation qu'on leur réservoit?*

[12]*Interrogés d'office, ils dirent tous qu'ils avoient trouvé le corps étendu par terre dans le magasin. Cette réponse avoit été concertée, lors qu'on envoya quérir l'Assesseur. Les parents l'avoient ainsi désiré pour sauver l'honneur du mort & de la famille.*

[13]*Dès le lendemain matin, le Capitoul & ses amis sèment dans toute la ville le bruit que quatre hérétiques ont assassiné leur fils, leur frère, leur ami en haine de la Religion. La bouche qui répandoit cette nouvelle, devoit la rendre suspecte. Outre l'intérêt personnel que le Sr. David avoit de calomnier des gens qui le perdoient s'ils n'étoient efficacément calomniés, cet homme sans principes comme sans mœurs, l'horreur d'une moitié de la ville & la risée de l'autre, flétri par un Parlement d'une admonition qualifiée sur l'impureté de sa vie & la vicieuse gestion de sa charge, enfin d'une ineptie d'esprit reconnue égale à l'atrocité de son caractère, un tel homme n'étoit point propre à accréditer un mensonge. Mais il y avoit mêlé la religion: & cet intérêt si cher à tous les cœurs fesoit recevoir avidement tous les détails qu'imaginoit la plus absurde imposture.*

[14]*L'incroyable nouvelle fut étayée de vingt autres. On assura que ce jour-là même Marc-Antoine devoit abjurer l'hérésie de Calvin: on soutint qu'il avoit projeté d'entrer au noviciat des Trinitaires. On l'avoit vu la veille souffleté par sa mère aux piés du St. Sacrement dans l'église des Jésuites. L'un nommoit son Catéchiste, l'autre son confesseur. Celui-ci disoit que l'usage des Protestans étoit d'égorger ceux qui les abandonnoient: celui-là avoit lû dans leur confession de foi qu'en ce cas les pères étoient obligés d'être les meurtriers de leurs enfans. Quelques-uns débitoient que les Nouveaux-Convertis avoient à leurs gages des bourreaux appelés Sacrificateurs, que ces bourreaux étoient brevetés par leurs synodes, & que le Sr. La Vaysse en étoit un, cet enfant dont la physionomie & le caractère respirent la douceur & la bonté, ce digne fils du citoyen le plus respectable par ses vertus &*

respirent la douceur, et la bonté, ce digne fils d'un citoyen le plus respectable par ses vertus et le plus heureux par celle de sa famille.

Quelques autres articulaient les circonstances de ce prétendu parricide non comme s'ils l'avaient cru, ce serait trop peu dire, mais comme s'ils en avaient été les témoins.

[15]C'est ainsi que le fanatisme empoisonnait tous les esprits, il paraît d'abord difficile de concevoir qu'il ait pu passer de la populace dans la tête des gens sensés; mais quand il s'agit de la religion tout est peuple, rien n'est plus contagieux que le faux zèle, d'ailleurs Toulouse est une de ces villes voisine d'Espagne qui en conserve précisément les mœurs. L'Inquisition y naquit et ce ne fut qu'en 1707 qu'elle y fut abolie. Elle s'appelle *la sainte* dans le même sens que ce tribunal s'appelle l*e saint office*, elle se glorifie de ce titre et l'on sait qu'elle l'obtint dans un temps où l'on ne le méritait que par les actions les plus contraires à la sainteté. Le peuple ignorant est tellement enclin aux fureurs de l'enthousiasme que six arrêts du Conseil n'ont pu y supprimer une fête annuelle établie pour y solenniser une espèce de S^t. Barthelemy. Déjà l'année centenaire de cette fête approchait, tous les esprits étaient échauffés et la plupart demandai[en]t qu'on réservât les prisonniers jusqu'à ce grand jour pour les offrir à Dieu en holocauste. Ceux-ci ne sachant rien de ce qui se passait comptai[en]t à chaque instant d'être rendus à leurs familles, et à leurs douceurs tandis qu'avant toute information chaque imagination allumait le bûcher où ils devai[en]t être brûlés.

[16]Cependant ils furent décrétés de prise de corps. Quel fut leur étonnement quand ils apprirent par ce décret qu'ils étaient eux-mêmes accusés d'avoir tué un fils, un frère, un ami qu'ils pleuraient encore avec tant d'amertume.

[17]Il fallut l'oublier et ne plus penser qu'à leur propre conservation. Ils avaient caché le genre de mort, dans l'interrogatoire sur l'écrou, ils l'avouèrent unanimement et en fixèrent l'heure. Ils

150-153 MS, en marge: un trait vertical à la plume [de Voltaire?]

jusqu'alors le plus heureux par celles de sa nombreuses famille. Quelques autres articuloient les circonstances de ce prétendu parricide, non comme s'ils l'avoient cru, ce serait trop peu dire, mais comme s'ils en avoient été les témoins.

[15]*C'est ainsi que le fanatisme empoisonnoit tous les esprits. Il paroit d'abord difficile de concevoir qu'il ait pu passer de la populace dans la tête des gens sensés. Mais quand il s'agit de religion tout est peuple: & rien n'est plus contagieux que le fanatisme. D'ailleurs Toulouse est une des ces villes voisines d'Espagne qui en conservent précieusement les mœurs. L'Inquisition y naquit: & ce ne fut qu'en 1707 qu'elle y fut abolie. Elle se pique de résister aux lumières de ce siècle: & l'étranger qui y arrive, se croit transporté dans une ville du seizième. Elle s'appelle* la Sainte, *dans le même sens que ce tribunal qui juge les opinions des hommes s'appelle le* Saint *office. elle se glorifie de ce titre: & l'on sait qu'elle l'obtint dans un tems où l'on ne le méritoit que par les actions les plus contraires à la Sainteté. Le peuple ignorant est tellement enclin aux fureurs de l'enthousiasme, que six arrêts du Conseil n'ont pu y supprimer une fête annuelle établie pour y solemniser une espèce de S. Barthelemi. Déjà l'année centenaire de cette fête aprochoit. Tous les esprits étoient échauffés. Aussi la plupart demandoient-ils qu'on reservât les prisonniers jusqu'à ce grand jour pour les offrir à Dieu en Holocauste. Plus on avoit de zèle & plus l'on donnoit de créance à ces bruits. Moins on en avoit, & plus on se flatoit d'en montrer en les adoptant. Ainsi les dévots & les indifférens concouroient également à répandre des ténèbres sur l'innocence des accusés, qui ne sachant rien de ce qui se passoit, comptoient à chaque instant d'être rendus à leur famille & à leur douleur, tandis qu'avant toute information chaque imagination allumoit le bucher où ils devoient être brulés.*

[16]*Cependant ils furent décrétés de prise de corps. Quel fut leur étonnement quand ils apprirent par ce décret qu'ils étoient eux-mêmes accusé* [sic] *d'avoir tué un fils, un frère, un ami qu'ils pleuroient encore avec tant d'amertume.*

[17]*Il fallut l'oublier, & ne plus penser qu'à leur propre conservation. Ils avoient caché le genre de sa mort: dans l'interrogatoire sur l'écroue, ils l'avouèrent unanimememnt, & en fixèrent l'heure. Ils dirent que le*

dirent que le mort avait soupé avec eux, le cadavre fut ouvert et on   16
trouva en nature dans l'estomac le peu d'aliment que le s^r. Lavaysse
avait déclaré lui avoir vu manger.

[18]Quelqu'effrayante que fût cette accusation la suppliante
espérait que ce parricide ne leur serait pas longtemps imputé. En
effet son mari, son fils et elle avaient deux témoins oculaires de leur   17
innocence, la servante, et le s^r. Lavaysse. La servante fille qui avait
vieilli dans la maison, ancienne catholique, d'une piété édifiante,
qui ne pouvait être soupçonnée de complicité, le s^r. Lavaysse jeune
homme bien né, arrivé la veille de bordeaux, et retenu fortuitement
à souper et qui s'était remis entre les mains de la justice sans être   17
demandé par elle. Sa déposition devait former une présomption
victorieuse en leur faveur puisqu'il avait à dire qu'il ne les avait
point quittés un moment, et qu'il avait vu de ses yeux Marc Antoine
suspendu, et qu'il était d'accord sur toutes les circonstances avec le
père et le fils sans avoir pu se concerter avec eux.   18

[19]Enfin le s^r. David se souvint qu'il avait oublié de faire la
visite des lieux. Pour réparer cette omission réellement irréparable,
les capitouls ordonnèrent qu'on y ferait une descente. On trouva la
corde et le billot. Le verbal de cette descente fut dressé avec le
mépris des formalités que le premier juge porta dans tous les actes   18
de cette procédure.

[20]Cependant les mensonges répandus dans le public et fortifiés
tous les jours par d'autres mensonges semblaient promettre aux
esprits crédules que l'information serait des plus concluantes. Elle
ne fournit pas même un indice. Les capitouls jugèrent à propos de   19
chercher une preuve dans la publication d'un monitoire. [21]Ils
dressèrent un où tout tendait non à découvrir les auteurs du crime;
mais à se procurer des ouï-dire contre ceux qui ne pouvaient l'avoir
commis: cette pièce qu'on croirait fabriquée par les ennemis des
capitouls si elle ne servait de base à toute la procédure est   19
également absurde et séditieuse. C'est un tissu de tous les propos
de la plus vile populace, mais en même temps c'est un monument
du plus aveugle fanatisme.

[22]On y supposa perpétuellement que la suppliante, son mari,

mort avoit soupé avec eux. Le cadavre fut ouvert. On trouva en nature dans l'estomac le peu d'alimens que le Sr. LaVaysse avoit déclaré lui avoir vu manger.

[18]*Quelque effrayante que fut cette accusation, quoiqu'en la formant on exclut celle de suicide & d'homicide qui se présentoient les premières, cependant la suppliante espéra que cet horrible parricide ne leur seroit pas lon-tems imputé. En effet, son mari, son fils & elle avoient deux témoins oculaires de leur innocence, la servante & le Sr. LaVaysse: la servante, fille qui avoit vieilli dans la maison, ancienne catholique, d'une piété édifiante, qui ne pouvoit être soupçonnée de complicité; le Sr. LaVaysse, jeune homme bien né, arrivé la veille de Bordeaux, retenu fortuitement à souper, & qui s'étoit remis entre les mains de la Justice, sans être même demandé par elle. Sa déposition devoit former une présomtion victorieuse en leur faveur, puisqu'il avoit à dire qu'il ne les avoit pas quittés un moment, qu'il avoit vu de ses yeux Marc-Antoine suspendu, & qu'il étoit d'accord sur toutes les circonstances avec le père & le fils sans avoir pu se concerter avec eux.*

[19]*Enfin le Sr. David se souvint qu'il avoit oublié de faire la visite des lieux. Pour réparer cette omission réellement irréparable, les Capitouls ordonnèrent qu'on y feroit une descente. On trouva la corde & le billot. Le verbal de descente fut dressé avec ce mépris des formalités que le premier Juge porta dans tous les actes de cette procédure.*

[20]*Cependant les mensonges répandus dans le public & fortifiés tous les jours par d'autres mensonges, sembloient promettre aux esprits crédules que l'information seroit des plus concluantes. Elle ne fournit pas même un indice. Les capitouls jugèrent à propos de chercher la preuve dans la publication d'un monitoire.*

[21]*Ils en dressèrent un, où tout tendoit, non à découvrir les auteurs du crime, mais à se procurer des* ouï-dire *contre ceux qui ne pouvoient l'avoir commis. Cette pièce qu'on croiroit fabriquée par les ennemis des Capitouls si elle n'étoit la base de toute leur procédure, est également abusive & séditieuse. C'est un tissu de tous les bruits, de tous les propos de la plus vile populace. Mais en même tems c'est un monument éternel du plus aveugle fanatisme.*

[22]*On y supposa perpétuellement, que la suppliante, son mari, son*

son second fils, la servante, et le s^r. Lavaysse avai[en]t étranglé ou   20(
pendu le mort, en conséquence d'une délibération prise le même
jour par une assemblée de nouveaux convertis en haine de la
religion catholique qu'il devait embrasser le lendemain. On y
convenait que Marc Antoine Calas pouvait avoir péri par suspension ou par torsion et cependant aucun des chefs du monitoire ne   20
demandait des éclaircissements sur ces deux questions si naturelles
après cet aveu, *Marc Antoine s'est-il pendu lui-même? Des mains
ennemies n'ont-elles point pendu Marc-Antoine?*

[23]Rien ne faisait mieux sentir que les accusés étaient innocents
que les moyens qu'on prenait pour les faire trouver coupables. La   21(
nature allait parler pour eux à tous les cœurs, pour en étouffer la
voix séduisante on leur présenta un fantôme de religion. On posa
en thèse que dans une maison où il n'y avait que cinq personnes, il
s'était rassemblé cinq monstres qu'à peine on trouverait épars
dans l'univers: qu'une mère avait trempé ses mains dans le sang   21
d'un fils aîné qu'elle avait nourri; qu'un vieillard jusqu'alors
irréprochable avait commencé ses crimes par le plus abominable
de tous; que des parents déjà décrépits avaient associé à un complot
contre un fils, un autre de leurs fils; que des hommes sensés avaient
confié un de ces projets qu'on se cache à soi-même à un étranger,   22
à un passant, à un enfant; que cet enfant avait subitement oublié ses
principes d'honneur et de vertu; et il y était entré sans intérêt, ou
même contre l'intérêt de sauver son ami; qu'une servante dont la
piété et le zèle pour sa religion étaient attestés dans la procédure
avait été complice d'un crime commis contre sa religion, et que   22
tant de personnes d'âge, de sexe, d'état, de religion et d'intérêts
différents s'étai[en]t réunies à un moment pour commettre un
parricide; que pour pallier leur crime ces personnes avaient
convenu de dire que Marc Antoine s'était pendu et qu'aucun ne
l'avait dit qu'après y être forcé; que malgré ce concert elles   23
n'avaient su prendre ni précaution pour commettre secrètement
ce crime délibéré, ni même pour s'assurer de la fuite dès que ce
crime commis presque publiquement serait découvert; qu'un jeune
homme de vingt-huit ans s'était laissé pendre ou étrangler sans

*second fils, la servante & le Sr. LaVaysse avoient étranglé ou pendu le
mort, en conséquence d'une délibération prise le même jour par une
assemblée de Nouveaux-Convertis, en haine de la religion catholique
qu'il devoit embrasser publiquement le lendemain. On y convenoit que
Marc-Antoine pouvoit avoir péri par torsion ou par suspension. Et
cependant aucun des chefs du monitoire ne demandoit d'éclaircissement
sur ces deux questions si naturelles après cet aveu,* Marc-Antoine s'est-
il pendu lui-même? Des mains ennemies n'ont-elles pas pendu
Marc-Antoine?

[23]*Rien ne fesoit mieux sentir que les Accusés étoient innocents, que
les moyens qu'on prenoit pour les faire trouver coupables. La nature
auroit parlé pour eux à tous les cœurs. Pour en étouffer la voix
impérieuse, on leur présenta un fantôme de religion. On posa en thèse,
que dans une maison où il n'y avoit que cinq personnes, il s'étoit
rassemblé cinq monstres qu'à peine on trouveroit épars dans l'univers
entier: qu'une mère avoit trempé ses mains dans le sang d'un fils aîné
qu'elle avoit nourri: qu'un vieillard jusqu'alors irréprochable avoit
commencé ses crimes par le plus abominable de tous: que des parens déjà
décrépits avoient associé un de leurs fils à un complot contre un autre
fils, comme pour lui donner une leçon & un exemple de parricide: que
des hommes sensés avoient confié l'un de ces projets qu'on se cache à soi-
même, à un étranger, à un enfant, à un passant: que ce passant avoit
subitement oublié ses principes d'honneur & de vertu & y étoit entré sans
intérêt, & même contre l'intérêt qu'il avoit de sauver son ami: qu'une
servante dont la piété & le zèle pour la religion étoient attestés dans la
procédure avoit été complice d'un crime commis contre sa religion: que
tant de personnes de sexe, d'âge, d'état, de religion & d'intérêt différens
s'étoient réunies en un moment pour faire un parricide & pour le nier par
l'énoncé des mêmes circonstances: que malgré ce concert les cinq accusés
n'avoient sçu prendre ni précautions pour commettre secretement un
crime délibéré ni mesure pour s'assurer de la fuite dès que ce crime
commis presque publiquement seroit découvert: qu'un jeune homme de
vingt-neuf ans s'étoit laissé pendre ou étrangler sans faire la moindre
résistance: qu'un jeune homme de dix-neuf ans après avoir tué son ami
s'étoit présenté lui-même à la justice avec toute l'audace d'un scélérat*

faire la moindre résistance; qu'un jeune homme de dix-neuf ans   23
après avoir tué son ami s'étant présenté lui-même à la justice avec
toute l'audace d'un scélérat consommé et pouvant ensuite fuir à
trois ou quatre fois ne l'avait pas même tenté; que cinq personnes
avaient soupé tranquillement avant ou après avoir commis un tel
forfait; enfin qu'au lieu de cacher leur crime elles avaient envoyé   24
quérir un magistrat.

[24]Voilà ce que le fanatisme proposait au public comme
infiniment croyable et pour renchérir sur lui-même il ajoutait à
tous ces délires que tant d'énormités; tant d'énormités [sic] la
plupart impudentes étaient le résultat d'une délibération de   24
religionnaires assemblés.

[25]Quoi qu'il en soit l'étrange monitoire ne produisit aucune
preuve contre les accusés. La catholicité de Marc Antoine, l'unique
motif de l'accusation ne fut point du tout prouvée. Quelques
témoins déposèrent bien qu'il[s] lui en avai[en]t vu faire des actes,   25
mais l'envie qu'il avait d'être reçu avocat, les lettres de bachelier
qu'il avait prises à cet effet répondaient seules à ces dépositions:
ainsi qu'à l'aversion qu'on imputait à son père contre la religion
catholique, puisque s'il eût eu réellement cette aversion il n'aurait
point permis à son fils de prendre un état qu'il ne pouvait obtenir   25
qu'en en faisant profession.

[26]Le capitoul David et ses adhérents voyent d'un côté que
malgré la fermentation qu'ils avaient entretenue, le monitoire
n'avait rien rendu de considérable, de l'autre que la représentation
du cadavre aux nouveaux témoins ne nuisit [sic] à leur accusation de   26
parricide, songèrent à se défaire de ce cadavre embarrassant. Ils
résolurent donc de le faire enterrer; par là ils enterraient la preuve du
suicide que le Parlement aurait pu aisément acquérir si le corps avait
été conservé, par là aussi ils espérai[en]t que les témoins attribue-
raient plus facilement à Marc Antoine Calas les actes de catholicité   26
qu'ils avaient vu faire à un de ses frères de même taille que lui: ce qui
donne du poids à cette conjecture c'est qu'on ne projeta cet
enterrement irrégulier qu'après qu'un prêtre qu'on avait assigné
en témoin comme son confesseur eut déclaré en voyant le cadavre

consommé, & pouvant ensuite fuir trois ou quatre fois ne l'avoit même pas tenté: que cinq personnes avoient soupé tranquillement après avoir commis un tel forfait: qu'enfin au lieu de cacher leur crime elles avoient envoyé querir un magistrat pour le constater.

[24]Voilà ce que le fanatisme proposoit au public comme infiniment vraisemblable. Et pour enchérir sur lui-même il ajoutoit à tous ces délires, que tant d'énormités, tant d'énormités la plupart imprudentes étoient le résultat d'une délibération de Religionaires assemblés. C'est en ceci que paroissent doublement le fanatisme du magistrat & la certitude que le peuple seroit aussi fanatique que lui. Car premièrement des magistrats qui auroient été de sang-froid n'auroient pas imaginé qu'une assemblée d'hommes, quels qu'ils fussent, eut délibéré de faire tuer un fils par son père. En second lieu ils n'auroient pas fait d'une affaire de quelques particuliers une affaire de tout un parti. Rien n'est plus opposé à la justice & même aux vues de l'administration publique.

[25]Quoiqu'il en soit, cet étrange monitoire ne produisit aucune preuve contre les Accusés. La catholicité de Marc-Antoine, l'unique motif de l'accusation, ne fut pas même prouvée. Quelques témoins déposèrent bien qu'ils lui avoient vu faire des actes. Mais des lettres de bachelier répondoient seules à ces dépositions ainsi qu'à l'aversion qu'on imputoit aux Accusés contre la religion catholique.

[26]Le Capitoul David & ses adhérans voyant d'un côté que malgré la fermentation qu'ils avoient entretenue le monitoire n'avoit rien rendu de considérable, & craignant de l'autre que la représentation du cadavre aux nouveaux témoins ne nuisît à leur accusation de parricide, songèrent à se défaire de ce cadavre embarassant: ils résolurent donc de le faire enterrer. Par là ils enterroient la preuve du suicide, que le Parlement auroit pu aisément aquérir si le corps avoit été conservé. Par-là aussi ils espéroient que les témoins attribueroient plus facilement à Marc-Antoine les actes de catholicité qu'ils avoient vu faire à un de ses frères, de même taille que lui. Ce qui donne du poids à cette conjecture, c'est qu'on ne projetta cet enterrement irrégulier, qu'après qu'un prêtre qu'on avoit assigné en témoin comme son confesseur eut déclaré en voyant le cadavre que ce n'étoit pas là celui qu'il avoit confessé, & que depuis on a vingt fois confondu les deux frères dans l'information.

que ce n'était point là celui qu'il avait confessé et que depuis on a   27
confondu vingt fois les deux frères dans l'information.

[27]L'entreprise était délicate, quelques capitouls moins prévenus pouvai[en]t la faire échouer, le Parlement pouvait la
regarder comme un attentat contre son autorité.

Pour parer à ces inconvénients, le s. David s'avisa de deux   27
moyens, le premier d'engager dans ses vues quelques membres du
Parlement de la chambre des vacations, de ceux qui devaient
connaître de l'affaire par appel, et les Srs de Puget, de Lacarri,
Lasbordes, Senaux,[2] eurent la faiblesse d'y entrer et d'approuver
leur projet, le second de faire délibérer furtivement une ordon-   28
nance d'enterrement en l'absence de la plupart de ses collègues.
Tout cela lui réussit parfaitement; il rendit l'ordonnance avec un
assesseur, et le capitoul *Chira* sa créature et décerna les honneurs de
la sépulture à un homme duquel on ne savait encore s'il était
mort catholique ou protestant, s'il avait été tué ou s'il s'était tué   28
lui-même.

[28]Le s^{r}. David et sa cabale avai[en]t un triple objet, l'un
d'entraîner à son fanatisme quelques membres du Parlement et de
rendre sa cause la leur en les associant à ses démarches précipitées,
l'autre d'animer la populace de pitié pour Marc Antoine comme pour   29
un martyr de la religion et d'aversion contre les accusés comme
contre des bourreaux: il savait combien de tels sentiments pouvaient
produire d'utiles dépositions, le troisième d'anéantir toutes les
preuves du suicide comme il a déjà été observé.

[29]Cependant le curé de la cathédrale de S^{t}. Etienne qui savait   29
que l'inhumation d'un hérétique dans une église suffit pour la
souiller ne se prêta point à l'exécution de cette ordonnance; mais le
substitut de M. le procureur général l'ayant assuré que la procédure
établissait clairement l'orthodoxie du mort et n'établirait jamais
son suicide il se rendit.   30

[30]Les capitouls attendirent un dimanche pour faire avec plus
de pompe cette cérémonie. A trois heures après midi le convoi

---

[2] Il y a parmi eux deux présidents de la Tournelle, Henri-Gabriel du Puget et
Jean-Joseph-Dominique de Senaux.

[27] *L'entreprise étoit délicate. Quelques capitouls moins prévenus pouvoient la faire échouer: le Parlement pouvoit la regarder comme un attentat contre son autorité. Pour parer à ces inconvénients, le Sr. David s'avisa de deux moyens, le premier, d'engager dans ses vues quelques membres de la chambre des Vacations, de ceux qui devoient connoitre de l'affaire pour appel: & les Sieurs de Puget, de La Carri, les Bordes, Senaux, eurent la faiblesse d'aprouver ce projet; le second, de faire délibérer furtivement une ordonnance d'enterrement en l'absence de la plupart de ses collègues. Tout cela lui réussit parfaitement. Il rendit l'ordonnance avec un assesseur & le capitoul Chirat sa créature, & décerna les honneurs de la sépulture en terre sainte à un homme duquel on ne savait encore s'il étoit mort catholique ou protestant, s'il avoit été tué ou s'il s'étoit tué lui-même.*

[28] *Le Sr. David & sa cabale avoient un triple objet. L'un, d'enchaîner à son fanatisme quelques membres du parlement & de rendre sa cause la leur en les associant à ses démarches précipitées. L'autre, d'animer la populace de pitié pour Marc-Antoine comme pour un martyr de la religion & d'aversion contre les accusés comme contre des bourreaux déjà convaincus: il savoit combien de tels sentimens pouvoient produire d'utiles dépositions. Le troisième, d'anéantir toute preuve de suicide, comme il a déjà été observé.*

[29] *Cependant le curé de la cathédrale de St. Etienne, qui savoit que l'inhumation d'un hérétique dans une église suffit pour la souiller, ne se prêta point à l'execution de cette ordonnance. Mais le Substitut de M. le Procureur Général l'ayant assuré que la procédure établissoit clairement l'ortodoxie du mort, & n'établiroit jamais son suicide, il se rendit. Dès lors le curé de la paroisse du Thaur, jaloux de l'honneur qu'auroit celle de St. Etienne d'avoir un martyr, révendiqua le cadavre, sous prétexte que l'hôtel de ville où il étoit déposé fesoit partie de sa paroisse. Après de longues contestations entre les deux pasteurs, quelques membres du Parlement adjugèrent le cadavre à celui de St. Etienne. Le curé du Thaur fit ses protestations.*

[30] *Les Capitouls attendirent un dimanche, pour faire avec plus de pompe cette cérémonie. A trois heures après midi le convoi funèbre sortit de l'hôtel de ville. Cinquante prêtres le suivoient. Les Pénitens Blancs y*

funèbre sortit de l'hôtel de ville. Cinquante prêtres le suivaient, les pénitents blancs étaient pieds nus avec tous les attributs de leur confrérie, vingt mille âmes servaient de cortège. Les uns priaient 30 pour le mort, les autres lui demandaient les secours de ses prières. La plupart touchaient la bière de leurs mouchoirs ou en coupaient quelques fragments avec le couteau; un moine lui arracha les dents, tous criaient qu'ils seraient volontiers les bourreaux de ses parents.

[31]Quelques jours après les pénitents blancs donnèrent un 31 second spectacle encore plus propre que le premier à échauffer les esprits. Quoiqu'ils n'ordonnent de service que pour leurs confrères et que Marc Antoine ne le fût point, ils en firent célébrer un dans leur chapelle pour l'âme du défunt: tous les ordres religieux y furent invités et y assistèrent par députés. L'église était tendue en 3* blanc apparemment pour marquer l'innocence. Au milieu s'élevait un magnifique catafalque sur lequel on voyait un squelette humain représentant le mort tenant un papier dans une main et dans l'autre une palme. [32]Le juge mage alors prieur de la confrérie autorisa de sa présence la délibération du service de sorte que les magistrats 32 mêmes allumai[en]t le[s] feux qu'ils devaient éteindre.

[33]Il ne manquait plus à Marc Antoine Calas que de faire des miracles, il en fit, il en fit d'éclatants, il en fit tous les jours. Il guérit une dévote d'une surdité, un prêtre d'une apoplexie. On dressa des verbaux de ces prodiges, on fit des neuvaines au tombeau 3* du nouveau saint, on cessa de prier pour lui, les bonnes âmes ne l'appelèrent plus que le saint Calas. Les plus sages applaudissaient en gémissant à ces pieuses profanations des choses sacrées.

[34]Les deux capitouls et l'assesseur qui avaient délibéré cette funeste ordonnance d'enterrement, s'étaient rendus récusables 3*

305 MS <vingt mille> ↑âmes

étoient, piés nûs, avec tous les attributs de leur confrairie. Vingt mille ames furent du cortège. Les uns prioient pour le mort, les autres lui demandoient le secours de ses prières. La plupart touchoient la biere de leurs mouchoirs ou en coupoient quelques fragmens avec le couteau. Un Moine lui arracha les dents. Tous crioient qu'ils seroient volontiers les bourreaux des accusés.

[31]Quelques jours après, les Pénitens Blancs donnèrent un second spectacle encore plus propre que le premier à échauffer les esprits. Quoiqu'ils n'ordonnent de service que pour leurs confrères, & que Marc-Antoine ne le fut point, ils en firent célébrer un dans leur chapelle pour l'ame du défunt. Tous les ordres religieux y furent invités: ils y assistèrent par députés. L'église étoit tendue de blanc, apparemment pour marquer l'innocence. Au milieu s'élevoit un magnifique Catafalque, sur lequel on voyoit un squélette humain, représentant le Mort, tenant un papier dans une main & dans l'autre, une plume, selon les uns, pour marquer qu'il étoit prêt à signer son abjuration, & selon les autres une palme pour marquer qu'il étoit martyr de la religion catholique qu'il avoit embrassée.

[32]Ces honneurs prématurément rendus à un homme qui pouvoit être mort hérétique & suicide, étoient d'autant plus funestes aux accusés, que ces confrairies de Pénitens sont composées de tout ce que Toulouse a de plus éminent. Le Juge Mage, alors Prieur, authorisa de sa présence la délibération du service. De sorte que les Magistrats mêmes allumoient les feux qu'ils devoient éteindre.

<Le lendemain on fit un pareil service dans l'église des Cordeliers de la Grande Observance.>

[33]Il ne manquoit plus à Marc-Antoine que de faire des miracles. Il en fit: il en fit d'éclatans: il en fit tous les jours. Il guérit une dévote d'une surdité, un prêtre d'une apoplexie. On dressa des verbaux de ces prodiges. On fit des neuvaines au tombeau du nouveau saint. On cessa de prier pour lui. Les bonnes ames ne l'appelèrent plus que St. Calas. Les plus sages applaudissoient en gemissant à ces pieuses profanations des choses sacrées.

[34]Les deux Capitouls & l'assesseur qui avoient délibéré cette funeste ordonnance d'enterrement, s'étoient rendus évidemment récu-

puisqu'ils avaient osé préjuger les deux points sur lesquels portait l'accusation, mais ils n'avaient garde de se récuser, ils étaient trop nécessaires à la continuation de l'instruction. Le s^r. David surtout pratiquait les témoins avec une scandaleuse publicité. Sa qualité de magistrat préposé à la police lui donne ainsi que ses mœurs les plus grandes habitudes avec tout ce que la ville a de plus vicieux, de plus impudent, et de plus vénal: il en profitait ouvertement pour perdre les accusés dans la persuasion que ce n'était qu'en le[s] perdant qu'il pouvait se sauver lui-même.

[35]Ainsi tantôt il promettait aux témoins qui s'offraient de les enhardir par sa présence, tantôt il rejetait ceux qui avaient à faire des dépositions à la décharge des accusés, il jugeait tous les témoignages avant que de les admettre; un avocat au parlement fut obligé pour être ouï d'assurer qu'il avait à révéler des choses considérables. Il déposa que quinze jours avant sa mort, Marc Antoine son intime ami lui avait confié le projet qu'il avait fait d'aller à Geneve, de se faire consacrer ministre et de revenir en France prêcher les nouveaux convertis. A l'ouïe de cette déposition le s^r. David entre en fureur, menace le témoin, l'accable d'injures et le chasse du greffe. Il va dans la place publique, déclame contre l'avocat et dit à tout venant avec des serments exécrables, Encore un autre témoin comme celui-là et il faudra que nous déterrions le cadavre. [36]Cet autre témoin était facile à trouver, Marc Antoine avait fait cette confidence à plusieurs personnes, l'avocat en nommait une présente à la conversation qu'il déposait, mais c'était un nouveau converti, un hérétique, et par conséquent un homme inhabile à déposer. Il ne fut point assigné et par la plus lâche des partialités, dans toute cette procédure, on regarda les protestants comme incapables de dire la vérité, et les catholiques comme incapables de dire le mensonge.

[37]Non seulement on exclut les témoins qui aurai[en]t déposé

sables, puisqu'ils avoient osé préjuger les deux points sur lesquels portoit l'accusation. Mais ils n'avaient garde de se récuser. Ils étoient trop nécessaires à la continuation de l'instruction. Le Sr. David surtout pratiquoit les témoins avec la plus scandaleuse publicité. Sa qualité de magistrat préposé à la police lui donna ainsi que ses mœurs les plus grandes habitudes avec tout ce que la ville a de plus vicieux, de plus impudent & de plus vénal. Il en profitoit ouvertement pour perdre les Accusés, dans la persuasion que ce n'étoit qu'en les perdant qu'il pouvoit se sauver lui-même.

[35]*Ainsi tantot il promettoit aux témoins qui s'offroient, de les enhardir par sa présence: tantot il rejettoit ceux qui avoient à faire des dépositions à la décharge des Accusés. Il jugeoit tous les témoignages, avant de les admettre. Un avocat au Parlement fut obligé, pour être ouï, d'assurer qu'il avoit à révéler des choses considérables. Il déposa que quinze jours avant sa mort, Marc-Antoine, son intime ami, lui avoit confié le projet qu'il avoit fait d'aller à Genève, de s'y faire consacrer Ministre & de revenir en France prêcher les Nouveaux-Convertis. A l'ouïe de cette déposition le Sr. David entre en fureur, menace le témoin, l'accable d'injures & le chasse du greffe. Il va dans la place publique, déclame contre l'avocat, & dit à tout venant avec des sermens exécrables,* Encore un autre témoin tel que celui-là, & il faudra que nous déterrions le cadavre.

[36]*Cet autre témoin étoit facile à trouver. Marc-Antoine avoit fait la même confidence à plus d'une personne. L'avocat en nommoit une qui étoit présente à la conversation qu'il déposoit. Mais c'étoit un nouveau-converti, un hérétique, & par conséquent un homme inhabile à déposer. Il ne fut point assigné: & par la plus lâche des partialités, dans toute cette procédure on regarda les Protestans comme incapables de dire la vérité & les catholiques comme incapables de dire le mensonge. Cet autre effet du fanatisme ne doit pas étonner dans une ville, où une juridiction royale a pour maxime de déférer le serment au catholique dans tous les cas où suivant l'ordonnance on devroit le déférer au Protestant. Il est de principe à Toulouse, que la religion des Prétendus Réformés leur permet le parjure.*

[37]*Non seulement on exclut les témoins qui auroient déposé du*

du protestantisme de Marc Antoine Calas mais encore ceux qui pouvai[en]t donner la raison de ces actes de catholicité, tel[s] que le secrétaire de l'université et le curé de sa paroisse; ils ne se présentèrent point, on les aurait rejetés comme volontaires. Un conseiller au parlement avait à déposer de l'opiniâtre attachement du défunt à sa religion, il avait tâché de le convertir et l'avait trouvé inébranlable; le fait était public, aussi ne l'assigna-t-on pas en témoin.

[38]Le s^r. David voyant que la pitié renaissait dans les cœurs, et que l'on commençait enfin à croire que le suicide était plus vraisemblable que le parricide avança par ses émissaires qu'il était physiquement impossible que Marc Antoine se fût étranglé lui-même. Pour donner de la consistance à cette folle idée il va trouver l'exécuteur de la haute justice, l'associe à ses opérations, le mène assez publiquement dans la maison de la suppliante, on vit alors ce qu'on ne reverra sans doute jamais, un capitoul, un substitut du procureur général de S. M. et un magistrat encore plus éminent devenir tous les trois les acolytes et les disciples d'un bourreau. Après une telle vérification, le s. David prononça que le suicide était d'une impossibilité physique, il assura que le bourreau l'avait ainsi décidé, tant on voulait qu'il ne manquât à cette procédure aucune atrocité; il n'était pourtant pas certain que le capitoul répétât fidèlement la décision de cet expert abominable.

[39]Pour détruire l'impression que la déposition de l'avocat faisait sur tous les esprits le s^r. David mit en avant une créature, qui avait promis de déposer que Marc Antoine qu'elle ne connaissait pas lui avait confié son projet d'abjuration prochaine.

Dès que cette fille fut arrivée à l'hôtel de ville, saisie d'horreur à l'approche du crime qu'elle allait commettre, elle tomba évanouie. Tandis qu'on l'aidait à reprendre ses esprits, le s^r. David dit qu'il savait l'art de ressusciter ces sortes de créatures, et sur le champ sa main impudique ... le reste ne peut s'écrire.

378 MS, en marge: le procureur général

Protestantisme de Marc-Antoine, mais encore ceux qui pouvoient donner la raison de ses actes de catholicité, tels que le Secrétaire de l'université & le curé de sa paroisse. Ils ne se présentèrent point: on les auroit rejettés comme volontaires. Un Conseiller au Parlement avoit à déposer de l'opiniâtre attachement du défunt à sa religion: il avoit tâché de le convertir & l'avoit trouvé inébranlable. Le fait étoit public: aussi ne l'assigna-t'on pas en témoin.

[38]Le Sr. David voyant que la pitié renaissoit dans tous les cœurs, & que l'on commençoit enfin à croire que le suicide étoit plus vraisemblable que le parricide, avança par ses émissaires qu'il étoit physiquement impossible que Marc-Antoine se fut étranglé lui-même. C'étoit contredire le monitoire & les inductions qu'on tiroit du raport des chirurgiens. Pour donner de la consistance à cette folle idée, il va trouver l'exécuteur de la haute-justice, implore ses lumières, l'associe à ses opérations, le mène assez publiquement dans la maison de la suppliante. On vit alors ce qu'on ne reverra sans doute jamais, un capitoul, un Substitut du Procureur Général de Sa Majesté, & un magistrat encore plus éminent, devenir tous les trois les acolythes & les disciples d'un bourreau. Après une telle vérification le Sr. David prononça que le suicide étoit d'une impossibilité physique. Il assura que le bourreau l'avoit ainsi décidé. Tant on vouloit qu'il ne manquât à cette procédure aucune atrocité! Il n'étoit pourtant pas certain que le Capitoul répétat fidélement la décision de cet expert abominable, dont au reste l'avis ne peut jamais être compté, quoique la suppliante ne disconvienne pas qu'un bourreau est infiniment plus digne de foi qu'un magistrat qui le consulte.

[39]Pour détruire l'impression que la déposition de l'avocat faisoit sur tous les esprits, le Sr. David mit en avant une créature, qui avoit promis de déposer que Marc-Antoine qu'elle ne connoissoit pas lui avoit confié son projet d'abjuration prochaine. Dès que cette fille fut arrivée à l'hôtel de ville, saisie d'horreur à l'approche du crime qu'elle alloit commettre, elle tomba évanouïe. Tandis qu'on l'aidoit à reprendre ses esprits, le Sr. David dit qu'il savoit l'art de ressusciter ces sortes de créatures: & sur le champ sa main impudique... Le reste ne peut s'écrire. Mais qu'on imagine tout ce que peut faire de plus indécent un homme qui avoit été poursuivi criminellement par le ministère public

[40]Pour entretenir le peuple dans les illusions du zèle on prêta à un des fils de la suppliante vingt discours contre ses parents, on le faisait tomber en extase durant la messe dans une église, et s'écrier à l'élévation, *Mon Dieu pardonnez à mes parents la mort de mon frère*. On débita que Marc Antoine n'était pas la première victime immolée à leurs superstitions. On assura que le père et la mère interrogés sur leurs enfants n'avai[en]t été d'accord ni sur le nombre des morts, ni sur celui des vivants, on disait tantôt qu'on avait trouvé dans leur cave le cadavre d'un autre fils qu'ils ava[ien]t assassiné pour la même cause, tantôt que le s^r. archevêque de Toulouse alors à Montpellier, écrivait qu'il avait reçu l'abjuration de Marc Antoine; tantôt que les accusés avai[en]t tenté de s'évader, ou de se couper la gorge, ou de s'empoisonner ou d'empoisonner la servante catholique. A quoi tendait cette horrible diffamation? à faire passer les accusés pour convaincus, à écarter les témoins qui auraient pu les justifier, à encourager ceux qui pouvaient leur nuire, à leur inspirer des dépositions exagérées, à leur faire révéler comme des vérités indubitables les délires de leur imagination en leur persuadant que le zèle pour la religion autorisait ces fraudes pieuses en faveur d'un martyr. [41]On enveloppait dans ces calomnies tous les protestants, on assurait qu'ils avai[en]t projeté d'enlever des prisons les accusés. Ils sont à Toulouse au nombre de 17 familles, on disait qu'il y en avait vingt mille. Dès qu'on les eut comptés, on feignit de craindre les nouveaux convertis du voisinage: on répandit que six mille d'entre eux devaient surprendre la ville, enlever les prisonniers, mettre tout à feu et à sang. Pour accréditer ces calomnies, on mettait tantôt des espions, tantôt des sentinelles à la porte des parents des accusés. Que par là l'on juge du vif intérêt que le peuple prenait à la perte de gens qui dans les fers le faisaient encore trembler pour ses foyers et ses autels.

[42]Enfin les accusés furent confrontés entre eux. Il n'est pas facile à des capitouls pour la plupart ignorants de faire la plus simple opération de justice. Le vice de celle-ci fut reconnu. Les

pour les mêmes fautes & qui avoit oublié la flétrissure dont un arrêt les avoit punies.

[40]*Pour entretenir le peuple dans les illusions du zèle, on prêta à un des fils de la suppliante vingt discours contre ses parens. On le fit tomber en extase, durant la Messe, dans une église qu'on nommoit, & s'écrier à l'élévation,* Mon Dieu! pardonnez à mes parents la mort de mon frère. *On débita que Marc-Antoine n'étoit pas la première victime immolée à leur barbare superstition. On assura que le Père & la mère interrogés sur leurs enfans n'avoient été d'accord ni sur le nombre des morts ni sur celui des vivans. On disoit tantôt qu'on avoit trouvé dans leur cave le cadavre d'un autre fils qu'ils avoient assassiné pour la même cause, tantot que le Sr. archevêque de Toulouse alors à Montpellier, écrivoit qu'il avoit reçu l'abjuration de Marc-Antoine, tantot que les accusés avoient tenté de s'évader, ou de se couper la gorge ou de s'empoisonner, ou d'empoisonner la servante catholique. A quoi tendoit cette horrible diffamation? A faire passer les accusés pour convaincus, à écarter les témoins qui auroient pu les justifier, à encourager ceux qui pouvoient leur nuire, à leur inspirer des dépositions éxagérées, à leur faire révéler comme des vérités indubitables les délires de leur imagination, en leur persuadant que le zèle pour la religion autorisoit ces fraudes pieuses en faveur d'un martyr.*

[41]*On enveloppit dans ces calomnies tous les Protestans. On assuroit qu'ils avoient projetté d'enlever des prisons les Accusés. Ils sont à Toulouse au nombre de dix-sept familles: on disoit qu'il y en avoit vingt mille. Dès qu'on les eut comptés, on feignit de craindre les Nouveaux-Convertis du voisinage. On répandit que six-mille d'entre eux devoient surpendre la ville, enlever les prisoniers, mettre tout à feu & à sang. Pour accréditer ces allarmes, on mettoit tantot des espions tantot des sentinelles à la porte des parens des accusés. Que par-là l'on juge du vif intérêt que le peuple prenoit à la perte de gens, qui dans les fers le fesoient encore trembler pour ses foyers & ses autels.*

[42]*Enfin les accusés furent confrontés entre eux. Il n'est pas facile à des capitouls pour la plupart ignorans de faire dans les règles la plus simple opération de justice. Le vice de celle-ci fut reconnue. Les confrontations furent cassées comme nulles. Mais en les refaisant on leur*

confrontations furent cassées comme nulles; mais en les refaisant on leur conserva le même défaut de nullité, car les mêmes juges sur la tête desquels on les avait cassées les répétèrent contre la disposition expresse de l'ordonnance.

[43]Quand le procès fut prêt d'être jugé, ils ne se récusèrent point, quoique suivant la même ordonnance le juge qui sait des causes valables de récusation en sa personne soit tenu d'en faire la déclaration, sans attendre que ces causes soient proposées.

[44]Quelle sentence pouvait-on attendre de pareils juges? les uns avai[en]t ourdi toute cette trame; les autres en avaient [été] les spectateurs muets. Le s^r. Brive le seul des capitouls qui ne fut pas prévenu fut écarté par le s^r. David qui le menaça de le faire dégrader du capitoulat.

[45]Cette sentence rendue le 18. 9bre à cinq heures de relevée portait que la suppliante, son mari, et son fils, seraient appliqués à la question ordinaire et extraordinaire, et la servante avec le s^r. Lavaysse présentés à la question ordinaire, et qu'un des témoins serait décrété de prise de corps, pour avoir dit à un de ses amis des choses qu'il n'avait point dites dans sa déposition. Le s. Monier devait être rapporteur, mais sur ce qu'on l'avait jugé peu disposé à croire au parricide sans preuves, on l'avait écarté.

[46]Il n'y eut qu'un cri contre ce jugement. Toutes les lois y étaient violées, le premier juge par une impéritie qui n'étonne personne, s'y attribuait le droit que l'ordonnance réserve formellement aux cours supérieures de condamner de[s] prévenus à être présentés à la question. [47]La sentence fut lue sur le champ aux accusés qui appelèrent ainsi que les gens du roi, leur substitut fit charger de fers les prisonniers. C'était attenter à l'autorité du Parlement qui désormais était saisi de leurs personnes. Mais on avait fait vœu de fouler aux pieds toutes les règles. Les accusés devaient être transférés à la conciergerie du palais, on les laissa dans les prisons de l'hôtel de ville où on était sûr d'avoir un magistrat ardent à les poursuivre.

conserva le même défaut de nullité. Car les mêmes juges sur la tête desquels on les avoit cassées, les répétèrent contre la disposition expresse de l'ordonnance.

[43] Quand le procès fut près d'être jugé, ils ne se récusèrent point, quoique suivant la même ordonnance le juge qui sait des causes valables de récusation en sa personne soit tenu d'en faire la déclaration, sans attendre que les causes soient proposées.

[44] Quelle sentence pouvoit-on attendre de pareils juges? Les uns avoient ourdi toute cette trame: les autres en avoient été les spectateurs muets. Le Sr. Brive, le seul des capitouls qui ne fut pas prévenu, fut exclu par le Sr. David, qui le menaça de le faire dégrader du Capitoulat pour crime d'hérésie.

[45] Cette sentence renduë le 18 novembre, à cinq heure de relevé, portoit que la suppliante, son mari & son fils seroient appliqués à la question ordinaire & extraordinaire, & la servante & le Sr. LaVaysse présentés à la question ordinaire, & qu'un des témoins seroit décrété de prise de corps pour avoir dit à ses amis des choses qu'il n'avoit point dites dans sa déposition. Le Sr. Monier devoit être raporteur. Sur ce qu'on l'avoit jugé peu disposé à croire au parricide sans preuve, on l'avoit écarté. Le rapport fut fait par Maître Carbonnel avocat & assesseur. Le Sr. David ayant ouï qu'il concluoit au relaxe, prit une écritoire &, sans ses confrères, le lui auroit jetté à la tête.

[46] Il n'y eut qu'un cri contre ce jugement. Toutes les lois y étoient également violées. Le premier Juge, par une impéritie qui n'étonna personne, s'y attribuoit le droit, que l'ordonnance réserve formellement aux Cours Supérieures, de condamner des prévenus à être présentés à la question. Le décret contre le témoin partoit de la passion la plus maladroite. Il étoit insensé de faire un procès-criminel à un homme pour un mensonge qu'il avoir dit à ses amis. C'étoit pour le punir d'avoir dit à la justice une vérité qui décréditoit tout le reste de la procédure.

[47] Sur le champ la sentence fut luë aux Accusés qui appellèrent ainsi que les Gens du roi. Leur Substitut fit charger de fers les prisonniers. C'étoit attenter à l'autorité du Parlement, qui désormais étoit saisi de leurs personnes. Mais on avait fait vœu de fouler aux piés toutes les règles. Les Accusés devoient être transférés à la conciergerie

223

[48]Dès que la procédure eut été remise au Parlement, le
procureur général de S. M. qui n'avait pas paru moins impétueux
que son substitut engagea le président de la Tournelle à distribuer
le procès au s^r. Cassand Clairac dévot inaccessible plus estimé pour
son extérieur que pour sa capacité, nourri dans les principes
ultramontains et garçon. Les accusés voulurent en vain demander
un autre rapporteur, suivant l'usage qui permet d'en rejeter jusqu'à
trois sans expression de cause, mais de leurs cachots, ils ne purent
faire entendre leur voix. [49]Le rapporteur fut prêt dans trois jours:
il l'était longtemps avant d'être nommé.

[50]Les sieurs de Puget et de Senaux, et les sieurs Lacarri et
Lasbordes conseillers ne se récusèrent point quoiqu'ils se fussent
tous rendus récusables par la part qu'ils avaient eue à l'enterrement;
d'ailleurs le sieur de Puget s'était expliqué nettement sur ses
préventions en disant aux filles qui le sollicitaient pour leur père
*Ne pensez plus qu'à votre père qui est au ciel, et quittez cette religion
homicide*. Le sr. de Senaux avait dirigé la procédure pendant
qu'il avait présidé à la chambre de vacations, et l'avait dirigée
conformément aux faux avis qu'il avait avait [*sic*] eu l'imprudence
de donner à des gens en place. Le s^r. des Lasbordes avait joué
pendant le cours de l'instruction le rôle scandaleux d'un accusateur
public, et le s^r. de Lacarri homme véhément, habile, et décidé
s'était vanté d'avoir raccommodé la procédure qui avant moi
disait-il *faisait pitié*; de plus il avait dit assez hautement qu'il n'en
fallait pas faire à deux fois, et qu'il fallait envelopper dans la ruine
des accusés celle de tous les protestants de la ville.

du Palais. On les laissa dans les prisons de l'hôtel de ville, où l'on étoit sûr d'avoir un magistrat ardent à les tourmenter.

[48]*Dès que la Procédure eut été remise au Parlement, le Procureur Général de Sa Majesté, qui n'avoit pas paru moins impétueux que son substitut, engagea le Président de La Tournelle à distribuer le procès au Sr. de Cassand-Clairac, dévot inaccessible, plus estimé pour son extérieur que pour sa capacité, nourri dans les principes ultramontains, & garçon. Les accusés voulurent en vain demander un autre raporteur, suivant l'usage qui permet d'en rejetter jusqu'à trois sans expression de cause. Mais de leurs cachots ils ne purent faire entendre leur voix.*

[49]*Le rapporteur fut prêt dans trois jours. Il l'étoit lon-tems avant d'être nommé.*

[50]*Les Srs. de Puget & de Senaux présidents & les Srs. Las-Bordes & Lacarri conseillers, ne se récusèrent point, quoiqu'ils se fussent rendus tous récusables par la part qu'ils avoient prise à l'enterrement. D'ailleurs le Sr. de Puget s'étoit expliqué nettement sur ses préventions en disant aux filles de la suppliante qui le sollicitoient pour leur père,* Ne pensez plus qu'à votre père qui est au ciel, & quittez cette religion meurtrière. *Le Sr. de Senaux avoit dirigé toute la procédure pendant qu'il avoit présidé la chambre des vacations, & l'avoit dirigée conformément aux faux avis qu'il avoit eu l'imprudence de donner dans les premiers momens à des gens en place avec qui les gens de province briguent trop souvent l'honneur d'avoir des relations directes. Le Sr. Las Bordes avoit joué pendant le cours de l'instruction le rôle scandaleux d'un accusateur public. Et le Sr. La Carri, homme véhément, habile et décidé, s'étoit vanté d'avoir raccomodé par ses soins une procédure, qui* avant moi, *disoit-il,* faisoit pitié. *De plus il avoit dit assez hautement, qu'il n'en falloit pas faire à deux fois & qu'il falloit enveloper dans la ruine des Accusés tous les religionaires de la ville. Projet féroce, mais bien inutile: car étoit-il nécessaire de méditer l'expulsion de citoyens irréprochables & sensibles, accusés dans un monitoire de faire assassiner les enfans par leur pères? Dans d'autres circonstances, ces mêmes juges auroient sans doute craint d'aprocher d'un tribunal d'où leur conscience les auroit repoussés. Mais dans celle*

[51]Les accusés furent confrontés entre eux de nouveau, on les ouït sur la sellette. On représenta au mari de la suppliante la corde et le billot par lesquels son fils avait péri. A la vue de ces affreux objets il parut accablé. Les juges prirent cette douleur d'autant plus violente qu'elle était plus froide pour une férocité de mœurs qui l'accusait de parricide, ils disaient *il n'a pas versé une seule larme*. Ils lui firent un crime de son désespoir.

49

[53]Dès que les juges commencèrent à résumer cette procédure, ils n'y trouvèrent ni preuve du parricide, ni preuve de catholicité. Comme ils s'efforcèrent de s'aveugler en jugeant d'abord le mari de la suppliante, comme paraissant le plus coupable, au lieu de porter leurs premiers regards sur la servante, et le s^r. Lavaysse qui paraissaient évidemment innocents. La lumière de la vérité fut cette fois plus forte que leurs préventions; malgré l'envie atroce

4

ci leur zèle leur dit, que l'intérêt de la religion & la nécessité de venger Dieu justifioient les actions les plus contraires au droit commun.

[51]*Les accusés furent confrontés entre eux de nouveau. On les ouït sur la sellette. On représenta au mari de la suppliante la corde & le billot par lequel leur fils avoit péri. A la vue de ces affreux objets il parut accablé. Les juges prirent cette douleur d'autant plus violente qu'elle étoit plus froide, pour une férocité de mœurs qui l'accusoit de parricide. Ils disoient,* Il n'a pas jetté une seule larme, *comme s'il étoit possible aux grandes douleurs d'en répandre. Quant à la suppliante, comme son nom ne paroissoit pas dans toute l'information, elle pria ses juges de considérer que sa religion étoit son crime & que les témoins avoient cru rendre service à Dieu en calomniant cette religion & son mari.*

[52]*Cependant toute l'attention du public se portoit sur la servante. On soutenoit qu'elle avoueroit le prétendu crime de ses maîtres. Un moment après on assuroit qu'elle avoit avoué. L'un donnoit le précis de son dire: l'autre prétendoit qu'elle en avoit beaucoup plus confessé qu'on n'auroit voulu. La suppliante s'étant trouvée mal au Palais & n'ayant pas été secourue, dit,* Il est bien affreux que faute d'un domestique il faille périr. *Sur le champ on lui fit dire dans toute la ville,* Il est bien affreux qu'il faille périr par la faute de cette misérable. *On ne douta plus que la servante n'eut en effet chargé ses maîtres. Et il est remarquable que pendant tout le procès il ne se passa pas de jour, où l'on n'assurât que la servante avoit tout avoué. Tant il étoit difficile d'imaginer qu'une catholique si zélée eut trempé dans un crime commis contre sa religion, ou qu'elle le cachât si elle n'y avoit point trempé. Cette servante suffisoit pour répondre aux argumens des fanatiques, soit qu'ils l'envisageassent comme complice, soit simplement comme témoin.*

[53]*Dès que les juges commencèrent à résumer cette procédure, ils n'y trouvèrent ni preuve de parricide ni preuve de catholicité. En vain ils s'efforcèrent de s'aveugler en jugeant d'abord le mari de la suppliante, comme paraissant le plus coupable, au lieu de porter leurs premiers regards sur la servante & le Sr. LaVaysse qui paroissoient évidemment innocens, la lumière de la vérité fut cette fois plus forte que leurs préventions. Malgré l'avis atroce du Raporteur, malgré la passion des*

du rapporteur, malgré la passion de quatre de[s] juges, nommés ci-
dessus, malgré les faux avis qu'on avait donnés à Versailles, il
fallut ordonner que l'inquisition commencée serait continuée. On
n'avait jugé que le mari de la suppliante, cependant l'arrêt porta
sur les quatre autres accusés dont on n'avait pas seulement ouvert
le procès. Ce fait est incroyable, mais si une partie de la chambre
osait le nier, toute la chambre ne le nierait pas. La suppliante a
d'autant plus de raison de se plaindre de ce procédé, que pour peu
que l'on se fût occupé des autres accusés le sieur Lavaysse et
la servante dont on aurait nécessairement reconnu l'innocence
auraient été convertis en témoins, auraient servi à dissiper tous
les nuages et rendu inutile cette continuation de l'inquisition
commencée.

[54]Du reste la sentence des capitouls fut cassée et l'appel comme
d'abus relevé par les accusés contre l'obtention du monitoire fut
expressément réservé, de sorte que le procès fut jugé avant d'être en
état, cet appel était pris de ce que le monitoire avait été accordé par les
vicaires généraux au lieu de l'être par l'official au terme de
l'ordonnance de 1670 Tit VIII article 2. Cette nullité fut reconnue,
on prit des lettres d'attache de l'official. Ce soin tardif sauvait tout ce
qui avait suivi ces lettres, mais accusait d'irrégularité tout ce qui les
avait précédées. Cependant le procureur général de S. M. se mit en
tête de soutenir cette foule de révélations abusivement reçues, les
accusés avaient chargé un habile avocat de plaider leur appel, il
s'était préparé. On le découragea au nom du procureur général;
quand on vit que les premières ten[ta]tives ne le détachai[en]t pas de
ses parties, on lui dit nettement qu'on le perdrait s'il se montrait
disait-on dans une cause si odieuse de sorte que l'avocat étant écarté,
le procureur général de S. M. fit appeler brusquement cette cause,
plaida sans contradiction le moyen d'abus et l'obtint sans résistance
au grand étonnement de tout le barreau.

quatre juges nommés ci-dessus, malgré les éspérances qu'on avait donné au public, malgré les faux avis qu'on avoit envoyés à Versailles, il fallut ordonner que l'inquisition commencée seroit continuée. On n'avoit jugé que le mari de la suppliante. Cependant l'arrêt porta sur les quatre corrées[1], dont on n'avoit pas seulement ouvert le procès. Ce fait est incroyable: mais si la chambre osoit le nier, toute la chambre ne le nieroit pas. La suppliante a d'autant plus de raison de se plaindre de ce procédé, que pour peu qu'on se fut occupé des autres accusés, le Sr. LaVaysse & la servante se seroient présentés, se seroient présentés innocens, auroient été nécessairement convertis en témoins, auroient servi à dissiper tous les nuages, & rendus inutile cette continuation de l'inquisition commencée dont l'effet étoit de perdre l'innocence en la livrant une seconde fois au fanatisme & au fanatisme irrité.

[54]Du reste, la sentence des Capitouls fut cassée. Et l'appel comme d'abus relevé par les Accusés contre l'obtention du Monitoire fut expressément réservé. De sorte que le procés fut jugé avant d'être en état. Cet appel étoit pris de ce que le Monitoire avoit été accordé par les vicaires généraux au lieu de l'être par l'official aux termes de l'ordonnance de 1670, Tit. VII Art. 2. Cette nullité fut reconnue. On prit des lettres d'attache de l'official. Ce soin tardif sauvoit tout ce qui avoit suivi ces lettres, mais accusoit d'irrégularité tout ce qui les avoit précédées. Cependant le Procureur Général de S. M. se mit en tête de soutenir cette foule de révélations abusivement reçues. Les Accusés avoient chargé un habile avocat de plaider cet appel. Il s'étoit préparé: on le découragea au nom du Procureur Général. Quand on vit que les premières tentatives ne le détachoient pas de ses parties, on lui dit nettement qu'on le perdroit, s'il se montrait dans une cause, lui disoit-on, si odieuse. <D'un autre côté, on endormit le Procureur en l'assurant que cet appel ne seroit pas de lon-tems demandé.> De sorte que l'avocat étant écarté le procureur Général de sa Majesté fit appeler brusquement cette cause, plaida sans contradiction le moyen d'abus & surprit plutot qu'il n'obtint un arrêt conforme à ses désirs.

[1] Corrées: coaccusés.

[56]Il est aisé de sentir quelle impression l'arrêt de la cour fit sur les esprits, les désintéressés en conclurent qu'il n'y avait aucune preuve. Ceux qui se flattaient d'en avoir criaient à la prévention. Les fanatiques qui craignaient déjà qu'on ne leur arrachât leur nouveau saint résolurent de se conserver à tout prix un si cher objet de vénération.

[57]Aussi la maison du s^r. procureur général et celle de tous les curés furent-elles assiégées nuit et jour de révélants. D'où venait cette ardeur? sinon de la soif qu'on avait du sang des hérétiques. Ces nouveaux témoins n'avaient-ils pas eu le temps de venir à révélation pendant six semaines que l'instruction avait duré? Par quel hasard la crainte des censures ecclésiastiques agit-elle si tard sur leurs consciences.

[58]Etonné de cette affluence l'accusateur public dit hautement: les juges demandent quelques grains de preuves, je leur en fournirai des boisseaux, cependant toute son activité n'aboutit qu'à ramasser des fatras de dépositions, dont les un[e]s ne disai[en]t rien, dont les autres ne répétaient que des ouï-dire, dont aucune ne prouvait la catholicité.

[55]*De tels procédés de la part de tels magistrats pourroient étonner s'il n'étoit notoire, que deux des plus célèbres avocats en la cour & les plus convaincus de l'innocence des Accusés furent implorés par eux & leur refusèrent leur ministère de peur de se perdre avec eux, que le Sr. La Vaysse faillit à être décrété de prise de corps pour avoir défendu son fils,* [2] *que ce père infortuné n'osa continuer cette défense que personne ne pouvoit faire aussi bien que lui quand même il n'auroit pas été père, & qu'enfin les Accusés n'auroient pas été complètement défendus sans un étranger qui fut réduit à se cacher pour cette action généreuse avec autant de secret qu'on se cache pour une mauvaise.* [3]

[56]*Il est aisé de sentir quelle impression l'arrêt de la cour fit sur les esprits. Les desintéressés en conclurent qu'il n' y avoit aucune preuve. Ceux qui se flattoient d'en avoir fourni, crièrent à la prévarication. Les fanatiques qui craignoient déjà qu'on ne leur arrachât leur nouveau saint, résolurent de se conserver à tout prix un si cher objet de vénération.*

[57]*Aussi la maison du Sr. Procureur Général & celles de tous les curés furent elles assiégées nuit & jour de révélans. D'où venoit cette ardeur? Sinon de la soif qu'on avoit du sang des Hérétiques. Ces nouveaux témoins n'avoient-ils pas eu le tems de venir à révélation pendant six semaines que l'instructive avoit duré? Par quel hazard la crainte des censures ecclésiastiques agit-elle si tard sur leur conscience? N'avoient-ils des scrupules & des remords que dans le besoin.*

[58]*Etonné de cette affluence, l'accusateur public dit hautement,* Les juges demandent quelques grains de preuve: je leur en fournirai des boisseaux. *Cependant toute son activité n'aboutit qu'à rassembler un fatras de dépositions dont les unes ne disoient rien, dont les autres ne répétoient que des* ouï-dire, *dont aucune ne prouvoit la catholicité. Il est vrai que divers témoins rendoient compte de divers faits qu'ils tenoient d'autres personnes qu'ils indiquoient. Mais le Procureur Général fesoit*

---

[2] La Beaumelle avait dans sa bibliothèque le *Mémoire de Me David Lavaysse, avocat en la cour, pour le sieur François Alexandre Gaubert son troisième fils* (Toulouse s.d.).

[3] Il est possible que l'auteur du mémoire fasse ici allusion à lui-même...

[59]Les commissaires excédés de tant d'absurdes auditions se 55
convainquaient de jour en jour de l'innocence des accusés tandis
que le procureur général aveuglé par sa prévention croyait avoir
déjà convaincu le père de son crime, mais l'innocence des autres
restait intacte, il fallut la rendre problématique, et pour cela l'on
présenta trois témoins. Le premier garçon tailleur qu'on fit venir 55
de Montpellier, déposa que le fils de la suppliante lui avait dit *On
peut se sauver dans toutes les deux religions et si j'avais été mon père
lorsqu'un de mes frères se convertit je l'aurais poignardé.* Le second
un soldat du guet déposa que le s^r. Lavaysse lui avait fait la
confidence dans la prison qu'un des principes de sa religion était 56
d'assassiner ceux qui la quittai[en]t. Le troisième déposa que sa
fille qui venait d'être condamnée au fouet *lui avait dit* que la
servante *lui avait dit* dans la prison que la suppliante était innocente,
mais que son mari, son fils et le s^r. Lavaysse étaient coupables.
Telles étaient les preuves que le procureur général fournissait par 56
boisseaux. Aucun des témoins n'avait besoin d'être objecté, ils ne
disaient que des choses absurdes, impossibles ou indifférentes, et
chacun d'eux était contredit par d'autres.

[61]Dès que les censures ecclésiastiques eurent été fulminées, le
s^r. Gounon secrétaire du roi vint à révélation. Il prétendit que le 57
s^r. Cazals son confrère lui avait dit que la délibération de la mort
de Marc Antoine par une assemblée protestante était certaine
attendu qu'un de ses amis était à faire sa cour à la dem^lle Cazeing
et craignant d'être surpris par les délibérants qui arrivaient s'était
caché dans une armoire dont il avait entendu tout ce qui s'était 57
passé. Le s^r. procureur général écrivit au s^r. Cazals le propos du

interroger ces personnes par des émissaires, & apprenant que ces faits étoient faux se gardoit bien de les faire assigner, de peur de mettre des témoins en contradiction avec ses témoins.

[59]*Les commissaires excédés de tant d'absurdes auditions, se convainquoient de jour en jour de l'innocence des accusés, tandis que le Procureur Général aveuglé par sa prévention croyoit avoir déjà convaincu le père de son crime. Mais l'innocence des autres restoit intacte: il fallut la rendre problématique. Et pour cela l'on présenta trois témoins: le premier, garçon tailleur, qu'on fit venir de Montpellier, déposa que le fils de la suppliante lui avoit dit* On peut se sauver dans toutes les deux religions: & si j'avois été mon père lorsqu'un de mes frères se convertit, je l'aurois poignardé. *Le second, soldat du guet, déposa que le Sr. LaVaysse lui avoit fait confidence dans sa prison qu'un des principes de sa religion étoit d'assassiner ceux qui la quittoient. Le troisième déposa que sa fille qui venoit d'être condamnée au fouet lui avoit dit que la servante lui avoit dit dans sa prison, que la suppliante étoit innocente mais que son mari, son fils & le Sr. LaVaysse étoient coupables. Telles étoient les preuves que le Procureur Général* fournissoit par boisseaux.

[60]*Aucun de ces témoins n'avoit besoin d'être objecté. Ils ne disoient que des choses absurdes, impossibles ou indifférentes. Chacun d'eux étoit contredit par trente autres. Cependant il y avoit un reproche de fanatisme qui étoit commun à tous ces hommes de la lie du peuple. Aussi la suppliante ayant reproché l'un d'eux comme son ennemi capital à raison de la haine qu'il avoit vouée à tous les Protestans, le témoin eut la bonne foi d'avouer qu'il les détestoit de tout son cœur, & se flâta non sans raison de n'en devenir que plus croyable.*

[61]*Dès que les Censures ecclesiastiques eurent été fulminées, le Sr. Gonon, Secrétaire du Roi, vint à révélation. Il prétendit que le Sr. De Caȥals son confrère lui avoit dit que la délibération de la mort de Marc-Antoine par une assemblée de Protestans étoit certaine, attendu qu'étant à faire sa cour à la demoiselle Caseing, & craignant d'être surpris par les délibérans qui arrivoient il s'étoit caché dans une armoire, d'où il avoit entendu tout ce qui s'étoit passé. Le Sr. Procureur Général écrivit au Sr. Caȥals ce raport du Sr. Gonon. Le Sr. Caȥals lui répondit*

s^r. Gounon; le s^r. Cazals lui répondit que rien n'était plus faux et qu'apparemment le s^r. Gounon était devenu fou. Ni le s^r. Cazals ni le s^r. Gounon ne furent assignés en témoins, comme si on avait craint que la procédure ne présentât des marques trop fréquentes du fanatisme [62]. Cependant on publia partout non seulement que le complot des religionnaires était découvert, mais avoué; que le s^r. Cazeing protestant dont la maison était indiquée comme le lieu d'assemblée avait pris la fuite et confessé par son évasion son crime, et le s^r. Cazeing paraissait tous les jours en public et nul protestant ne s'absenta de la ville. Il est à remarquer que tant que le procès a duré ils se sont tous piqués de ne pas se dérober un instant aux regards de la justice; mais quand ils ont vu qu'un parlement croyait au parricide sur les plus faibles indices, la plupart ont porté leur industrie dans des climats où l'on n'accuse pas leurs assemblées de religion d'être de conventicules où l'on fait assassiner les enfants par leurs pères. Cinq familles ont emporté avec elles deux millions qu'elles avaient dans le commerce et ont livré Toulouse à son ancienne indigence.

[64]De nouvelles imputations venaient sans cesse à l'appui des premières. Pour accréditer la fable de la délibération, on disait que les religionnaires avaient décidé dans un de leurs synodes tenu à Nîmes que les pères devaient en conscience égorger leurs enfants prosélytes et l'on prêtait cette calomnie au s^r. évêque d'Alais. [65]Quelques docteurs se souvinrent qu'ils avaient lu dans Calvin

que rien n'étoit plus faux & qu'apparemment le Sr. Gonon étoit devenu fou. Ni le Sr. Cazals ni le Sr. Gonon ne furent assignés en témoin, comme si l'on avoit craint que la procédure ne présentât des marques trop frapantes de fanatisme.

[62] Cependant on publia partout, non seulement que le complot des religionaires étoit découvert, mais encore que le Sr. Caseing, Protestant dont la maison étoit indiquée dans le Monitoire comme le lieu de l'Assemblée, avoit pris la fuite & confessé son crime par son évasion. Et le Sr. Caseing paroissoit tous les jours en public; & nul Protestant ne s'absenta de la ville. Il est à remarquer que tant que le procès a duré ils se sont tous piqués de ne pas se dérober un instant aux regards de la justice. Mais quand ils ont vu qu'un Parlement croyoit au parricide sur les plus foibles indices, la plupart ont porté leur industrie dans des climats où l'on n'accuse point leurs assemblées de religion d'être des conventicules où l'on fait assassiner les enfans par les pères. Cinq familles ont emporté avec elles deux millions qu'elles avoient dans le commerce, & ont livré Toulouse à son ancienne indigence.

[63] Les gens de bien qui prévoyoient ces émigrations, s'étoient flattés qu'en fesant publier une seconde fois le Monitoire, la Cour ordonneroit la suppression de ce chef, qui en supposant le parricide délibéré par une assemblée de Protestans fesoit retomber sur leur religion & sur la moitié de l'Europe qui la professe tout l'odieux de cette accusation. Que des Capitouls eussent calomnié une religion contraire à la leur, personne n'en avoit paru étonné. Mais qu'un Parlement adoptât cette calomnie, c'est ce qui ne paroissoit pas possible. L'honnêteté publique demandoit qu'il fît éclater son indignation contre des absurdités qu'il ne pouvoit approuver sans insulter trente nations & vingt souverains. Mais ç'auroit été détruire l'accusation par le fondement: & le fanatisme est sans pudeur comme sans loi.

[64] De nouvelles imputations venoient sans cesse à l'apui des premières. Pour accréditer la fable de la délibération, on disoit que les Religionaires avoient décidé dans un de leurs Synodes tenu à Nîmes, que les Pères devoient en conscience égorger leurs enfans Prosélytes: & l'on prêtoit cette calomnie au Sr. Evêque d'Alais. On ajoutoit que cet arrêté avoit eu déjà son exécution en divers lieux. Et la fille d'un

la doctrine du parricide, des théologiens zélés en expliquèrent le sens à Mrs. les juges. A la honte de ce siècle il fallut prouver qu'aucun docteur théologien ne pouvait avoir enseigné une doctrine si horrible, que Calvin ne l'avait point fait, et qu'il avait exactement rapporté la même loi que J. C. rapporte en S^t. Marc ch. 11, 7, 9 et 13 et ce qu'on aurait peine [à] croire, on ne les convainquit point.

60

féodiste nommé Sirven, renvoyée du couvent à cause de sa démence, s'étant noyée, le père fut décrété de prise de corps par le juge de Mazamet, auquel le Sr. Procureur général ordonna de publier un monitoire semblable à celui qu'on avoit dressé contre les Calas. *Pour répondre au zèle de ce magistrat, le juge fit disparoitre le cadavre de la fille noyée, accusa de cet enlevement les Religionaires consternés, & chercha dans son monitoire à en découvrir les auteurs. Cette affaire n'a pas été suivie: on ne l'avoit suscitée que pour perdre la suppliante & sa famille.*

[65] *Quelques docteurs se souvinrent qu'ils avoient lu dans Calvin la doctrine du Parricide. Sur le champ on distribua les œuvres de cet homme à divers théologiens, qui trouvent enfin que Calvin conseille le parricide dans la même page où il défend le meurtre. Calvin expliquant le décalogue dans son Institution Chrétienne, raporte que la loi de Moyse condamnoit à mort les enfans rebelles à leur parents & cite divers textes de cette loi. Sur cet exposé que cent théologiens catholiques ont fait comme lui, on prononce qu'il est indubitable que les Protestans tuent leurs enfans d'après les leçons d'un de leurs patriarches. Dès lors on voit sur la table de chacun des juges l'Institution Chrétienne: des docteurs zélés leur en expliquent le sens. A la honte de ce siècle il fallut prouver à des hommes qui prononcent sur la vie & l'honneur des hommes, qu'aucun théologien ne pouvoit avoir enseigné une pareille doctrine si horrible, que Calvin ne l'avoit point fait, & qu'il avoit exactement raporté la même loi que J. Christ raporte en St. Marc VII.9.13. Et ce qu'on aura pas de peine à croire, on ne les convainquit point.*

[66] *En effet la Cour ayant à juger dans le même tems un ministre de la Religion Prétendue réformée & quelques autres prévenus de la même religion, il n'y en a aucun à qui les juges ne fissent ces étranges interrogats,* Votre doctrine ne vous permet-elle pas d'assassiner ceux de vos enfans ou de vos amis qui se convertissent? Vos Synodes n'ont-ils pas décidé que ces exécutions sont des sacrifices agréables à Dieu? *Il est inutile de répéter leurs réponses à des questions qu'on ne peut faire qu'à des hommes enchaînés. Quelques jours après, un Prévenu, du Vivarets, aussi protestant, fut interrogé sur le même sujet. Il fit les mêmes réponses.*

[67] *On espéra que le supplice de ce Pasteur hérétique pourroit*

237

.

APPENDICE II: AU ROI — BIBLIOTHÈQUE DE VOLTAIRE

[Les paragraphes 66-70 manquent dans ce ms.]

rallumer parmi le peuple ce ẓèle qui s'étoit sensiblement éteint, depuis qu'il avoit vu par la sentence du 18 novembre & par l'arrêt interlocutoire du 5 décembre qu'il n'y avoit pas preuve contre les Accusés. On le condamna donc à mort d'après une loi que le Parlement n'avoit jamais exécutée. Mais on vit alors que le fanatisme n'agitoit plus le peuple & ne régnoit que sur les magistrats. Le peuple donna des regrets à ce malheureux: il n'y eut de joye que pour le pendu, & pour deux juges qui vinrent avec leurs amies prendre publiquement leur part de ce spectacle de religion: Heureux s'ils en emportèrent ces fâcheux souvenirs qui tourmentèrent un de nos rois (Henri II)[4] jusqu'à sa mort pour avoir honoré de sa présence une fête pareille.

[68] Cependant la République de Genève fut informée qu'on accusoit ouvertement des Pasteurs d'avoir décidé dans un synode qu'un père peut faire mourir ses enfans quand ils veulent changer de religion. Dès-lors les Syndics & Conseil attestèrent dans un délibéré du 30 janvier dernier scellé du sceau de la République, signé du secrétaire & certifié par le baron de Montperoux Résident de Sa Majesté, 'Que par les lois & l'usage de la république la différence & le changement de religion ne rendent point incapable de succéder & ne sont point des causes d'exhérédation.' Cette déclaration étoit suffisante. Car une religion permettoit-elle d'égorger les enfans pour une cause pour laquelle elle ne permet pas de les deshériter?

[69] Toutefois la compagnie des Pasteurs & Professeurs de l'église & académie de Genève prit l'allarme, & 'saisie d'horreur à l'ouïe d'une pareille imputation, & d'étonnement de ce qu'il se trouvoit des chrétiens capables de soupçonner des chrétiens d'avoir des sentimens si exécrables, elle déclara, qu'il n'y avoit jamais eu parmi eux ni synode ni aucune assemblée qui eut approuvé cette doctrine abominable qu'un père puisse ôter la vie à ses enfans pour prévenir le changement de religion ou pour les en punir, que même jamais pareille question n'avoit été agitée, d'autant que de pareilles horreurs ne se présument pas: Que ni Calvin ni aucun de leurs docteurs n'avoit jamais rien enseigné de semblable ni même d'approchant, & que bien loin que ce fut la doctrine de leur église,

---

[4] *Lapsus calami* pour Charles IX?

[71]Parmi les nouveaux convertis Paul Rabaud un de leurs plus célèbres pasteurs osa faire entendre la voix de l'innocence. Il protesta, il prouva dans un écrit fort respectueux et très sensé que les religionnaires étaient tolérants par principes et que leur morale était exactement la même que celle des catholiques; le procureur général fit un long réquisitoire contre ce libelle séditieux.

61

608   MS   <ministres> pasteurs

ils la détestoient unanimement & l'abhorroient comme également contraire à la nature, à la religion chrétienne, & aux principes des églises Protestantes'.

[70] *Ces déclarations bien & dûment légalisées par le Résident de Sa Majesté à Genève parvinrent aux parens des prévenus, qui les croyant propres à guérir quelques esprits voulurent les faire imprimer. Mais les Imprimeurs craignirent de se commettre avec des gens en place qui ne leur auroient pas pardonné d'avoir ébranlé l'unique motif de l'accusation.*

[71] *Parmi les Nouveaux-convertis Paul Rabaut, un de leurs plus célèbres pasteurs osa faire entendre la voix de l'innocence. Il protesta, il prouva dans un écrit fort respectueux & très sensé, que les religionaires étoient tolérants par principe, & que leur morale étoit exactement la même que celle des catholiques. Le Sr. Procureur Général fit ou fit faire une réponse à cet écrit dangereux. Il ramenoit encore l'Institution Chrétienne de Calvin. Il citoit même le passage. Et quoique ce passage démontrat le contraire de ce qu'il vouloit prouver, il feignoit d'y voir tout ce qu'il désiroit que les autres y vissent. De plus il imputoit la même doctrine à Luther, à Luther dont une des hérésies condamnée par la bulle de Léon X étoit qu'il n'est jamais licite de tuer personne pour fait d'hérésie.*

[72] *Me Sudre, avocat en la cour, réfuta cette réponse. Mais cette réfutation ne parut pas, parce qu'on fit dire aux parens des Accusés que si elle voyoit le jour, ils étoient tous perdus.*

Quelques jours après le Sr. Procureur Général fit un long réquisitoire contre le libelle séditieux où Paul Rabaut avoit dit en toute humilité qu'il n'étoit pas apparent qu'une religion qui avoit formé Henri IV, [5] *que tant de sages souverains avoit protégée, que la moitié de l'Europe professoit encore, eut une morale parricide. Ce fut alors qu'on vit que ce magistrat étoit l'auteur ou l'approbateur de la Réponse à Paul Rabaut. La réponse & le réquisitoire portoient sur les mêmes arguments exprimés*

---

[5] 'Le Roi sait qu'une religion qui forma le plus vertueux de ses Ancêtres, peut errer dans le dogme, mais ne peut enseigner une Morale homicide' (*La Calomnie confondue*, 3).

[73]L'écrit de Paul Rabaud fut condamné à être lacéré et brûlé, on affecta d'exécuter cet arrêt au moment où le mari de la suppliante conduit de l'hôtel de ville à la chambre pour être ouï sur la sellette 6ι traversait la cour du Palais. Ce pauvre malheureux voyant un bourreau, des flammes, un greffier, des archers de la maréchaussée, crut qu'on le conduisait au supplice. Son dernier interrogatoire se ressentit de cette émotion; il se défendit en homme qui se croyait déjà condamné, il n'eut que la force de protester son innocence. [3] 62

[74]Cependant les parents des accusés voulurent récuser divers juges contre lesquels ils avai[en]t d'excellentes causes de récusation entre autres le s^r. de Sénaux président, et le s^r. Lasbordes conseiller. Le s^r. de Sénaux avait entretenu un commerce réglé sur cette affaire avec un homme en place, il avait même désapprouvé 6: auprès de lui l'arrêt du 5 xbre comme trop modéré. Il ne s'était pas récusé lui-même. Divers témoins et parmi ces témoins plusieurs de ses confrères auraient prouvé qu'il avait été non seulement l'accusateur des prévenus, mais encore le détracteur de sa compagnie. D'autres témoins auraient prouvé la même chose contre le 6: s^r. Lasbordes, en effet le lendemain du premier arrêt rendu contre son avis qui allait à la roue sans autre examen, il avait déclamé contre cet arrêt devant trente personnes, et soutenu que le mari de la suppliante était digne de tous les supplices. On lui avait fait observer qu'il ne jouait pas le personnage d'un homme qui devait 6 être encore juge; dès lors il avait nettement reconnu qu'il ne pouvait ni ne voulait plus l'être et même qu'il allait se retirer dans ses terres en Albigeois jusqu'à ce que cette affaire fût finie, il était

625 MS, en marge: m. le c^{te}. de s^t. Florentin

[3] L'épisode de la brochure lacérée et brûlée est rapporté par Voltaire dans sa *Lettre à M. Elie de Beaumont* du 30 mars 1767.

dans les mêmes termes. On vit aussi qu'il étoit capable de se méprendre au delà de tout ce qu'on pouvoit présumer, même après les preuves qu'on avoit de ses méprises. Car il disoit dans ce réquisitoire que les Religionaires jouissoient d'une entière liberté de conscience.

[73]L'écrit de Paul Rabaut fut condamné à être lacéré & brulé. On affecta d'exécuter cet arrêt au moment où le mari de la suppliante conduit de l'hotel de ville à la chambre pour être ouï sur la sellette, traversoit la cour du Palais. Ce pauvre malheureux voyant un bourreau, des flammes, un greffier, des archers de la Maréchaussée, crut qu'on le conduisoit au supplice. Son dernier interrogatoire se ressentit de cette émotion. Il se défendit en homme qui se croyoit déjà condamné: il n'eut que la force de protester de son innocence.

[74]Cependant les parens des Accusés vouloient récuser divers juges, contre lesquels ils avoient d'excellentes causes de récusation, entre autres le Sr. de Senaux Président & le Sr. de Las Bordes Conseiller. Le Sr. De Senaux avoit entretenu pendant 4 mois un commerce réglé sur cette affaire avec un homme en place: il avoit même désapprouvé auprès de lui l'arrêt du 5 décembre comme très modéré. Ce qui étoit démontré par une réponse de cet homme en place, qu'il avoit lüe chez lui en pleine table le 23 décembre. S'il ne s'étoit pas récusé lui-même, divers témoins & parmi ces témoins divers de ses confrères lui auroient prouvé qu'il avoit été non seulement l'accusateur des Prévenus, mais encore le détracteur de sa compagnie: la suppliante affoiblit ses idées par ses expressions. D'autres témoins auroient prouvé la même chose contre le Sr. Las Bordes. En effet le lendemain du premier arrêt rendu contre son avis qui alloit à la Roüe sans autre examen, il avoit déclamé contre cet arrêt devant trente personnes, & soutenu que le mari de la suppliante étoit digne de tous les supplices. On lui avoit fait observer qu'il ne jouoit pas le personnage d'un homme qui devoit être encore juge. Dès lors il avoit nettement reconnu & déclaré qu'il ne pouvoit ni ne vouloit plus l'être, & même qu'il alloit se retirer dans ses terres en Albigeois jusqu'à ce que cette affaire fut finie. Il étoit en effet parti, de sorte que les interessés & le public ne furent pas médiocrement étonnés, lorsqu'on le vit revenir & rentrer dans la chambre à l'instant où le procès étoit porté sur le bureau. Ses amis lui représentèrent le scandale de sa conduite. Il

effectivement parti de sorte que le public ne fut pas médiocrement
étonné de le voir rentrer dans la chambre à l'instant où le procès   64
était sur le bureau.

[76]Les requêtes de récusation furent dressées, mais quand il
fallut les présenter, les procureurs des parties dirent qu'elles
n'étaient pas fondées par elles et que ses [*sic*] requêtes seraient
rejetées sans être lues. Il était apparent que des hommes qui s'étaient   64
déterminés à être juges malgré leurs consciences s'obstrouverai[en]t
[*sic*] à l'être malgré les parties. Ces procureurs craignaient aussi pour
eux-mêmes et non sans raison car probablement ils auraient
été perdus s'ils avaient poursuivi une récusation si claire et si
désobligeante.   65

[77]Enfin on résolut de faire présenter ces requêtes par les parties
elles-mêmes, mais on ne put les leur faire parvenir, aucun soldat
n'osa le leur mettre en main, on ne put même leur faire passer l'avis
de former sur la sellette leur accusation de bouche et de
demanderqu'il leur fût donné un conseil pour en motiver les   65
causes. C'étai[en]t ces récusations qu'on craignait le plus et pour
les prévenir on avait épuisé les précautions.

[78]C'est dans cet état d'abandon que furent jugés les accusés
par des hommes dont trois s'étaient déclarés leurs ennemis.

[79]Quand on fut aux opinions le rapporteur ne voulut pas revenir   66
à l'usage et à l'ordre des jugements qui demandait qu'on commençât

répondoit qu'il étoit revenu sur un ordre supérieur, comme si sa conscience en reconnoissoit.

[75]*Dans ce même moment le Sr. de Lassalle conseiller donnoit aux juges récusables un exemple de délicatesse qu'ils auroient bien dû imiter. Sans connoitre la procédure, avant même d'être monté à la Tournelle, il avoit parlé de cette affaire comme tout l'univers. Il avoit dit que le procédé des capitouls étoit irrégulier, le monitoire partial, l'enterrement prématuré, le motif de l'accusation, quand même il seroit prouvé, trop faible pour détruire la présomtion paternelle, l'accusation mal intentée en ce que l'on devoit absolument épuiser toutes les recherches sur le suicide, l'assassinat avant de porter ses soupçons sur le parricide. Quoiqu'il ne fut jamais entré dans aucun détail & qu'il n'eut montré aucune partialité, cependant il ne se présenta point pour être des juges, par un excès de vertu, bien funeste aux Accusés.*

[76]*Quoiqu'il en soit, les requêtes de récusation furent dressées. Mais quand il fallut les présenter, les Procureurs des Parties dirent qu'ils n'étoient pas fondés par elles, attendu qu'il leur avoit été défendu d'avoir aucune communication avec leurs parens. Ils ne doutèrent pas que ces requêtes ne fussent rejettées sans être lûes, & que des hommes qui s'étoient déterminés à être juges malgré leur conscience ne s'obstinassent à l'être malgré les parties. Ils ajoutoient que plus ils étoient suspects & moins il falloit les irriter. Ils craignoient aussi pour eux-mêmes, & non sans raison: car probablement ces Procureurs auroient été perdus, s'ils avoient poursuivi une récusation si claire & si désobligeante.*

[77]*Enfin on résolut de faire présenter ces requêtes par les Parties elles mêmes. Mais on ne put les leur faire parvenir. Aucun soldat n'osa les leur mettre en main. On ne put même leur faire passer l'avis de former sur la sellette leurs récusations de bouche & de demander qu'il leur fut donné un conseil pour en motiver les causes si les Récusés ne vouloient pas se retirer. C'étoient ces récusations qu'on craignoit le plus: & pour les prévenir on avoit épuisé les précautions.*

[78]*C'est dans cet état d'abandon, que les accusés furent jugés par des hommes dont trois s'étoient déclarés ouvertement leurs ennemis.*

[79]*Quand on fut aux opinions, le Raporteur ne voulut pas revenir à l'usage & à l'ordre des jugemens qui demandent qu'on commence à*

à juger les accusés les moins coupables surtout quand ils paraissaient innocents. On délibéra donc d'abord sur le mari de la suppliante. La continuation d'information n'avait pas fourni de nouvelles preuves; cependant au lieu de partir du premier arrêt qui l'avait ordonnée, le rapporteur partit de son premier avis et opina que ce père infortuné fût appliqué à la question ordinaire et extraordinaire pour avoir révélation de ses complices, fût ensuite rompu vif et enfin brûlé après avoir resté deux heures sur la roue, cet avis fut suivi par les srs. de Puget, de Senaux, de Lasbordes, de Cassaujottes, des innocents et darbou. Six autres opinèrent à l'hors de Cour, à la vérification des lieux avant dire droit et à la question. Ils allaient former l'arrêt et se réunir à ceux qui avaient opiné à la question lorsque le s^r. Bojat[4] qui avait paru le plus prévenu de l'innocence des prévenus se détacha brusquement et se joignit aux sept qui avai[en]t opiné à la roue. [8o]Le sort du père décidé on passa aux autres accusés. On ne trouva pas le moindre indice contre eux. On est fort étonné d'avoir déclaré coupable un homme qui n'avait pu l'être seul, quelques-uns se flattent que les tourments lui arracheront quelque aveu qui justifiera leur arrêt. On surseoit au jugement des autres prévenus.

[81]Dès que le public sut cet arrêt, il jugea qu'on lui en avait grossièrement imposé, qu'il n'y avait aucune preuve contre le père puisqu'il n'y en avait aucune contre les autres. On frémit unanimement de voir un innocent déclaré tel par un arrêt qui le condamnait à la roue.

Voilà disait-on ce qu'a produit l'enterrement, on l'avait approuvé, on n'a osé revenir de si loin, il fallait une victime au peuple qu'on avait si longtemps abusé, on la lui donne pour n'être

---

[4] Le conseiller de Bojal, doyen.

juger les Accusés les moins coupables, surtout quand ils paroissent innocens. On délibéra donc d'abord sur le mari de la suppliante. La continuation d'information n'avoit pas fourni de nouvelle preuve. Cependant au lieu de partir du premier arrêt qui l'avoit ordonnée, le Raporteur partit de son premier avis, & opina que ce père infortuné fut apliqué à la question ordinaire & extraordinaire pour avoir révélation de ses complices, fut ensuite rompu vif & enfin brulé après avoir resté deux heures sur la roue. Cet avis fut suivi par les Srs. de Puget, de Senaux, de LasBordes, de Cassand-Jotte, Desinnocens et Darbou. Les six autres opinèrent à l'hors de cour, à la vérification des lieux avant dire droit, & à la question. Ils alloient former l'arrêt et se réunir aux trois qui avoient opiné à la question, lorsque le Sr. Bojar qui avoit paru le plus pénétré de l'innocence des prévenus se détacha brusquement & se joignit aux sept qui avoient opiné à la roüe.

[80]Le sort du père décidé, on passa aux autres Accusés; on ne trouva pas le moindre indice contre eux. On est fort étonné d'avoir déclaré coupable un homme qui n'a pas pu l'être seul. La dessus on se dit qu'apparemment le Père aura fait commettre le crime par des assassins cachés dans sa maison, & que peu importe qu'il l'ait fait ou l'ait fait faire, puisque tout citoyen est responsable de ce qui se passe chez lui pendant la nuit, les portes fermées. On surseoit donc au jugement des coaccusés jusqu'à ce que le père ait été exécuté. Quelques uns mêmes se flâtent que les tourmens lui arracheront quelque aveu qui justifiera leur arrêt, & qui sauvera le second de la contradiction que la plupart entrevoyoient.

[81]Dès que le public sçut cet arrêt, il jugea qu'on lui en avoit grossièrement imposé, qu'il n'y avoit aucune preuve contre le père puisqu'il n'y en avoit aucune contre les autres. On frémit unanimement de voir un innocent déclaré tel par le même arrêt qui le condamnoit à la roüe. Voilà, disoit-on, ce qu'a produit l'enterrement: on l'avoit aprouvé: on n'a osé revenir de si loin. Il falloit une victime au peuple qu'on avoit si lon-tems abusé. On la lui donne pour n'être pas forcé à déterrer un suicide, qu'on a fait vénérer comme un martyr. Car quelle présomtion y a-t'il que ce martyr ne se soit pas tué lui-même? On parle d'impossibilité physique. Mais où est la vérification des lieux, du corps

pas forcé à un suicide qu'on a fait révérer comme un martyr car 69〈
quelle présomption y a-t-il que ce martyr ne se soit pas tué lui-
même; on parle d'impossibilité physique, mais où est la vérification
des lieux, du corps et des instruments faite par des experts. Mais
ce père a fait tuer son fils, ce fils n'aurait-il pas pu être tué sans
son ordre, et si ce fils a pu être tué sans son ordre, fallait-il écarter 69
les recherches de l'assassinat. Le capitoul a donc mal procédé, le
Parlement a donc mal procédé dans la continuation de l'inquisition.
Un père de famille dit-on répond donc de tout ce qui se passe dans
sa maison les portes fermées à heures indues et s'il s'y commet un
crime il en est présumé coupable jusqu'à ce qu'il est [sic] montré 70〈
son criminel. Mais où se trouve cette étrange loi; serait-ce des
pères, serait-ce des hommes qui l'auraient faite? Cette présomption
fût-elle légale n'ait-elle [sic] pas détruite par la présomption
paternelle? d'ailleurs comment le père aurait-il caché le criminel?
On l'a empêché de le trouver. On ne l'a occupé que de lui-même, 70
il le cherche soit dans son fils soit dans un voleur soit dans un
ennemi. Il implore le magistrat qui doit l'aider dans ses recherches
et ce magistrat l'enferme dans un cachot, au hasard de le faire
périr par le témoignage des assassins mêmes de son fils. Encore si le
juge avait du moins suppléé à une recherche qu'il lui défendait. 71〈
Mais peu content de la lui avoir défendue, il se la défend à lui-
même. Il se lie par un monitoire qui ne frappe que sur le père. Il
se lie par l'enterrement du fils en terre sainte. Il se lie par le genre
d'accusation, par le genre du motif qu'il déterminait exclusivement,
il se lie par le genre de preuve qu'il administra tout dressé à des 71
témoins qu'un enterrement solennel a rendus aussi fanatiques que
lui, il se lie par la réjection de tout ce qui peut découvrir la vérité,
pour comble d'injustice ce pauvre père a deux témoins oculaires
et univoques de son innocence et on le[s] lui ravit en le[s] lui
transformant en complices sans le moindre indice qui les rangeât 72〈
dans cette classe, puisqu'on n'en trouve pas même aujourd'hui
après cinq mois d'information, et ce qui est plus horrible après
avoir condamné le père au supplice.

& des instrumens faite par des experts? Où sont les faits qui détruisent la possibilité de la suspension, avouée par le monitoire même? A t'on fait le procès au cadavre? Lui a-t'on nommé un curateur? S'est-on occupé un moment de cette question, Marc-Antoine s'est-il pendu lui-même? Mais ce fils étoit catholique: & un catholique ne se tue pas. Où sont ces preuves de catholicité? Des actes de catholicité dans un pays où la loi les ordonne de tous les sujets, de la part d'un homme qui en a besoin pour prendre ses grades, peuvent-ils équipoller à l'abjuration formelle que l'état & l'église demandent pour élever un nouveau-converti à la qualité de catholique effectif. Qu'est-ce qu'un catholique qui ne se confessa jamais, qui ne communia jamais, qui fréquentoit en même temps l'église Romaine & le prêche Protestant, qui présentoit des enfans au bâteme hérétique le même jour où on le supposoit à Toulouse aux piés d'un confesseur? Mais fut-il catholique, le désespoir, l'ennui, le dégout de la vie ne sont-ils pas de toutes les religions? Apparemment, ajoutoit-on, le père avoit fait périr son fils par des mains étrangères: car il est physiquement impossible qu'il l'ait assassiné seul de ses propres mains. Mais sur quels indices est fondé ce soupçon? où sont les assassins? où les a-t-on apostés? quand & comment les a t'on gagnés? Quel habitude cet homme irréprochable avait-il avec eux? Pourquoi avoit-il fait commettre par d'autres un crime qu'il pouvoit si facilement commettre lui-même? Comment avoit-il été assez insensé pour prier un étranger à souper le soir même où ce crime devoit être commis? on ne répondra jamais à ces questions. Mais quand on y répondroit en imaginant le roman le plus vraisemblable, tout porterait sur des peut-être, dont aucun ne serait fondé sur la procédure. De sorte qu'il en résultera toujours que le Parlement a condamné un citoyen à la rouë sur des suppositions purement arbitraires & même démenties par les charges. Ce citoyen a fait tuer son fils. Mais si ce citoyen a pu faire tuer son fils, ce fils a donc aussi pu être tué sans son ordre. On ne sauroit nier cette conséquence. Mais s'il est possible que ce fils ait été tué sans son ordre, il falloit donc dans l'instructive ne point écarter la recherche de l'assassinat en cherchant uniquement la preuve du parricide. Cette conséquence est encore accordée. Mais s'il falloit diriger d'abord l'information contre l'assassinat le Capitoul a donc mal

[82]Tels étaient les discours, dont les rues, les places publiques, les cercles, et le palais rententirent à l'ouïe de cet étrange arrêt. 72 Tous les juges se tenaient renfermés chez eux, ils craignaient qu'on ne leur demandât la raison d'un jugement qu'aucun d'eux n'avait prévu et qui paraissait déraisonnable aux uns, et incroyable aux autres.

[83–90]Ici est rapporté le supplice de l'infortuné père des Calas 73 avec les mêmes circonstances qui sont dans le premier mémoire.

procédé, le parlement a donc mal procédé dans la continuation d'inquisition. Un Père de famille, dit-on, répond de tout ce qui se passe dans sa maison, portes fermées, à heure induë: & s'il s'y commet un crime, il en est présumé coupable jusqu'à ce qu'il ait montré le criminel. Mais où se trouve cette étrange loi? Seroient-ce des pères, seroient-ce des hommes qui l'auroient faite? Cette présomtion, fut-elle légale, n'est-elle pas détruite par la présomtion paternelle? D'ailleurs comment le père auroit-il montré le criminel? on l'a empêché de le trouver, on ne l'a occupé que de lui-même. Il le cherche soit dans son fils, soit dans un voleur, soit dans un ennemi. Il implore le magistrat qui doit l'aider dans ses recherches, & ce magistrat l'enferme dans un cachot, au hazard de le faire périr par le témoignage des assassins même de son fils. Encore si le juge avoit du moins suppléé à une recherche qu'il lui défendoit. Mais peu content de la lui avoir défendue, il se la défend à lui même. Il se lie par un monitoire qui ne frape que sur le père: il se lie par l'enterrement du fils en terre sainte: il se lie par le genre d'accusation, par le genre de motif qu'il détermine exclusivement: il se lie par le genre de preuves qu'il administre toutes dressées à des témoins qu'un enterrement solennel a rendus aussi fanatiques que lui. Il se lie par la réjection de tout ce qui peut découvrir la vérité. Pour comble d'injustice, ce pauvre père a deux témoins oculaires & univoques de son innocence, & on les lui ravit en les transformant en complices, sans le moindre indice qui les rangeât dans cette classe, puisqu'on en trouve pas même aujourd'hui, après cinq mois d'information, & ce qui est plus horrible après avoir condamné le père au supplice.

[82]*Tels étoient les discours, dont les rues, les places publiques, les cercles & le Palais retentirent à l'ouïe de cet étrange arrêt. Tous les Juges se tinrent renfermés chez eux. Ils craignoient qu'on ne leur demanda les raisons d'un jugement, qu'aucun d'eux n'avoit prévu, & qui paroissoit déraisonable aux uns, incroyable aux autres.*

[83]*Le lendemain le mari de la suppliante fut appliqué à la question ordinaire & extraordinaire. Il suporta les tourmens avec une fermeté que le crime a quelquefois, & avec une résignation à la Providence que l'innocence seule peut donner. Interrogé qui étoient ses complices, il répondit,* Quand on est innocent, on n'a point de complices.

[Les paragraphes 83-90 ne sont pas repris dans ce ms.]

Interrogé encore sur le même sujet, il protesta qu'il n'avoit ni donné ni fait donner la mort à son fils, qu'il l'avoit toujours aimé & qu'il le regrettoit véritablement.

[84]*Au même instant les zélés répandirent dans toute la ville, qu'il avoit tout avoué, jusqu'à la délibération de l'assemblée des Religionaires. Et au lieu de donner pour motif de sursis au jugement des autres le défaut des preuves contre eux, ils cherchèrent ce motif dans une certaine espérance qu'ils prêtèrent aux juges de constater par l'aveu du condamné & ensuite par celui des corrées la prétendue délibération du parricide.*

[85]*Cette nouvelle mourut en naissant. Ce qui n'empêcha pas que deux cens lettres parties de Toulouse le même matin n'annonçassent à tout Paris que l'hérétique s'étoit avoué coupable.*

[86]*Le Père Bourges Dominicain & professeur en théologie fut chargé avec un autre religieux du même ordre de l'assister dans ses derniers moments & surtout de tirer de lui la vérité. Le condamné reçut leurs bons offices avec reconnoissance, les pria de lui parler de Dieu, leur dit qu'il étoit attaché à la religion de ses pères, qu'il espéroit d'y mourir, mais qu'assurément il l'abjureroit si elle lui avoit conseillé, ou si elle ne lui avoit pas défendu un crime aussi abominable, aussi inoui que celui dont on l'accusoit. En effet s'il y avoit une religion homicide, on pourroit y vivre, mais il seroit impossible d'y mourir.*

[87]*De la chambre de la question conduit au lieu du supplice, il y porta la même tranquillité d'âme. Quand il monta sur le chariot fatal, il dit au Peuple,* Je suis innocent. *En passant dans son quartier, il salua les personnes de sa connoissance. A l'amende honorable, il protesta qu'il offroit à Dieu de bon cœur le sacrifice de sa vie pour l'expiation de ses péchés, mais qu'il mouroit aussi innocent de ce crime que l'étoient ses juges. Au pié de l'échaffaut, le commissaire reçut son testament de mort, qui ne fut qu'une déclaration de son innocence & une détestation du crime imputé. Le P. Bourges fit une nouvelle tentative:* ce malheureux vieillard lui répondit, Et vous aussi, vous pourriez croire qu'un père tuë son fils!

[88]*Dès qu'il fut sur l'échafaut, ses concitoyens donnèrent à son malheur des larmes d'autant plus sincères qu'elles étoient plus tardives.*

[Les paragraphes 83-90 ne sont pas repris dans ce ms.]

*Au premier coup de barre qu'il reçoit, tous les assistants frissonnent, &
le patient ne pousse qu'un cri modéré. Les trois autres ne lui arrachèrent
pas une plainte. Placé sur la roüe où parmi les plus vives douleurs il
devoit soupirer pendant deux heures après la mort, il ne tint que des
discours édifiants. Il abregeoit ces éternels instants en se jettant dans les
bras de Dieu. Il ne s'emporta point contre ses juges. Il pria Dieu de leur
pardonner sa mort, de ne la leur pas imputer, & que sans doute ils
avoient été trompés par un faux ʒèle & par de faux témoins. Le P.
Bourges voyant approcher ce moment si attendu, où l'exécuteur se
disposoit à délivrer de la vie cet infortuné, lui dit,* Mon cher frère! par
ce Dieu que vous invoquez, en qui vous espérez, qui est mort pour
vous, je vous conjure de donner gloire à la vérité. Vous la devez à la
justice, aux saintes dispositions que la grâce vous inspire, à vous
même. *Le Patient lui répondit ces propres paroles,* Je la dois la vérité,
& je l'ai dite. Je meurs innocent: J.C. l'innocence même, voulut
bien mourir par un plus cruel supplice. Dieu punit sur moi le péché
de ce malheureux qui s'est défait: il le punit sur son frère & sur ma
femme: il est juste: & j'adore ses châtiments. Mais, mon père! mais
ce pauvre étranger, à qui je croyois faire politesse en le priant à
souper, cet enfant si bien né, ce fils de M. LaVaysse, comment la
providence l'a-t'elle envelopé dans mon malheur? *Il parloit ainsi,
lorsque le Sr. David, qui s'étoit empressé d'être témoin d'un supplice
dont il étoit l'auteur, quoiqu'un autre capitoul fut commissaire préposé
pour cette exécution, s'approche de lui, & lui crie,* Misérable! dis la
vérité: vois le bucher qui va réduire ton corps en cendre. *Pour toute
réponse, le mourant détourne un peu la tête: sur le champ l'exécuteur lui
ôte la vie & le jette dans le feu.*

[89]*Quoiqu'il fut mort Protestant, les deux religieux ne purent
retenir les éloges qu'ils devoient à sa mémoire.* C'est ainsi, *dirent-ils à
qui voulut l'entendre,* c'est ainsi que sont morts nos martyrs. Il est
mort dans sa religion, *ajoutoit le P. Bourges:* mais il est mort comme
un Predestiné. Il a fait des actes si vifs de foi, d'amour, de
contrition, qu'ils auroient suffi pour expier les plus grands
péchés: à plus forte raison auront-ils expié une erreur de l'entende-
ment.

[91]Cependant la calomnie toujours confondue et toujours renaissante ne trouva plus d'autres ressources.

[90]*Cependant le Sr. David écrivit à Pau, que le mort, avant de recevoir le coup de grace, avoit avoué son prétendu crime. On le fit même courir à Toulouse parmi les Juges. Le P. Bourges crut devoir aller lui-même leur rendre compte des choses & les assurer qu'il avoit protesté jusqu'au dernier soupir de son innocence & de celle des co-accusés.*

[91]*La calomnie toujours confondue, & toujours renaissante, ne trouva plus d'autre ressource, que d'interpréter à sa manière les protestations d'innocence qui frapoient les plus prévenus. On dit donc que le mari de la suppliante en déclarant qu'il étoit innocent avoit parlé d'après les idées de sa fausse conscience trompée par sa fausse religion qui lui persuadait que le Parricide n'étoit pas un crime. Dès que cette explication eut été hautement démentie par les deux Dominicains, on dit qu'il n'étoit pas étonnant qu'un homme mort sans confession mentit au Dieu & aux hommes jusqu'au dernier moment.*

[Suite du mémoire]

APPENDICE III

Déclaration juridique de la servante de Mme Calas

'Plus la rage du fanatisme exhale de poison, plus
elle rend service à la vérité' (Voltaire au marquis
de Florian, 16 avril 1767, D14121).

Dans sa lettre à Elie de Beaumont du 30 mars 1767, Voltaire
rapporte 'ce conte si horrible, si absurde et si répandu, selon le
quel la servante de madame Calas vient d'avouer par devant
notaire à l'article de la mort, que madame Calas, son mari, un de
ses fils et mons^r de la Vaisse leur ami, avaient en effet étranglé
Marc Antoine Calas pour avoir eu quelque tentation d'entrer dans
la Communion romaine'. Et il poursuit: 'cette servante, dit-on,
qui a toujours été catholique, qui a fréquenté les sacrements
de l'église romaine pendant cinquante années, n'était qu'une
protestante déguisée. Elle avait elle-même servi à étrangler le fils
de son maître. Elle a tout révélé en mourant. Voilà ce qu'on a
donné pour certain à Versailles, à Paris et dans la province'
(D14073). Le philosophe se fait ainsi l'écho du bruit qui court
effectivement et qu'il s'empresse de dénoncer comme une calomnie
que divulgue Fréron 'en s'enivrant avec ses garçons empoisoneurs'
(D14081). Quelques jours plus tard, il précise que le scélérat
Fréron 'a voulu engager un des gueux avec lesquels il s'enivre à
faire des vers sur les prétendus aveux de la pauvre Viguière'
(D14107). De son côté, la *Correspondance littéraire* nous apprend,
le 15 avril, à propos de ces 'bruits calomnieux', qu''il s'est trouvé
ici un homme assez pervers ou assez léger pour annoncer cette
nouvelle comme certaine et confirmée par M. Mariette, avocat de
Madame Calas, et pour la soutenir à la table de M. le contrôleur
général en présence de ce ministre et de vingt autres témoins'.
Indigné, le rédacteur ajoute: 'Il a donc fallu détruire cette calomnie

d'une manière authentique. On en a rendu compte à M. le contrôleur général, qui en a instruit le roi. Ce qui n'empêche pas que celui qui a osé la débiter en pleine table ne jouisse de l'impunité et même de l'avantage de ne pas être connu' (*CL*, vii.300-301).

C'est à l'instigation des défenseurs et protecteurs des Calas que Jeanne Viguière, qui a quitté Toulouse le 18 juin 1764 après l'arrêt cassant les sentences du Parlement et a rejoint Mme Calas à Paris, fait, le 29 mars 1767, à la suite d'un accident sans gravité mortelle (elle devait mourir seulement le 8 décembre 1780), une 'déclaration juridique' afin de repousser l'odieuse calomnie. Le 13 avril, Voltaire déclare recevoir avec une lettre d'Elie de Beaumont 'le procès-verbal de la célèbre servante' (D14110) et ne cache pas, dans une missive du même jour adressée aux d'Argental, qu'il est 'fâché que la vérité se soit trop tôt découverte': 'Il fallait laisser parler et triompher les Frérons pendant quinze jours, et ensuite montrer leur turpitude' (D14107). Cependant, même tôt découverte, la calomnie n'est pas sans heureux effet. Car les 'dévots' persécuteurs des Calas et de Voltaire lui-même se voient 'reconnus pour des calomniateurs' (D14085) et ne peuvent qu'indigner tout le Conseil qui, sous l'emprise du bruit calomnieux, semblait avoir 'protégé des coupables contre un parlement équitable et judicieux' (D14121).

Plus que jamais déterminé à réfuter 'la rage absurde du fanatisme', Voltaire fait publier la *Déclaration* assortie d'une note où Fréron est nommément mis en cause et présenté comme conduit par le seul souci de nuire à la cause des Sirven. Mais la *Déclaration* paraît aussi sous la forme d'une feuille avec un permis d'imprimer daté du 9 avril 1767. La presse elle-même s'en empare. C'est ainsi que la *Gazette de Leyde* annonce cette 'déclaration formelle' dans sa livraison 35 du 1ᵉʳ mai 1767 (De Paris, le 22 avril) et la reproduit dans le Supplément de ce numéro (De Paris, le 24 avril) ainsi que dans celui du numéro suivant (mardi 5 mai).

On est tenté de rappeler que cette sorte de certificat 'juridique' de catholicité que constitue la *Déclaration* n'est pas sans rapport avec la 'preuve' que Voltaire avançait dès 1763 quand il observait que Jeanne Viguière, si elle avait été complice du crime, n'aurait pu approcher des sacrements de la pénitence et de la communion: 'Elle se confesse et communie tous les huit jours', écrivait-il ainsi à Louis Thiroux de Crosne le 30 janvier 1763, 'si elle a fait un faux serment en justice pour sauver ses maîtres, elle s'en est accusée dans la confession: on lui aurait refusé l'absolution, elle ne communierait pas' (D10963). Certes, reconnaissait-il, une telle preuve n'est pas 'à la rigueur dans l'ordre judiciaire' (D10966), mais il la jugeait susceptible de servir à fortifier les autres preuves (D10963) et de 'faire impression sur les juges' (D10966). [1]

De l'efficacité du démenti apporté par la publication de la *Déclaration*, un témoignage nous est donné par la lettre que Lavaysse écrit à Voltaire le 25 juin 1767 et où il rappelle l'insuccès des adversaires du philosophe dans l'épisode de 'la fable inventée et décréditée sur le compte de Jeanne Viguière' (D14242).

A l'exemple des éditeurs de Kehl et de ceux qui ont suivi, nous reproduisons ici la *Déclaration*, car elle se révèle un document étroitement lié à l'affaire Calas et au combat idéologique qu'elle sous-tend.

67G

DECLARATION / *JURIDIQUE* / DE LA SERVANTE / DE MADAME CALAS, / *Au sujet de la nouvelle calomnie* / *qui persécute encor cette* / *vertueuse famille.* / 1767. /

8°. sig. a^8; pag. 15.

[1] titre; [2] bl.; [3]-15 Déclaration juridique de la servante de madame Calas, au sujet de la nouvelle calomnie qui persécute encor cette vertueuse famille.

L'édition originale genevoise de la *Déclaration*.

ImV: LA Calas 1767/1.

67P

[*titre de départ*] DECLARATION / DE / JEANNE VIGUIERE, /

---

[1] Voir ci-dessus, Introduction générale, p.40.

Ancienne Domestique des Sieur & Dame Calas, de Toulouse, touchant les bruits calomnieux qui se sont répandus sur son compte. /

8°. sig. A⁴; pag. 8.

[1]-8 Déclaration de Jeanne Viguiere ancienne domestique des sieur et dame Calas, de Toulouse, touchant les bruits calomnieux qui se sont répandus sur son compte.

A la fin de la page 8, on lit: 'Permis d'imprimer ce 9 Avril 1767. De Sartine. De l'Imprimerie de P. De Lormel, rue du Foin.'

Bn: Z Beuchot 906 bis (5).

67x

[*titre de départ*] DECLARATION / DE / JEANNE VIGUIERE, / *Ancienne Domestique des Sieur & Dame Calas, de Toulouse, touchant les bruits calomnieux qui se sont répandus sur son compte.* /

8°. sig. A²; pag. 4.

[1]-8 Déclaration de Jeanne Viguiere ancienne domestique des sieur et dame Calas, de Toulouse, touchant les bruits calomnieux qui se sont répandus sur son compte.

Une autre édition, avec la même mention de permis d'imprimer, mais sans nom d'imprimeur.

Archives départementales de la Haute-Garonne: Br 8° 1679.

EJ (1769)

Evangile du jour. Londres [Amsterdam], 1769-1780. 18 vol. 8°. Bengesco ii.404-11; Trapnell EJ; BnC 5234-5281.

Volume 3 (1769): 46-50 Déclaration juridique de la servante de madame Calas, au sujet de la nouvelle calomnie qui persécute encor cette vertueuse famille.

Il est probable que les premiers volumes de cette collection furent édités par Voltaire.

Bn: Rés. Z Beuchot 290 (3).

K84

Œuvres complètes de Voltaire. [Kehl], Société littéraire-typographique, 1784-1789. 70 vol. 8°. Bengesco 2142; Trapnell K; BnC 164-193.

Volume 30: 252-257 Déclaration juridique de la servante de Mme Calas, au sujet de la nouvelle calomnie qui persécute encore cette vertueuse famille.

La première impression in-octavo de l'édition de Kehl. Le texte de la *Déclaration* est celui de l'édition originale. Elle est précédée d'une note des éditeurs: 'En 1767 la servante catholique de l'infortuné Calas s'étant cassé la jambe, les zélés imaginèrent de répandre le bruit qu'elle était morte des suites de sa chute, et qu'elle avait déclaré en mourant que son maître était coupable du meurtre de son fils. Ce bruit fut adopté avidement par les pénitents et le reste de la populace de Toulouse. Fréron, dont la plume était vendue à toutes les calomnies que l'esprit de fanatisme avait intérêt d'accréditer, inséra cette nouvelle dans ses feuilles périodiques. Il importait de la détruire non seulement pour l'honneur de la famille de Calas, mais pour sauver celle de Sirven, qui demandait alors justice contre un jugement également ridicule et inique, que le fanatisme avait inspiré à un juge imbécile. Cette anecdote est une preuve de ce que le faux zèle ose se permettre, de la bassesse avec laquelle les insectes de la littérature se prêtent à ces infâmes manœuvres, de ce qu'enfin on aurait à craindre même dans notre siècle, si le zèle éclairé qui anime les amis de l'humanité pouvait cesser un moment d'avoir les yeux ouverts sur les crimes du fanatisme, et les manœuvres de l'hypocrisie. Nous avons cru devoir joindre ici cette déclaration aux autres pièces relatives à l'affaire de Calas: elle est également nécessaire, et pour compléter cette funeste histoire, et pour montrer que c'est moins à l'erreur personnelle des juges, qu'à l'atrocité de l'esprit persécuteur qu'il faut attribuer le meurtre de ce père infortuné'.

Taylor: VF.

C'est 67G que nous reproduisons ici avec le nota-bene (p.15) stigmatisant Fréron et sa volonté de contrecarrer l'œuvre entreprise en faveur des Sirven. Nous modernisons l'orthographe (celle des noms propres n'est pas modifiée) tout en respectant la ponctuation. Nous tenons compte des variantes de 67P.

DÉCLARATION JURIDIQUE DE LA SERVANTE DE MADAME CALAS AU SUJET DE LA NOUVELLE CALOMNIE QUI PERSÉCUTE ENCORE CETTE VERTUEUSE FAMILLE

L'an mille sept cent soixante-sept, le dimanche vingt-neuf mars, trois heures de relevée, Nous Jean François Hugues, conseiller du roi, commissaire, enquêteur, examinateur au Châtelet de Paris, sur la réquisition qui nous a été faite de la part de Jeanne Viguiére, ci-devant domestique des sieur et dame Calas,[1] de nous transporter   5
au lieu de son domicile, pour y recevoir sa déclaration sur certains faits; nous nous sommes en effet transportés rue Neuve, et paroisse Saint-Eustache, en une maison appartenante à M. Langlois, conseiller au grand Conseil,[2] dont le troisième étage est occupé par la dame veuve du sieur Jean Calas marchand à Toulouse; et étant   10
montés chez ladite dame Calas, elle nous a fait conduire dans une chambre, au quatrième étage, ayant vue sur la rue, où étant parvenus, nous avons trouvé ladite Jeanne Viguiére dans son lit, par l'effet de la chute dont va être parlé, ayant une garde à côté d'elle, que nous avons fait retirer; laquelle Jeanne Viguiére, après   15
serment par elle fait et prêté en nos mains de dire la vérité, nous a dit et déclaré que le lundi seize février dernier, sur les quatre heures après midi, étant sortie pour aller rue Montmartre, elle eut le malheur de tomber dans ladite rue, et de se casser la jambe

---

3   67P: commissaire au Châtelet
16 67P: dire vérité

---

[1] Entrée au service des Calas vers 1737 (voir *Pièces originales*, n.10), accusée comme ses maîtres, mise hors de Cour et de procès à l'unanimité par jugement du Parlement de Toulouse en date du 18 mars 1762, elle finit par rejoindre à Paris en 1764 Mme Calas qui s'y trouve depuis juin 1762 (voir *Mémoire de Donat Calas*, l.298-306).
[2] Depuis le 17 août 1737 (semestre d'hiver).

droite; que plusieurs personnes étant accourues à son secours, elle
fut transportée sur le champ chez ladite dame Calas son ancienne
maîtresse, où elle a toujours conservé sa demeure depuis qu'elle
est à Paris, laquelle envoya chercher le sieur Botentuit oncle,
maître en chirurgie, qui lui remit la jambe; que ladite dame Calas
lui a donné une garde, qui est celle qui vient de se retirer, laquelle
ne l'a point quittée depuis cet accident; que le sieur Botentuit a
continué de venir lui donner les soins dépendants de son état,
lesquels ont été si heureux, qu'elle n'a eu aucun accès de fièvre,
qu'elle est actuellement à son quarante et unième jour, sans qu'il
lui soit survenu aucun autre accident; qu'elle a reçu de ladite dame
Calas tous les secours qu'elle pouvait espérer d'une ancienne
maîtresse, dont elle a éprouvé dans tous les temps mille marques
de bonté: qu'elle a appris avec la plus grande surprise, qu'on avait
débité dans le monde qu'elle Jeanne Viguiére était morte, et que
dans ses derniers moments elle avait déclaré devant notaires,
qu'étant chez le feu sieur Jean Calas son maître, elle avait embrassé
la religion protestante, et que par un prétendu zèle pour cette
religion, elle avait, conjointement avec ledit sieur Calas, sa famille
et le sieur Lavaysse, donné la mort à Marc-Antoine Calas;
qu'ensuite ayant été constituée prisonnière, elle avait feint d'être
toujours catholique, afin de n'être point soupçonnée de sauver sa
vie, et par son témoignage, celle de tous les autres accusés; mais
que se trouvant au moment de mourir, elle était rentrée dans les
sentiments de la foi catholique, et qu'elle s'était crue obligée de
déclarer la vérité qu'elle avait cachée, dont elle était, dit-on, fort
repentante.

Que pour arrêter les suites que pourrait avoir cette imposture,
ladite Jeanne Viguiére a cru devoir recourir à notre ministère et
requérir notre transport, pour nous déclarer, comme elle le fait
présentement en son âme et conscience, que rien n'est plus faux

---

41   67P: n'être pas soupçonnée
46-47   67P, sans alinéa

que le bruit dont elle vient de nous rendre compte, que son accident ne l'a jamais mise dans aucun danger de mort, mais que quand cela aurait été, elle n'aurait jamais fait la déclaration qu'on ose lui attribuer, puisqu'il est vrai, ainsi qu'elle l'a toujours soutenu, et qu'elle le soutiendra jusqu'au dernier instant de sa vie, que ledit 55
feu sieur Jean Calas, la dame son épouse, le sieur Jean Pierre Calas, et le sieur Lavaysse, n'ont contribué en aucune manière à la mort de Marc-Antoine Calas. Qu'elle se croit même obligée de nous déclarer que le feu sieur Jean Calas était moins capable que personne d'un pareil crime, l'ayant toujours connu d'un caractère 60
très doux, et rempli de tendresse pour ses enfants;[3] que d'ailleurs le motif qu'on a donné à la mort de Marc-Antoine Calas, et à la prétendue haine de son père, est faux, puisque ladite Jeanne Viguiére a connaissance que ce jeune homme n'avait pas changé de religion, et qu'il avait continué jusqu'à la veille de sa mort les 65
exercices de la religion protestante.[4] Que pour ce qui concerne elle Jeanne Viguiére, elle n'a pas, grâces à Dieu, cessé un seul instant de faire profession de la religion catholique apostolique et romaine, dans laquelle elle entend vivre et mourir;[5] qu'elle a pour confesseur le Révérend Père Irénée, augustin de la place des 70
Victoires; que ledit Révérend Père Irénée ayant été instruit de son

55-56 67P: que le feu

[3] Tel est le portrait moral de Jean Calas qui court dans les opuscules voltairiens (voir notamment *Histoire d'Elisabeth Canning et de Jean Calas*, p.361, l.76-78).

[4] Dès son Interrogatoire sur l'écrou, Jeanne Viguière déclare qu'elle n'a pas observé chez Marc-Antoine de dispositions pour un changement de religion, 'l'ayant', dit-elle, 'connu toujours trop ferme dans sa religion' (ADHG, 101 B 2, f.111v-112r). Elle le répète dans ses interrogatoires ultérieurs. Jean Calas, de son côté, rappelle que Marc-Antoine 'faisait la prière tous les dimanches et lisait le sermon' (Interrogatoire sur l'écrou, f.102r) et ce 'jusqu'à la veille de sa mort' (Interrogatoire sur les charges, f.328r). Sur le protestantisme de Marc-Antoine et les derniers actes religieux accomplis en 1760 et 1761 encore, voir les références données, *Pièces originales*, n.51.

[5] Sur la dévotion de Jeanne Viguière, voir *Pièces originales*, n.74.

accident, est venu la voir le dimanche huit du présent mois de mars, qu'il peut rendre compte de ses sentiments et de sa créance. De laquelle déclaration ladite Jeanne Viguiére nous a requis et demandé acte, et lecture lui en ayant été faite par nous conseiller commissaire, elle a déclaré contenir vérité, et a déclaré ne savoir écrire ni signer, de ce interpellée suivant l'ordonnance, ainsi qu'il est dit dans la minute.

Et à l'instant est survenu et comparu par-devers nous en la chambre où nous sommes, sieur Pierre Louis Botentuit Langlois, maître en chirurgie, et ancien chirurgien major des armées du roi, demeurant rue Montmartre paroisse Saint-Eustache, lequel nous a attesté et déclaré que le seize février dernier entre sept et huit heures du soir, il a été requis et s'est transporté chez ladite dame Calas, au sujet de l'accident qui venait d'arriver à ladite Jeanne Viguiére; qu'ayant visité sa jambe droite, il a remarqué fracture complète des deux os de la jambe, qu'il a continué de la voir et de la panser depuis ce temps, et lui a administré tous les secours relatifs à son état, qu'elle n'a jamais été en danger de perdre la vie par l'effet de ladite chute, qu'il n'y a eu qu'une excoriation sur la crête du tibia, et que la malade a toujours été de mieux en mieux; qu'il est à sa connaissance que ledit père Irénée a confessé ladite Viguiere depuis ledit accident; laquelle déclaration il fait pour rendre hommage à la vérité, et a signé en la minute des présentes.

Est aussi survenu et comparu par-devant nous en la chambre où nous sommes, Pierre-Guillaume Garilland, religieux, prêtre de l'ordre des augustins de la province de France, établis à Paris près la place des Victoires, nommé en religion Irénée de Sainte Therèse, définiteur de la susdite province, [6] demeurant audit couvent; lequel

78   67P: la minute des présentes.//
79   67P: par devant nous
97   67P: augustins réformés de

[6] Nom donné dans les couvents à des moines qui, élus par une assemblée des frères de chaque province, étaient députés aux chapitres généraux avec pouvoir d'y

nous a dit, déclaré et certifié que ladite Jeanne Viguiére vient à lui   100
se confesser depuis trois ans ou environ, que chaque année elle
s'est acquittée du devoir pascal, et que diverses fois dans le courant
desdites années, pour satisfaire à sa piété, vu sa conduite régulière,
il lui a permis la sainte communion; qu'enfin, depuis le fâcheux
accident qui est arrivé à ladite Viguiére, il est venu la confesser, et a   105
continué de remarquer en elle les mêmes sentiments de religion
et de piété comme par le passé; laquelle déclaration ledit Révérend
Père Irénée nous fait pour rendre hommage à la vérité, et a signé à la
minute.

Sur quoi, Nous conseiller du roi, commissaire au Châtelet,   110
susdit et soussigné, avons donné acte à ladite Viguiére, audit sieur
Botentuit, et audit Révérend Père Irénée, de leur déclaration ci-
dessus, pour servir et valoir ce que de raison, et avons signé en la
minute restée en nos mains.

Hugues, commissaire, signé.   115

N.B. Cette calomnie avait été publiée dans tout le Languedoc,
et elle était répandue dans Paris par le nommé Fréron,[7] pour
empêcher M. de Voltaire de poursuivre la justification des Sirven,
accusés du même crime que les Calas. Tous ceux qui auront lu
cette feuille authentique, sont priés de la conserver comme un   120
monument de la rage absurde du fanatisme.

---

100   67P: Viguiére vint à
109-110   67P, sans alinéa
110-111   67P: commissaire susdit
114   67P: minute des présentes demeurée en
115   67P: Signé, HUGUES
116-121   67P, absent

---

définir, sous la présidence du supérieur de l'ordre, ce qui devait être fait pour le
maintien de la discipline monastique.

[7] Non pas dans les 'feuilles' de l'*Année littéraire* comme semblent le laisser
entendre les éditeurs de Kehl dans leur avis initial (voir ci-dessus, p.262); nous
n'avons en effet trouvé dans le périodique aucune allusion à cette calomnie.

A monseigneur le chancelier
Requête au roi en son conseil

édition critique

par

Robert Granderoute

INTRODUCTION

Parce qu'il est persuadé que les pièces de la procédure seront refusées 'jusqu'à ce que le conseil du roi ordonne qu'elles soient envoyées à la cour', Voltaire affirme qu'il faut présenter requête au roi et pense que c'est au 'cri public', suscité par l'impression des deux lettres de la mère et du fils, à forcer le chancelier à 'interposer l'autorité royale' (D10554). A divers correspondants, les d'Argental, Philippe Debrus, il répète, dans les premiers jours de juillet 1762, que Mme Calas n'obtiendra jamais la production publique de la procédure, que, seuls, le chancelier ou le conseil pourront l'obtenir (D10559, D10563). C'est pourquoi il joint aux *Pièces originales* une *Requête au roi en son conseil* accompagnée d'un feuillet adressé au chancelier – deux textes brefs où, dans un style d'allure judiciaire, il résume faits et arguments, prend soin de ménager les juges et souligne les préventions imposées par 'l'esprit de parti'. Et parce qu'il estime obtenir un ordre du conseil aussi aisément sur la requête du fils que sur celle de la mère, il rédige son texte au nom de Donat Calas. Il charge Debrus de faire signer à celui-ci la Requête datée 'du 6 [*sic*] juillet 1762, à Châtelaine' (D10563) et se propose de l'envoyer le lendemain à l'avocat au conseil du roi, Mariette, qui, seul, est en droit de la signer et de la présenter. Il compte d'ailleurs en adresser copie 'à tous les amis du chancelier', cependant qu'il espère que Mme Calas voudra bien apposer sa signature (D10564).

Dans sa lettre du 8 juillet aux d'Argental qui reçoivent une copie de la *Requête* et de l'adresse au chancelier – car ils doivent être, en raison de leur zèle, 'informés de tout' – il justifie sa tactique conçue pour obtenir la communication de l'arrêt et de ses motifs: 'il y a cent exemples que le roi s'est fait rendre compte d'affaires bien moins intéressantes'; et il énumère les raisons qu'il juge 'assez fortes' pour réussir. Il précise que l'ensemble des pièces a été envoyé à Héron, premier commis du conseil, lequel les 'fera rendre' 'selon qu'il trouvera la chose convenable' (D10566). Expédiant à Henri Cathala la *Requête*, il revient sur le fait qu'il serait à propos que la mère la signât et cela sans en parler au coaccusé F.-A. Gaubert Lavaysse qui, à l'instigation de son père, cherche à se dégager. Il ajoute qu'il est d'avis qu'on envoie la *Requête* ainsi signée par la poste au chancelier et à tous les ministres (D10584). Au même Cathala, il transmet, le 26 juillet, le conseil d'Héron selon qui il convient de remettre à Saint-Florentin la *Requête* au roi signée de la veuve afin que l'affaire soit portée au conseil des dépêches – voie jugée 'la plus sûre et la plus prompte'. Et Voltaire exprime le souhait que Mme Calas ou l'un de ses amis bien instruits se rende chez Héron, lui parle 'avec l'attendrissement le plus touchant et la plus entière confiance' – Héron étant 'l'homme du monde le plus capable de donner les meilleurs conseils, et de rendre les plus grands services' (D10606). Ce souhait, il l'énonce de nouveau le 31 juillet, tout en réfléchissant sur l'opportunité de la *Requête*: assurément, le chancelier ne saurait trouver mauvais qu'on présente une requête au roi en son conseil puisque c'est à lui-même qu'on donne cette requête dont copie sera remise à chaque membre du conseil des dépêches qui comprend, outre le chancelier, Saint-Florentin, le garde des sceaux, le contrôleur général, tous, croit savoir Voltaire, 'très bien disposés en faveur des plaignants' (D10620).

La communication demandée de la procédure s'impose d'autant plus que, par une lettre du 2 juillet, Mariette ne cache pas qu'il ne peut rien s'il ne dispose pas d'un extrait des pièces (D10566). Convaincu qu''une grande', 'une extrême protection' pourra, seule, obtenir du chancelier ou du roi 'un ordre d'envoyer copie des registres' (D10571, D10572), Voltaire, qui compte évidemment sur la pression de l'opinion soulevée par les *Pièces originales*, ne néglige pas néanmoins d'agir ou de faire agir 'fortement' auprès du chancelier (D10568). Parce qu'ils ont 'un grand crédit' sur l'esprit de celui-ci, l'un au titre de parent et d'ami, l'autre au titre de gendre, M. de Nicolaï, premier président de la chambre des comptes, et M. d'Auriac, président au Grand Conseil, sont vivement sollicités. Parallèlement, Voltaire cherche à toucher Saint-Florentin par l'intermédiaire de la duchesse d'Anville, du duc de Richelieu, et du duc de Villars, tandis qu'il fait appel à M. de Chaban, intendant des postes, en qui le ministre 'a beaucoup de confiance', et à Tronchin, fermier général, qui 'peut tout auprès de M. de Chaban'. Premier commis auprès de Saint-Florentin, M. Ménard n'est pas, lui non plus, oublié. Bref, tous les moyens sont tentés 'qui pourraient s'entraider, sans pouvoir s'entrenuire' (D10566) et il n'est pas – en dehors de Choiseul dont les dispositions bienveillantes semblent assurées – jusqu'à Mme de Pompadour que l'on espère voir intercéder (D10587).

Cependant juillet passe sans que requête et adresse paraissent remises à leurs destinataires. Au début d'août, Voltaire prévient Debrus que, selon le premier commis du ministre, 'il faut absolument commencer par une requête à m^r le chancelier'. Décidé à laisser l'initiative aux avocats, il rappelle: 'J'ay proposé des requêtes pour faire venir la procédure. Nous verrons si on tentera cette voye' (D10624). En attendant, il lance un nouveau mémoire (*Mémoire de Donat Calas*) et continue par là à préparer et disposer les esprits.

Bengesco (n° 1676) rappelle que ces deux pièces, dont il n'a pas vu d'édition séparée, 'n'ont été imprimées dans aucune des éditions des *Œuvres* données du vivant de Voltaire' et qu'elles ne se trouvent pas dans l'édition de Kehl. La première édition où il les ait rencontrées est l'édition Lefèvre (Beuchot). [1]

B

Œuvres de Voltaire, avec des préfaces, avertissements, notes, etc., par M.

---

[1] Barbier, dans son *Dictionnaire des ouvrages anonymes* (i.7), mentionne la lettre d'envoi à monseigneur le chancelier (2 p. 8°), mais il s'appuie seulement sur la référence bibliographique d'A. Coquerel, *Jean Calas et sa famille: étude historique d'après les documents originaux* (Paris 1869), p.486, n° 17.

Beuchot. Paris, Lefèvre &c., 1829-1834. 72 vol. 8°. Bengesco iv.42-46; BnC 280-291.

Volume 40: 518-520 A monseigneur le chancelier; 521-522 Requête au roi en son conseil.

Bn: Z 27109.

Principes de cette édition

N'ayant pas nous-même découvert d'édition séparée, nous reproduisons ici le texte de l'édition Beuchot. De cette édition, nous respectons la ponctuation; nous modernisons l'orthographe sauf celle des noms propres ('sa majesté' devient 'Sa Majesté').

À MONSEIGNEUR LE CHANCELIER

De Châtelaine, 7 juillet 1762.

Monseigneur,

S'il est permis à un sujet d'implorer son roi, s'il est permis à un
fils, à un frère de parler pour son père, pour sa mère et pour son
frère, je me jette à vos pieds avec confiance. 5

Toute ma famille et le fils d'un avocat célèbre, nommé Lavaisse,
ont tous été accusés d'avoir étranglé et pendu un de mes frères,
pour cause de religion, dans la ville de Toulouse. Le parlement a
fait périr mon père par le supplice de la roue. C'était un vieillard
de soixante-huit ans, que j'ai vu incommodé des jambes. Vous 10
sentez, monseigneur, qu'il est impossible qu'il ait pendu seul un
jeune homme de vingt-huit ans, dix fois plus fort que lui. Il a
protesté devant Dieu de son innocence en expirant. Il est prouvé
par le procès-verbal que mon père n'avait pas quitté un instant le
reste de sa famille, ni le sieur Lavaisse, pendant qu'on suppose 15
qu'il commettait ce parricide.

Mon frère Pierre Calas, accusé comme mon père, a été banni:
ce qui est trop, s'il est innocent, et trop peu, s'il est coupable.
Malgré son bannissement on le retient dans un couvent, à Toulouse.

Ma mère, sans autre appui que son innocence, ayant perdu tout 20
son bien dans cette cruelle affaire, ne trouve encore personne qui
la présente devant vous. J'ose, monseigneur, parler en son nom et
au mien; on m'assure que les pièces ci-jointes[1] feront impression
sur votre esprit et sur votre cœur, si vous daignez les lire.

Réduit à l'état le plus déplorable, je ne demande autre chose, 25
sinon que la vérité s'éclaire. Tous ceux qui, dans l'Europe entière,
ont entendu parler de cette horrible aventure, joignent leurs voix

---

[1] Les *Pièces originales*.

à la mienne.[2] Tant que le parlement de Toulouse, qui m'a ravi mon père et mon bien, ne manifestera pas les causes d'un tel malheur, on sera en droit de croire qu'il s'est trompé, et que l'esprit de parti seul a prévalu par les calomnies auprès des juges les plus intègres. Je serai surtout en droit de redemander le sang innocent de mon malheureux père.

Pour mon bien, qui est entièrement perdu, ce n'est pas un objet dont je me plaigne; je ne demande autre chose de votre justice, et de celle du conseil du roi, sinon que la procédure qui m'a ravi mon père, ma mère, mon frère, ma patrie, vous soit au moins communiquée.

Je suis, avec le plus profond respect, etc.

DONAT CALAS

[2] Comme la correspondance le révèle, Voltaire ne cesse de faire état de l'indignation et de l'horreur éprouvées par l'étranger et tient à soulever le 'cri public' tant en France que dans le reste de l'Europe.

REQUÊTE AU ROI EN SON CONSEIL

Châtelaine, 7 juillet 1762.

Donat Calas, fils de Jean Calas, négociant de Toulouse, et d'Anne-Rose Cabibel,[3] représente humblement:

Que, le 13 octobre 1761, son frère aîné Marc-Antoine Calas se trouva mort dans la maison de son père, vers les dix heures du soir, après souper.

Que la populace, animée par quelques ennemis de la famille, cria que le mort avait été étranglé par sa famille même, en haine de la religion catholique;[4]

Que le père, la mère, et un des frères de l'exposant, le fils d'un avocat nommé Gobert Lavaisse, âgé de vingt ans, furent mis aux fers;

Qu'il fut prouvé que tous les accusés ne s'étaient pas quittés un seul instant pendant que l'on supposait qu'ils avaient commis ce meurtre;

Que Jean Calas, père du plaignant, a été condamné à expirer sur la roue, et qu'il a protesté, en mourant, de son innocence;

Que tous les autres accusés ont été élargis;

Qu'il est physiquement impossible que Jean Calas le père, âgé de soixante-huit ans, ait pu seul pendre Marc-Antoine Calas, son fils, âgé de vingt-huit ans, qui était l'homme le plus robuste de la province;

---

[3] Jean Calas a épousé Anne-Rose Cabibel le 19 octobre 1731.

[4] C'est l'explication qu'avance La Salle à la fin de ses *Observations pour le sieur Jean Calas, la dame de Cabibel, son épouse, et le sieur Pierre Calas, leur fils* (s.l. 1762), rédigées entre la sentence des capitouls (18 novembre 1761) et le jugement du Parlement (9 mars 1762): 'Toutes ces impostures auraient dû faire connaître aux capitouls, comme elles en convaincront la cour, que des ennemis secrets des Calas leur ont suscité cette accusation en excitant contre eux le zèle du magistrat par une surprise faite à sa religion' (p.67).

Qu'aucun des indices trompeurs sur lesquels il a été jugé ne peut balancer cette impossibilité physique;

Que Pierre Calas, frère de l'exposant, accusé de cet assassinat, aussi bien que son père, a été condamné au bannissement; ce qui est évidemment trop s'il est innocent, et trop peu s'il est coupable;

Qu'on l'a fait sortir de la ville par une porte, et rentrer par une autre;

Qu'on l'a mis dans un couvent de jacobins;

Que tous les biens de la famille ont été dissipés;

Que l'exposant, qui pour lors était absent, est réduit à la dernière misère;

Que cette horrible aventure est, de part ou d'autre, l'effet du plus horrible fanatisme;[5]

Qu'il importe à Sa Majesté de s'en faire rendre compte;

Que ledit exposant ne demande autre chose, sinon que Sa Majesté se fasse représenter la procédure sur laquelle tous les accusés étant ou également innocents, ou également coupables, on a roué le père, banni et rappelé le fils, ruiné la mère, mis Lavaisse hors de cour; et comment on a pu rendre des jugements si contradictoires.

Donat Calas se borne à demander que la vérité soit connue; et quand elle le sera, il ne demande que justice.

---

[5] Formule leitmotiv de la correspondance: 'Voylà d'un côté ou d'un autre le fanatisme le plus horrible' (D10390), 'Il y a le plus horrible fanatisme d'un ou d'autre côté' (D10403). Evoquant le fanatisme, Loiseau de Mauléon reprend la même alternative: 'Il est donc trop vrai qu'il en existe nécessairement un dans cette horrible affaire, soit de la part des père et mère, s'ils ont étranglé leur fils, soit de la part du peuple, s'il a, par ses extravagantes calomnies, formé ces prétendus indices qui ont porté le plus tendre des pères sur la roue' (*Mémoire pour Donat, Pierre et Louis Calas*, Paris 1762, p.59).

Mémoire de Donat Calas
pour son père, sa mère, et son frère

———————————

édition critique

par

Robert Granderoute

INTRODUCTION

Tandis que le parti à prendre reste incertain,[1] Voltaire demeure fidèle à son projet de plaider 'devant le public', de susciter l'attention, d'attendrir et d'effrayer au récit de l'aventure cruelle, et de ménager par là la bienveillance des juges, quels qu'ils soient (D10587). C'est ainsi qu'il répand, dans les derniers jours de juillet, un nouvel opuscule, le *Mémoire de Donat Calas*, daté du 22 juillet et suivi d'une 'Déclaration de Pierre', datée, elle, du 23.

Pierre Calas, en effet, le fils qui a partagé les fers du père, a rejoint Donat en Suisse où il arrive le 20 juillet et Voltaire entre sans tarder en contact avec lui. 'Je l'ai interrogé pendant quatre heures', rapporte-t-il, le 26 juillet, à Dominique Audibert, 'je frémis et je pleure' (D10605). 'Je l'ay vu fondre en larmes', écrit-il à Fyot de La Marche le 30 juillet, et d'ajouter: 'Si je voulais peindre l'innocence, je peindrais ce jeune homme' (D10617). De cette innocence, il fera encore état le 30 janvier 1763 quand il précisera à Louis Thiroux de Crosne, rapporteur au conseil, que son attitude initiale de circonspection à l'égard de Pierre Calas l'a conduit à une conviction inébranlable: 'Je l'ai vu souvent. Je fus d'abord en défiance. J'ai fait épier pendant quatre mois sa conduite et ses paroles; elles sont de l'innocence la plus pure et de la douleur la plus vraie' (D10963).

Comme il a déjà prêté sa plume à Donat Calas et comme il continue de le faire, Voltaire prête sa plume à l'autre fils de Jean Calas et fait usage des confidences directement reçues, tandis qu'il met en œuvre les lumières nouvelles que ses correspondants parisiens en relation avec la mère lui communiquent. Certes, il peut, dans la 'Déclaration', reprendre des éléments déjà évoqués dans le *Mémoire* ou même dans les *Pièces originales*, mais il les

---

[1] Voir ci-dessus, *A monseigneur le chancelier* et *Requête au roi en son conseil*, p.273.

reprend selon un mode de variation qu'impose le regard propre du signataire, de sorte que les opuscules avec leur orientation et leur éclairage distinctifs se précisent l'un l'autre, se complètent, voire se corrigent.

Du *Mémoire de Donat Calas*, Voltaire parle dans deux lettres à Gabriel Cramer que Besterman propose de dater des environs du 25 juillet (D10603, D10604). Il prie l'imprimeur d'introduire à la suite de l'exorde une addition qui sera d'ailleurs légèrement modifiée avant la publication et lui demande de lui faire parvenir l'épreuve le soir même (il ne la recevra pas, Cramer ayant commis une méprise avec des feuilles de Corneille). C'est ce *Mémoire* qu'à une date vraisemblablement toute proche, il communique à Théodore Tronchin dans sa version destinée aux catholiques, soumettant au jugement, aux 'lumières' et à 'l'humanité' de son correspondant notamment le début où Donat fait l'aveu de la religion dans laquelle lui et sa famille sont nés et qui n'est pas la religion dominante. 'Il m'a paru', écrit-il, 'qu'un protestant ne devait pas désavouer sa religion, mais qu'il devait en parler avec modestie et commencer par désarmer, s'il est possible, les préjugés qu'on a en France contre le calvinisme, et qui pourraient faire un très grand tort à l'affaire des Calas'. Afin de prévenir ces réactions hostiles et dommageables, le *Mémoire* s'ouvre sur 'une exposition modeste de ce que la religion protestante peut avoir de plus raisonnable': 'Il faut que cette petite profession honnête et serrée laisse aux convertisseurs une espérance de succez'. 'La chose était délicate', commente Voltaire, 'mais je crois avoir observé les nuances' (D10613). S'adressant de nouveau peu après au même correspondant (D10616), il revient sur cet exorde qu'il a, dit-il, 'extrêmement adouci' par rapport à ce qu'était d'abord 'le sçavant exposé de Révérend Donat Calas, théologien très profond', et il insiste: 'je fais parler Donat en homme qui répète avec timidité ce que ses maîtres lui ont appris et qui ne demande qu'à être mieux instruit. Ce tour me paraît très naturel, il faut qu'un protestant parle en protestant, mais qu'il ne révolte pas les Catholiques'. De toute façon, le 'principal personnage' n'est pas Donat, absent lors de 'l'horrible tragédie' et qui 'remplit seulement le devoir d'un fils'; c'est Pierre, qui 'ensuite vient' (allusion à la 'Déclaration') et qui, en tant qu'acteur, rapporte le procès: 'Il met sous les yeux tout ce qu'il a fait, tout ce qu'il a vu et tout ce qui est consigné au greffe, il montre la vérité dans tout son jour'. Reconnaissant que 'tout cela' est écrit 'très à la hâte', Voltaire se déclare prêt à corriger tous les endroits que Tronchin lui indiquera et en particulier ce passage ironique où est rapporté le témoignage selon lequel Calas, une fois égorgé, se serait plaint; et le voici qui, de nouveau, médite sur l'exorde et son à-propos: 'Je ne sçais s'il est mal d'exposer en une seule page tout ce qui peut rendre la religion des Calas excusable aux yeux des Jansénistes', c'est-à-dire des parlementaires qui lui paraissent, à l'exception de ceux de Toulouse, incliner vers 'un protestantisme mitigé'.

Diffusion

Selon l'aveu de Voltaire même, le *Mémoire* contient des 'vérités touchantes et terribles' (D10616). 'Vous verrez bien', écrit-il, le 30 juillet, à Fyot de La Marche, 'par les nouveaux mémoires sur l'horrible avanture des Calas qu'il y a de quoy pleurer' (D10617). Ces 'nouveaux mémoires', il les adresse le même jour à Varenne de Fénille, commis au Contrôle général des Finances, les présente comme tombés entre ses mains, et conjure son correspondant de les remettre au ministre contrôleur général quand celui-ci aura quelque loisir: 'C'est un service que plus d'une personne attend de votre humanité' (D10619). Le 31 juillet, il les fait parvenir à Damilaville: 'Lisez et frémissez, mon frère' (D10621). Comme les précédentes pièces, celle-ci est envoyée à 'des personnes choisies' (D10645). Sans doute est-ce elle qui est jointe aux lettres du 2 août dont les destinataires sont la margravine de Bade-Durlach et la duchesse de Saxe-Gotha. 'Je suis persuadé', dit-il à la première, 'qu'elle [Votre Altesse Sérénissime] sera touchée de l'avanture horrible dont ces mémoires rendent compte' (D10625). 'Le cœur de votre altesse sérénissime', écrit-il à la seconde, 'saignera en lisant cette histoire des fureurs catholiques de Toulouse' (D10626).

Après les *Pièces originales*, le *Mémoire de Donat Calas* et la 'Déclaration' qui le complète font 'un très grand effet': c'est l'auteur lui-même qui le reconnaît dans sa lettre du 13 août adressée aux d'Argental. 'Je crois', poursuit-il, 'qu'ils persuaderont le public et qu'ils n'effaroucheront point les prêtres quand on aura retranché le catéchisme des Calas'. Cette dernière leçon me paraît la meilleure' (D10645). Ainsi s'explique l'édition allégée de l'exorde.

Editions[2]

62G

[*titre de départ*] [*filet gras-maigre, 77 mm*] / MÉMOIRE / DE / DONAT CALAS / POUR / SON PÈRE, SA MÈRE ET SON FRÈRE. / JE commence par avoüer que toute notre fa- / [...]

8°. sig. A-B⁸; pag. 32; $4 signé, chiffres romains; réclames par cahier.

[1]-20 Mémoire de Donat Calas pour son père, sa mère et son frère; 21-32 Déclaration de Pierre Calas.

Nous avons choisi comme texte de base l'exemplaire de la Bibliothèque de Versailles qui comporte cinq corrections autographes de Voltaire; voir ci-dessous, l'apparat critique.

Bibliothèque de Versailles: Réserve E 552 e (exemplaire corrigé par Voltaire); Genève, Compagnie des Pasteurs: Od 43/II (2); Lausanne: NEDA 1132 (1) Rés. A; Berne: A 2538 (12); Aarau, Kantonsbibliothek: Br 2277.[3]

62GE

[*titre de départ*] (1) [*filet triple, 78 mm*] / MÉMOIRE / DE DONAT CALLAS / *Pour ſon Père, ſa Mère & ſon Frère*. / JE commence par avouer que toute notre fa- / [...]

[2] Section préparée avec la collaboration de Andrew Brown.
[3] Ces éditions conservées par les bibliothèques suisses nous ont été signalées par Jean-Daniel Candaux.

8°. sig. A-B^8 (B8 bl.); pag. 30; $3 signé, chiffres romains; réclames par cahier.

1-18 Mémoire de Donat Callas pour son père, sa mère et son frère; 19-30 Déclaration de Pierre Callas.

Edition vraisemblablement imprimée à Genève.

Bn: Rés. Z Beuchot 905 bis (8); – Rés. Z Bengesco 283 (4); Bibliothèque de Versailles: Réserve E 552 e.

62P

[*titre de départ*] [1] [*filet triple, 75 mm*] / MÉMOIRE / DE DONAT CALAS / *Pour ſon Père, ſa Mère & ſon Frère.* / [...]

8°. sig. A-B^8 (B8 bl.?); pag. 30; $4 signé, chiffres romains; réclames par cahier.

[1]-[18] Mémoire de Donat Calas pour son père, sa mère et son frère; [19]-[30] Déclaration de Pierre Calas.

Edition vraisemblablement parisienne, rassemblée avec d'autres écrits sous le titre 'RECUEIL / DE DIFFERENTES PIECES / SUR / *L'AFFAIRE MALHEUREUSE* / DE LA FAMILLE / DES CALAS.'

Bn: 8° Ln27 3379 (2) (B8 absent).

62PB

[*titre de départ*] [*bandeau, 62 x 16 mm*] / MÉMOIRE / DE / DONAT CALAS / POUR / SON PÈRE, SA MÈRE ET SON FRÈRE. / [...]

8°. sig. A-B^8 C^6; pag. 40 [41-43]; $5 signé, chiffres arabes (– C5); réclames par cahier.

[1]-25 Mémoire de Donat Calas pour son père, sa mère et son frère; [26]-40 Déclaration de Pierre Calas; [41-43] Avis de l'éditeur.

L'exemplaire de la Bn de cette édition hollandaise fait partie d'un recueil qui contient diverses pièces concernant l'affaire Calas.

'Avis de l'éditeur': 'Si le public ne se trompe pas, celui à qui nous devons la connaissance des malheurs de la famille Calas, est un des hommes le plus célèbre de notre siècle, et le moins suspect de partialité en [corrigé à la plume en 'sur'] cette matière, c'est la voix de la nature qui

285

touche son cœur, et fait couler ses larmes; au sein du bien-être, et de l'indépendance il a frémi d'un événement qui fait horreur, il l'a suivi dans toutes ses circonstances, ses moments les plus précieux ont été employés à écouter les gémissements de la veuve, et des orphelins, à leur donner des consolations, et de la confiance dans l'équité de leur souverain; il plaide pour l'humanité en prêtant des expressions à la vérité timide, et en rendant le courage à des infortunés que la terreur, et le désespoir avaient abattus. Puissent des motifs si nobles porter l'évidence aux pieds du trône, et frapper la conscience des juges, et de tous ceux à qui il importe peu que l'innocent ait péri; il n'est pas au pouvoir des hommes de racheter le sang versé injustement, mais qu'au moins la roue sur laquelle on a fait expirer comme un monstre, le plus malheureux, le plus honnête, et le meilleur des pères, soit à jamais un monument effrayant contre les préjugés, et le fanatisme!'

Bn: Rés. Z. Beuchot 906 (2)

62LN

HISTOIRE / D'ELIZABETH CANNING, / ET DE / JEAN CA-LAS. / 2. Memoire de DONAT CALAS pour ſon / Père, ſa Mère & ſon Frère. / 3. Declaration de PIERRE CALAS. / AVEC / Les piéces Originales, concernant la mort des / Srs. CALAS, & le jugement rendu à Tou- / loufe. / Par Monſieur de VOLTAIRE. / [ornement, 24 x 19 mm] / A LONDRES, / Chez Jean Nourse, Libraire, dans le Strand. / M. DCC. LXII. /

[faux titre] [filet gras-maigre, 85 mm] / HISTOIRE / D'ELIZABETH CANNING, / ET DE / JEAN CALAS, / &c. &c. / [filet maigre-gras, 85 mm] /

8°. sig. $^1\pi^2$ A-C^8 D^4; pag [4] 59; $4 signé, chiffres romains (– B3-4, D3-4; B2 signé 'Bji'); sans réclames.

[1] faux titre; [2] bl.; [3] titre; [4] bl.; [1]-16 autre texte; [17]-32 Mémoire de Donat Calas pour son père, sa mère et son frère; 33-59 autres textes.

Bodleian: G Pamph. 824 (1); BL: E 2221 (3).

62LBH

ORIGINAL / PIECES / RELATIVE TO / The Trial and Execu-

TION / OF / M^R. JOHN CALAS, / Merchant at TOULOUSE, / Who was broke on the Wheel in that City, / purſuant to his Sentence by the PARLIA- / MENT of LANGUEDOC, for the ſuppoſed / Murder of his eldeſt Son, to prevent his / turning ROMAN CATHOLICK. / With a PREFACE, and REMARKS on the Whole, / By M. de VOLTAIRE. / [*filet, 81 mm*] / [*filet, 70 mm*] / *LONDON*, / Printed for T. BECKET and P. A. DE HONDT, / in the STRAND. / [*filet, 36 mm*] / M.DCC.LXII. /

8°. sig. A-N^4 O^2 (A1 bl?); pag. vii [viii] 99; $2 signé, chiffres arabes (– A1-2, O2); réclames par page.

[i-ii] bl.; [iii] titre; iv-vii Avis de l'éditeur / Advertisement of the Publisher; [viii] bl.; [1]-31 autre texte; 32-57 Mémoire de Donat Calas pour son père, sa mère et son frère / The memorial of Donatus Calas, in behalf of his father, his mother, and his brother; 58-73 Déclaration de Pierre Calas / The declaration of Peter Calas; 74-99 autre texte.

Il s'agit d'une édition bilingue des pièces de Voltaire en faveur des Calas. La page de gauche (paire) est consacrée au texte français, celle de droite (impaire) à la traduction anglaise, la pagination étant continue.

Sur l''Avis de l'éditeur', voir ci-dessus, p.143-44.

Bodley: G. Pamph. 2704 (6).

NM (1765)

Nouveaux mélanges philosophiques, historiques, critiques, &c. &c. &c. [Genève, Cramer], 1765-1776. 19 vol. 8°. Bengesco iv.230-39; Trapnell NM; BnC 111-135.

Volume 2 (1765): 214-229 Mémoire de Donat Calas, pour son père, sa mère, et son frère; 230-238 Déclaration de Pierre Calas.

Bn: Z 27259.

w68 (1771)

Collection complette des œuvres de M. de Voltaire. [Genève, Cramer; Paris, Panckoucke], 1768-1777. 30 vol. 4°. Bengesco iv.73-83; Trapnell 68; BnC 141-144.

Volume 16 (1771): 497-507 Mémoire de Donat Calas, pour son père, sa mère, et son frère; 507-513 Déclaration de Pierre Calas.

Bn: Rés. m Z 587 (16).

w71 (1773)

Collection complette des œuvres de M. de Voltaire. Genève [Liège, Plomteux], 1771-1777. 32 vol. 12°. Bengesco iv.89-91; Trapnell 71; BnC 151.

Volume 16 (1773): 562-574 Mémoire de Donat Calas pour son père, sa mère et son frère; 574-581 Déclaration de Pierre Calas.

Taylor: VF.

w75G

La Henriade, divers autres poèmes et toutes les pièces relatives à l'épopée. [Genève, Cramer & Bardin], 1775. 37 vol. (40 vol. avec les *Pièces détachées*). 8°. Bengesco iv.94-105; Trapnell 75G; BnC 158-161.

Volume 35: 354-366 Mémoire de Donat Calas pour son père, sa mère et son frère; 366-374 Déclaration de Pierre Calas.

Taylor: VF.

w75x

Œuvres de Mr de Voltaire. [Lyon?], 1775. 37 vol. (40 vol. avec les *Pièces détachées*). 8°. Bengesco 2141; BnC 162-163.

Volume 35: 354-366 Mémoire de Donat Calas pour son père, sa mère et son frère; 366-374 Déclaration de Pierre Calas.

Taylor: VF.

k84

Œuvres complètes de Voltaire. [Kehl], Société littéraire-typographique, 1784-1789. 70 vol. 8°. Bengesco 2142; Trapnell K; BnC 164-193.

Volume 30: 215-229 Mémoire de Donat Calas, pour son père, sa mère et son frère; 229-237 Déclaration de Pierre Calas.

Bn: Rés. p.Z 2209 (30).

Principes de cette édition

Quatre éditions s'offrent à nous dont deux comptent 30 pages (62GE, 62P) et les autres respectivement 32 (62G) et 40 pages (62PB). 62GE et 62P correspondent à la version dont l'exorde est finalement réduit à l'intention des lecteurs des pays catholiques. Pour notre part, nous préférons retenir la première version telle qu'elle semble bien résulter de 62G qui a dû sortir des presses helvétiques et dont on trouve aujourd'hui des exemplaires dans différentes bibliothèques de la Suisse notamment. Cette édition, non connue de Bengesco, présente d'ailleurs, par rapport à 62PB, qui est une édition hollandaise, une phrase, absente de celle-ci, mais qu'on retrouve dans 62GE et 62P: 'On nous a trompés peut-être mes parents et moi'. Phrase pivot qui, dans la première édition, soutient le développement poursuivi de la profession de foi et qui, dans 62GE et 62P, clôt une déclaration à peine amorcée: Voltaire a donc corrigé son texte à partir de 62G. Par ailleurs, lorsque Voltaire prie Mariette de consulter le *Mémoire de Donat Calas* et la 'Déclaration de Pierre', il le renvoie à la page 23 où Pierre rapporte les propos de Jean Calas: 'Mon père, dans l'excès de sa douleur, me dit: Ne va pas répandre le bruit que ton frère s'est défait lui-même; sauve au moins l'honneur de ta misérable famille' (D10776): la citation se trouve effectivement page 23 dans 62G. Ajoutons enfin qu'un exemplaire de cette édition conservé à la Bibliothèque de Versailles contient des corrections autographes de l'auteur identifiées par Andrew Brown.

Les variantes sont empruntées aux éditions 62GE, 62P, 62PB, NM65 et W68. Elles ne portent pas sur les différences de ponctuation ni d'orthographe des noms propres (soulignons simplement ici que le nom de Calas est orthographié Callas dans l'édition 62GE).

Traitement du texte de base

Nous respectons dans le texte de base l'orthographe des noms de lieux et des noms de personnes. Nous respectons fidèlement la ponctuation. Les seules modifications apportées en ce domaine sont les suivantes: – suppression de la virgule qui précède l'ouverture d'une parenthèse et des points placés après les chiffres indiquant les dates (jour ou année); – l.181: addition de deux points; – 'Déclaration', l.126: remplacement du point par un point d'interrogation. Ajoutons que nous substituons, après deux points, une minuscule à la majuscule employée.

Les aspects suivants de l'orthographe et de la grammaire ont été modifiés selon l'usage moderne.

1. Consonnes
   - absence de la consonne *p* dans le mot 'tems' et son composé 'longtems'.
   - absence de la consonne *t* dans les finales en *-ans* et en *-ens*: alimens, battans, coulans, enfans, extravagans, gémissemens, indifférens, innocens, jugemens, momens, parens, parlemens, pénitens, protestans, sentimens (et: sentiments), talens, touchans, tourmens.
   - emploi de la double consonne dans: appellai, appellames, appellé, datté.
   - emploi d'une seule consonne dans: apartient, apellé (et: appellé), aportait, apris, aprobation, aprochez, apui, boureau, désaprouver, échapa, échapé, falait (et: fallait), falu(t), frotait, poura, pouront, raisonement, rapel, raport (et: rapport), raporte, raporté, raprochés, sucombé, suplice(s) (et: supplice), suposait, suposer.

2. Voyelles
   - emploi de *i* à la place de *y* dans: mistère.
   - emploi de *y* à la place de *i* dans: ayeule, voye, voyent.
   - emploi de *oi* à la place de *ai* dans: étoi(en)t.

3. Graphies particulières
   - l'orthographe moderne a été rétablie dans les mots suivants: avanture, encor, fonds (pour: fond), hazard, licentié, magazin, négotiant (et: négociant), poulx, solemnel.

4. Accents
   - L'accent aigu
   - absent dans: JESUS, éxagerées, perséveré, pieté, recolement, revision, temperaments.
   - présent dans: éxagerées, géole, squélette, unanimément.
   - employé au lieu du grave dans: améne, bibliothéques, entiérement, fidéle, léve, pére (mais aussi et généralement: père), péseront, piéces, souléveront, troisiéme, quatriéme.

L'accent grave
- absent dans: déja.

L'accent circonflexe
- absent dans: ainé (et: aîné), comparaitre (et: comparaître), diné, géole, grace(s), tot.
- absent dans les indicatifs passés simples: appellames, sortimes et dans le subjonctif imparfait: qu'on le laissat entrer.
- présent dans: dûe, nôtre (adjectif), pû, vôtre (adjectif), vû (et: vu).
- employé à la place du grave dans: emblême.

Tréma
- employé dans: avoüer, entrevüe, jouïssons, lieuës, Louïs, rouë, ruë, vuë.

5. Traits d'union
- absent dans les mots composés: ouï dire, procès verbal, tragicomédie; et également dans les expressions verbales: aide moi, aprochez vous, pouvait on, rendez la.
- présent dans: aussi-tôt, hôtel-de-ville, tout-à-fait, très-pieuse.

6. Majuscules
- supprimées: Albigeois, Bulgares, Calvinistes, Dame, Huguenots, Juillet, Lollards, Manichéens, Monseigneur, Octobre, Patarins, Vaudois; JESUS-CHRIST.
- rétablies: chauve, état, fronde.

7. Points de grammaire
- pluriel en -x dans: loix.
- emploi du s pluriel dans: aucuns reproches.
- absence du s pluriel dans cent multiplié: deux cent, quatre cent.
- emploi du s adverbial: guères, jusques.

8. Divers
- élision employée dans: d'entr'eux.
- 'puis qu'il' devenu 'puisqu'il'.
- abréviations: Me. devenu maître (mais il y a aussi 'maître'); Mr. devenu M.; Sr. devenu sieur, Srs. devenu sieurs; St. devenu Saint.
- 'soixante et huit' devenu 'soixante-huit'; '5me.' devenu '5'.
- cédille employé dans: çe (l.10).

MÉMOIRE DE DONAT CALAS
POUR SON PÈRE, SA MÈRE, ET SON FRÈRE

Je commence par avouer que toute notre famille est née dans le sein d'une religion qui n'est pas la dominante. On sait assez combien il en coûte à la probité de changer. Mon père et ma mère ont persévéré dans la religion de leurs pères;[1] on nous a trompés peut-être mes parents et moi, quand on nous a dit que cette religion est celle que professaient autrefois la France, la Germanie et l'Angleterre, lorsque le concile de Francfort assemblé par Charlemagne condamnait le culte des images,[2] lorsque Ratram sous Charles le Chauve écrivait en cent endroits de son livre, en faisant parler Jésus-Christ même, *Ne croyez pas que ce soit corporellement que vous mangiez ma chair et buviez mon sang*:[3] lorsqu'on chantait

5

10

4-6 62PB: pères, et nul homme sage ne leur en fait un crime. Cette religion n'est pas, comme on l'imagine quelquefois, un plan inventé par les réformateurs du seizième siècle; c'est celle que professaient

5-35 62GE, 62P: moi; mais, quand nous serions dans l'erreur à cet égard, nous n'en sommes pas moins les enfants de Louis XV,

[1] Les familles Calas et Cabibel sont, depuis deux siècles, de foi protestante. Chez les Cabibel dont certains membres ont émigré en Angleterre et qui comptent des ministres, on note plus d'ardeur et d'intransigeance religieuse.

[2] Réuni en 794 après et contre le deuxième concile de Nicée (787), présidé par Charlemagne qui vient de faire écrire les livres dits 'carolins', ce concile composé de trois cents évêques ou abbés rejeta unanimement 'le service (*servitium*) et l'adoration des images' (*Essai sur les mœurs*, ch.20; i.352). Voir Alletz, *Dictionnaire portatif des conciles* (Paris 1764), p.224-25.

[3] Moine et écrivain franc (vers 810 - vers 870), entré à l'abbaye de Corbie en Picardie, mêlé aux principales controverses de son temps, Ratramne a écrit en latin, entre autres ouvrages, un *Traité du corps et du sang de Jésus-Christ* contre Paschase Radbert. Au dix-septième siècle, certains – Jacques Boileau traducteur du *Traité* en français (1686), Nicole dans la *Perpétuité de la foi* (1670), Mabillon dans la Préface du XIVᵉ *Siècle des Bénédictins* (*Acta sanctorum ordinis Sancti-Benedicti in saeculorum classibus distributa*, Paris 1668-1702) – montrent que l'ouvrage est moins favorable aux calvinistes qu'ils ne le prétendent.

dans la plupart des églises cette homélie conservée dans plusieurs bibliothèques: *Nous recevons le corps et le sang de Jésus-Christ, non corporellement, mais spirituellement.*

Quand on se fut fait m'a-t-on dit des notions plus relevées de ce mystère, quand on crut devoir changer l'économie de l'église, plusieurs évêques ne changèrent point; surtout Claude, évêque de Turin, retint les dogmes et le culte que le concile de Francfort avait adoptés et qu'il crut être ceux de l'église primitive;[4] il y eut toujours un troupeau attaché à ce culte. Le grand nombre prévalut et prodigua à nos pères les noms de manichéens, de bulgares, de patarins,[5] de lollards,[6] de vaudois, d'albigeois, d'huguenots, de calvinistes.

Telles sont les idées acquises par l'examen que ma jeunesse a pu me permettre: je ne les rapporte pas pour étaler une vaine érudition, mais pour tâcher d'adoucir dans l'esprit de nos frères catholiques la haine qui peut les armer contre leurs frères: mes

15   62PB: fait des notions
20-21 62PB: nombre l'emporta et
27-30 62PB: frères: je peux être trompé dans mes notions, mais ma bonne foi n'est point un crime. Nous avons fait

[4] Né en Espagne, mort en 839, Clemens Claudius, chapelain de Louis le Débonnaire qui le nomma évêque, puisa l'amour de la nouveauté à l'école de Félix d'Urgel et embrassa le parti des iconoclastes. Voir l'article 'Hérésie' des *Questions sur l'Encyclopédie* (Genève 1774), iii.373 (M.xix.335-36).

[5] Issu, semble-t-il, des mots italiens *contrada de patarri* qui désignaient un quartier de Milan où, au onzième siècle, s'établirent des manichéens venus de Bulgarie, le terme, qui fut donné aux chrétiens qui, sous Grégoire VII et ses successeurs immédiats, combattaient le mariage des prêtres, fut revendiqué aux douzième et treizième siècles par les vaudois et les cathares parce qu'ils se présentaient en réformateurs du clergé.

[6] Du nom de l'hérésiarque Walter Lollard qui estimait les démons injustement chassés du ciel, méprisait les cérémonies de l'Eglise, refusait de reconnaître l'intercession des saints, jugeait les sacrements inutiles. Il fit des disciples en Autriche, en Bohême, fut arrêté par l'Inquisition et brûlé à Cologne en 1322. Les lollards se propagèrent en Allemagne, en Flandre, en Angleterre où ils préparèrent le schisme de Henri VIII.

notions peuvent être erronées, mais ma bonne foi n'est point
criminelle.

Nous avons fait de grandes fautes comme tous les autres   30
hommes: nous avons imité les fureurs des Guises; mais nous
avons combattu pour Henri IV si cher à Louis XV. Les horreurs des
Cévènes commises par des paysans insensés et que la licence des
dragons avait fait naître, ont été mises en oubli, comme les horreurs
de la Fronde. Nous sommes les enfants de Louis XV, ainsi que ses   35
autres sujets; nous le vénérons, nous chérissons en lui notre père
commun, nous obéissons à toutes ses lois, nous payons avec
allégresse des impôts nécessaires pour le soutien de sa juste guerre,[7]
nous respectons le clergé de France qui fait gloire d'être soumis
comme nous à son autorité royale et paternelle; nous révérons les   40
parlements, nous les regardons comme les défenseurs du trône et
de l'Etat contre les entreprises ultramontaines. C'est dans ces
sentiments que j'ai été élevé, et c'est ainsi que pense parmi nous
quiconque sait lire et écrire. Si nous avons quelques grâces à
demander, nous les espérons en silence de la bonté du meilleur   45
des rois.

Il n'appartient pas à un jeune homme, à un infortuné, de décider
laquelle des deux religions est la plus agréable à l'Etre suprême;
tout ce que je sais, c'est que le fond de la religion est entièrement
semblable pour tous les cœurs bien nés; que tous aiment également   50
Dieu, leur patrie et leur roi.[8]

L'horrible aventure dont je vais rendre compte, pourra émouvoir
la justice de ce roi bienfaisant et de son conseil, la charité du clergé
qui nous plaint en nous croyant dans l'erreur, et la compassion

36   62GE, 62P: sujets; nous chérissons
54   62GE, 62P: en nous voyant dans

[7] La guerre de Sept Ans (1756-1763).
[8] Sur ce paragraphe, objet d'une addition (D10603), voir ci-dessus, p.282.

généreuse du parlement même, qui nous a plongés dans la plus affreuse calamité où une famille honnête puisse être réduite.

Nous sommes actuellement cinq enfants orphelins, car notre père a péri par le plus grand des supplices, et notre mère poursuit loin de nous, sans secours et sans appui, la justice due à la mémoire de mon père.[9] Notre cause est celle de toutes les familles; c'est celle de la nature; elle intéresse l'Etat et la religion, et les nations voisines.[10]

Mon père Jean Calas était un négociant établi à Toulouse depuis quarante ans.[11] Ma mère est anglaise,[12] mais elle est par son aïeule de la maison de la Garde-Montesquieu, et tient à la principale noblesse du Languedoc.[13] Tous deux ont élevé leurs enfants avec

---

61   2GE, 62P: l'état, la religion
64   62GE: est une Anglaise

---

[9] Lorsqu'elle arrive à Paris en juin 1762 (voir *Pièces originales*, n.82), Mme Calas n'est pas, grâce à Voltaire, totalement 'sans secours et sans appui'.

[10] Leitmotiv des opuscules (voir *Pièces originales*, 'Lettre de Donat', l.183-184).

[11] 'Etabli dans cette ville depuis environ quarante ans' (Sudre, *Mémoire pour le sieur Jean Calas, négociant de cette ville; dame Anne-Rose Cabibel son épouse; et le sieur Jean-Pierre Calas un de leurs enfants*, Toulouse s.d., p.4).

[12] Née à Londres le 11 janvier 1709, baptisée le 3 février à Spitalfields (Wheler Chapel, Wheler Street), Anne-Rose est la fille de Pierre Cabibel et d'Anne-Rose de Roux-Campagnac, réformés qui résident en Angleterre. Mais elle est envoyée tôt en France par ses parents.

[13] La mère d'Anne-Rose appartient à l'aristocratie française émigrée: elle est fille de Jean-Louis de Roux, sieur de Lacadicié et de Campagnac, et de Marie-Anne Dupuy de Lagarde-Montesquieu. Selon Sudre, Mme Calas est aussi 'cousine, remuée de germains, du marquis de Montesquieu d'aujourd'hui et des seigneurs de Polastron-Lahillère; et nièce à la mode de Bretagne de la dame de Marsillac, dont l'époux est mort brigadier des armées du roi, des sieurs de Saint-Amans dont l'un est capitaine de grenadiers du régiment de Lorraine, des sieurs de Riols-Desmazier, du sieur Descalibert, ancien capitaine, chevalier de Saint-Louis. Enfin toute la parenté illustre de la maison de Montesquieu est celle de la Demoiselle Calas' (*Mémoire*, p.5). Les défenseurs parisiens ont soin de rappeler à leur tour que Mme Calas 'tient à la noblesse la plus distinguée du Languedoc' (Elie de Beaumont, *Mémoire à consulter et consultation pour la dame A. R. Cabibel, veuve Calas, et pour ses enfants*, Paris, 23 août 1762, p.2).

tendresse, jamais aucun de nous n'a essuyé d'eux ni coups, ni mauvaise humeur: il n'a peut-être jamais été de meilleurs parents. [14]

S'il fallait ajouter à mon témoignage des témoignages étrangers, j'en produirais plusieurs. (a) 70

Tous ceux qui ont vécu avec nous, savent que mon père ne nous a jamais gênés sur le choix d'une religion: il s'en est toujours rapporté à Dieu et à notre conscience. Il était si éloigné de ce zèle amer qui indispose les esprits, qu'il a toujours eu dans sa maison une servante catholique. [16] 75

(a) J'atteste devant Dieu, que j'ai demeuré pendant quatre ans à Toulouse chez le sieur et dame Calas, que je n'ai jamais vu une famille plus unie, ni un père plus tendre, et que dans l'espace de quatre années il ne s'est pas mis une fois en colère; que si j'ai quelques sentiments d'honneur, de droiture et de modération, je les dois à l'éducation que 5
j'ai reçue chez lui.

Genève 5 juillet 1762.

Signé J. Calvet Caissier des postes de Suisse, d'Allemagne et d'Italie. [15]

67   62GE: essuyé ni coups

[14] Voltaire applique aux père et mère ce qui est dit surtout pour défendre le père. C'est en référence au témoignage même des enfants (D10389) que Voltaire présente Jean Calas comme 'le plus doux', 'le meilleur des pères', pour reprendre les expressions qui reviennent en refrain dans la correspondance.

[15] Dans le cadre de son information, Voltaire, en mai 1762, prie Debrus de passer chez lui avec Cathala 'et M. Calvet, directeur de la poste d'Allemagne' (D10449); voir ci-dessus, Introduction générale, p.25. Faisant état, dans son deuxième mémoire, des certificats relatifs à la douceur, à la bonté et à la tendresse du père que fut Jean Calas, Mariette reproduira, à la suite de Voltaire, le certificat de Joseph Calvet (*Réflexions pour dame Anne-Rose Cabibel, veuve du sieur Jean Calas, marchand à Toulouse; Louis et Louis-Donat Calas, leurs fils; et Anne et Anne-Rose Calas, leurs filles, demandeurs en cassation d'un arrêt du Parlement de Toulouse, du 9 mars 1762*, 1763, p.9).

[16] Il y était en fait obligé par l'ordonnance du 11 janvier 1686 (voir *Pièces originales*, n.10).

Cette servante très pieuse contribua à la conversion d'un de mes frères nommé Louis:[17] elle resta auprès de nous après cette action: on ne lui fit aucun reproche: il n'y a point de plus forte preuve de la bonté du cœur de mes parents.[18]

Mon père déclara en présence de son fils Louis, devant M. de la Motte conseiller au parlement,[19] que *pourvu que la conversion de son fils fût sincère il ne pouvait la désapprouver, parce que de gêner les consciences, ne sert qu'à faire des hypocrites.* Ce furent ses propres paroles, que mon frère Louis a consignées dans une déclaration publique au temps de notre catastrophe.[20]

Mon père lui fit une pension de quatre cents livres,[21] et jamais

---

[17] Voltaire emploie le terme même de Louis (voir *Pièces originales*, n.76). Cf. La Salle, *Observations pour le sieur Jean Calas, la dame de Cabibel, son épouse, et le sieur Pierre Calas, leur fils* (s.l. 1762), p.33: 'Une servante [...] qui n'avait pas peu contribué à la conversion de Louis Calas'. Jeanne Viguière n'a pas instruit Louis, mais l'a incité à s'instruire.

[18] Dans sa *Déclaration*, Louis souligne qu'après sa conversion, ses parents 'n'ont pas même renvoyé de chez eux la servante' (Toulouse, 2 décembre 1761, p.5).

[19] Ayant l'intention d'abjurer, Louis, qui avait déjà quitté la maison paternelle, s'adressa à ce conseiller qui se chargea ensuite de prévenir le père de la conversion de son fils. M. de La Motte reçut de Jean Calas le linge et les habits de Louis ainsi qu'une somme d'argent destinée à l'entretien du jeune homme jusqu'à ce que fussent pris des arrangements ultérieurs (*Déclaration*, p.4).

[20] *Déclaration*, p.4. Louis auparavant signale que ses parents n'auraient pu lui 'refuser une liberté de conscience que leurs principes accordent à tout le monde'. Pleine de modération, la réponse de Jean Calas, fidèle à la religion protestante, religion tolérante par essence, sera reproduite avec de légères variantes par Elie de Beaumont, *Mémoire à consulter* (23 août 1762), p.4; par Mariette, *Mémoire pour dame Anne-Rose Cabibel, veuve du sieur Jean Calas, marchand à Toulouse; Louis et Louis-Donat Calas leurs fils; et Anne-Rose et Anne Calas leurs filles, demandeurs en cassation d'un arrêt du Parlement de Toulouse du 9 mars 1762* (Paris 1762), p.88; et par Loiseau de Mauléon, *Mémoire pour Donat, Pierre et Louis Calas* (Paris 1762), p.5.

[21] La Salle dit seulement qu'annuelle, la pension était honnête et proportionnée aux facultés du père (*Observations*, p.56). Mariette parlera, lui, d'une pension de cent livres (*Mémoire*, p.89). Le chiffre de 400 livres ici avancé semble correspondre à la somme versée par le père pour l'apprentissage de Louis chez un commerçant toulousain (voir *Pièces originales*, n.60). C'est en 1760 que Louis demande une pension (*Déclaration*, p.5).

aucun de nous ne lui a fait le moindre reproche de son changement. Tel était l'esprit de douceur et d'union que mon père et ma mère avaient établi dans notre famille. Dieu la bénissait; nous jouissions d'un bien honnête, nous avions des amis; et pendant quarante ans notre famille n'eut dans Toulouse ni procès ni querelle avec personne. Peut-être quelques marchands jaloux de la prospérité d'une maison de commerce[22] qui était d'une autre religion qu'eux, excitaient la populace contre nous; mais notre modération constante semblait devoir adoucir leur haine.

90

95

Voici comment nous sommes tombés de cet état heureux dans le plus épouvantable désastre. Notre frère aîné Marc-Antoine Calas, la source de tous nos malheurs, était d'une humeur sombre et mélancolique;[23] il avait quelques talents; mais n'ayant pu réussir ni à se faire recevoir licencié en droit, parce qu'il eût fallu faire des actes de catholique, ou acheter des certificats; ne pouvant être négociant, parce qu'il n'y était pas propre;[24] se voyant repoussé dans tous les chemins de la fortune, il se livrait à une douleur profonde.[25] Je le voyais souvent lire des morceaux de divers

100

[22] Prospérité relative en ces années de guerre (voir *Pièces originales*, n.81).

[23] Voltaire a déjà souligné ce trait dans la 'Lettre de Donat' (*Pièces originales*, n.*e*).

[24] Ancien élève des Jésuites de Toulouse (comme ses frères), titulaire d'un baccalauréat en droit obtenu par bénéfice d'âge le 18 mai 1759 (An, V^4 1478 B, pièce 238; voir aussi pièce 237), préparé par le sieur Vidal à soutenir les actes nécessaires à la licence, Marc-Antoine n'a pu effectivement (et en dépit d'une tentative faite auprès du curé de Saint-Etienne, M. Boyer, pour obtenir un certificat de catholicité qui lui fut refusé) acquérir son diplôme et devenir avocat comme il le projetait (Sudre, *Mémoire*, p.61). Quoi que dise Voltaire de son inaptitude au commerce, il a songé à créer une société de commerce avec son frère cadet et un dénommé Roux, mais Jean Calas n'a pu apporter la caution demandée de 6000 livres (Sudre, *Mémoire*, p.38; ADHG, 101 B2, f.78r, témoignage de Jean-François Chalier, 60e témoin).

[25] 'Marc-Antoine était donc récusé. Cependant il voyait de plus jeunes que lui à la tête d'une maison, tandis qu'il était réduit à travailler tristement dans un comptoir. Voilà ce qui a pu mettre le désespoir dans son âme' (Sudre, *Mémoire*, p.38). Voir également *Mémoire de Me David Lavaysse, avocat en la cour, pour le sieur François-Alexandre-Gaubert Lavaysse, son troisième fils* (Toulouse s.d.), p.37.

auteurs sur le suicide, tantôt de Plutarque, ou de Sénéque, tantôt
de Montagne: il savait par cœur la traduction en vers du fameux
monologue de Hamlet, si célèbre en Angleterre, et des passages
d'une tragi-comédie française intitulée Sidney.²⁶ Je ne croyais pas
qu'il dût mettre un jour en pratique des leçons si funestes.

Enfin, un jour, c'était le 13 octobre 1761 (je n'y étais pas,²⁷ mais
on peut bien croire que je ne suis que trop instruit); ce jour, dis-
je, un fils de M. La Vaisse fameux avocat de Toulouse, arrivé de
Bordeaux, veut aller voir son père qui était à la campagne; il
cherche partout des chevaux, il n'en trouve point;²⁸ le hasard fait
que mon père et mon frère Marc-Antoine son ami le rencontrent
et le prient à souper;²⁹ on se met à table à sept heures, selon l'usage
simple de nos familles réglées et occupées, qui finissent leur journée
de bonne heure pour se lever avant le soleil.³⁰ Le père, la mère,

²⁶ Voir Plutarque (*Œuvres morales*), Sénèque (*Epistulae ad Lucilium, De ira, De providentia*), Montaigne (*Essais*, II.iii), J.-B.-L. Gresset (*Sidney*, II.vi et III.i, comédie représentée pour la première fois le 3 mai 1745). Voltaire s'inspire de David Lavaysse: 'Les plus noires tragédies plaisaient seules à cette imagination [...], Cidnei était sa pièce favorite [...], il s'extasiait en récitant le fameux monologue de Shakespeare sur le suicide' (*Mémoire*, p.38). Elie de Beaumont écrit en écho: 'Les tragédies les plus atroces, les morceaux de Plutarque, de Sénèque, de Montagne sur la libre destruction de notre être, le fameux monologue d'Hamlet, Sidney, ses lectures et ses déclamations favorites nourrissaient dans cette âme la haine de la vie et la fausse grandeur de la mépriser' (*Mémoire à consulter*, 23 août 1762, p.3); voir aussi Mariette, *Mémoire*, p.155.
²⁷ Il se trouve alors à Nîmes où il est en apprentissage (voir *Pièces originales*, n.45).
²⁸ Echo du début du récit de Mme Calas (voir *Pièces originales*, p.149-50, l.12-15).
²⁹ Sur les circonstances de ce 'hasard', voir *Pièces originales*, p.150, l.16-18.
³⁰ Voltaire se reporte à David Lavaysse: 'Sept heures, à l'heure où les bourgeois soupent' (*Mémoire*, p.48). En fait, le repas a dû commencer un peu plus tard, entre 19 h 15 et 19 h 30 (voir *Pièces originales*, n.17). Jeanne Viguière, dans son Interrogatoire du 20 octobre, déclare: 'On soupa à l'heure ordinaire qui est de sept heures un quart à sept heures et demie' (ADHG, 101 B2, f.150*v*).

les enfants, leur ami font un repas frugal[31] au premier étage. La
cuisine était auprès de la salle à manger;[32] la même servante   120
catholique apportait les plats, entendait et voyait tout.[33] Je ne peux
que répéter ici que ce qu'a dit ma malheureuse et respectable mère:
mon frère Marc-Antoine se lève de table un peu avant les autres;
il passe dans la cuisine; la servante lui dit, Approchez-vous du feu.
Ah, répondit-il, *je brûle*.[34] Après avoir proféré ces paroles qui n'en   125
disent que trop, il descend en bas vers le magasin, d'un air sombre,
et profondément pensif.[35] Ma famille, avec le jeune La Vaisse,
continue une conversation paisible jusqu'à neuf heures trois
quarts,[36] sans se quitter un moment.[37] M. La Vaisse se retire; ma
mère dit à son second fils Pierre de prendre un flambeau, et de   130
l'éclairer; ils descendent: mais quel spectacle s'offre à eux![38] ils

121-122 62GE, 62P: peux répéter ici que
131 62GE: quel affreux spectacle

[31] Moins 'frugal' que ne le laisse entendre Voltaire dans sa perspective polémique:
pigeons 'à caillade', chapon rôti, salade de céleris, roquefort, raisins blancs et
marrons (voir les interrogatoires sur écrou des prévenus, ADHG, 101 B2, f.106r,
109r, 112v, 116r).

[32] Légère inexactitude si l'on se réfère à la disposition d'ensemble proposée par
J. Orsoni (voir *Pièces originales*, n.25).

[33] Comme Sudre qui tient à noter que la servante a 'entendu parler' dans la
chambre (*Mémoire*, p.36), Voltaire insiste délibérément sur une sorte de présence
quasi continue de Jeanne Viguière, qui, d'ailleurs, comme elle nous l'apprend dans
son interrogatoire sur écrou (ADHG, 101 B2, f.113r), servait aussi à boire pendant
le repas.

[34] Nouvel écho du récit de Mme Calas (voir *Pièces originales*, p.154, l.45-46).

[35] Deux notations absentes des *Pièces originales* et que Voltaire ajoute pour leur
valeur significative.

[36] En se faisant plus précis que dans la Lettre de Mme Calas, Voltaire se rapproche
de l'heure vraisemblablement exacte (voir *Pièces originales*, p.154, l.46-52).

[37] Elément esssentiel qu'a déjà souligné Donat (voir *Pièces originales*, 'Lettre de
Donat', l.92).

[38] Encore un écho du récit de Mme Calas (*Pièces originales*, p.155, l.55),
mais effet final de dramatisation: Voltaire va procéder à une description que la
vraisemblance interdisait à la mère.

voient la porte du magasin ouverte, [39] les deux battants rapprochés, un bâton fait pour serrer et assujettir les ballots passé au haut des deux battants, [40] une corde à nœuds coulants, [41] et mon malheureux frère suspendu en chemise, les cheveux arrangés, son habit plié sur le comptoir. [42]

A cet objet ils poussent des cris: Ah, mon dieu! Ah, mon dieu! [43]

Ils remontent l'escalier; [44] ils appellent le père; [45] la mère suit toute

13

[39] Rappelons qu'il s'agit de la porte qui permet de communiquer de la boutique à l'arrière-boutique (voir *Pièces originales*, n.77).

[40] 'La bille dont on se sert pour serrer les balles' (Interrogatoire sur écrou de Pierre Calas, ADHG, 101 B2, f.107r) est en buis et a, selon Sudre, 4 pans et demi, la porte étant de 9 pans de haut et de 5 de large (*Mémoire*, p.45-46). Tandis que Jean Calas, à qui l'on fait remarquer que la bille était trop courte pour reposer sur les battants ouverts, répond, dans son interrogatoire du 19 octobre ne pas savoir si les battants étaient ouverts ou fermés (f.137r), Pierre déclare qu''ouverts d'une certaine façon', les battants 'pouvaient soutenir la bille' (Interrogatoire du 20 octobre, f.141v).

[41] Attachée au billot, la corde était, selon Jean Calas, 'divisée en deux branches et double' (Interrogatoire sur les charges, ADHG, 101 B2, f.323r).

[42] Voltaire se souvient sans doute de La Salle: 'Les cheveux de Marc-Antoine n'avaient souffert aucun changement, [...] sa chemise n'était pas déchirée, [...] son habit était bien plié sur le comptoir' (*Observations*, p.19). La Salle explique plus loin que Marc-Antoine a ôté son habit 'pour être moins gêné dans l'exécution' (p.22). Dans son deuxième mémoire, *Suite pour les sieurs et demoiselle Calas* (Toulouse 1762), Sudre rapporte que 'les exposants avaient manqué de faire remarquer que l'habit du défunt fut trouvé à côté, bien et dûment plié, sans le moindre désordre' (*Suite*, p.11). Le procès-verbal de descente daté du 13 octobre relève simplement que l'habit 'est sur le comptoir du même magasin où le cadavre était étendu'.

[43] Dans son interrogatoire sur les charges (ADHG, 101 B2, f.331v), Pierre reconnaît avoir 'crié de toutes ses forces plusieurs fois Ha! mon dieu!' (voir aussi Confrontation Pierre Calas – Bernard Popis du 29 octobre, f.233r). Confirmation est donnée par Lavaysse (Interrogatoire sur écrou, f.117v). La Salle, lui, affirme que 'Lavaysse, rempli d'horreur, ne cessait de dire: ah! mon dieu! ah! mon dieu!' (*Observations*, p.52).

[44] Quelques marches à peine sans doute.

[45] Il descend des 'lieux' où il est allé aussitôt après le départ de Lavaysse et qui sont à mi-étage (voir *Pièces originales*, n.33).

tremblante; [46] ils l'arrêtent, ils la conjurent de rester; [47] ils volent chez les chirurgiens, chez les magistrats. [48] La mère effrayée descend avec la servante; [49] les pleurs et les cris redoublent: que faire? laissera-t-on le corps de son fils sans secours? le père embrasse son fils mort; la corde cède au premier effort, parce qu'un des bouts du bâton glissait aisément sur les battants, et que le corps soulevé par le père n'assujettissait plus ce billot. [50] La mère veut faire avaler à son fils des liqueurs spiritueuses; [51] la servante multiplie en vain ses secours; [52] mon frère était mort. Aux cris et aux sanglots de mes parents, la populace environnait déjà la maison; [53] j'ignore quel fanatique imagina le premier que mon frère était un martyr, que sa famille l'avait étranglé pour prévenir son abjuration. Un autre ajoute que cette abjuration devait se faire le lendemain. Un troisième dit que la religion protestante ordonne aux pères et mères d'égorger ou d'étrangler leurs enfants quand ils veulent se faire catholiques. [54] Un quatrième dit que rien n'est

[46] Restée seule dans la pièce, Mme Calas entend sans comprendre les cris (voir *Pièces originales*, p.155, l.56-58).

[47] L'initiative en revient au seul Lavaysse (voir *Pièces originales*, p.155, l.60-65).

[48] Voltaire résume. La 'Déclaration de Pierre' qui a été acteur est, comme il se doit, plus détaillée (voir l.26-27, 40-43).

[49] Sur les circonstances précises, voir *Pièces originales*, p.155-56, l.66-71.

[50] La scène se déroule avant l'entrée de Mme Calas. Jean Calas 'ne vit pas plutôt son fils pendu qu'il courut précipitamment sur lui, l'embrassa et le mit à terre' (Confrontation Jean Calas – Lavaysse, ADHG, 101 B2, f.370v). Sur la facilité avec laquelle corde et billot tombent d'eux-mêmes, le corps une fois soulevé, voir *Pièces originales*, 'Lettre de Donat', n.*k*.

[51] Echo de la Lettre de Mme Calas, l.74-77 (*Pièces originales*).

[52] Il semble que Jeanne Viguière ait surtout surveillé la porte de la rue.

[53] 'Une nombreuse populace s'était attroupée dans la rue' (*Mémoire de Me David Lavaysse*, p.13; voir aussi *Mémoire de David Lavaysse avocat au Parlement de Toulouse pour Fr. Alex. Gaubert Lavaysse c'on fils cadet*, An, K 723, pièce 10, f.3). Elle y restera jusqu'à ce que les Calas soient conduits à l'Hôtel de ville. Des témoignages confirment ce rassemblement tôt produit (voir notamment Jean-Pierre Cazalus, 2e témoin de l'information menée par les capitouls, ADHG, 101 B2, f.30v).

[54] Evoquant la populace attroupée, Lavaysse note: 'Il partit une voix criant que le sieur Calas avait lui-même tué son fils en haine de ce qu'il devait le lendemain faire une abjuration publique de la religion protestante et profession de la catholique

plus vrai, que les protestants ont dans leur dernière assemblée   15·
nommé un bourreau de la secte, que le jeune La Vaisse âgé de
dix-neuf à vingt ans est le bourreau; que ce jeune homme, la
candeur et la douceur même, est venu de Bordeaux à Toulouse
exprès pour pendre son ami.[55] Voilà bien le peuple! voilà un
tableau trop fidèle de ses excès.[56]   16c

[...]. La voix ennemie qui accusait le sieur Calas passe de bouche en bouche'
(*Mémoire de Me David Lavaysse*, p.13; voir aussi *Mémoire* inédit, An, K 723, pièce
10, f.3). De son côté, Sudre écrit: 'Une voix s'élève de la rue [...] qui crie que les
Calas ont fait mourir leur fils et leur frère en haine de ce qu'il voulait embrasser la
religion catholique' (*Mémoire*, p.13). La Salle pense, lui, que c'est l'arrestation
opérée qui a fait naître le bruit que les Calas avaient fait mourir Marc-Antoine et il
fait retomber la responsabilité de ce bruit sur le capitoul auteur de l'arrestation
(*Observations*, p.5). Reprenant cependant un peu plus loin le propos de D. Lavaysse
et de Sudre à titre d'hypothèse, il remarque: 'Supposons que le capitoul eût entendu
quelqu'un qui imputât la mort de Marc-Antoine Calas à ses parents, il aurait dû
l'arrêter, l'interroger d'office, lui demander s'il l'avait vu ou de qui il l'avait appris
[...] Le calomniateur aurait été démasqué' (p.65). De toute façon, ajoute-t-il, aucun
de ceux qui ont déposé n'a soutenu ouvertement à titre de témoin direct une telle
accusation contre les prévenus (p.68). Dans son troisième mémoire, *Observations
pour la dame veuve Calas et sa famille* (Paris 1764), Mariette s'interrogera: 'Par où est-
il prouvé qu'on ait véritablement entendu cette voix? Le procès-verbal du sieur
David en fait-il mention? Et s'il n'y est rien dit d'un pareil fait, peut-on douter que
ce ne soit un propos imaginé après coup?' (p.10-11). Les premiers actes où ce grief est
avancé sont les auditions d'office faites dans la nuit du 13 au 14 octobre. Elie de
Beaumont, qui, dans son deuxième mémoire, *Mémoire à consulter et consultation pour
les enfants de défunt Jean Calas, marchand à Toulouse* (Paris 1765), incline à penser
que le capitoul pourrait être à l'origine du bruit (p.12), suit de près Voltaire dans son
premier *Mémoire*: 'Tout à coup [...] une voix fanatique s'écrie que Marc-Antoine
devait abjurer. Une autre fixe hardiment l'abjuration au lendemain même. Une
troisième assure que la religion protestante autorise l'assassinat des enfants qui
veulent changer de religion' (p.10).

[55] La 'Lettre' de Donat a déjà fait état de cette croyance à une justice et à un
complot protestant (*Pièces originales*, 'Lettre de Donat', l.26-30). En 1765, Lavaysse
rappelle ce rôle qui lui fut attribué: 'On prétendit [...] que j'avais été choisi pour
être l'exécuteur des ordres des Elus de ma secte. Tout ce que la calomnie peut
inventer de plus atroce me fut imputé. Heureusement il n'y eut personne d'assez
méchant pour déposer en justice sur aucun de ces faits' (*Mémoire du sieur François-
Alexandre Gualbert Lavaysse*, s.l. 1765, p.15).

[56] 'Le peuple qui assiégeait la porte, le peuple amoureux d'aventures sinistres et

304

Ces rumeurs volaient de bouche en bouche; ceux qui avaient
entendu les cris de mon frère Pierre, et du sieur La Vaisse, et les
gémissements de mon père et de ma mère, à neuf heures trois
quarts, ne manquaient pas d'affirmer qu'ils avaient entendu les cris
de mon frère étranglé, et qui était mort deux heures auparavant. [57]   165

Pour comble de malheur, le capitoul, prévenu par ces clameurs,
arrive sur le lieu avec ses assesseurs, [58] et fait transporter le cadavre
à l'hôtel de ville. [59] Le procès-verbal se fait à cet hôtel, au lieu
d'être dressé dans l'endroit même où l'on a trouvé le mort, comme
on m'a dit que la loi l'ordonne. (*b*) Quelques témoins ont dit que   170

(*b*) Ordonnance de 1670 article 1 titre 4. [60]

---

extraordinaires, raisonnait, conjecturait, s'épuisait en propos absurdes' (Loiseau de
Mauléon, *Mémoire pour Donat, Pierre et Louis Calas*, p.10-11).

[57] Des huit témoins, seuls auditeurs directs des bruits émanant de la maison des
Calas vers 21 h 35, six font état de plaintes, de pleurs généralement accompagnés
des mots: 'Ah! mon Dieu, Ah! mon Dieu'; des deux autres, l'un dit avoir entendu:
'A l'assassin, je suis mort' ou 'A l'assassin, il est mort', le second: 'Au vol, à
l'assassin' ou 'Au voleur, à l'assassin'; voir J. Orsoni, 'L'Affaire Calas avant
Voltaire', thèse dact. (Université de Paris-Sorbonne 1971), p.21-26.

[58] Le capitoul François-Raymond David de Beaudrigue, capitoul titulaire devenu
'perpétuel' en vertu d'une exception accordée par Saint-Florentin en reconnaissance
de ses services rendus en matière de police et jouissant à ce titre d'un prestige et
d'une autorité particulières, a été alerté (voir Procès-verbal daté du 13 octobre) par
un ancien capitoul Borel et un négociant toulousain Trubel, qui, passant rue des
Filatiers, ont appris de la foule qu'il y avait chez le sieur Calas 'un homme assassiné
et mort'. L'assesseur – et non les assesseurs – du nom de Monyer est arrivé de son
côté en dépit de ce qu'affirme le procès-verbal.

[59] En même temps qu'il y fait conduire les Calas, Lavaysse, Jeanne Viguière et
l'ami venu réconforter les parents, Cazeing (voir ci-dessous, 'Déclaration de Pierre
Calas', l.70-78).

[60] 'Les juges dresseront, sur le champ et sans déplacer, procès-verbal de l'état
auquel seront trouvés les personnes blessées ou le corps mort, ensemble du lieu où
le délit aura été commis, et de tout ce qui peut servir pour la décharge ou conviction'.
L'article est notamment cité par Mariette (*Mémoire pour dame Anne-Rose Cabibel*,

ce procès-verbal fait à l'hôtel de ville était daté de la maison du mort;[61] ce serait une grande preuve de l'animosité qui a perdu ma famille. Mais qu'importe que le juge en premier ressort ait commis cette faute? nous ne prétendons accuser personne; ce n'est pas cette irrégularité seule qui nous a été fatale.[62]

Ces premiers juges ne balançaient pas entre un suicide qui est rare en ce pays, et un parricide qui est encore mille fois plus rare; ils croyaient le parricide;[63] ils le supposaient sur le changement prétendu de religion que le mort devait faire; et on va visiter ses papiers, ses livres, pour voir s'il n'y avait pas quelque preuve de ce changement: on n'en trouve aucune.[64]

Enfin, un chirurgien nommé La Marque, est nommé pour ouvrir

---

p.39). Dans son *Mémoire* inédit, D. Lavaysse laisse entendre que le capitoul David 'ignore les premiers éléments de la jurisprudence' (An, K 723, pièce 10, f.3).

[61] Voltaire se souvient de Sudre (*Mémoire*, p.11-14) et de La Salle. Daté du 13 octobre quoique rédigé dans les premières heures du 14 à l'Hôtel de ville (il mentionne des faits postérieurs à l'arrivée à l'Hôtel de ville), ce procès-verbal, qui a fait l'objet d'une inscription en faux non rejetée quand La Salle compose ses *Observations*, est dénoncé comme nul: 'Il sera prouvé par les témoins les plus dignes de foi que ce procès-verbal fut dressé à l'Hôtel de ville' (*Observations*, p.11).

[62] 'La procédure des capitouls fourmille pour ainsi dire de nullités et d'autres vices encore plus essentiels' (*Observations*, p.3).

[63] Comme le prouvent les questions préparées dans le cadre des 'briefs intendits' (ADHG, 101 B2, f.20 et 312 ss.) et sur lesquelles les témoins doivent obligatoirement déposer, comme le prouve aussi le monitoire.

[64] Durant sa descente du 13, David a omis de procéder aux fouilles indispensables. Ni la maison ni les livres et papiers du défunt ne furent visités. C'est pourquoi une nouvelle descente est, sur requête du procureur du roi en date du 16 octobre (ADHG, 101 B2, f.121), ordonnée par les capitouls pour réparer l'irrégularité antérieure. Mais, au lieu de constater dans le procès-verbal (f.122-24) les livres et papiers de Marc-Antoine – ce qui aurait démontré clairement qu'il ne pensait pas à se convertir –, les capitouls remettent ces livres et papiers aux demoiselles Calas sans en dresser l'inventaire. Aussi Sudre s'empresse-t-il de dénoncer la nullité du second verbal de descente (*Mémoire*, p.23).

l'estomac de mon frère,[65] et pour faire rapport s'il y a trouvé des restes d'aliments. Son rapport dit, que les aliments avaient été pris quatre heures avant sa mort. Il se trompait évidemment de deux. Il est clair qu'il voulait se faire valoir en prononçant quel temps il faut pour la digestion, que la diversité des tempéraments rend plus ou moins lente.[66] Cette petite erreur d'un chirurgien devait-elle préparer le supplice de mon père? La vie des hommes dépend donc d'un mauvais raisonnement!

Il n'y avait point de preuve contre mes parents, et il ne pouvait y en avoir aucune: on eut incontinent recours à un monitoire.[67] Je n'examine pas si ce monitoire était dans les règles;[68] on y supposait

185

190

185-186 62GE, 62P: évidemment. Il est
188 62GE, 62P: Cette erreur

[65] Le rapport de l'autopsie effectuée le 15 octobre par Jean-Pierre Lamarque (voir *Pièces originales*, n.107) est critiqué par la défense qui le déclare nul parce que l'ordonnance de 1670 ordonne une visite unique (or il y a eu un premier rapport, voir ci-dessous, 'Déclaration de Pierre', l.61-65) et parce que 'le chirurgien a excédé sa commission' ou, s'il ne l'a pas excédée, parce qu''il fut nommé mal à propos pour seul expert'; car 'de juger les effets physiques de la digestion appartient à la science de la médecine et n'est point du ressort du chirurgien' (Sudre, *Mémoire*, p.19). En outre, Lamarque n'a pas été confronté aux accusés comme il aurait dû l'être (Elie de Beaumont, *Mémoire à consulter*, 23 août 1762, p.59).

[66] Voir *Pièces originales*, n.107, et Procès-verbal d'autopsie: 'Il paraît 1° que le cadavre avait mangé trois ou quatre heures avant sa mort, car la digestion des aliments était faite [...] Le temps que l'on observe selon nos lois pour cette opération de la nature est fixé à trois ou quatre heures' (cité par A. Coquerel, *Jean Calas et sa famille*, Paris 1869, p.342-43).

[67] Accordé le 17 octobre à la requête de Charles Lagane, procureur du roi, qui en est lui-même l'auteur (voir, ci-dessus, Introduction générale, p.7). Quand le Parlement sera saisi de l'affaire, les chefs du monitoire seront de nouveau publiés et la fulmination de l'excommunication sera ordonnée.

[68] Il ne l'est pas: il est signé par un vicaire général, Tristan de Cambon, futur évêque de Mirepoix; or un monitoire ne peut être accordé que par l'official ou un autre juge de la juridiction ecclésiastique contentieuse (voir Ordonnance criminelle de 1670, titre 7, art. 2). D'où l'appel comme d'abus de l'obtention de ce monitoire (Sudre, *Mémoire*, p.20-21).

le crime, et on demandait la révélation des preuves. [69] On supposait La Vaisse mandé de Bordeaux pour être bourreau, et on supposait l'assemblée tenue pour élire ce bourreau, le jour même de l'arrivée de La Vaisse 13 octobre. [70] On imaginait que quand on étrangle quelqu'un pour cause de religion, on le fait mettre à genoux; et on demandait si l'on n'avait pas vu le malheureux Marc-Antoine Calas à genoux devant son père qui l'étranglait pendant la nuit, dans un endroit où il n'y avait point de lumière. [71]

On était sûr que mon frère était mort catholique, et l'on demandait des preuves de sa catholicité, [72] quoiqu'il soit bien prouvé que mon frère n'avait point changé de religion et n'en

[69] 'Le monitoire n'étant pas conçu à décharge comme il l'était à charge, ceux qui auraient pu déposer pour la décharge des exposants ne se sont pas crus en droit de se présenter' (Sudre, Mémoire, p.7-8). En effet, il était rédigé de telle sorte que les accusés ne pouvaient pas ne pas être regardés comme des parricides (dans son Mémoire inédit, D. Lavaysse dénonce 'la partialité la plus honteuse' qui marque les chefs du monitoire, An, K 723, pièce 10, f.4). Ainsi, nul dans la forme, le monitoire se révélait également 'contraire à l'objet même de son institution', car, comme le rappellera Elie de Beaumont dans son premier Mémoire, il est 'de règle et d'équité naturelle qu'un monitoire qui s'accorde pour découvrir si un crime a été commis ne présuppose point l'existence de ce crime' (p.13).

[70] Voir Monitoire, art. 8: 'Contre tous ceux qui savent qu'il arriva de Bordeaux, la veille du 13, un jeune homme de cette ville, qui n'ayant pas trouvé des chevaux pour aller joindre ses parents qui étaient à leur campagne, ayant été arrêté à souper dans une maison, fut présent, consentant ou participant à l'action', et art. 4: 'Contre tous ceux qui savent par ouï-dire ou autrement que le 13 du mois courant au matin, il se tint une délibération dans une maison de la paroisse de la Daurade, où la mort de Marc-Antoine Calas fut résolue et conseillée' (reproduit par Coquerel, p.94-95).

[71] Voir Monitoire, art. 5: 'Contre tous ceux qui savent par ouï-dire ou autrement que le même jour, 13 du mois d'octobre, depuis l'entrée de la nuit jusque vers les 10 heures, cette exécrable délibération fut exécutée en faisant mettre Marc-Antoine à genoux, qui par surprise ou par force, fut étranglé ou pendu'. Autant de faits supposés, imaginés par les auteurs du monitoire et dont les dépositions n'apportent 'ni trace ni vestige' (La Salle, Observations, p.11).

[72] Voir Monitoire, art. 1: 'Contre tous ceux qui sauront par ouï-dire ou autrement, que le sieur Marc-Antoine Calas aîné avait renoncé à la religion prétendue réformée dans laquelle il avait reçu l'éducation, qu'il assistait aux cérémonies de l'Eglise catholique et romaine; qu'il se présentait au sacrement de pénitence'.

voulait point changer. [73] On était surtout persuadé que la maxime   205
de tous les protestants est d'étrangler leur fils dès qu'ils ont le
moindre soupçon que leur fils veut être catholique; [74] et ce fanatisme
fut porté au point, que toute l'église de Genève se crut obligée
d'envoyer une attestation de son horreur pour des idées si abomi-
nables et si insensées, et de l'étonnement où elle était qu'un tel   210
soupçon eût jamais pu entrer dans la tête des juges. [75]

Avant que ce monitoire parût, il s'éleva une voix du peuple,
qui dit que mon frère Marc-Antoine devait entrer le lendemain
dans la confrérie des pénitents blancs: [76] aussitôt les capitouls

[73] Echo de la note *d* de la 'Lettre de Donat'.

[74] Contre cette prétendue 'maxime', Sudre s'élève: 'A la honte de ce siècle, on
dit [...] que la religion protestante permet, autorise le meurtre des enfants par les
pères; que Calvin l'a ainsi enseigné dans ses Institutions chrétiennes; que c'est la
doctrine de Genève [...] On nous cite un passage de l'Institution chrétienne où
Calvin, expliquant le précepte du Décalogue *honora patrem tuum et matrem tuam*,
dit 'partant, notre Seigneur commande de mettre à mort tous ceux qui sont
désobéissants à père et à mère'. Remarquant que cette 'doctrine abominable' n'a été
censurée ni par la Sorbonne, le 18 janvier 1542, dans un de ses 28 articles, ni par le
Concile de Trente en 1545 qui a anathématisé les différentes erreurs des réformateurs,
l'avocat poursuit, indigné: 'Il nous était réservé de trouver dans la foi protestante
une erreur que n'ont point trouvée la Sorbonne, le Concile de Trente, les Duperron,
les Arnauld, les Nicole', cependant qu'il restitue le passage où Calvin montre que
ce sont non les pères, mais les magistrats qui doivent faire subir la mort aux enfants
rebelles (*Mémoire*, p.57-61). Voir Court de Gébelin, *Les Toulousaines*, lettre 12,
p.188 ss.

[75] L'imputation fut en effet écartée par une Déclaration de la vénérable Compagnie
des pasteurs et professeurs de l'Eglise et l'Académie de Genève, signée Maurice,
modérateur, et Lecointe, secrétaire, en date du 29 janvier 1762, et par un délibéré
des syndics et consuls de la ville de Genève du 30 janvier 1762, scellé du sceau de
la République, signé du secrétaire d'Etat et certifié par le baron de Montpéroux
résident à Genève pour le roi (voir Sudre, *Suite pour les sieurs et demoiselle Calas*,
Toulouse 1762, p.30).

[76] Voltaire s'appuie sur un développement de Sudre: 'Suivant un Pénitent blanc,
Louis Calas étant à la campagne avec l'abbé Durand et lui, dit que Marc-Antoine
son frère devait entrer dans la confrérie des Pénitents blancs; et deux autres ajoutent
que le premier ayant représenté cela à Louis Calas, celui-ci qui alors se promenait
ne répondit rien'. Après avoir montré la vanité de ces témoignages, Sudre rappelle
que Louis a dénié hautement tous les propos qu'on lui fait tenir dans la procédure
(*Mémoire*, p.65 et 69). L'abbé Pierre Durand est fils d'Etienne Durand, maître
perruquier, voisin immédiat de Jean Calas.

ordonnèrent qu'on enterrât mon frère pompeusement au milieu   21
de l'église de Saint-Etienne. Quarante prêtres et tous les pénitents
blancs assistèrent au convoi. [77]

Quatre jours après les pénitents blancs lui firent un service
solennel dans leur chapelle; l'église était tendue de blanc; on avait
élevé au mileu un catafalque, au haut duquel on voyait un squelette   22
humain qu'un chirurgien avait prêté: ce squelette tenait dans une
main un papier, où on lisait ces mots, *Abjuration de l'hérésie*, et de
l'autre une palme, l'emblème de son martyre. [78] (*c*)

(*c*) Il y a dans Toulouse quatre confréries de pénitents, blancs, bleus,
gris, noirs: ils portent une longue capote, avec un masque de la même
couleur, percé de deux trous pour les yeux. [79]

[77] Sur réquisition du procureur du roi Charles Lagane du 6 novembre (ADHG,
101 B2, f.310), et alors que rien n'était à craindre pour la conservation du cadavre
qui avait été mis dans la chaux vive, deux capitouls – David et Jean-Baptiste
Chirat – et un assesseur rendent, le 7, une ordonnance selon laquelle Marc-Antoine
sera inhumé dans un délai de vingt-quatre heures 'par provision en terre sainte dans
la paroisse de l'église cathédrale de S. Etienne'. Le 8, appel est fait au curé de ladite
église (f.311), qui, selon D. Lavaysse, 'ne consentit qu'avec beaucoup de peine à
l'exécution de l'ordonnance' (*Mémoire*, p.16). Celle-ci aurait dû être confirmée par
la Chambre des vacations, mais on se contenta de l'approbation verbale de quelques-
uns des magistrats du Parlement; aussi La Salle dénonce-t-il l'irrégularité de
l'ordonnance et de son exécution (*Observations*, p.11-12). Voltaire suit D. Lavaysse
lequel souligne la 'pompe extraordinaire' qui marqua cet enterrement, un dimanche,
à 15 heures, et note que 'plus de quarante prêtres assistèrent au convoi de même
que les pénitents blancs' (voir aussi *Mémoire* inédit, An, K 723, pièce 10, f.7). Le
terme de 'pompe' est également utilisé par La Salle; les avocats parisiens l'emploieront
à leur tour.

[78] Voltaire continue à se reporter au *Mémoire* de D. Lavaysse: 'Quelques jours
après, les Pénitents blancs en donnèrent un autre [spectacle] [. . .]. Ils firent célébrer
dans leur chapelle un service pour l'âme du défunt [. . .]. L'église était tendue de
blanc et au milieu s'élevait un magnifique catafalque sur lequel on voyait [. . .] un
squelette humain, pris on ne sait où, tenant un papier dans la main et dans l'autre [. . .]
une palme pour signifier qu'il était martyr de la religion catholique qu'il avait
embrassée'; cf. *Pièces originales*, 'Lettre de Donat', l.37-40. Elie de Beaumont, dans
son premier *Mémoire* (p.17), semble reprendre Voltaire.

[79] Selon Coquerel, on disait à Toulouse: 'Antiquité des blancs, noblesse des
bleus, richesse des noirs, pauvreté des gris' (p.110; voir Court de Gébelin, *Les*

Le lendemain les cordeliers lui firent un pareil service.[80] On
peut juger si un tel éclat acheva d'enflammer tous les esprits; les   225
pénitents blancs et les cordeliers dictaient sans le savoir la mort de
mon père.[81]

Le parlement saisit bientôt cette affaire.[82] Il cassa d'abord la
sentence des capitouls, qui étant vicieuse dans toutes ses formes
ne pouvait pas subsister;[83] mais le préjugé subsista avec violence.   230
Tous les zélés voulaient déposer;[84] l'un avait vu dans l'obscurité
à travers le trou de la serrure de la porte, des hommes qui

228-229   62G: la <procédure> [V↑]sentence
           62PB, NM65, W68:   la procédure
229   62GE: toutes les formes
232   62G, avec note marginale: [V]déposition de la Pouchelon

---

Toulousaines, lettre 5, p.62). Plusieurs magistrats faisaient partie de ces confréries.
Dans la correspondance, les pénitents blancs tendent à devenir le symbole même du
fanatisme toulousain: 'S'il n'y avait point eu de confrairie de pénitents blancs à
Toulouse cette catastrophe affreuse ne serait pas arrivée' (D10775).

[80] 'Il fut fait le lendemain un pareil service pour Calas dans l'église des cordeliers
de la grande observance' (D. Lavaysse, *Mémoire*, p.17).

[81] Sur le fait que les honneurs ainsi rendus soient devenus comme les avant-
coureurs de la condamnation de Jean Calas, voir *Pièces originales*, 'Lettre de Donat',
l.41-42. Elie de Beaumont rejoint Voltaire lorsqu'il note que le faste déployé était
'propre à échauffer la multitude', 'à enflammer le peuple toujours extrême' (*Mémoire*,
23 août 1762, p.17 et 62).

[82] Le 18 novembre 1761 à 17 heures, les capitouls rendent leur sentence par
laquelle les trois membres de la famille Calas seront appliqués à la torture ordinaire
et extraordinaire et Lavaysse ainsi que J. Viguière seulement 'présentés'. Les accusés
qui ont le jour même connaissance du jugement en appellent aussitôt au Parlement
de Toulouse.

[83] Le Parlement juge l'appel le 5 décembre, casse la sentence des capitouls,
maintenant le commencement d'information à la continuation de laquelle il sera
procédé (voir ci-dessus, Introduction générale, p.9).

[84] Il y eut dans la première information, du 14 octobre au 7 novembre, 87 témoins
et, dans le cadre de la continuation d'information du 8 décembre 1761 au 1er février
1762 faite par arrêt du 5 décembre, 62 témoins (An, V[4] 1478 B, pièce 214). La Salle
parle d'une procédure 'composée de plus de 150 témoins' (*Observations*, p.67-68).

couraient;[85] l'autre avait entendu du fond d'une maison éloignée à l'autre bout de la rue, la voix de Calas qui se plaignait d'avoir été étranglé.[86]

23°

Un peintre nommé Mateï dit que sa femme lui avait *dit* qu'une nommée Mandrille lui avait *dit* qu'une inconnue lui avait *dit* avoir entendu les cris de Marc-Antoine Calas, à une autre extrémité de la ville.[87]

Mais pour tous les accusés, mon père, ma mère, mon frère Pierre, le jeune La Vaisse et la servante, ils furent unanimement d'accord sur tous les points essentiels; tous aux fers,[88] tous

24°

[85] Voltaire semble adapter librement la déposition de Jean Pérès, commis de la veuve Peyronnet, dont Sudre fait état dans son deuxième mémoire: Pérès prétendait avoir regardé 'par une fente de la fermeture de la boutique' et avoir aperçu Jean Calas 'tenant une chandelle et se promenant tranquillement' (*Suite pour les sieurs et demoiselle Calas*, p.23). Voir déposition de Jean-Bernard Pérès, 50ᵉ témoin devant le Parlement: 'Le déposant aperçut par une fente de la fermeture de la boutique que le sieur Calas père qui avait l'air fort tranquille fit le tour de sa boutique avec une chandelle à la main' (An, V⁴ 1478 B, pièce 214, f.88*v*-91*r*). En fait, Pérès ne connaissait pas Jean Calas et il n'y avait pas de fente par où l'on pût voir.

[86] Voltaire revient dans la 'Déclaration de Pierre Calas' sur ce genre de déposition (l.108 ss.).

[87] Voltaire se reporte au deuxième mémoire de Sudre, tout en transposant l'objet de la déposition: 'La femme du sieur Mathei peintre lui *a dit* que la nommée Mandrille, mère, lui *a dit* qu'étant dans une maison où elle achetait, une demoiselle qu'elle ne connaissait pas et ne reconnaîtrait pas lui *avait dit* que le soir de la mort de Marc-Antoine Calas, elle avait entendu le sieur Calas père lui disant: Tu veux toujours faire ta tête, je t'étranglerai; que Marc-Antoine Calas criait: ah! mon père, que vous ai-je fait? mon père, laissez-moi la vie' (*Suite pour les sieurs et demoiselle Calas*, p.17). L'avocat commente: 'Des témoignages *de auditu alieno* ne prouvent point'. Ce n'est, dit-il encore, que 'ouï-dire d'un ouï-dire d'autre ouï-dire' (p.18). Il aurait fallu confirmation par le témoignage de celui de qui on prétend avoir appris; or ni la femme du peintre ni la Mandrille ne furent assignées. Sur la déposition de Dominique Mathei, 38ᵉ témoin devant le Parlement, voir An, V⁴ 1478 B, pièce 214, f.70*r*-71*v*.

[88] Sur le moment (18 novembre 1761) où l'on mit aux accusés 'les fers aux pieds', voir *Pièces originales*, n.47.

séparément interrogés, ils soutinrent la vérité, sans jamais varier
ni au récolement, ni à la confrontation.[89]

Leur trouble mortel put à la vérité faire chanceler leur mémoire   245
sur quelques petites circonstances, qu'ils n'avaient aperçues
qu'avec des yeux égarés et offusqués par les larmes,[90] mais
aucun d'eux n'hésita un moment sur tout ce qui pouvait constater
leur innocence. Les cris de la multitude, l'ignorante déposition du
chirurgien La Marque; des témoins auriculaires, qui ayant une fois   250
débité des accusations absurdes, ne voulaient pas s'en dédire,
l'emportèrent sur la vérité la plus évidente.

Les juges avaient d'un côté ces accusations frivoles sous leurs
yeux; de l'autre l'impossibilité démontrée que mon père âgé de
soixante-huit ans, eût pu seul pendre un jeune homme de vingt-   255
huit ans beaucoup plus robuste que lui, comme on l'a déjà dit
ailleurs;[91] ils convenaient bien que ce crime était difficile à
commettre, mais ils prétendaient qu'il était encore plus difficile
que mon frère Marc-Antoine Calas eût terminé lui-même sa vie.

Vainement La Vaisse et la servante prouvaient l'innocence de   260
mon père, de ma mère et de mon frère Pierre; La Vaisse et la
servante étaient eux-mêmes accusés; le secours de ces témoins
nécessaires nous fut ravi contre l'esprit de toutes les lois.[92]

---

253   62GE: côté des accusations

---

[89] Elie de Beaumont, dans son premier *Mémoire*, semble s'inspirer de Voltaire:
'L'amour de la vérité, plus que celui de la vie, les rend unanimes sans concert.
Interrogés juridiquement sous la foi du serment, ils répondent tous séparément et
sans s'être communiqués, sans même l'avoir pu depuis l'instant de leur détention,
que Marc-Antoine a été trouvé pendu à un billot' (p.11).

[90] A propos de l'oubli de faits mineurs, Sudre observe: 'Une famille désolée va-
t-elle examiner les circonstances et les détails d'un cas abominable avec la froide
curiosité d'un étranger?' (*Mémoire*, p.53).

[91] *Pièces originales*, 'Lettre de Donat', l.157-161.

[92] Voir *Mémoire* de Sudre: 'Que le sieur Lavaisse et la servante soient innocents,
les gens les plus prévenus n'en doutent pas [...]. Mais s'ils sont innocents, aucun
donc n'est coupable puisque le sieur Lavaisse dit n'avoir jamais quitté le père, la
mère et le fils [...]. A quel propos Lavaisse et la servante se trouvent-ils parmi les

Il était clair, et tout le monde en convient, que si Marc-Antoine Calas avait été assassiné, il l'avait été par toute la famille, et par La Vaisse et la servante; qu'ils étaient ou tous innocents, ou tous coupables, puisqu'il était prouvé qu'ils ne s'étaient pas quittés un moment, ni pendant le souper, ni après souper.

J'ignore par quelle fatalité les juges crurent mon père criminel, et comment la forme l'a emporté sur le fond. On m'a assuré que plusieurs d'entre eux soutinrent longtemps l'innocence de mon père, mais qu'ils cédèrent enfin à la pluralité.[93] Cette pluralité croyait toute ma famille et le jeune La Vaisse également coupables. Il est certain qu'ils condamnèrent mon malheureux père au supplice de la roue, dans l'idée où ils étaient qu'il ne résisterait pas aux tourments, et qu'il avouerait les prétendus compagnons de son crime dans l'horreur du supplice.[94]

Je l'ai déjà dit,[95] et je ne peux trop le répéter, ils furent surpris de le voir mourir en prenant à témoin de son innocence le Dieu devant lequel il allait comparaître. Si la voix publique ne m'a pas

---

accusés? Il semble qu'aucun rôle ne leur pouvait convenir que celui des témoins' (p.36-37). De son côté, La Salle déplore que, dans la première instance, on ait privé les Calas 'des secours qu'ils auraient pu tirer du témoignage' de Lavaysse et de J. Viguière et espère que le Parlement fixera d'abord 'le sort de ces deux prétendus complices' qui pourront alors être témoins. Il laisse entendre que, lorsqu'il fut question de les relaxer, d''indignes moyens' furent mis en œuvre pour s'y opposer (*Observations*, p.8 et 68; voir aussi D. Lavaysse soulignant que son fils, compris comme complice dans le procès, n'aurait dû y paraître que comme témoin, de même que la servante, *Mémoire* inédit, An, K 723, pièce 10, f.1 et 4). Après Voltaire, Elie de Beaumont, dans son *Mémoire* de 1762, remarque: 'Lavaysse et la servante étaient des témoins nécessaires; ils furent accusés aussi, emprisonnés [...], décrétés et l'on ravit aux accusés la ressource de leur témoignage' (p.12; voir aussi le *Mémoire pour dame Anne-Rose Cabibel*, Paris 1765, p.71). Dans une lettre à Debrus de la fin juillet 1762, Voltaire, à propos de J. Viguière, envisage de 'faire valoir la loy qui ordonne que le témoignage des témoins nécessaires soit Reçu en faveur des accuzés, quoy que ces témoins aient été accusez eux mêmes' (D10614).
[93] L'*Histoire d'Elisabeth Canning et de Jean Calas* apportera sur ce point plus de précision.
[94] Echo de la 'Lettre de Donat', l.137-138.
[95] Echo de la 'Lettre de Donat', l.139-142.

314

trompé, les deux dominicains nommés Bourges et Caldaguès, qu'on lui donna pour l'assister dans ces moments cruels, ont rendu témoignage de sa résignation; ils le virent pardonner à ses juges et les plaindre; ils souhaitèrent enfin de mourir un jour avec des sentiments de piété aussi touchants. [96]   285

Les juges furent obligés bientôt après d'élargir ma mère, le jeune La Vaisse et la servante; [97] ils bannirent mon frère Pierre; et j'ai toujours dit avec le public, pourquoi le bannir, s'il est innocent? et pourquoi se borner au bannissement s'il est coupable? [98]

J'ai toujours demandé, pourquoi ayant été conduit hors de la   290
ville par une porte, on le laissa, ou on le fit rentrer sur le champ par une autre? pourquoi il fut enfermé trois mois dans un couvent de dominicains? [99] voulait-on le convertir au lieu de le bannir? mettait-on son rappel au prix de son changement? punissait-on, faisait-on grâce arbitrairement, et le supplice affreux de son père   295
était-il un moyen de persuasion?

Ma mère, après cette horrible catastrophe, a eu le courage d'abandonner sa dot et son bien; [100] elle est allée à Paris sans autre secours que sa vertu, implorer la justice du roi: [101] elle ose espérer que le conseil de sa majesté se fera représenter la procédure faite   300

---

[96] Du témoignage du père Bourges, nous avons un certificat daté du 14 novembre 1764 et signé par un prêtre qui avait été appelé par les commissaires des prisons de Toulouse pour tenter de ramener dans le giron de l'Eglise Jean Calas, Pierre et Lavaysse (An, V⁴ 1478 B, pièce 254). Les deux frères prêcheurs, le premier, docteur royal de l'Université, le second, professeur en théologie (voir 'Procès-verbal d'exécution' *in* Coquerel, p.197), présents lors de la torture et de l'exécution, sont également évoqués dans l'*Histoire d'Elisabeth Canning et de Jean Calas*, 'Histoire des Calas', l.122-130.

[97] Par arrêt du 18 mars 1762.

[98] Sur la peine de Pierre et le commentaire marqué du même mouvement alternatif, voir *Pièces originales*, 'Lettre de Donat', l.130-132.

[99] Jugé le 18 mars 1762, Pierre parvient à s'échapper le 4 juillet.

[100] Sur le montant de la dot et l'évaluation de la fortune des Calas, voir *Pièces originales*, n.80-81.

[101] Sur l'arrivée de Mme Calas à Paris en juin 1762, voir *Pièces originales*, n.82 et ci-dessus, n.9.

à Toulouse.[102] Qui sait même si les juges touchés de la conduite généreuse de ma mère, n'en verront pas plus évidemment l'innocence déjà entrevue de celui qu'ils ont condamné? n'apercevront-ils pas qu'une femme sans appui n'oserait assurément demander la révision du procès si son mari était criminel? aurait-elle fait deux cents lieues pour aller chercher la mort qu'elle mériterait?[103] cela n'est pas plus dans la nature humaine que le crime dont mon père a été accusé. Car je le dis encore avec horreur, si mon père a été coupable de ce parricide, ma mère et mon frère Pierre Calas le sont aussi: La Vaisse et la servante ont eu sans doute part au crime. Ma mère aurait-elle entrepris ce voyage pour les exposer tous au supplice, et s'y exposer elle-même?

Je déclare que je pense comme elle, que je me soumets à la mort comme elle, si mon père a commis contre Dieu, la nature, l'Etat et la religion, le crime qu'on lui a imputé.

Je me joins donc à cette vertueuse mère par cet acte, légal ou non, mais public et signé de moi. Les avocats qui prendront sa défense pourront mettre au jour les nullités de la procédure:[104] c'est à eux qu'il appartient de montrer que La Vaisse et la servante, quoiqu'accusés, étaient des témoins nécessaires, qui déposaient invinciblement en faveur de mon père.[105] Ils exposeront la nécessité où les juges ont été réduits, de supposer qu'un vieillard de soixante-huit ans, que j'ai vu incommodé des jambes, avait seul pendu son

306   62GE, 62P: pour chercher
312   62P: exposer lui-même.

[102] Objectif premier de l'auteur des mémoires en faveur des Calas; voir ci-dessus, p.26.

[103] Observation récurrente dans la correspondance de l'époque: 'comment aiant été complice ferait elle deux cent lieues pour venir demander qu'on revît le procez et qu'on la condamnât à la mort?' (D10566); cf. D10551.

[104] Il s'agit de Mariette et d'Elie de Beaumont auxquels se joindra Loiseau de Mauléon (voir ci-dessus, Introduction générale, p.29 ss).

[105] Voir, par exemple, les développements des Mémoires de Elie de Beaumont dont nous faisons état ci-dessus (note 92).

propre fils, le plus robuste des hommes, et l'impossibilité absolue
d'une telle exécution. [106]   325

Ils mettront dans la balance d'un côté cette impossibilité physique, et de l'autre des rumeurs populaires. Ils pèseront les
probabilités; ils discuteront les témoignages auriculaires. [107]

Que ne diront-ils pas sur tous les soins que nous avons pris
depuis trois mois pour nous faire communiquer la procédure, et   330
sur les refus qu'on nous en a faits? le public et le conseil ne seront-
ils pas saisis d'indignation et de pitié, quand ils apprendront qu'un
procureur nous a demandé deux cents louis d'or, à nous, à une
famille devenue indigente, pour nous faire avoir cette procédure
d'une manière illégale! [108]   335

Je ne demande point pardon aux juges d'élever ma voix contre
leur arrêt, ils le pardonnent sans doute à la piété filiale; ils me
mépriseraient trop si j'avais une autre conduite, et peut-être
quelques-uns d'eux mouilleront mon mémoire de leurs larmes.

Cette aventure épouvantable, intéresse toutes les religions et   340
toutes les nations; il importe à l'Etat de savoir de quel côté est le
fanatisme le plus dangereux. Je frémis en y pensant, et plus d'un
lecteur sensible frémira comme moi-même.

331   62GE, 62P: sur le refus
331-336   62GE, 62P: faits? ¶Je ne demande

[106] Voir, par exemple, le premier *Mémoire* de Elie de Beaumont, p.24.
[107] Ainsi Elie de Beaumont, dans son premier *Mémoire* (p.27 ss.), regroupant et
ordonnant les témoignages autour d'un certain nombre d'indices, répond point par
point aux imputations avancées.
[108] 'Le parlement a fait défense au greffier de communiquer la procédure et même
de donner copie de L'arrêt. On demande deux cent Louis d'or pour la communication
de cette malheureuse procédure. Ce sont des faits que nous ne pouvons prouver
que par Lettres, et ces Lettres sont écrites par des personnes qui craignent de se
compromettre' (D10587).

Seul, dans un désert, dénué de conseil, d'appui, de consolation, [109]
je dis à monseigneur le chancelier et à tout le conseil d'Etat. Cette
requête que je mets à vos pieds est extrajudiciaire; mais rendez-la
judiciaire par votre autorité et par votre justice. N'ayez point pitié
de ma famille; mais faites paraître la vérité. Que le parlement de
Toulouse ait le courage de publier les procédures, l'Europe les
demande, et s'il ne les produit pas, il voit ce que l'Europe décide.

à Chatelaine, 22 juillet 1762.

Signé DONAT CALAS

[109] Effet de dramatisation de la part de celui-là même qui joue le rôle de guide et
de soutien de ce 'petit coin de terre ignoré entre les Alpes et le mont Jura' (D12425).

DÉCLARATION DE PIERRE CALAS

En arrivant chez mon frère Donat Calas pour pleurer avec lui,[110] j'ai trouvé entre ses mains ce mémoire qu'il venait d'achever pour la justification de notre malheureuse famille. Je me joins à ma mère et à lui; je suis prêt d'attester la vérité de tout ce qu'il vient d'écrire; je ratifie tout ce qu'a dit ma mère, et devenu plus courageux par son exemple[111] je demande avec elle à mourir si mon père a été criminel.

Je dépose, et je promets de déposer juridiquement ce qui suit.

Le jeune Gobert La Vaisse, âgé de dix-neuf à vingt ans, jeune homme des mœurs les plus douces, élevé dans la vertu par son père célèbre avocat, était l'ami de Marc-Antoine mon frère,[112] et ce frère était un homme de lettres[113] qui avait étudié aussi pour

[110] A la suite de son évasion du 4 juillet 1762, Pierre rejoint Donat en Suisse. Le 26 juillet, Voltaire écrit à D. Audibert: 'Nous avons ici Pierre Calas; je l'ai interrogé pendant quatre heures' (D10605).

[111] En prison, Pierre 'céda ou crut céder aux attaques de quatre théologiens qu'on avait envoyés pour changer ses croyances': Elie de Beaumont rappelle l'épisode du prêtre conduisant le nouveau converti à sa mère laquelle 'tourna la tête' (*Mémoire pour dame Anne-Rose Cabibel*, p.76). Dans sa lettre du 20 juillet 1762, D. Audibert relate les vaines tentatives de conversion dont Mme Calas a été l'objet au lendemain du 10 mars 1762: 'Ce ne fut que quatre jours après l'exécution de Calas, que des Prêtres l'annoncèrent à sa pauvre Veuve, et depuis cet instant, ils la tourmentèrent pendant onze jours de suitte pour la préparer à la mort, et la forcer à changer de Religion, dans l'espoir d'obtenir sa grâce' (D10595).

[112] Echo de la 'Lettre' et du *Mémoire* de Donat. Voltaire reprend Sudre et La Salle qui soulignent que Gaubert Lavaysse, lié d'amitié avec les enfants Calas, l'était surtout avec l'aîné (*Mémoire*, p.5; *Observations*, p.17). L'amitié s'est nouée, en dépit de la différence d'âges, notamment au cours des deux années que Lavaysse a passées chez les commerçants Duclos frères (*Mémoire du sieur François-Alexandre Gualbert Lavaysse*, p.2).

[113] Expression hyperbolique pour évoquer la formation intellectuelle et les goûts littéraires de Marc-Antoine (voir ci-dessus, n.24 et 26). Dans la *Suite pour les sieurs et demoiselle Calas*, Sudre rapporte que, selon les exposants, Marc-Antoine avait 'de l'étude et de l'esprit' (p.42).

319

être avocat. La Vaisse soupa avec nous le 13 octobre 1761 comme on l'a dit. [114] Je m'étais un peu endormi après le souper, au temps que le sieur La Vaisse voulut prendre congé. Ma mère me réveilla et me dit d'éclairer notre ami avec un flambeau. [115]

On peut juger de mon horrible surprise quand je vis mon frère suspendu en chemise, aux deux battants de la porte de la boutique qui donne dans le magasin. Je poussai des cris affreux; j'appelai mon père, il descend éperdu, il prend à brasse-corps son malheureux fils en faisant glisser le bâton et la corde qui le soutenaient, il ôte la corde du cou en élargissant le nœud; [116] il tremblait, il pleurait, il s'écriait dans cette opération funeste. Va, me dit-il, au nom de Dieu chez le chirurgien Camoire notre voisin, peut-être mon pauvre fils n'est pas tout à fait mort. [117]

Je vole chez le chirurgien, je ne trouve que le sieur Gorse son garçon, et je l'amène avec moi. [118] Mon père était entre ma mère, et un de nos voisins nommé Delpèche, fils d'un négociant

---

[114] Dans l'"Extrait d'une lettre de la dame veuve Calas' (*Pièces originales*) et le *Mémoire de Donat Calas*.

[115] Echo de la 'Lettre' de Mme Calas, l.51-55 (*Pièces originales*). Dans ses interrogatoires (sur écrou, ADHG, 101 B2, f.106v, et sur les charges, f.332r), Pierre avoue s'être endormi. Lavaysse, dans son deuxième *Mémoire*, rapporte que Pierre se défendit sur le moment de s'être endormi: 'Nous fîmes plusieurs éclats de rire, tant nous étions éloignés de prévoir le malheur qui nous menaçait' (p.5).

[116] Sur ces séquences du drame, voir ci-dessus, *Mémoire de Donat*, l.131-139. Les interrogatoires de Pierre confirment le récit: 'Ledit sieur Calas avec de grands cris qui alarmèrent tout le quartier prit à brasse-corps sondit fils aîné et le mit à terre et lui ôta la corde du col' (Interrogatoire sur écrou, ADHG, 101 B2, f.107r; voir aussi Interrogatoire sur les charges, f.331v).

[117] L'initiative de la demande de secours médical est ici attribuée à Jean Calas conformément à ce qu'il soutient dès son audition d'office: 'Il a envoyé chercher le sieur Gorsse, garçon du sieur Camoire, pour donner du secours à son fils' (ADHG, 101 B2, f.5v).

[118] Camoire est à la campagne. Il semble qu'un des amis et premiers visiteurs, Dominique Brousse, âgé de 26 ans, négociant, 12e témoin de la première information (ADHG, 101 B2, f.35r), qui, peu auparavant, avait vu Gorsse dans le quartier, soit parti à sa recherche en même temps que Pierre (voir Orsoni, p.232-34).

catholique qui pleurait avec eux.[119] Ma mère tâchait en vain de
faire avaler à mon frère des eaux spiritueuses, et lui frottait les   30
tempes. Le chirurgien Gorse lui tâte le pouls et le cœur, il le trouve
mort et déjà froid;[120] il lui ôte son tour de cou qui était de taffetas
noir, il voit l'impression d'une corde, et prononce qu'il est
étranglé.[121]

Sa chemise n'était pas seulement froissée, ses cheveux arrangés   35
comme à l'ordinaire, et je vis son habit proprement plié sur le
comptoir.[122] Je sors pour aller partout demander conseil. Mon
père, dans l'excès de sa douleur, me dit, Ne va pas répandre le
bruit que ton frère s'est défait lui-même, sauve au moins l'honneur
de ta misérable famille.[123] Je cours tout hors de moi chez le sieur   40

---

32 62P: tour de col qui

[119] Âgé de 23 ans, ami de Marc-Antoine Calas, Antoine Delpech, dont le père est
installé rue des Filatiers et qui sera le 10e témoin de la première information (ADHG,
101 B2, f.33r) a, dès les premiers cris entendus, quitté la maison F. Bordes où il
passait la soirée et s'est fait ouvrir la porte par Pierre. Il est le premier, avec Brousse,
à pénétrer chez les Calas. Sudre rapporte son témoignage relatif à la douleur des
parents (*Suite pour les sieurs et la demoiselle Calas*, p.24).

[120] 'L'ayant examiné et touché son pouls, ses tempes et porté la main sur son
cœur, il le trouva froid sur toutes ces parties et sans palpitation' (Information menée
par les capitouls, Antoine Gorsse, âgé de 35 ans, 4e témoin, ADHG, 101 B2, f.27v).

[121] 'Comme il ne trouvait point de blessure, le déposant lui défit un ruban noir
qu'il portait autour de son col, de même que le col de sa chemise, et alors il découvrit
l'empreinte d'une corde autour du col dudit cadavre' (ADHG, 101 B2, f.27v). Ce
qui lui fit dire que Marc-Antoine 'avait été étranglé' (Audition d'office de Pierre,
f.15v).

[122] Voir ci-dessus, n.42.

[123] 'Son père [. . .] lui dit de ne point parler de quelle façon on l'avait trouvé mais
bien de dire qu'on l'avait trouvé couché pour conserver sa mémoire et l'honneur de
la famille' (Interrogatoire de Pierre sur écrou, ADHG, 101 B2, f.107v). Voir
également Interrogatoire sur la sellette, f.402v: il s'agissait d''éviter qu'on ne fît le
procès de sa mémoire pour l'honneur de la famille'. Ce que confirme le père dès
son interrogatoire sur l'écrou: 'Il ne cherchait qu'à conserver l'honneur de sa famille'
(f.104r). Sudre (*Mémoire*, p.25; *Suite pour les sieurs et demoiselle Calas*, p.13) et La
Salle (*Observations*, p.7) insistent sur ce souci de 'ménager la mémoire' de Marc-
Antoine et de sauver l'honneur familial. Voir *Pièces originales*, 'Lettre de Donat', n.e.

Cazeing, ami de la maison, négociant qui demeurait à la bourse;[124] je l'amène au logis,[125] il nous conseille d'avertir au plus vite la justice;[126] je vole chez le sieur Clausade homme de loi;[127] La Vaisse court chez le greffier des capitouls, chez l'assesseur maître Monier.[128] Je retourne en hâte me rendre auprès de mon père, tandis que La Vaisse et Clausade faisaient relever l'assesseur qui était déjà couché, et qu'ils vont avertir le capitoul lui-même.[129]

Le capitoul était déjà parti sur la rumeur publique pour se rendre chez nous. Il entre avec quarante soldats,[130] j'étais en bas

43-44   62G: loi; <de là je cours avec La Vaisse chez> $^{V\uparrow}\beta$
        62PB: loi; de là La Vaisse

[124] Protestant, marchand de mignonnettes, en liaison d'amitié et de services mutuels avec Calas depuis vingt ans, il était alors prêt à se mettre au lit. Il sera conduit à l'Hôtel de ville avec les Calas (Audition d'office, ADHG, 101 B2, f.8r-9v). La sortie de Pierre a-t-elle été en fait commandée par le seul souci d'aller chercher l'ami qui réconforte et conseille ou par la volonté de rejoindre Lavaysse qui l'a précédé chez Cazeing afin de lui indiquer la version à répandre sur la mort de Marc-Antoine? (voir Orsoni, p.244-47). Lavaysse, qui promet le secret, s'était rendu chez Cazeing dans l'intention de le faire venir et de procurer 'quelque consolation' aux Calas (Audition d'office, f.7r; Mémoire du sieur Gaubert Lavaysse, p.17).

[125] En compagnie de Lavaysse qui, lui, ne rentre pas dans la maison.

[126] En raison des difficultés que pose l'enterrement d'un protestant.

[127] 'Il fut lui-même chercher le sieur Clausade pour savoir de lui ce qu'il fallait faire' (Audition d'office de Pierre, ADHG, 101 B2, f.15v). Ami des Calas, procureur près le parlement de Toulouse, quoique protestant, Clausade conseille 'd'avertir la police pour constater la mort du jeune homme et obtenir la permission de l'enterrer' (Mémoire du sieur François-Alexandre Gualbert Lavaysse, p.5).

[128] Ce sont Clausade et Lavaysse (Pierre reste à l'intérieur) qui partent en quête des autorités. Ils se rendent chez Savanié (Audition d'office de Lavaysse, ADHG, 101 B2, f.7r), un des greffiers de l'Hôtel de ville, puis, en compagnie de celui-ci, qu'ils ont finalement rencontré dans la rue, chez Monyer, un des assesseurs (D. Lavaysse, Mémoire, p.12). La vivacité du récit rejoint la vivacité de la narration de Sudre évoquant Lavaysse qui 'vole', 'court' (Mémoire, p.6).

[129] En réalité, ils retournent avec Savanié et Monyer chez les Calas sans alerter David.

[130] L'escouade du guet.

pour le recevoir, il ordonne qu'on me garde.[131]   50

Dans ce moment même l'assesseur arrivait avec les sieurs Clausade et La Vaisse. Les gardes ne voulurent point laisser entrer La Vaisse et le repoussèrent: ce ne fut qu'en faisant beaucoup de bruit, en insistant, et en disant qu'il avait soupé avec la famille, qu'il obtint du capitoul qu'on le laissât entrer.[132]   55

Quiconque aura la moindre connaissance du cœur humain verra bien par toutes ces démarches quelle était notre innocence; comment pouvait-on la soupçonner? a-t-on quelque exemple dans les annales du monde et des crimes, d'un pareil parricide, commis sans aucun dessein, sans aucun intérêt, sans aucune cause?   60

Le capitoul avait mandé le sieur La Tour médecin, et les sieurs La Marque et Perronet chirurgiens;[133] ils visitèrent le cadavre en ma présence, cherchèrent des meurtrissures sur le corps, et n'en trouvèrent point.[134] Ils ne visitèrent point la corde: ils firent un

---

[131] 'Ayant trouvé la porte d'entrée de ladite maison fermée, avons frappé à ladite porte qu'une fille de service nous a ouvert, et étant entré dans l'allée, il s'est présenté à nous un jeune homme [...] Il a ouvert la porte de la boutique qui donne dans ladite allée et nous a conduit auprès la porte d'un magasin' (Procès-verbal de descente daté du 13 octobre, reproduit par Coquerel, p.338-40). 'Je trouvai sur la porte d'entrée le cadavre de Marc-Antoine Calas fils aîné étendu à terre; je fis de suite garder les portes et je m'assurai de toutes les personnes qu'y composaient ladite maison' (lettre de David à Saint-Florentin, 18 octobre 1761; Coquerel, p.340-41).

[132] 'Ne croyant pas devoir abandonner des gens chez lesquels j'avais soupé et qui me paraissaient être dans la désolation [...], j'insistai, il me fut enfin permis d'entrer' (Mémoire du sieur Gaubert Lavaysse, p.17; voir également D. Lavaysse, Mémoire, p.49). Savanié et Monyer entrent, eux, sans difficulté.

[133] Jean-Pierre Latour est professeur royal en médecine, ordinaire de l'Hôtel-Dieu Saint-Jacques de Toulouse, Jean-Antoine Peyronnet est maître en chirurgie. Sur Lamarque, voir ci-dessus, n.65 et Pièces originales, n.107. Seule une ordonnance de justice rendue par le consistoire des capitouls peut autoriser la venue du corps médical et la rédaction d'un rapport d'expertise (Ordonnance criminelle de 1670, titre 5, art. 1-2). Sudre dénonce l'illégalité commise: 'Le capitoul [...] trouva à propos de faire visiter le cadavre; il manda verbalement un médecin et un chirurgien; un soldat porta ses ordres: voilà toute la formalité qui a été observée' (Mémoire, p.18).

[134] 'Nous avons soigneusement examiné ce corps [...] que nous avons trouvé sans aucune blessure' (Rapport des médecin et chirurgiens du 14 octobre 1761; Coquerel, p.341-42).

rapport secret, seulement de bouche au capitoul, [135] après quoi on
nous mena tous à l'hôtel de ville, c'est-à-dire, mon père, ma mère,
le sieur La Vaisse, le sieur Caseing notre ami, la servante et moi:
on prit le cadavre et les habits, qui furent portés aussi à l'hôtel de
ville. [136]

Je voulus laisser un flambeau allumé dans le passage au bas de
la maison, pour retrouver de la lumière à notre retour. Telle était
ma sécurité, et celle de mon père, que nous pensions être menés
seulement à l'hôtel de ville pour rendre témoignage à la vérité, et
que nous nous flattions de revenir coucher chez nous; mais le
capitoul souriant de ma simplicité, fit éteindre le flambeau, en
disant que nous ne reviendrions pas si tôt. [137] Mon père et moi nous
fûmes mis dans un cachot noir, ma mère dans un cachot éclairé,
ainsi que La Vaisse, Caseing et la servante. [138] Le procès-verbal du

[135] Le rapport fut rédigé le lendemain à l'Hôtel de ville (comme le procès-verbal
de descente) alors qu'il aurait dû être dressé et signé sur le champ, selon l'ordonnance
de 1670, titre 5; d'où la nullité dénoncée par Sudre d'autant que les experts n'ont
pas été récolés et confrontés aux prévenus (*Mémoire*, p.14 ss.).

[136] 'Je fis arrêter le père, la mère, le fils, la servante du sieur Calas et le sieur
Lavaysse fils qui avait soupé avec eux et les fis conduire avec le cadavre à l'hôtel
de ville' (lettre de David à Saint-Florentin, 18 octobre 1761; Coquerel, p.340-41).
La Salle souligne la nullité de l'arrestation, car l'ordonnance de 1670, titre 10 art. 9,
'ne permet d'emprisonner, sans information précédente, que dans le cas où l'accusé
est pris en flagrant délit ou sur la clameur publique' (*Observations*, p.4). Or il n'y a eu
ni flagrant délit ni clameur publique. Sudre note que les exposants 'crurent et
avaient lieu de croire que c'était simplement pour tirer d'eux les circonstances de
cette funeste aventure' (*Mémoire*, p.7).

[137] Dans les interrogatoires et notamment dans ceux de Pierre, on ne trouve pas
trace de cet incident que, de son côté, rapporte Court de Gébelin (*Les Toulousaines
ou lettres historiques et apologétiques en faveur de la religion réformée et de divers
protestants condamnés dans ces derniers temps par le Parlement de Toulouse ou dans le
Haut-Languedoc*, Edimbourg 1763, p.47).

[138] Ils ont été au préalable interrogés ('audition d'office', elle aussi illégale puisque
non autorisée par décret). Ils sont emprisonnés chacun séparément et sans possibilité
de communication entre eux. Lavaysse nous apprend qu'il fut logé la première nuit
chez l'enseigne du guet, le sieur Poisson, sans garde et avec possibilité de sortir
(*Mémoire du sieur Gaubert Lavaysse*, p.17; voir aussi D. Lavaysse, *Mémoire*, p.49);
il fut ensuite enfermé dans un cachot sans lumière, puis, dans la chambre dite de la
Miséricorde (*Mémoire de François-Alexandre Gualbert Lavaysse*, p.10-11).

capitoul, et celui de médecins et chirurgiens furent faits le lendemain à l'hôtel. 80

Caseing qui n'avait point soupé avec nous fut bientôt élargi, [139] nous fûmes tous les autres condamnés à la question, et mis aux fers le 18 novembre. Nous en appelâmes au parlement, qui cassa la sentence du capitoul irrégulière en plusieurs points, et qui continua les procédures. [140] 85

On m'interrogea plus de cinquante fois: [141] on me demanda si mon frère Marc-Antoine devait se faire catholique; je répondis que j'étais sûr du contraire, mais qu'étant homme de lettres, et amateur de la musique, il allait quelquefois entendre les prédicateurs qu'il croyait éloquents, et la musique quand elle était bonne. [142] 90 Et que m'eût importé, bon Dieu! que mon frère Marc-Antoine eût été catholique ou réformé? en ai-je moins vécu en intelligence avec mon frère Louis parce qu'il allait à la messe? n'ai-je pas dîné avec lui? [143] n'ai-je pas toujours fréquenté les catholiques dans Toulouse? [144] aucun s'est-il jamais plaint de mon père et de moi? 95 n'ai-je pas appris dans le célèbre mandement de M. l'évêque de Soissons qu'il faut traiter les Turcs mêmes comme nos

---

79   62GE, 62P: celui des médecins

---

[139] Sur le moment vraisemblable où Cazeing, auditionné d'office, a été libéré et qui ne peut se placer avant que n'ait été rendue la conclusion du ministère public, voir ci-dessus, Introduction générale, p.7.

[140] Voir ci-dessus, n.83.

[141] Dans le cadre de la procédure des capitouls, il est interrogé cinq fois.

[142] Sudre note que Marc-Antoine était 'possédé' par 'le goût de la musique et pour les grandes assemblées' (*Suite pour les sieurs et demoiselle Calas*, p.38). Elie de Beaumont précisera que Marc-Antoine aimait à 'entendre des sermons de morale par des prédicateurs célèbres' et notamment 'le fameux Père Torné alors doctrinaire à Toulouse' (*Mémoire*, 23 août 1762, p.31). Il s'agit de Pierre-Anastase Torné (1727-1797), prêtre de la Doctrine chrétienne, professeur de philosophie à Toulouse, prédicateur célèbre et qui devait être nommé en 1791 évêque constitutionnel de Bourges.

[143] Une fois converti, Louis s'est en fait éloigné des siens (*Pièces originales*, n.61).

[144] Tel Delpech évoqué plus haut.

frères?[145] pourquoi aurai-je traité mon frère comme une bête féroce? quelle idée, quelle démence!

Je fus confronté souvent avec mon père, qui en me voyant éclatait en sanglots, et fondait en larmes. L'excès de ses malheurs dérangeait quelquefois sa mémoire. Aide-moi, me disait-il, et je le remettais sur la voie concernant des points tout à fait indifférents; par exemple, il lui échappa de dire que nous sortimes de table tous ensemble: Eh, mon père, m'écriai-je, oubliez-vous que mon frère sortit quelque temps avant nous? Tu as raison, me dit-il, pardonne, je suis troublé.[146]

Je fus confronté avec plus de cinquante témoins.[147] Les cœurs se soulèveront de pitié quand ils verront quels étaient ces témoins et ces témoignages.[148] C'était un nommé Popis garçon passementier, qui entendant d'une maison voisine les cris que je poussais à la vue de mon frère mort, s'était imaginé entendre les cris de mon

98   62GE, 62P: aurais-je

[145] Mandement de 1757 de François de Fitz-James (1709-1764), évêque de Soissons en 1739. Même propos rapporté dans la section IV de l'article 'Tolérance' des *Questions sur l'Encyclopédie* (M.xxv.524) et dans le *Sermon du rabbin Akib prononcé à Smyrne le 20 novembre 1761 traduit de l'hébreu* (M.xxiv.280).

[146] Reprise de l'"anecdote' rapportée dans la note *k* des *Pièces originales*. Mariette s'en fera à son tour l'écho: 'Jean Calas a dit que son fils aîné était sorti de table avec tous les autres [...] au lieu que les autres accusés ont déclaré qu'il était sorti de table avant la fin du souper'. Et il commente: 'Que la condition d'un accusé est malheureuse! [...] Pouvait-on exiger surtout après deux mois de captivité qu'un père accablé de ses malheurs dût se rappeler avec précision un fait de cette nature qui par lui-même était tout à fait indifférent?' (*Mémoire*, p.100).

[147] 'Dans une procédure composée de plus de cent cinquante témoins, il n'y en a qu'un petit nombre qu'on ait cru trouver dans le cas d'être confrontés', écrit La Salle se reportant à la procédure des capitouls (*Observations*, p.67-68). Dans le cadre de la procédure du Parlement, Pierre fut confronté, du 8 décembre 1761 au 29 janvier 1762, avec 29 des 62 témoins ouïs dans la continuation d'information (An, V⁴ 1478 B, pièces 219 et 220).

[148] 'Quels sont la plupart de ces témoins? Des gens de la lie du peuple' (La Salle, *Observations*, p.68).

326

frère même; c'était une bonne servante, qui lorsque je m'écriais, *Ah, mon Dieu!* crut que je criais *au voleur;*[149] c'étaient des ouï-dire d'après des ouï-dire extravagants.[150] Il ne s'agissait guère que de méprises pareilles. 115

Le demoiselle Peyronet déposa qu'elle m'avait vu dans la rue le 13 octobre à dix heures du soir, *courant avec un mouchoir, essuyant mes larmes, et disant que mon frère était mort d'un coup d'épée.* Non je ne le dis pas; et si je l'avais dit, j'aurais bien fait de sauver 120 l'honneur de mon cher frère.[151] Les juges auraient-ils fait plus

118   62G: 13 <mars> $^{v\uparrow}$ β

[149] Voltaire s'apppuie sur les mémoires de Sudre qui cite trois témoins, Popis, la fille de service du sieur Ducassou (Marie Rey) et la demoiselle Pouchelon, 'lesquels ont entendu Marc-Antoine Calas criant à 9 h et demie *au voleur, on m'assassine, on m'étrangle*' (*Mémoire*, p.39); en fait, la demoiselle Pouchelon n'a pas à être associée aux deux autres (*Suite pour les sieurs et demoiselle Calas*, p.6). Voltaire peut aussi se reporter à La Salle (*Observations*, p.50). Voir procédure des capitouls, ADHG, 101 B2: récolement du 29 octobre de Bernard Popis, garçon passementier du sieur Maison, qui déclare avoir entendu 'une voix qui criait *au voleur à l'assassin*' (f.168v) et déposition de Marie Rey, 7e témoin qui déclare avoir entendu, alors qu'elle couchait la fille de sa maîtresse, 'une voix dans une maison, sans pouvoir distinguer quelle était ladite maison, qui criait A l'assassin, je suis mort ou Il est mort' (f.35). La Salle qui rappelle les exclamations de Pierre 'ah! mon dieu!' (p.52; voir ci-dessus, n.43) souligne la méprise de Popis qui se trouvait dans un atelier situé au deuxième étage d'une maison face à celle des Calas, fenêtres probablement fermées (Sudre, *Mémoire*, p.40), et qui a mal interprété ce qui n'était que cris, plaintes et regrets de la famille éplorée. De même en est-il de Marie Rey qui se trouvait au deuxième étage de la maison de son maître située 'un peu à côté' de celle des Calas. Il a été vainement demandé de vérifier s'il était possible d'entendre distinctement de ces lieux fermés.

[150] Tel le témoignage du peintre Matheï rapporté par Donat dans son *Mémoire*, l.236-239.

[151] Voltaire s'inspire une fois encore de Sudre: 'La demoiselle Peyronet faiseuse de bourses et la demoiselle Portal son associée ont soutenu à Pierre Calas qu'il avait dit [...] que son frère avait été tué d'un coup d'épée dans le cœur' (*Mémoire*, p.89). Mensonge qui ne pouvait durer, commente Sudre, puisque Pierre allait chercher un chirurgien (en fait il était en quête de Clausade), à moins, ajoute-t-il, que ce ne fut 'pour écarter le soupçon que Marc-Antoine Calas se fût défait lui-même', ce qui alors était 'sans conséquence'. En réalité, dans leurs dépositions, Marianne Latreille,

327

d'attention à la partie fausse de cette déposition, qu'à la partie pleine de vérité qui parlait de mon trouble et de mes pleurs? et ces pleurs ne s'expliquaient-ils pas d'une manière invincible contre toutes les accusations frivoles sous lesquelles l'innocence la plus pure a succombé? Il se peut qu'un jour mon père mécontent de mon frère aîné qui perdait son temps et son argent au billard, lui ait dit, Si tu ne changes je te punirai, ou je te chasserai, ou tu te perdras, tu périras: mais fallait-il qu'un témoin, fanatique impétueux, donnât une interprétation dénaturée à ces paroles paternelles, et qu'il substituât méchamment aux mots, *si tu ne changes de conduite*, ces mots cruels, *si tu changes de religion*? fallait-il que les juges entre un témoin unique, et un père accusé, décidassent en faveur de la calomnie contre la nature? [152]

123 62GE, 62P: qui partait de

âgée de 30 ans, épouse du sieur Peyronnet musicien, 55e témoin, et Catherine du Portail, du même âge, couturière, 56e témoin, déclarent avoir vu Pierre 'fort éploré tenant un mouchoir à la main' (ADHG, 101 B2, f.72) et lui avoir annoncé 'qu'on disait que le Sr Calas avait reçu un coup d'épée', à quoi Pierre 'répondit qu'il est étranglé' (f.73*v*). Voltaire, qui peut-être tient de Pierre le détail du mouchoir, suit, on le voit, la relation inexacte de Sudre qui place dans la bouche du jeune homme ce qui n'est qu'un on-dit.

[152] Parmi les indices pris des menaces qu'aurait proférées Jean Calas, Sudre (*Mémoire*, p.73) se réfère au témoignage de Marie Couderc, marchande associée de la D'Anduse, 17e témoin, qui dit être entrée dans la boutique de Calas à 7 heures du matin quinze jours avant la mort de Marc-Antoine et avoir vu Calas père tenant son fils au collet et lui disant: 'Il ne t'en coûtera que la vie' (ADHG, 101 B2, f.41*v*). Sudre se réfère également à la déposition de Jean-Paul Bergerot, boulonnier et garnisseur, âgé de 31 ans, 70e témoin, qui entendit Jean Calas (vers le milieu de la semaine qui précéda celle de la mort de Marc-Antoine) dire à un homme habillé de gris et portant un chapeau bordé en or: 's'il change je lui servirai de bourreau (d'autres disent s'il ne change)' (*Mémoire*, p.73). Dans le premier témoignage, Sudre ne voit que la vengeance d'une femme à qui Jean Calas avait auparavant refusé de prêter des indiennes; d'ailleurs, cette femme ne dit pas qu'il s'agit de religion et le père peut avoir menacé son fils pour 'quelque mauvaise inclination': 'ainsi ce n'aurait été qu'un déplaisir ordinaire, de la nature de ceux que tant de pères éprouvent, et qui ne font pas qu'ils assassinent leurs enfants'. A propos du témoignage de Bergerot, Sudre observe qu'il n'est pas question de Marc-Antoine

Il n'y eut contre nous aucun témoin valable, et on s'en apercevra   135
bien à la lecture du procès-verbal, si on peut parvenir à tirer ce
procès du greffier, qui a eu défense d'en donner communication.

Tout le reste est exactement conforme à ce que ma mère et mon
frère Donat Calas ont écrit. Jamais innocence ne fut plus avérée.

Des deux jacobins qui assistèrent au supplice de mon père, l'un   140
qui était venu de Castres dit publiquement, *Il est mort un juste.* Sur
quoi donc, me dira-t-on, votre père a-t-il été condamné? Je vais
le dire, et on va être étonné.

Le capitoul, l'assesseur maître Monier, le procureur du roi,[153]
l'avocat du roi[154] étaient venus quelques jours après notre détention   145
avec un expert dans la maison où mon frère Marc-Antoine était
mort; quel était cet expert? pourra-t-on le croire? c'était le
bourreau! On lui demanda si un homme pouvait se pendre aux
deux battants de la porte du magasin où j'avais trouvé mon frère?

144-145   62GE, 62P: capitoul, le procureur du roi, et une troisième personne
étaient
     149   62G: mon <père>$^V\beta$
             NM65, W68:   mon père

---

ni de religion et que les exposants pensent que la procédure porte non 's'il change'
mais 's'il ne change', que, de toute façon, la négative 'ne' a pu ne pas être sentie par
celui qui prenait à la volée un discours rapidement prononcé. En réalité, la déposition
consignée de Bergerot (ADHG, 101 B2, f.87*v*) porte: 's'il changeait de reli [biffé]
s'il savait qu'il changeât de religion, il lui servirait de bourreau'. La Salle
(*Observations*, p.45 ss.), qui s'exprime en termes voisins de ceux de Sudre, précise
que Jean Calas 'a soutenu que ces deux dépositions sont très fausses' (elles sont
d'ailleurs le fait de témoins singuliers) et qu'il a seulement prononcé – mais non
dans la boutique – une 'assez vive mercuriale' sur l'attachement de Marc-Antoine
au billard (voir aussi D. Lavaysse, *Mémoire*, p.43). Elie de Beaumont qui, à
son tour, rapporte, dans son premier *Mémoire*, ces témoignages remarque que
l'expression 's'il change de religion' ne pouvait 's'entendre que d'un acte formel
d'abjuration': 'or n'y ayant pas la plus faible preuve de cette abjuration, la menace
serait restée sans objet et sans suite' (p.28-29).
[153] Charles Lagane qui fut capitoul en 1753.
[154] Pimbert.

329

ce misérable qui ne connaissait que ses opérations, répondit   15⟨
que la chose n'était pas praticable. C'était donc une affaire de
physique. [155] Hélas! l'homme le moins instruit aurait vu que la
chose n'était que trop aisée, et La Vaisse qu'on peut interroger
avec moi, en avait vu de ses yeux la preuve bien évidente.

Le chirurgien La Marque appelé pour visiter le cadavre, pouvait   15
être indisposé contre moi, parce qu'un jour dans un de ses rapports
juridiques, ayant pris l'œil droit pour l'œil gauche, j'avais relevé
sa méprise. [156] Ainsi mon père fut sacrifié à l'ignorance autant
qu'aux préjugés; il s'en fallut bien que les juges fussent unanimes;
mais la pluralité l'emporta. [157]   16⟨

Après cette horrible exécution, les juges me firent comparaître;
l'un d'eux me dit ces mots: *Nous avons condamné votre père, si vous
n'avouez pas, prenez garde à vous.* Grand Dieu! que pouvais-je
avouer, sinon que des hommes trompés avaient répandu le sang
innocent?   16

Quelques jours après le père Bourges l'un des deux jacobins
qu'on avait donnés à mon père, pour être les témoins de son
supplice et de ses sentiments, vint me trouver dans mon cachot, et

166-173   62GE, 62P, paragraphe omis

[155] Voir *Pièces originales*, n.*k*. Dans son deuxième mémoire, Sudre écrit: 'Il a été
dit que les officiers de l'Hôtel de ville avaient conduit dans la maison des exposants
le triste et funeste exécuteur des vengeances de la justice humaine, qu'ils lui avaient
fait vérifier les lieux pour prendre sa décision et ses avis. La chose était trop
incroyable pour être crue; aussi n'en est il pas fait mention dans le Mémoire des
exposants; et en vain quelques personnes le répètent, on n'est pas plus disposé à le
croire' (*Suite pour les sieurs et demoiselle Calas*, p.44). De même La Salle refuse
d'ajouter foi à une telle démarche à laquelle aurait été associé 'cet homme sans
lumière comme sans état' et il ajoute que de cette prétendue vérification, dont le
bruit a circulé dans le public, il ne reste aucun verbal (*Observations*, p.12 et 65-66).
Voltaire, lui, en tire habilement argument dans sa perspective polémique.
[156] Cette même méprise est rapportée par Elie de Beaumont qui doit suivre
Voltaire (*Mémoire*, 23 août 1762, p.12).
[157] Voir ci-dessus, *Mémoire de Donat Calas*, l.270-273.

me menaça du même genre de mort, si je n'abjurais pas. Peut-être qu'autrefois dans les persécutions exagérées dont on nous parle, un proconsul romain revêtu d'un pouvoir arbitraire se serait expliqué ainsi. J'avoue que j'eus la faiblesse de céder à la crainte d'un supplice épouvantable. [158]

Enfin, on vint m'annoncer mon arrêt de bannissement; il était resté quatre jours sur le bureau sans être signé. Que d'irrégularités! que d'incertitudes! La main des juges devait trembler de signer quelque arrêt que ce fût, après avoir signé la mort de mon père. Le greffier de la geôle me lut seulement deux lignes du mien.

Quant à l'arrêt qui livra mon vertueux père au plus affreux supplice, je ne le vis jamais; il ne fut jamais connu; c'est un mystère impénétrable. [159] Ces jugements sont faits pour le public;[160] ils étaient autrefois envoyés au roi, et n'étaient point exécutés sans son approbation: c'est ainsi qu'on en use encore dans une grande partie de l'Europe. Mais pour le jugement qui a condamné mon père, on a pris, si j'ose m'exprimer ainsi, autant de soin de le dérober à la connaissance des hommes, que les criminels en prennent ordinairement de cacher leurs crimes.

Mon jugement me surprit, comme il a surpris tout le monde; car si mon malheureux frère avait pu être assassiné, il ne pouvait l'avoir été que par moi, et par La Vaisse, et non par un vieillard faible. C'est à moi que le plus horrible supplice aurait été dû. On voit assez qu'il n'y avait pas de milieu entre le parricide et l'innocence.

Je fus conduit incontinent à une porte de la ville; un abbé m'y

170

175

180

185

190

---

[158] Voir ci-dessus, n.111.

[159] Le jugement reste secret selon l'usage, sinon la loi. 'Je ne puis avoir l'honneur de vous adresser l'exemplaire de l'arrêt rendu contre Calas', écrit Amblard à Saint-Priest le 28 avril 1762, 'puisqu'il n'a pas été imprimé; je n'ai pas même pu en avoir de copie, parce qu'on ne veut absolument pas qu'il paraisse' (ADHG, C 66, cité par Orsoni, p.385). Sur François Amblard, avocat, capitoul et/ou subdélégué de l'intendant du Languedoc, voir Orsoni, p.357 et 366, n.39.

[160] Voir *Pièces originales*, 'Lettre de Donat', l.181-186, et *Histoire d'Elisabeth Canning et de Jean Calas*, l.56-58.

accompagna, et me fit rentrer le moment d'après au couvent des jacobins: le père Bourges m'attendait à la porte; il me dit qu'on ne ferait aucune attention à mon bannissement, si je professais la foi catholique romaine; il me fit demeurer quatre mois dans ce monastère, où je fus gardé à vue.[161]

Je suis échappé enfin de cette prison,[162] prêt à me remettre dans celle que le roi jugera à propos d'ordonner, et disposé à verser mon sang pour l'honneur de mon père et de ma mère.

Le préjugé aveugle nous a perdus; la raison éclairée nous plaint aujourd'hui; le public, juge de l'honneur et de la honte, réhabilite la mémoire de mon père; le conseil confirmera l'arrêt du public, s'il daigne seulement voir les pièces. Ce n'est point ici un de ces procès qu'on laisse dans la poudre d'un greffe, parce qu'il est inutile de les publier; je sens qu'il importe au genre humain qu'on soit instruit jusque dans les derniers détails, de tout ce qu'a pu produire le fanatisme, cette peste exécrable du genre humain.[163]

à Chatelaine, 23 juillet 1762.

Signé PIERRE CALAS

211   62GE: A Chatelane

[161] Voir *Pièces originales*, n.84.
[162] Voir ci-dessus, n.99.
[163] Dans une de ses lettres à Th. Tronchin, Voltaire commente lui-même cette conclusion: 'Pierre Calas à la fin de sa déclaration insiste sur la raison qui doit déterminer le conseil à se faire représenter les pièces. Cette raison n'est point l'intérêt de Pierre Calas, ni la mémoire de Jean Calas, dont le conseil se soucie fort peu, c'est le bien public, c'est le genre humain que le conseil doit avoir en vue, et c'est surtout la dernière idée qui doit rester dans l'âme du lecteur' (D10613). Loiseau de Mauléon ouvre son premier Mémoire sur cette remarque: 'Le fanatisme d'un peuple aveugle a fasciné les yeux des sages [...] Cette cause est celle de l'humanité tout entière' (*Mémoire pour Donat, Pierre et Louis Calas*, Paris 1762, p.2-3).

Histoire d'Elisabeth Canning et de Jean Calas

édition critique

par

Robert Granderoute

INTRODUCTION

Destinée aussi à frapper le public, à l'émouvoir de compassion, à l'inciter par ses réactions à orienter la décision future des juges, l'*Histoire d'Elisabeth Canning et de Jean Calas* suit de près le *Mémoire de Donat Calas*[1] et paraît avant la fin de la première quinzaine d'août.

Le 13 août, en effet, c'est cette *Histoire* que très vraisemblablement il envoie aux d'Argental 'pour les amuser' (D10645): contrairement à Besterman, nous pensons qu'il s'agit bien du nouveau Mémoire, car la même expression revient le même jour sous la plume de l'épistolier (et il s'agit alors assurément de l'*Histoire d'Elisabeth Canning et de Jean Calas*): 'Voicy', écrit-il à B.-L. Chauvelin, 'deux petites relations qui pourront vous amuser quelques moments, elles supposent des mémoires précédents' (D10648). Le 25 août, c'est à Fyot de La Marche que, par l'intermédiaire de M. de Villeneuve, il envoie l'opuscule (D10674); le 3 septembre, il l'adresse à Bernis, parlant d'un 'petit mémoire assez curieux': 'la première partie pourra vous amuser', lui écrit-il, 'la seconde pourra vous attendrir et vous indigner' (D10685). Le 6, il joint à une lettre destinée aux d'Argental 'un Canning-Calas' qui lui reste: 'On peut toujours le placer' (D10691). La correspondance de septembre garde ainsi trace de la nouvelle brochure et des efforts faits pour sa diffusion. 'Il faut', déclare

---

[1] Nous ne partageons pas le sentiment de Besterman qui voit une allusion à l'*Histoire d'Elisabeth Canning et de Jean Calas* dans la phrase suivante de la lettre D10613 que Voltaire adresse dans les derniers jours de juillet à Théodore Tronchin à propos de la version édulcorée du *Mémoire de Donat Calas*: 'Nous avons une viande plus crue pour les païs étrangers. Ce mémoire cy est pour la France, et il est au bain-marie'. La métaphore employée de la 'viande crue' renvoie, nous semblet-il, non à l'*Histoire* mais au *Mémoire de Donat* qui contient la profession de foi dans son intégralité (voir ci-dessus, *Mémoire de Donat Calas*, p.282-83).

Voltaire à Ph. Debrus, 'que m^r Cathala envoye plusieurs exemplaires de l'histoire Canning-Calas par la voye dont m^r Fournier est convenu avec luy' (D10704).

Jetée dans la campagne orchestrée par Voltaire depuis les *Pièces originales*, l'*Histoire d'Elisabeth Canning et de Jean Calas* se distingue des pièces antérieures par la place qu'elle réserve à l'évocation d'une autre affaire judiciaire – une affaire qui s'est passée en Angleterre quelques années avant celle des Calas et qui eut une célébrité particulière. Par ce rapprochement, Voltaire joue d'un effet de parallélisme et d'antithèse à la fois qui confère au récit du drame toulousain une portée renouvelée.

L'affaire Canning: la source anglaise de Voltaire

En 1753-1754, les juges anglais eurent à examiner le cas d'une jeune fille, Elizabeth Canning, disparue pendant quatre semaines et qui, lorsqu'elle réapparut, mit en cause deux femmes, la tenancière d'un établissement de réputation suspecte et une bohémienne, qui, à l'en croire, l'auraient tenue enfermée dans une pièce jusqu'à ce qu'elle pût s'échapper par une fenêtre. D'un côté, une jeune fille qui paraissait simple, modeste, douce, de l'autre, des femmes libertines ou 'égyptiennes': l'affaire passionna l'opinion, remplit les colonnes des journaux – des avis initiaux de recherches aux comptes rendus ultérieurs des séances judiciaires –, fit naître une foule de pamphlets. Le peuple prit parti vivement en faveur de la jeune fille, donnant libre cours aux préjugés défavorables qui pèsent sur les bohémiennes, et manifesta son soutien jusqu'à molester le Lord Mayor qui en était venu à suspecter les propos d'Elizabeth et avait fait suspendre l'exécution de la sentence prononcée contre les deux accusées. A la suite de son intervention, l'innocence de celles-ci fut bientôt reconnue, tandis qu'E. Canning devait être déclarée coupable de parjure.

Voltaire trouvait là un exemple d'erreur judiciaire redressée avant exécution du jugement. De ce procès, eut-il connaissance dès 1753? De toute façon, la relation qu'il fait ici de l'*Histoire d'Elisabeth* dérive d'un texte de 1753 qui constitue sa source essentielle et peut-être exclusive. Nous l'avons dit, dans l'échauffement des passions suscitées, divers pamphlets parurent. Le romancier Henry Fielding qui avait étudié l'affaire dans le cadre de ses fonctions de juge composa et publia *A clear state of the case of Elizabeth Canning* où il se montrait persuadé de l'innocence de la jeune fille dont il avait apprécié le caractère simple et solide. A ce pamphlet, une première réponse fut apportée par John Hill (*The Story of Elizabeth Canning consider'd*) auquel répliqua l'auteur de *The Inspector inspected or Dr Hill's story of Elizabeth Canning examined by Philologus*. Mais une deuxième réponse vint en mai d'Allan Ramsay: *A letter to the right honourable the earl of — concerning the affair of Elizabeth Canning by a clergyman* et c'est à cet écrit que Voltaire se reporte. D'origine écossaise, A. Ramsay, peintre alors à la mode et qui, en 1753, se trouve à Londres, acquiert en composant sa Lettre une réputation d'écrivain qui ne manque pas d'une certaine causticité. Certes, il commence par rendre hommage à l'ouvrage de Fielding dont il loue la composition et le style. Mais tout son développement tend à montrer comment, sans préméditation, Elizabeth Canning est conduite au mensonge. Nos notes prouvent à quel point Voltaire s'inspire de celui que d'ailleurs il nomme explicitement dans le cours de l'*Histoire*. Empressons-nous de le souligner (et les notes sont aussi révélatrices en ce sens): Voltaire se soucie peu d'offrir une relation fidèle pour laquelle Ramsay ne lui fournit du reste que des éléments et une réflexion inévitablement orientée; dans sa narration, il semble même procéder avec quelque désinvolture et amusement. Ce qui l'intéresse, c'est la ligne générale de l'affaire et de la procédure où il trouve l'illustration d'une erreur de la justice corrigée à temps, par opposition à ce qui s'est passé dans l'affaire Calas. Par-delà la symétrie, l'opuscule profite ainsi d'un mouvement de contraste marqué entre le système judiciaire anglais qui permet, dès qu'une vie d'homme est en jeu, d'en appeler au roi et le système français qui n'a pas ou n'a plus cette sauvegarde. Ici, apparaissent les conséquences dramatiques auxquelles conduit la victoire du préjugé aveugle; là, le mouvement de prévention populaire finit par le céder à la voix de la raison et de l'équité. L'éloge de la justice anglaise ne rend que plus forte la dénonciation de la justice française et des vices de sa législation criminelle.

Accueil

Sur la nouvelle brochure, les correspondants du philosophe ne cachent pas leurs sentiments de satisfaction. 'Je viens de recevoir samedi l'histoire d'Elisab. Canning et de Jean Calas que vous m'avés encore fait l'honneur de m'envoyer', écrit à Voltaire, le 24 août, la margravine de Bade-Durlach, 'permettez Monsieur que je vous en marque toute ma reconnoissance [...] la malheureuse famille de Calas est bien heureuse d'avoir trouvé un Avocat têl que vous, ce que vous écrivés pour elle sont autant de pièces d'Eloquences qui font honneur et à votre plûme et à vôs sentimêns. Le public les recêvra comme moi, avec mille aplaudissemêns, et votre gloire en recevra un nouveau lustre' (D10669). Le 8 septembre, c'est d'Alembert qui, ayant reçu et le Mémoire d'Elizabeth Canning et celui de Donat Calas, déclare: 'L'un et l'autre sont à merveille'. Simplement, il émet à propos de la double *Histoire* deux petites réserves: la 'plaisanterie' sur laquelle s'achève l'*Histoire d'Elizabeth Canning* lui 'paroît un peu déplacée dans un sujet si triste, quoi que d'ailleurs très bonne en soi'. 'Je ne voudrois pas non plus', poursuit-il, 'qu'on eût mis à la fin que le mémoire de Jean Calas est d'un *témoin oculaire qui n'a aucune correspondance avec la famille*; vous savez bien, et tout le monde saura que cela n'est pas vrai; et je crains que cette circonstance indifférente ne puisse occasionner des doutes sur la vérité du reste' (D10697).

De son côté, la *Correspondance littéraire* du 1er septembre 1762, signalant la 'nouvelle feuille de M. de Voltaire en faveur de l'infortunée famille de Calas', joue de la comparaison établie pour mettre en parallèle 'le philosophe' qui, en Angleterre, prévint le malheur et 'le philosophe' qui, en France, 'le répare autant qu'il est en son pouvoir'. 'Plus on développe cette funeste aventure, plus elle devient horrible', souligne le rédacteur, qui ne cache pas son émotion: 'Le cœur se fend en lisant tous les détails de cet effroyable événement' (CLT, v.155).

Le déclenchement de la procédure

Tandis qu'il commence à répandre l'*Histoire d'Elisabeth Canning et de Jean Calas*, Voltaire annonce, le 13 août, à Jean Ribote-Charron: 'On a présenté requête, tous les esprits sont soulevés en faveur de l'innocence' (D10647). Quelques jours plus tard, il exprime au ministre Jacob Vernes sa satisfaction: 'Ouy le chancelier a demandé la procédure, oui toute le cour est soulevée et le roi est instruit'. Il poursuit: 'Jusqu'à présent mon projet de campagne contre le fanatisme le plus barbare a très bien réussi' (D10665). Le 25 août, il signale à Fyot de La Marche que l'affaire va être portée au Conseil (D10674). Le 3 septembre, c'est à Bernis qu'il apprend qu''on va revoir le jugement de Toulouse' (D10685) et, non sans fierté, il peut écrire au même cardinal, le 7 octobre, après avoir évoqué ses 'brochures': 'J'ay tant fait que l'affaire est au conseil d'état' (D10746). Ce n'est pas non plus sans fierté ni contentement qu'il fait observer à Duclos, qui a dû recevoir 'des mémoires pour les Calas', que 'la voix des gens d'esprit dirige parfois celle des juges' (D10749) – tout en n'oubliant pas que 'l'opinion' des magistrats 'dépend beaucoup de celle du public' (D10638). Lui qui, au temps où il composait ses différentes pièces, ne cessait, dans l'incertitude du résultat, de répéter que 'le cri public l'emporte sur tous les arrêts' (D10679), est désormais engagé sur le chemin qui lui permettra de voir l'énoncé des arrêts s'accorder avec le cri public.

Editions[2]

62G

[*titre de départ*] [*filet gras-maigre, 75 mm*] / HISTOIRE / D'ELISABETH CANNING, / ET / DE JEAN CALAS. / [*filet, 76 mm*] / *D'ELIZA-BETH CANNING*. / J'Etais à Londres en 1753. quand l'avanture / [...]

8°. sig. A^{12} (A12 bl.); pag. 21 ; \$5 signé, chiffres romains; réclame sur A4v.

[1]-21 Histoire d'Elizabeth Canning, et de Jean Calas.

Cette édition de l'*Histoire d'Elisabeth Canning* est souvent reliée avec d'autres mémoires, à pagination distincte, relatifs à l'affaire Calas.

StP: BV3614; Bn: Rés. Z Beuchot 905 bis (9); Bibliothèque de Versailles: Réserve E 552 e (avec corrections autographes de Voltaire); Bibliothèque municipale, Grenoble: F 13473; BHVP: 600385.

62GP

[*titre de départ*] 1 [*filet triple, 78 mm*] / HISTOIRE / D'ELISABETH CANNING, / ET / DE JEAN CALAS. / [*filet gras-maigre, 76 mm*] / *D'ELISABETH CANNING*. / J'Etois à Londres en 1753, quand l'aventure / [...]

8°. sig. A^{10}; pag. 20; \$5 signé, chiffres romains.

1-20 Histoire d'Elizabeth Canning, et de Jean Calas.

Edition de Genève selon Bengesco (n° 1678), de Paris selon BnC.

Bn: Rés. Z Bengesco 283 (7); – Rés. Z Beuchot 340; Taylor: V8 H2 1762; ImV: BE 35 (3).

62PB

[*titre de départ*] [*bandeau typographique, 62 x 16 mm*] / INNOCENCE /

---

[2] Section préparée avec la collaboration de Andrew Brown.

ET / SUPPLICE / DE / JEAN CALAS, / NEGOCIANT A TOULOUSE. / [...]

8°. sig. A⁸ B⁴; pag. 24; $5 signé, chiffres arabes (– B4); réclames par cahier.

[1]-24 Innocence et supplice de Jean Calas.

On lit à la suite du titre de départ: 'Beaux Génies, philosophes, hommes éloquents, si vous ne combattez pas les erreurs, si vous ne parlez pas pour des malheureux; hommes puissants et vous riches, si vous ne secourez pas les opprimés, et les indigents; princes et magistrats si vous ne punissez pas les injustices, si vous ne protégez pas l'innocence, vous êtes au-dessous du dernier des humains; et il vaudrait mieux que vous ne fussiez point: Op. C. pag. 71. Quels maux ne peut point faire la prévention!'

Il s'agit d'une édition hollandaise.

Bn: Rés. Z Beuchot 906 (4).

62LN

HISTOIRE / D'ELIZABETH CANNING, / ET DE / JEAN CALAS. / 2. Memoire de DONAT CALAS pour ſon / Père, ſa Mère & ſon Frère. / 3. Declaration de PIERRE CALAS. / AVEC / Les piéces Originales, concernant la mort des / Srs. CALAS, & le jugement rendu à Tou- / louſe. / Par Monſieur de VOLTAIRE. / [ornement, 24 x 19 mm] / A LONDRES, / Chez Jean Nourse, Libraire, dans le Strand. / M. DCC. LXII. /

[faux titre] [filet gras-maigre, 85 mm] / HISTOIRE / D'ELIZABETH CANNING, / ET DE / JEAN CALAS, / &c. &c. / [filet maigre-gras, 85 mm]/

8°. sig. ¹π² A-C⁸ D⁴; pag [4] 59; $4 signé, chiffres romains (– B3-4, D3-4; B2 signé 'Bji'); sans réclames.

[1] faux titre; [2] bl.; [3] titre; [4] bl.; [1]-16 Histoire d'Elizabeth Canning et de Jean Calas; 17-59 autres pièces de Voltaire relatives à l'affaire Calas.

Bodley: G Pamph. 824 (1); BL: E 2221 (3).

62LBH

ORIGINAL / PIECES / RELATIVE TO / The TRIAL and EXECU-
TION / OF / M^R. JOHN CALAS, / Merchant at TOULOUSE, / Who
was broke on the Wheel in that City, / purſuant to his Sentence by the
PARLIA- / MENT of LANGUEDOC, for the ſupposed / Murder of his eldeſt
Son, to prevent his / turning ROMAN CATHOLIC. / With a PREFACE,
and REMARKS on the Whole, / By M. de VOLTAIRE. / [filet, 81 mm] /
[filet, 70 mm] / LONDON, / Printed for T. BECKET and P. A. DE
HONDT, / in the STRAND. / [filet, 36 mm] / M.DCC.LXII. /

8°. sig. A-N⁴ O² (A₁ bl.?); pag. vii [viii] 99; $2 signé, chiffres
arabes (– A₁-2, O₂); réclames par page.

[i-ii] bl.; [iii] titre; iv-vii Avis de l'éditeur / Advertisement of the
Publisher; [viii] bl.; 1-73 autres textes; 74-99 Innocence et supplice de
Jean Calas, négociant à Toulouse / The Innocence and punishment of
John Calas, merchant at Toulouse.

Pour l'"Avis de l'éditeur en français', voir ci-dessus, p.143.

Publiée à Londres, cette édition est une édition bilingue des pièces de
Voltaire en faveur des Calas. La page de gauche est consacrée au texte
français, celle de droite à la traduction anglaise, la pagination étant
continue. L'Histoire d'Elisabeth Canning et de Jean Calas est présentée,
comme dans l'édition hollandaise 62PB, sous le titre: Innocence et supplice
de Jean Calas, négociant à Toulouse avec la même invocation à l'ouverture.

Bodley: G. Pamph. 2704 (6).

65G

HISTOIRE / D'ELISABETH CANNING, / ET / DE JEAN CA-
LAS: / Suivie de la copie d'une Lettre / de Mr. de VOLT.... à Mr
d'Am.... / datée du premier Mars 1765. du / Chateau de Ferney. /
[ornement, 39 x 24 mm] / [filet gras-maigre, 60 mm] / M. D. CC LXV. /

8°. sig. A¹²-B⁶; pag. [2] 34.

[1] titre; [2] bl.; [1]-21 Histoire d'Elizabeth Canning, et de Jean Calas; 22-
34 Copie d'une lettre de Mr de Volt. à Mr d'Am. du premier mars
1765, au château de Ferney.

Edition probablement genevoise.

ImV: D Histoire H/ 1765/ 1; Genève, Bibliothèque de la Société d'histoire et d'archéologie, Palais Eynard, Genève: A³ e 221 Cal. (localisation communiquée par Jean-Daniel Candaux).

NM (1765)

Nouveaux mélanges philosophiques, historiques, critiques, &c. &c. &c. [Genève, Cramer], 1765-1776. 19 vol. 8°. Bengesco iv.230-39; Trapnell NM; BnC 111-135.

Volume 2 (1765): 239-254 Histoire d'Elisabeth Canning, et de Jean Calas.

Bn: Z 27259.

w68 (1771)

Collection complette des œuvres de M. de Voltaire. [Genève, Cramer; Paris, Panckoucke], 1768-1777. 30 vol. 4°. Bengesco iv.73-83; Trapnell 68; BnC 141-144.

Volume 16 (1771): 514-524 Histoire d'Elisabeth Canning, et de Jean Calas.

Bn: Rés. m Z 587 (16).

w70L (1772)

Collection complette des œuvres de M. de Voltaire. Lausanne, Grasset, 1770-1781, 57 vol. 8°. Bengesco iv.83-89; Trapnell 70L; BnC 149-150.

Volume 29 (1772): 246-261 Histoire d'Elizabeth Canning, et de Jean Calas.

Taylor: V1 1770/ 2 (29).

w71 (1773)

Collection complette des œuvres de M. de Voltaire. Genève [Liège, Plomteux], 1771-1777. 32 vol. 12°. Bengesco iv.89-91; Trapnell 71; BnC 151.

Volume 16 (1773): 582-593 Histoire d'Elizabeth Canning, et de Jean Calas.

Taylor: VF.

W71P (1773)

Œuvres de M. de V.... Neufchatel [Paris, Panckoucke], 1771-1777. 34 ou 40 vol. 8° et 12°. Bengesco iv.91-94; Trapnell 72P; BnC 152-157.

Mélanges, volume 6 (1773): 287-306 Histoire d'Elisabeth Canning et de Jean Calas.

Bn: Z 24816.

W75G

La Henriade, divers autres poèmes et toutes les pièces relatives à l'épopée. [Genève, Cramer & Bardin], 1775. 37 vol. (40 vol. avec les *Pièces détachées*). 8°. Bengesco iv.94-105; Trapnell 75G; BnC 158-161.

Volume 35: 374-386 Histoire d'Elizabeth Canning, et de Jean Calas.

Taylor: VF.

W75X

Œuvres de Mr de Voltaire. [Lyon?], 1775. 37 vol. (40 vol. avec les *Pièces détachées*). 8°. Bengesco 2141; BnC 162-163.

Volume 35: 371-383 Histoire d'Elizabeth Canning, et de Jean Calas.

Taylor: VF.

K84

Œuvres complètes de Voltaire. [Kehl], Société littéraire-typographique, 1784-1789. 70 vol. 8°. Bengesco 2142; Trapnell K; BnC 164-193.

Volume 30: 238-251 Histoire d'Elisabeth Canning, et des Calas.

Bn: Rés. p.Z 2209 (30).

Principes de cette édition

Parmi les éditions de 1762, nous choisissons comme texte de base la première édition parue à Genève (62G) dont un exemplaire conservé à la Bibliothèque de Versailles porte trois corrections autographes de Voltaire identifiées par Andrew Brown.

Les variantes sont empruntées aux éditions 62GP, 62PB, 62LN ainsi qu'aux éditions ultérieures décrites: 65G, NM, W68 et K84. Elles ne portent pas sur les différences de ponctuation ni d'orthographe des noms propres; elles ne portent pas non plus sur les simples coquilles sauf si le sens de la phrase s'en trouve modifié.

Nous respectons l'orthographe des noms de lieux et de personnes. Nous respectons fidèlement la ponctuation originale; simplement, nous supprimons la virgule qui précède l'ouverture et la fermeture d'une parenthèse de même que le point qui suit un chiffre (date); d'autre part, nous ajoutons, dans la note de Voltaire, un point après l'abréviation N.

Traitement du texte de base

Les aspects suivants de l'orthographe et de la grammaire ont été modifiés selon l'usage moderne.

1. Consonnes
   - absence de la consonne *p* dans le mot 'tems' et son composé 'longtems'.
   - absence de la consonne *t* dans les finales en *-ans* et en *-ens*: enfans, intéressans, momens, parens, pénitens, protestans, raisonnemens, sentimens.
   - emploi de la double consonne dans: jettèrent.
   - emploi d'une seule consonne dans: acompagna, acusés, aparences, apellé, apliqué, aprocha, aprochait, apuyait, atendre, atendris, batu, boureau, échapa, éfrénée, ocupait, oprobre, raporteur, suplice(s), suposait, suposer, supositions, tranquilité.

2. Voyelles
   - emploi de *i* à la place de *y* dans: martirs.
   - emploi de *y* à la place de *i* dans: claye.
   - emploi de *-oit* au lieu de *-ait* dans: faudroit (et: faudrait).

3. Graphies particulières
   - l'orthographe moderne a été rétablie dans le cas des mots suivants: autentiquement, avanture, encor, entousiasme, hazard, solemnels.

4. Accents

L'accent aigu

- absent dans: JESUS, recuser, reduire (mais: réduisit), sherif (et: shérif), suggeré.
- présent dans: éfrénée, éxécuter, éxécution (et: exécution).
- employé au lieu du grave dans: entiére, galéres, Genéve, niéce, zéle (et: zèle).

L'accent grave

- absent dans: ou (interrogatif) (et: où)

L'accent circonflexe

- absent dans ainé, ame, bucher, couter, infame, jeuner, trainer.
- absent dans le subjonctif imparfait: vérifiat.
- présent dans: ajoûtait, nôtre (adjectif), pû, vû.

Tréma

- employé dans: défenduë, duë, jouë, Louïs, rouë (et: roue).

5. Traits d'union

- absent dans: demandons lui.
- présent dans: aussi-tôt, jusqu'à-ce que, très-longs.

6. Majuscules

- JESUS-CHRIST.

7. Points de grammaire

- pluriel en -*x* dans: loix.

8. Divers

- élision employée dans: contr'elle.
- dlle (et: demoiselle) devenue demoiselle; Mr., mr. devenus M.; Sr. devenu sieur; St. devenu Saint.
- cédille absente dans: soupcons (et: soupçon)

346

HISTOIRE D'ELISABETH CANNING, ET DE JEAN CALAS

D'Elizabeth Canning.

J'étais à Londres en 1753[1] quand l'aventure de la jeune Elizabeth Canning fit tant de bruit.[2] Elizabeth[3] avait disparu pendant un mois[4] de la maison de ses parents; elle revint maigre, défaite, et n'ayant que des habits délabrés.[5] Eh mon Dieu! dans quel état vous revenez! où avez-vous été! d'où venez-vous? que vous est-il   5

---

1   62PB: Londres quand
5   62G: <où vous avez été> $^{V\uparrow}\beta$
     NM65, W68:   où vous avez été

---

[1] Pure fiction très propre à conférer à l'auteur l'autorité d'un témoin.

[2] Voir ci-dessus, p.336.

[3] Née le 17 septembre 1734, fille aînée de cinq enfants dont le père, scieur, est mort avant 1753, elle est, au moment de l'affaire, domestique chez un certain Edward Lyon, menuisier à Aldermanbury.

[4] Du 1er au 29 janvier 1753. Le 1er janvier, elle se rend chez son oncle et sa tante, nommés Colley et qui habitent Saltpetre Bank près de Well Close Square. Comme, après avoir quitté le 1er janvier vers 21 h 00 ses oncle et tante qui l'avaient raccompagnée jusqu'à Houndsditch, elle ne reparaît à Aldermanbury ni chez sa mère ni chez son maître, une annonce de recherche est publiée dans le *London daily advertiser* des 4 et 6 janvier 1753.

[5] Le 29 janvier vers 22 h 00, Elizabeth 'came to her mother's house [...] in a most miserable condition' ('The Case of Elizabeth Canning', publié dix jours après son retour, le 8 février, par les amis de la jeune fille et cité par l'éditeur de l'ouvrage d'Allan Ramsay, *A letter to the right honourable the earl of — concerning the affair of Elizabeth Canning by a clergyman*, London 1753, p.24-27). 'Illcolour'd, lean, weak, and in an old gown and cap (or handkerchief) that did not belong to her', rapporte Ramsay (p.22).

347

arrivé? [6] Hélas! ma tante, [7] je passais par Morfilds [8] pour retourner à la maison, lorsque deux bandits vigoureux me jetèrent par terre, me volèrent, et m'emmenèrent dans une maison à dix milles de Londres. [9]

La tante et les voisines pleurèrent à ce récit. Ah! ma chère enfant, n'est-ce pas chez cette infâme madame Web, que ces brigands vous ont menée? car c'est juste à dix milles d'ici qu'elle demeure; Oui, ma tante, chez madame Web. [10] Dans cette grande maison à droite? Justement, ma tante. Les voisines dépeignirent alors madame Web; et la jeune Canning convint que cette femme

8   62GP: me violèrent, et

[6] Dans son pamphlet, Ramsay imagine les premières questions posées: 'Where have you been? How came you into this frightful condition? What is become of your cloaths?' (p.22).

[7] En fait, Elizabeth revient dans la maison de sa mère qui alerte aussitôt les voisins.

[8] L'événement est présenté comme se situant 'directly at the gates of Bethlehem hospital' ('The Case').

[9] 'The Case' évoque 'two lusty fellows': 'After they had rifled her pockets, they took her into the middle walk of the said fields, where they stripped her of her gown, apron, hat, etc. She crying out, murder! one of the fellows struck her on the right temple, which immediately deprived her of her senses. When she recovered, she found herself in an open road between the two robbers, who soon convey'd her to a house'.

[10] Déformation du nom: il s'agit en réalité de Susannah Wells qui tenait un établissement de réputation suspecte: 'When this unhappy young woman was asked where she had been, she could give no other account than that she had been confined in a house on the Hertfordshire road [...] The house of that notorious woman, well known by the name of mother Wells, between Enfield Wash and Waltham Cross, was immediately suspected' ('The Case'). John Treherne rapporte que c'est un voisin, Robert Scarrat qui lance le nom de la mère Wells (*The Canning enigma*, London 1989, p.12). A la lumière des dépositions, Ramsay tente de reconstituer la méthode vraisemblable selon laquelle E. Canning, incapable de donner des précisions sur le lieu où elle aurait été enfermée, s'est contentée de répondre affirmativement aux questions qui lui étaient posées et qui en elles-mêmes lui fournissaient les éléments de réponse. Voltaire construit tout son dialogue sur cette méthode analysée.

était faite précisément comme elles le disaient. L'une d'elles apprend à miss Canning qu'on joue toute la nuit chez cette femme, et que c'est un coupe-gorge où tous les jeunes gens vont perdre leur argent. Ah! un vrai coupe-gorge, répondit Elizabeth Canning. On y fait bien pis, dit une autre voisine; ces deux brigands qui   20
sont cousins de madame Web, vont sur les grands chemins prendre toutes les petites filles qu'ils rencontrent, et les font jeûner au pain et à l'eau jusqu'à ce qu'elles soient obligées de s'abandonner aux joueurs qui se tiennent dans la maison.[11] Hélas! ne t'a-t-on pas mise au pain et à l'eau, ma chère nièce? Oui, ma tante.[12] On lui   25
demande si ces deux brigands n'ont point abusé d'elle, et si on ne l'a pas prostituée? elle répond qu'elle s'est défendue, qu'on l'a accablée de coups, et que sa vie a été en péril.[13] Alors la tante et les voisines recommencèrent à crier et à pleurer.

On mena aussitôt la petite Canning chez un monsieur Adamson,   30
protecteur de la famille depuis longtemps: c'était un homme de bien qui avait un grand crédit dans sa paroisse.[14] Il monte à cheval avec un de ses amis aussi zélé que lui; ils vont reconnaître la

---

18   62GP: un vrai coupe-gorge
29   62PB: voisines recommencent à

---

[11] Dans le compte rendu du *London daily advertiser* du 31 janvier 1753 et reproduit par l'éditeur de Ramsay (p.27-28), il est fait allusion à 'several unhappy young women' qu'Elizabeth a laissées dans la maison et à l'infortune desquelles elle a échappé par sa fuite.

[12] Elizabeth 'had only about a quartern loaf in stale and mouldy crusts and a gallon of water to support her during the whole time of her confinement' ('The Case').

[13] Il est rapporté qu'elle a été sollicitée, mais en vain, à mener une vie immorale.

[14] Joseph Adamson, corroyeur et ami d'E. Canning, prit effectivement part aux poursuites engagées, quoique son nom ne figure pas dans la liste des amis qui ont publié 'The Case' (voir Treherne, p.33). A ce personnage nommément mentionné par Ramsay (p.30, 32), Voltaire tend à attribuer ce qui revient à un groupe de voisins compatissants.

maison de madame Web;[15] ils ne doutent pas en la voyant que la
petite n'y ait été renfermée; ils jugent même en apercevant une   35
petite grange où il y a du foin, que c'est dans cette grange qu'on a tenu
Elizabeth en prison.[16] La pitié du bon Adamson en augmenta: il fait
convenir Elizabeth à son retour, que c'est là qu'elle a été retenue; il
anime tout le quartier; on fait une souscription pour la
jeune demoiselle si cruellement traitée.[17]   40

A mesure que la jeune Canning reprend son embonpoint et sa
beauté,[18] tous les esprits s'échauffent pour elle. Monsieur Adamson
fait présenter au shérif une plainte au nom de l'innocence outragée.
Madame Web et tous ceux de sa maison qui étaient tranquilles
dans leur campagne, sont arrêtés, et mis tous au cachot.[19]   45

[15] Dès le mercredi qui suit son retour, les voisins dont M. Adamson font répéter
à Elizabeth son histoire devant 'Mr. Chitty the sitting alderman at the Guidhall'
afin d'engager une poursuite contre S. Wells. Le jeudi matin, 1er février, rapporte
Ramsay, 'they set out Canning, her mother and other two women in a coach; and
several of their neighbours on horseback to examine into the affair and to apprehend
the criminals' (p.30). Arrivé une heure ou une heure et demie avant la voiture,
Adamson peut examiner les lieux et poser ensuite à la jeune fille des questions qui
dictent en quelque sorte ses réponses.

[16] Selon la déposition même de J. Adamson, Elizabeth promenée de pièce en
pièce déclare qu'aucune ne correspond à l'endroit où elle a été renfermée: 'Then I
asked if there were any other rooms; they said, yes; out of the kitchen (I had before
been in it, but did not say so then, because I had a mind to see if she knew it). We
had her up into it. She said, This is the same room in which I was, but here is more
hay' (Sessions Paper, p.114; cité par Ramsay, p.31). 'The Case' signale qu'Elizabeth
n'avait qu'un peu de foin pour se coucher.

[17] 'The Case' précise qu'étant donné les circonstances, 'it is not doubted but a
subscription or contribution will soon be raised, to enable the persons who have
undertaken to detect this notorious gang, to prosecute their good intention with
the utmost vigour, as such a nest of villains is of the greatest danger to the safety
of all his majesty's good subjects'. Et en post-scriptum sont indiqués les divers lieux
où les dons sont recueillis.

[18] Jusqu'au 7 février, elle est dans la plus déplorable condition (voir 'The Case').

[19] A la suite de la visite des lieux du 1er février à laquelle participe M. White,
officier du Lord Mayor, Wells et une vieille bohémienne très laide du nom de Mary
Squires qu'Elizabeth déclare reconnaître comme celle qui lui a enlevé son corset
sont convoquées devant un magistrat, M. Merry Tyshmaker, sont poursuivies pour
crime et envoyées en prison (Newgate). Les autres membres de la maison, convoqués

M. le shérif pour mieux s'instruire de la vérité du fait, commence par faire venir chez lui amicalement une jeune servante de madame Web, et l'engage par de douces paroles à dire tout ce qu'elle sait. La servante qui n'avait jamais vu en sa vie miss Canning, ni entendu parler d'elle, répondit d'abord ingénument, qu'elle ne savait rien de ce qu'on lui demandait; mais quand le shérif lui eut dit qu'il faudrait répondre devant la justice, et qu'elle serait infailliblement pendue si elle n'avouait pas, elle dit tout ce qu'on voulut:[20] enfin, les jurés s'assemblèrent, et neuf personnes furent condamnées à la corde.[21]

Heureusement en Angleterre aucun procès n'est secret, parce que le châtiment des crimes est destiné à être une instruction

49 62PB: vu de sa vie miss Betty Canning [le diminutif Betty a déjà été employé aux lignes 37 et 38 et le sera encore à la ligne 102]

eux aussi, sont laissés en liberté. Le 6 février, l'affaire est transmise par M. Salt, avocat, à Henry Fielding, 'Justice of the Peace for Middlesex and Westminster'.

[20] Fielding convoque, le 13 février, une jeune fille de la maison Wells, Virtue Hall, qui se présente toute tremblante. 'You need not be under any fear or apprehension', lui déclare le magistrat, 'for if you will tell us the whole truth of the affair, I will give you my word and honour, as far as it is in my power, to protect you [...] Altho' the Justice continued to examine her in the kindest manner, she was guilty of so many prevarications and contradictions, that he told her he would examine her no longer, and would leave her to stand or fall by the evidence against her; and, at the same time advised Mr. Salt to prosecute her as a felon, together with the gipsy woman. Upon hearing that she was to be prosecuted as a felon [...] she said she would tell the whole truth' (Fielding, *A clear state of the case of Elizabeth Canning*, 1753; cité par Ramsay, p.37). La déposition n'est qu'une simple répétition des quelques circonstances rapportées par Elizabeth.

[21] Le 21 février, Mary Squire et S. Wells sont jugées devant le Old Bailey. Cinq jours plus tard, Squire est condamnée à mort par pendaison par un jury de douze hommes (voir Ramsay, p.48 et 50), Wells est, elle, condamnée à avoir le pouce brûlé et à un emprisonnement de six mois à Newgate. Mais le verdict ne satisfait pas le lord mayor Sir Crisp Gascoyne qui avait présidé le procès *ex officio* et avait été impressionné par les témoins de la défense. Il fit alors des recherches plus approfondies qui le convainquirent de l'innocence des accusées.

publique aux hommes,[22] et non pas une vengeance particulière. Tous les interrogatoires se font à portes ouvertes, et tous les procès intéressants sont imprimés dans les journaux.

Il y a plus; on a conservé en Angleterre une ancienne loi de France, qui ne permet pas qu'aucun criminel soit exécuté à mort, sans que le procès ait été présenté au roi, et qu'il en ait signé l'arrêt.[23] Cette loi si sage, si humaine, si nécessaire, a été enfin mise en oubli en France, comme beaucoup d'autres; mais elle est observée dans presque toute l'Europe, elle l'est aujourd'hui en Russie, elle l'est à la Chine, cette ancienne patrie de la morale, qui a publié des lois divines, avant que l'Europe eût des coutumes.

Le temps de l'exécution des neuf accusés approchait, lorsque le papier qu'on appelle *des sessions*, tomba entre les mains d'un philosophe nommé monsieur Ramsay. Il lut le procès, et le trouva absurde d'un bout à l'autre. Cette lecture l'indigna: il se mit à écrire une feuille, dans laquelle il pose pour principe, que le premier devoir des jurés est d'avoir le sens commun.[24] Il fit voir que madame Web et ses deux cousins, et tout le reste de la maison étaient formés d'une autre pâte que les autres hommes,[25] s'ils

---

[22] Cf. *Pièces originales*, 'Lettre de Donat', l.187, et le *Mémoire de Donat Calas*, 'Déclaration de Pierre', l.181.

[23] Une fois convaincu qu'E. Canning avait menti, Sir Crisp Gascoyne compose et signe un mémoire au roi et Georges II, le 10 avril, accorde six semaines de sursis à l'exécution de M. Squires. Le 21 mai, il la gracie (voir Treherne, p.65-66). Dans l'*Essai sur les mœurs*, ch.85, Voltaire, comparant la France et l'Angleterre, rappelle le maintien en Angleterre de la 'coutume' disparue en France: 'Il y avait une ancienne coutume par laquelle on n'exécutait aucun arrêt portant peine afflictive que cet arrêt ne fût signé du souverain. Il en est encore ainsi en Angleterre comme en beaucoup d'autres Etats: rien n'est plus humain et plus juste. Le fanatisme, l'esprit de parti, l'ignorance ont fait condamner à mort plusieurs citoyens innocents. Ces citoyens appartiennent au roi, c'est-à-dire à l'Etat: on ôte un homme à la patrie, on flétrit sa famille sans que celui qui représente la patrie le sache' (*Essai*, i.788).

[24] Ramsay d'emblée remarque que considérer l'histoire rapportée par Elizabeth comme une vérité semble être 'an insult upon the common sense of mankind' (p.6).

[25] Après avoir énuméré un ensemble de circonstances propres à jeter un air de mensonge sur l'histoire, Ramsay ajoute: 'What shall we say then of a story which is composed altogether of such circumstances? Nothing but that either the

faisaient jeûner au pain et à l'eau de petites filles, dans le dessein de les prostituer; qu'au contraire, ils devaient les bien nourrir, et les parer pour les rendre agréables; que des marchands ne salissent ni ne déchirent la marchandise qu'ils veulent vendre. [26] Il fit voir que jamais miss Canning n'avait été dans cette maison, qu'elle n'avait fait que répéter ce que la bêtise de sa tante lui avait suggéré; [27] que le bon homme Adamson avait par excès de zèle produit cet extravagant procès criminel; [28] qu'enfin il en allait coûter la vie à neuf citoyens, parce que miss Canning était jolie, et qu'elle avait menti. [29]

La servante qui avait avoué amicalement au shérif tout ce qui n'était pas vrai, n'avait pu se dédire juridiquement. [30] Quiconque

80

85

86-87   62PB, sans alinéa

---

circumstances are false, or that God Almighty has created a set of people at Enfield Wash totally different in all their desires, fears, passions, and apprehensions from the rest of mankind' (p.9).

[26] Ramsay demande: 'Was it ever read in any of the records of iniquity that an old bawd and her associates were so ignorant of their own trade as to think of winning a young girl to the ways of lewdness by hunger and cold, or to raise the price of her beauty by starving her black in the face?' (p.8).

[27] 'Those who knew any thing of Wells's house or its situation asked her questions concerning it; to which, as she might plainly perceive they were asked with a friendly intention, and not with any design to entrap her, she always answered, Yes. By which means she might possibly have been furnished with some little knowledge of what she was before totally ignorant; and her neighbours, like the boobies who go to astrologers, were amazed to hear her relate in the afternoon what their questions had taught her in the morning' (Ramsay, p.28-29); voir ci-dessus, n.10.

[28] S'exprimant de façon plus générale, Ramsay déclare que tout fut dû 'to the inconsiderate zeal of her friends' (p.34).

[29] Mensonge qui, aux yeux de Ramsay, n'est le fruit ni de la préméditation ni de la volonté, mais qu'Elizabeth a été en quelque sorte obligée de faire pour trouver une excuse au moment où elle en avait besoin (p.34-35).

[30] En fait Virtue Hall fut de nouveau entendue et rétracta sa déposition devant Sir Crisp Gascoyne.

a rendu un faux témoignage par enthousiasme ou par crainte, le
soutient d'ordinaire, et ment, de peur de passer pour un menteur.   90
C'est en vain, dit M. Ramsay, que la loi veut que deux témoins
fassent pendre un accusé. [31] Si M. le chancelier et M.
l'archevêque de Cantorbéri déposaient qu'ils m'ont vu assassiner mon père et
ma mère, [32] et les manger tout entiers à mon déjeuner en un demi-
quart d'heure, il faudrait mettre à Bedlam [33] M. le chancelier et   95
M. l'archevêque, plutôt que de me brûler sur leur beau témoignage.
Mettez d'un côté une chose absurde et impossible, et de l'autre
mille témoins et mille raisonneurs, l'impossibilité doit démentir
les témoignages et les raisonnements. [34]
Cette petite feuille fit tomber les écailles des yeux de M. le shérif   100
et des jurés. Ils furent obligés de revoir le procès: [35] il fut avéré

89-90   62PB: témoignage le soutient
90   62PB: pour menteur.

[31] 'The law required two witnesses in order to condemn any person of a capital
offence' (p.36).
[32] Hypothèse issue du texte même de Ramsay qui juge absurde le fait que les
serments prêtés par deux personnes constituent une preuve suffisante de vérité: 'so
that if a man is accused of murdering another upon a certain day, and then by way
of concealment eating him up at a meal (a fact uncapable of proof from any human
testimony, because it will always be more likely that any number of men should be
deceived or have an intention of deceiving, than that such a thing should have
really happened) yet if this is sworn to by two persons of unimpeached characters,
the jury is bound in conscience to bring him in guilty' (p.55-56).
[33] C'est en 1547 que la maison religieuse primitive fut convertie par Henri VIII
en asile d'aliénés.
[34] 'Human testimony is never to be urged in support of any fact that is, beyond
a certain degree, improbable' (Ramsay, p.57). Dans l'affaire Canning, poursuit
Ramsay, 'those who have reason'd in favour of Canning [...] have never consider'd
that when the number of those improbabilities is very great, their accumulation
amounts to something so near to an impossibility, that it may justly, in common
language, be so called'.
[35] Le 29 avril 1754, Elizabeth comparaît devant 'the Justice Hall at the Old Bailey'
pour 'wilful and corrupt perjury'. Le procès dure huit jours. Elle est reconnue
coupable. Huit membres de la cour, conduits par Sir John Barnard, se déclarent
pour un emprisonnement de 6 mois, tandis que neuf optent pour une déportation

que miss Canning était une petite friponne qui était allée accoucher, pendant qu'elle prétendait avoir été en prison chez madame Web; [36] et toute la ville de Londres qui avait pris parti pour elle, fut aussi honteuse qu'elle l'avait été lorsqu'un charlatan proposa de se mettre dans une bouteille de deux pintes, et que deux mille personnes étant venues à ce spectacle, il emporta leur argent, et leur laissa sa bouteille. [37]

Il se peut qu'on se soit trompé sur quelques circonstances de cet événement; [38] *mais les principales sont d'une vérité reconnue de toute l'Angleterre.*

105

110

de sept années. Elle est, en août, transportée, à la demande de ses amis, en Nouvelle-Angleterre. Selon l'*Annual register* (23 novembre 1761, p.179), elle serait revenue à l'expiration de sa sentence pour recevoir un legs de 500 livres qu'une vieille dame de Newington Green lui avait laissé trois ans auparavant. Il semble en fait qu'elle ne revînt jamais. Mariée à John Treat le 24 novembre 1756, mère de famille, elle meurt en 1773 à Weathersfield dans le Connecticut.

[36] L'affirmation voltairienne est issue de l'hypothèse qu'avance Ramsay: 'It may not be amiss to hint to them that there are such distempers as lyings-in and miscarriages, to which young servant-maids of eighteen are very much subject; distempers that will hold them as long, and reduce them as low as has been related of E. Canning, especially if attended and nursed in the manner we may easily suppose her to have been' (p.19-20). En fait, de nos jours encore, et comme le révèle le titre même de l'ouvrage de J. Treherne, le mystère reste entier en ce qui concerne la façon dont E. Canning passa son temps du 1er au 29 janvier.

[37] Sur le jugement de d'Alembert relatif à cette plaisanterie finale, voir ci-dessus, p.338.

[38] Les notes précédentes témoignent des nombreuses inexactitudes de la relation de Voltaire.

Histoire des Calas.

Cette aventure ridicule serait devenue bien tragique, s'il ne s'était pas trouvé un philosophe qui lût par hasard les papiers publics. Plût à Dieu que dans un procès non moins absurde et mille fois plus horrible, il y eût eu dans Toulouse un philosophe au milieu de tant de pénitents blancs![39] on ne gémirait pas aujourd'hui sur le sang de l'innocence que le préjugé a fait répandre. (a)

Il y eut pourtant à Toulouse un sage, qui éleva sa voix contre les cris de la populace effrénée,[40] et contre les préjugés des magistrats prévenus. Ce sage qu'on ne peut trop bénir était M. de la Salle conseiller au parlement qui devait être un des juges.[41]

Il s'expliqua d'abord sur l'irrégularité du monitoire;[42] il

(a) N.B. Voyez la lettre de la veuve Calas et la réponse de Donat Calas son fils. Voyez aussi les mémoires.

1   65G: ridicule que l'on vient de lire serait
4   65G: s'il y eût
6   62PB, sans note

[39] Sur cette confréric fort accréditée à Toulouse et qui célébra une messe pour le repos de l'âme de Marc-Antoine, voir *Mémoire de Donat Calas*, n.79.

[40] Expression péjorative utilisée par La Salle dans ses *Observations*, p.68.

[41] Auteur des *Observations pour le sieur Jean Calas, la dame de Cabibel, son épouse et le sieur Pierre Calas, leur fils* (s.l. 1762), Joseph-Mathieu de La Salle fut le seul membre du Parlement de Toulouse qui prît parti publiquement pour les Calas. Lorsqu'en novembre 1762, Voltaire croit savoir que La Salle se rend à Paris 'pour rendre justice à l'innocence des Calas et gloire à la vérité', il le classe au nombre des 'belles âmes' (D10797) et avoue avoir été 'tenté cent fois de lui écrire' (D10802) (voir ci-dessus, Introduction générale, p.35).

[42] *Observations*, p.11; sur le moniteur du 17 novembre 1761, voir *Mémoire de Donat Calas*, n.67-72.

condamna hautement la précipitation avec laquelle on avait fait trois services solennels à un homme qu'on devait probablement traîner sur la claie; il déclara qu'on ne devait pas ensevelir en catholique, et canoniser en martyr, un mort qui selon toutes les apparences s'était défait lui-même, et qui certainement n'était point catholique.[43] On savait que maître Chalier avocat au parlement avait déposé que Marc-Antoine Calas (qu'on supposait devoir faire abjuration le lendemain) avait au contraire le dessein d'aller à Genève, se proposer pour être reçu pasteur des églises protestantes.[44]

Le sieur Caseing avait entre les mains une lettre de ce même Marc-Antoine, dans laquelle il traitait de déserteur son frère Louïs devenu catholique. *Notre déserteur*, disait-il dans cette lettre, *nous tracasse*.[45] Le curé de Saint-Etienne avait déclaré authentiquement

[43] *Observations*, p.11-12; sur les services funèbres, voir *Mémoire de Donat Calas*, n.77-80.

[44] La Salle se réfère, dans les *Observations* (p.26 et 56), à la déposition de Jean-François Chalier et précise que le témoin nommait une autre personne qui eût pu pareillement témoigner et qui ne fut pas assignée, étant une nouvelle convertie; voir aussi *Mémoire de Me David Lavaysse, avocat en la cour, pour le sieur François-Alexandre-Gaubert Lavaysse, son troisième fils* (Toulouse s.d.), p.27-28. On lit à la fin de la déposition de Chalier, docteur et avocat au Parlement, natif de Montpellier, 60e témoin, 'que maintes fois le déposant a eu parlé de religion avec ledit Calas décédé et entre autres choses de la fin tragique des ministres de cette religion. Ledit Calas répondit au déposant que ces personnes étaient bien heureuses de mourir pour leur religion et qu'il enviait leur sort. Le déposant lui dit alors, pour le dissuader, que tout métier qui faisait pendre son homme ne valait rien. A ajouté que lorsque le déposant lui dit que tout métier qui faisait pendre son homme ne valait rien, ledit Calas venait de lui dire que souvent il avait eu dessein d'aller à Genève pour se faire ministre' (ADHG, 101 B2, f.77-78). Précisons que Chalier fut témoin à décharge par surprise.

[45] 'Il veut faire contribuer et il agit par la force', poursuit Marc-Antoine. Datée du 18 janvier 1761, la lettre fut trouvée après le supplice de Jean Calas et, comme le souligne Elie de Beaumont (*Mémoire à consulter et consultation pour la dame A. R. Cabibel, veuve Calas, et pour ses enfants*, Paris, 23 août 1762, p.46), elle 'prouve' le protestantisme de Marc-Antoine et 'détruit tout l'artifice de l'accusation'. Loiseau de Mauléon, de son côté, commente: 'Ce n'était point pour déserter et abjurer lui-même qu'il appelait son frère Louis, qui avait abjuré, un déserteur' (*Mémoire pour Donat, Pierre et Louis Calas*, Paris 1762, p.53).

que Marc-Antoine Calas était venu lui demander un certificat de catholicité, et qu'il n'avait pas voulu se charger de la prévarication de donner un certificat de catholicité à un protestant.[46]

Monsieur le conseiller de la Salle pesait toutes ces raisons; il ajoutait surtout, que selon la disposition des ordonnances, et celle du droit romain, suivi dans le Languedoc,[47] *il n'y a ni indice ni présomption, fût-elle de droit, qui puisse faire regarder un père comme coupable de la mort de son fils, et balancer la présomption naturelle et sacrée, qui met les pères à l'abri de tout soupçon du meurtre de leurs enfants.*[48]

Enfin, ce digne magistrat trouvait que le jeune La Vaisse étranger à toute cette horrible aventure, et la servante catholique, ne pouvant être accusés du meurtre prétendu de Marc-Antoine Calas, devaient être regardés comme témoins, et que leur témoignage nécessaire ne devait pas être ravi aux accusés.[49]

Fondé sur tant de raisons invincibles, et pénétré d'une juste

30-31 NM65, W68: et celles du
35-36 62PB, sans alinéa

[46] Le fait se passe dix-huit mois avant le drame: Marc-Antoine 'se présente à M. Boyer, curé de Saint-Etienne, et lui va demander un certificat de catholicité. Un domestique prévient ce curé que Marc-Antoine Calas est né de parents protestants. Me Boyer, qui a déclaré le fait en réponse à un acte qui lui a été signifié, exige que Marc-Antoine lui rapporte un certificat de son confesseur' (Sudre, *Mémoire pour le sieur Jean Calas, négociant de cette ville, dame Anne-Rose Cabibel, son épouse; et le sieur Jean-Pierre Calas, un de leurs enfants*, Toulouse s.d., p.61).

[47] 'Le droit romain, le droit commun de cette province, devenu par la profonde sagesse de ses décisions, pour ainsi dire, le droit commun du royaume ou mieux encore de l'Europe entière dans tous les cas où la coutume des lieux se tait' (La Salle, *Observations*, p.37).

[48] Opposant présomptions du droit et présomptions fondées sur la nature et soulignant la supériorité de celles-ci sur celles-là, La Salle demande: 'De quel poids pourraient être des simples présomptions de l'homme, toujours incertaines, souvent fausses, contre cette présomption sacrée qui met les pères à l'abri de tout soupçon du meurtre de leurs enfants?' (*Observations*, p.63).

[49] La Salle, *Observations*, p.8; voir *Mémoire de Donat Calas*, n.92.

pitié, M. de la Salle en parla avec le zèle que donnent la persuasion de l'esprit, et la bonté du cœur. Un des juges lui dit, *Ah! monsieur, vous êtes tout Calas. Ah! monsieur, vous êtes tout peuple*, répondit M. de la Salle.

45

Il est bien triste que cette noble chaleur qu'il faisait paraître ait servi au malheur de la famille dont son équité prenait la défense; car s'étant déclaré avec tant de hauteur et en public, il eut la délicatesse de se récuser; et les Calas perdirent un juge éclairé, qui probablement aurait éclairé les autres.[50]

50

M. la Borde, au contraire, qui s'était déclaré pour les préjugés populaires, et qui avait marqué un zèle que lui-même croyait outré; M. la Borde, qui avait renoncé aussi à juger cette affaire, qui s'était retiré à la campagne près d'Alby, en revint pourtant pour condamner un père de famille à la roue.[51]

55

Il n'y avait, comme on l'a déjà dit, et comme on le dira toujours, aucune preuve contre cette famille infortunée, on ne s'appuyait

---

51   62GP: Mr. L ... [*passim*]
       65G: Mr. La B ... [*passim*]
52   62G: qui <ayant> $\overset{V\uparrow}{}$ avait
       65G: qui ayant

---

[50] 'Ce m^r de la Salle [...] qui était si persuadé de l'innocence des Calas et qui les a fait rouer en se récusant' (D10899). Dans une note, Elie de Beaumont retrouve Voltaire: 'M. de la Salle [...] ayant perpétuellement présumé l'innocence des accusés et soutenu hautement l'impossibilité morale du parricide, eut la délicatesse de se récuser pour avoir laissé entrevoir son avis, ce qui priva les accusés du suffrage de ce vertueux magistrat' (*Mémoire*, 23 août 1762, p.42; voir également *Mémoire pour dame Anne-Rose Cabibel veuve Calas et pour ses enfants, sur le renvoi aux Requêtes de l'Hôtel au Souverain, ordonné par Arrêt du Conseil du 4 juin 1764*, Paris 1765, p.80 et 85).

[51] Dans ses lettres, Voltaire n'épargne pas ce juge qui tend à symboliser l'iniquité et la cruauté du Parlement de Toulouse. Quand, en mars 1763, il craint que l'affaire ne soit simplement renvoyée devant un autre parlement (ce qui éviterait aux juges toulousains d'être flétris), il imagine un autre mode d'action: 'Je crois qu'il faudra hardiment prendre David à partie. Si on pouvait en faire autant au s^r La Borde et compagnie, ce serait bien le mieux' (D11111).

que sur des indices. Eh quels indices encore! la raison humaine en
rougit. [52]

Le sieur David, capitoul de Toulouse, avait consulté le bourreau   60
sur la manière dont Marc-Antoine Calas avait pu être pendu; et ce
fut l'avis du bourreau qui prépara l'arrêt, [53] tandis qu'on négligeait
les avis de tous les avocats. [54]

Quand on alla aux opinions, le rapporteur ne délibéra que sur
Calas père, et opina que ce père innocent 'fût condamné à être   65
d'abord appliqué à la question ordinaire et extraordinaire pour
avoir révélation de ses complices, être ensuite rompu vif, expirer
sur la roue, après y avoir demeuré deux heures, et être ensuite
brûlé'.

Cet avis fut suivi par six juges; trois autres opinèrent à la   70
question seulement; deux autres furent d'avis qu'on vérifiât sur les
lieux s'il était possible que Marc-Antoine Calas eût pu se pendre
lui-même; un seul opina à mettre Jean Calas hors de cour.

Enfin, après de très longs débats, la pluralité se trouva pour la
question ordinaire et extraordinaire, et pour la roue. [55]   75

59-60   62GP: rougit. ¶Le capitoul

[52] Des indices qui se réduisent à des 'misères', à des 'riens' (La Salle, *Observations*,
p.54).
[53] Sur cette consultation, voir *Mémoire de Donat Calas*, n.155.
[54] Sudre, David Lavaysse, et aussi Me Carrière, ami de David Lavaysse, qui
exhorte le jeune Lavaysse, Jean et Pierre Calas à ne rien cacher dans leurs
interrogatoires (*Mémoire du sieur François-Alexandre Gualbert Lavaysse*, 1765,
p.10-11) – auxquels on peut joindre La Salle.
[55] Treize juges rendirent l'arrêt du 9 mars 1762 prononcé au terme de 'dix grandes
séances' selon l'expression du président de Senaux dans sa lettre à Saint-Florentin
du 10 mars (citée par A. Coquerel, *Jean Calas et sa famille*, Paris 1869, p.190). La
majorité de 7 sur 13 étant insuffisante – 'car la loi veut que dans les jugements en
dernier ressort l'avis le plus sévère prévale de deux voix' (Loiseau de Mauléon,
Mémoire, p.55) – le doyen des conseillers, M. de Bojal, se joignit finalement aux
sept partisans de la peine de mort et l'arrêt fut ainsi rendu exécutoire. Voltaire
donne la liste des noms des juges et leurs opinions dans sa lettre à Debrus du 20
février 1763 (D11026). Voir Elie de Beaumont, *Mémoire*, 23 août 1762, p.43.

Ce malheureux père de famille, qui n'avait jamais eu de querelle avec personne, qui n'avait jamais battu un seul de ses enfants, ce faible vieillard de soixante-huit ans,[56] fut donc condamné au plus horrible des supplices, pour avoir étranglé et pendu de ses débiles mains, en haine de la religion catholique, un fils robuste et vigoureux qui n'avait pas plus d'inclination pour cette religion catholique que le père lui-même.

Interrogé sur ses complices au milieu des horreurs de la question, il répondit ces propres mots; *Hélas! où il n'y a point de crime peut-il y avoir des complices?*[57]

Conduit de la chambre de la question au lieu du supplice,[58] la même tranquillité d'âme l'y accompagna. Tous ses concitoyens qui le virent passer sur le chariot fatal, en furent attendris; le peuple même qui depuis quelque temps était revenu de son fanatisme, versait sur son malheur des larmes sincères. Le commissaire qui présidait à l'exécution prit de lui le dernier interrogatoire; il n'eut de lui que les mêmes réponses.[59] Le père Bourges, religieux jacobin, et professeur en théologie, qui avec le père Caldagues, religieux du même ordre, avait été chargé de l'assister dans ses derniers moments,[60] et surtout de l'engager à ne rien celer de la vérité, le trouva tout disposé à offrir à Dieu le sacrifice de sa vie pour l'expiation de ses péchés; mais autant qu'il marquait de

[56] Soixante-quatre ans; voir *Pièces originales*, n.95. Ce portrait physique et moral de Jean Calas est récurrent dans les opuscules de Voltaire.

[57] 'Interrogé s'il a d'autres complices que ceux qui sont dénommés dans la procédure, Répond qu'étant innocent il n'a point de complice' (Procès-verbal d'exécution de Jean Calas père, An, V⁴ 1478 B, pièce 231). Elie de Beaumont cite la réponse donnée par Voltaire (*Mémoire*, 23 août 1762, p.43, et *Mémoire pour dame Anne-Rose Cabibel*, 1765, p.92) de même que Loiseau de Mauléon (*Mémoire*, p.38).

[58] Place Saint-Georges où est dressé l'échafaud. Dans l'intervalle, Jean Calas est contraint de faire amende honorable devant la porte principale de l'église Saint-Etienne.

[59] Le commissaire est maître Goazé (ou Gouazé), capitoul de semaine. Assis au bas de l'échelle dressée à l'échafaud, Jean Calas interpellé répond 'qu'il persiste dans ses précédentes réponses et qu'il mourait innocent' (Procès-verbal d'exécution).

[60] Frères prêcheurs déjà nommés dans le *Mémoire de Donat Calas*, l.280-285.

résignation aux décrets de la providence,[61] autant il fut ferme à défendre son innocence et celle des autres prévenus.

Un seul cri, fort modéré, lui échappa au premier coup qu'il reçut, les autres ne lui arrachèrent aucune plainte.[62] Placé ensuite sur la roue pour y attendre le moment qui devait finir son supplice et sa vie,[63] il ne tint que des discours remplis de sentiments de christianisme; il ne s'emporta point contre ses juges; sa charité lui fit dire qu'il ne leur imputait pas sa mort, et qu'il fallait qu'ils eussent été trompés par de faux témoins. Enfin, lorsqu'il vit le moment où l'exécuteur se disposait à le délivrer de ses peines, ses dernières paroles au père Bourges, furent celles-ci: 'Je meurs innocent; Jésus-Christ qui était l'innocence même, a bien voulu mourir par un supplice plus cruel encore. Je n'ai point de regret à une vie dont la fin va, je l'espère, me conduire à un bonheur éternel. Je plains mon épouse et mon fils; mais ce pauvre étranger à qui je croyais faire politesse en le priant à souper, ce fils de M. La Vaisse, augmente encore mes regrets'.[64]

100

105

110

103   62PB: ne tient que
103-104   62GP: sentiments du christianisme

[61] Elie de Beaumont se souvient de Voltaire: 'Le vieillard avec une résignation chrétienne offrait généreusement à Dieu le sacrifice de sa vie pour l'expiation de ses péchés' (*Mémoire*, 23 août 1762, p.44).

[62] 'Un seul cri, même fort modéré, lui échappa au premier coup de barre [...]. Tous les autres coups ne lui arrachèrent aucune plainte' (Elie de Beaumont, *Mémoire*, 23 août 1762, p.44; voir aussi Loiseau de Mauléon, *Mémoire*, p.39). Onze coups de barre de fer brisèrent les os du supplicié.

[63] Il reste en vie 'deux heures précises' (Procès-verbal d'exécution).

[64] 'Placé ensuite sur la roue et prenant à témoin de son innocence le ciel, je meurs innocent, disait-il, à ses respectables consolateurs; Jésus-Christ l'innocence même a plus souffert que moi. Que mon épouse et mon fils éprouvent un meilleur sort! Que ma mort suffise pour tous! Eh! fallait-il que ce jeune homme si bien né ne nous revît que pour partager nos maux?' (Elie de Beaumont, *Mémoire*, 23 août 1762, p.44; voir aussi *Mémoire pour dame Anne-Rose Cabibel*, p.94, et Loiseau de Mauléon, *Mémoire*, p.39). Dans son *Mémoire* de 1765, Lavaysse confirme: 'La manière touchante dont il [Jean Calas] s'est entretenu de moi dans les derniers moments de sa vie n'a pu rien ajouter aux regrets que m'ont causés ses malheurs' (p.17).

Il parlait ainsi, lorsque le capitoul, premier auteur de cette   115
catastrophe, qui avait voulu être témoin de son supplice et de sa
mort, quoiqu'il ne fût pas nommé commissaire, s'approcha de lui,
et lui cria, *Malheureux! voici le bûcher qui va réduire ton corps en
cendres, dis la vérité.* [65] Le sieur Calas ne fit pour toute réponse que
détourner un peu la tête, et au même instant l'exécuteur fit son   120
office, et lui ôta la vie. [66]

Quoique Jean Calas soit mort protestant, le père Bourges, et le
père Caldagues son collègue, ont donné à sa mémoire les plus
grands éloges; C'est ainsi, ont-ils dit à quiconque a voulu les
entendre, c'est ainsi que moururent autrefois nos martyrs; et même   125
sur un bruit qui courut que le sieur Calas s'était démenti, et avait
avoué son prétendu crime, le père Bourges crut devoir aller lui-
même rendre compte aux juges des derniers sentiments de Jean
Calas, et les assurer qu'il avait toujours protesté de son innocence
et de celle des autres accusés. [67]   130

[65] Il s'agit évidemment de David de Beaudrigue (voir *Mémoire de Donat Calas*,
n.58). Nul autre que le commissaire n'avait le droit de se trouver à l'exécution et
d'interroger le patient. Le même propos de David est rapporté par Elie de Beaumont
qui, dans son *Mémoire* du 23 août (p.44), continue à suivre Voltaire.

[66] Conformément au 'retentum' (article secret de la sentence) selon lequel 'après
avoir resté deux heures sur la roue, il sera étranglé jusqu'à ce que mort naturelle
s'ensuive'. Le corps est ensuite jeté dans 'le bûcher ardent' (Procès-verbal
d'exécution).

[67] Un peu plus tard, Voltaire témoignera de sentiments plus réservés à l'égard
du père Bourges (voir ci-dessus, Introduction générale, p.36). Dans son première
Mémoire, Mariette se souvient de Voltaire: 'Le bruit ayant couru que Calas avait
avoué, le P. Bourges crut son honneur et son devoir intéressés à démentir cette
imposture. Il alla lui-même chez les juges, leur rendit compte des sentiments de Jean
Calas et les assura qu'il n'avait cessé de protester de son innocence et de celle des autres
accusés' (*Mémoire pour dame Anne-Rose Cabibel, veuve du sieur Jean Calas, marchand à
Toulouse; Louis et Louis-Donat Calas leurs fils; et Anne-Rose et Anne Calas leurs
filles, demandeurs en cassation d'un arrêt du Parlement de Toulouse du 9 mars 1762*,
Paris 1762, p.32).

Après cette étrange exécution, on commença par juger Pierre Calas le fils; il était regardé comme le plus coupable de ceux qui restaient en vie; voici sur quel fondement.

Un jeune homme du peuple, nommé Cazeres, avait été appelé de Montpelier pour déposer dans la continuation d'information; il avait déposé qu'étant en qualité de garçon chez un tailleur nommé Bou, qui occupait une boutique dépendante de la maison du sieur Calas,[68] le sieur Pierre Calas étant entré un jour dans cette boutique, la demoiselle Bou entendant sonner la bénédiction, ordonna à ses garçons de l'aller recevoir; sur quoi Pierre Calas lui dit: 'Vous ne pensez qu'à vos bénédictions, on peut se sauver dans les deux religions, deux de mes frères pensent comme moi, si je savais qu'ils voulussent changer, je serais en état de les poignarder, et si j'avais été à la place de mon père quand Louis Calas mon autre frère se fit catholique, je ne l'aurais pas épargné'.[69]

Pourquoi affecta-t-on de faire venir ce témoin de Montpelier, pour déposer d'un fait que ce témoin prétendait s'être passé devant

135

140

145

---

147   62LN: déposer un fait

[68] La boutique du tailleur est à gauche de celle de Jean Calas et fait partie de l'immeuble même des Calas.

[69] Voltaire se reporte encore une fois à Sudre: 'Un jeune homme de la lie du peuple, Caseres, ancien garçon de Bou tailleur, a été appelé de Montpellier pour déposer. La boutique de Bou est dans la maison que les exposants occupent: Pierre Calas entre, dit-il, dans cette boutique un jour d'œuvre du mois d'août dernier: la demoiselle Bou y était. La bénédiction sonne, et la demoiselle Bou ordonne de l'aller recevoir. Pierre Calas dit, prétend ce voyageur, vous ne pensez qu'à vos bénédictions, on peut *se sauver dans toutes les deux religions*; deux de mes frères pensent comme moi, si je savais qu'ils voulussent changer, je serais en état de les poignarder. Il ajoute que s'il avait été à la place de son père quand Louis Calas se fit catholique, il l'aurait fait mourir' (*Mémoire*, p.76; sur les termes mêmes de la déposition de Jean Morère de Cazères, 54e témoin devant le Parlement, que rapporte Sudre, voir An, V⁴ 1478 B, pièce 214, f.97-98r). Elie de Beaumont, à son tour, rapporte la déposition presque dans les mêmes termes dans son premier *Mémoire* (p.29). Voir aussi Mariette, *Mémoire*, p.82-83. Sur la déposition même de Cazères, se reporter à An, V⁴ 1478, pièce 150 (déposition de Labat aîné rapportant les propos de Cazères).

la demoiselle Bou, et deux de ses garçons qui étaient tous à Toulouse? [70] pourquoi ne voulut-on pas faire ouïr la demoiselle Bou et ces deux garçons, surtout après qu'il eut été avancé dans les mémoires des Calas que la demoiselle Bou et ces deux garçons soutenaient fortement que tout ce que Cazeres avait osé dire n'était qu'un mensonge dicté par ses ennemis, et par la haine des partis? [71] Quoi! le nommé Cazeres a entendu publiquement ce qu'on disait à ses maîtres, et ses maîtres et ses compagnons ne l'ont pas entendu! et les juges l'écoutent, et ils n'écoutent pas ces compagnons et ces maîtres!

Ne voit-on pas que la déposition de ce misérable était une contradiction dans les termes? *On peut se sauver dans les deux religions*; c'est-à-dire, Dieu a pitié de l'ignorance et de la faiblesse humaine, et moi je n'aurai pas pitié de mon frère! Dieu accepte les vœux sincères de quiconque s'adresse à lui, et moi je tuerai quiconque s'adressera à Dieu d'une manière qui ne me plaira pas! Peut-on supposer un discours rempli d'une démence si atroce? [72]

150
155
160

---

148   62GP: et ses deux garçons
150   62GP: et ses deux
157-158   62PB, sans alinéa

---

[70] 'On a à Toulouse la demoiselle Bou avec qui l'on suppose que cette conversation fut faite; les deux autres garçons du sieur Bou, les sieurs Capdeville et Guillaumet, qui devaient être présents, puisque la chose se passa dans la boutique, sont aussi à Toulouse' (Sudre, *Mémoire*, p.76).

[71] 'On est allé à la demoiselle Bou, on lui a parlé, on en a parlé à ses deux garçons, elle a frémi d'horreur en entendant cette imposture et l'étonnement des deux garçons n'a pas été moins vif: ils déposeront tous que c'est un mensonge punissable' (Sudre, *Mémoire*, p.76). Sudre note que le témoin est singulier, qu'il n'a pas été 'deviné à Montpellier' mais s'est offert (or un témoin qui s'offre ne fait aucune foi), qu'enfin la déposition se détruit principalement par elle-même (p.77).

[72] En dénonçant l'inanité de la déposition, Sudre observe: 'On peut se sauver, dit Pierre Calas, dans la religion catholique comme dans la protestante, cependant je poignarderais celui de mes frères qui embrasserait la foi catholique. Quoi! cette foi est bonne, puisque l'on peut s'y sauver, et vous seriez en état de poignarder, qui? des frères; pourquoi? parce qu'ils embrasseraient cette foi que vous reconnaissez bonne [...] Non, il n'est pas possible qu'un propos aussi imbécile ait été tenu'

Un autre témoin, mais bien moins important, qui déposa que 165
Pierre Calas parlait mal de la religion romaine, commença par dire:
'J'ai une aversion invincible pour tous les protestants'. Voilà
certes un témoignage bien recevable. [73]

C'était là tout ce qu'on avait pu rassembler contre Pierre Calas:
le rapporteur [74] crut y trouver une preuve assez forte pour fonder 170
une condamnation aux galères perpétuelles; il fut seul de son avis.
Plusieurs opinèrent à mettre Pierre hors de cour, d'autres à le
condamner au bannissement perpétuel; le rapporteur se réduisit à
cet avis qui prévalut. [75]

On vint ensuite à la veuve Calas, à cette mère vertueuse. Il n'y 175
avait contre elle aucune sorte de preuve, ni de présomption, ni
d'indice; le rapporteur opina néanmoins contre elle au
bannissement; tous les autres juges furent d'avis de la mettre
hors de cour et de procès.

Ce fut après cela le tour du jeune La Vaisse. Les soupçons 180
contre lui étaient absurdes. Comment ce jeune homme de dix-neuf
ans étant à Bordeaux, aurait-il été élu à Toulouse bourreau des
protestants? [76] la mère lui aurait-elle dit, Vous venez à propos,

---

(*Mémoire*, p.77; voir Elie de Beaumont, *Mémoire*, 23 août 1762, p.29-30, et Mariette,
Mémoire, p.83). Précisons que Pierre, confronté avec Cazères, nie avoir tenu un
pareil propos, 'aimant trop son frère', et déclare fausse la déposition du témoin (An,
V⁴ 1478 B, pièce 219, f.19v-21v).

[73] Après avoir évoqué la déposition de Cazères, La Salle écrit: 'On ajoute que
l'un de ces témoins, ayant été reproché à cause de la haine mortelle qu'il avait pour
les prétendus réformés, ne fit pas difficulté de convenir de la vérité du reproche'. Et
il poursuit: 'On ne peut guère révoquer en doute que si les accusés s'étaient avisés
de le proposer contre les autres témoins, la plupart ne se fussent fait une gloire de
faire le même aveu. Le témoin à qui ce reproche a été fait ne peut mériter d'en être
cru; il n'est point de reproche plus pertinent que celui qui est pris de l'inimitié et il
n'est point d'inimitié plus forte, plus capable de porter aux plus grands excès que
celle qui a son fondement dans la différence de culte: car c'est là pur fanatisme'
(*Observations*, p.49-50).

[74] M. de Cassand-Clairac.

[75] Le jugement est du 18 mars 1762 de même que celui qui concerne les coaccusés.
Pierre est condamné, selon une formule vague, 'pour les cas résultant du procès'.

[76] Sur ce rôle attribué à Lavaysse, voir *Mémoire de Donat Calas*, l.154-158.

nous avons un fils aîné à exécuter, vous êtes son ami, vous souperez avec lui pour le pendre: un de nos amis devait être du souper, il nous aurait aidés, mais nous nous passerons bien de lui?[77]

Cet excès de démence ne pouvait se soutenir plus longtemps; cependant le rapporteur fut d'avis de condamner La Vaisse au bannissement; tous les autres juges, à l'exception du sieur Darbou,[78] s'élevèrent contre cet avis.

Enfin, quand il fut question de la servante des Calas, le rapporteur opina à son élargissement en faveur de son ancienne catholicité; et cet avis passa tout d'une voix.

Serait-il possible qu'il y eût à présent dans Toulouse des juges qui ne pleurassent pas l'innocence d'une famille ainsi traitée? Ils pleurent sans doute, et ils rougissent; et une preuve qu'ils se repentent de cet arrêt cruel, c'est qu'ils ont pendant quatre mois refusé la communication du procès, et même de l'arrêt, à quiconque l'a demandé.

Chacun d'eux se dit aujourd'hui dans le fond de son cœur; 'Je vois avec horreur tous ces préjugés, toutes ces suppositions qui font frémir la nature et le sens commun. Je vois que par un arrêt j'ai fait expirer sur la roue un vieillard qui ne pouvait être coupable, et que par un autre arrêt, j'ai mis hors de cour tous ceux qui auraient été nécessairement criminels comme lui, si le crime eût

185

190

195

200

205

197   62GP: cet arrêt, c'est
204   62G: <tuos> $^{v\uparrow}$ tous

[77] Le propos amèrement ironique avancé par Voltaire a, semble-t-il, sa source dans ce paragraphe de La Salle: 'Pourrait-on croire que le sieur Calas père, en lui supposant l'affreux dessein de faire périr son fils aîné, eût prié le sieur Lavaysse à souper pour l'associer à ce crime, qu'avant ou après le souper, il lui eût dit franchement, j'ai projeté de tuer mon fils aîné, votre ami, de l'étrangler, prêtez-moi votre secours et qu'aussitôt le sieur Lavaysse, ce jeune homme si bien élevé, si plein de douceur, si aimé, si estimé, cédant à cette horrible prière, ait concouru au parricide?' (*Observations*, p.17).

[78] Si l'on en croit la lettre D11026, 'd'Arbous' aurait été en faveur de la roue pour Jean Calas.

367

été possible. Je sens qu'il est évident qu'un de ces arrêts dément l'autre; j'avoue que si j'ai fait mourir le père sur la roue, j'ai eu tort de me borner à bannir le fils, et j'avoue qu'en effet j'ai à me reprocher le bannissement du fils, et la mort effroyable du père, et les fers dont j'ai chargé une mère respectable, et le jeune La Vaisse, 210 pendant six mois.[79]

Si nous n'avons pas voulu montrer la procédure à ceux qui nous l'ont demandée, c'est qu'elle était effacée par nos larmes; ajoutons à ces larmes la réparation qui est due à une honnête famille, que nous avons précipitée dans la désolation et dans l'indigence; je ne 215 dirai pas dans l'opprobre, car l'opprobre n'est pas le partage des innocents; rendons à la mère le bien que ce procès abominable lui a ravi.[80] J'ajouterais, demandons-lui pardon,[81] mais qui de nous oserait soutenir sa présence?

Recevons du moins des remontrances publiques, fruit lamenta- 220 ble d'une publique injustice; nous en faisons au roi quand il demande à son peuple des secours absolument indispensables, pour défendre ce même peuple du fer de ses ennemis; ne soyons point étonnés que la terre entière nous en fasse, quand nous avons fait mourir le plus innocent des hommes; ne voyons-nous pas que 225 ces remontrances sont écrites de son sang?'

Il est à croire que les juges ont fait plusieurs fois en secret ces réflexions;[82] qu'il serait beau de s'y livrer! et qu'ils sont à plaindre si une fausse honte les a étouffées dans leur cœur!

227-231   62PB, omis

[79] Sur le moment où les cinq coaccusés ont eu les pieds chargés de fers, voir *Pièces originales*, n.47.

[80] Sur la dot de Mme Calas et les biens de la famille, voir *Pièces originales*, n.80-81.

[81] Idée récurrente dans la correspondance (voir par exemple D10721, D12802).

[82] Sur ce mouvement imaginé d'un retour des juges sur eux-mêmes, voir *Pièces originales*, n.l. Au début de son *Mémoire pour Donat, Pierre et Louis Calas*, Loiseau de Mauléon déclare que ses 'premières douleurs' sont pour les juges, objet de maux pires que ceux que connaissent les fils Calas. 'Car puisqu'ils ont eux-mêmes démenti

Cet écrit est d'un témoin oculaire qui n'a aucune correspondance avec   230
les Calas, *mais qui est ennemi du fanatisme et ami de l'équité.*[83]

---

231   62PB, 62LN: *équité.* On présente requête au roi, il importe que les juges
iniques soient jugés.

---

leur premier arrêt par un arrêt contradictoire et inconciliable, c'est que leurs yeux
se sont enfin ouverts. Et de quel coup ils ont dû être frappés à ce réveil! Combien
ils souffrent si leurs regrets sont aussi vifs que leurs volontés étaient pures?' (p.4).

[83] Sur le jugement de d'Alembert relative à cette mention finale, voir ci-dessus,
p.338.

LISTE DES OUVRAGES CITÉS

Aguesseau, Henri-François d', *Œuvres* (Paris 1759).

Alletz, Pons-Augustin, *Dictionnaire portatif des conciles* (Paris 1758).

Almanach royal (1763).

Annales du barreau français, t.iv, v (Paris 1823, 1824).

Année littéraire (1765).

Argence, marquis d', *Lettres de M. le marquis Dargence, brigadier des armées du roi* (1765).

Barbier, A. A., *Dictionnaire des ouvrages anonymes* (Paris 1872).

Barthe, Nicolas-Thomas, *Théâtre complet et œuvres diverses* (Paris 1779).

Bengesco, Georges, *Voltaire: bibliographie de ses œuvres* (Paris 1882-1890).

Blin de Sainmore, Adrien-Michel-Hyacinthe, *Héroïdes ou lettres en vers* (Paris 1767).

– *Jean Calas à sa femme et à ses enfants* (Paris 1765).

– *Lettre de Jean Calas à sa femme et à ses enfants, précédée d'une épître à Mme de *** sur le sentiment* (Paris 1768).

Brumore [Philibert de Morveau, Louis-Joseph], *Les Calas en trois actes et en prose, par Mr de Brumore attaché au service de S. A. R. Mgr. le Prince Henri de Prusse, frère du roi*, dans *Drames nouveaux* (Berlin 1778).

Calas, Louis, *Déclaration du sieur Louis Calas* (Toulouse 1761).

Carlson, M., *The Theatre of the French Revolution* (Ithaca, N.Y. 1966).

Carocci, Renata, *Les Héroïdes dans la seconde moitié du XVIIIᵉ siècle (1758-1788)* (Fasano et Paris 1988).

Chénier, Marie-Joseph, *Jean Calas, tragédie* (Paris 1793).

Chiniac de La Bastide, Jean-Baptiste de, *Lettre d'un cosmopolite à l'ombre de Calas* (s.l 1765).

Contezat, l'abbé de, *Observations sur un mémoire qui paraît sous le nom de Paul Rabaut intitulé La Calomnie confondue* (1762)

Coquerel, Athanase, *Jean Calas et sa famille: étude historique d'après les documents originaux suivie des pièces justificatives et des Lettres de la sœur A.-J. Fraisse de La Visitation* (Paris 1858, 1869; Genève 1970).

Court de Gébelin, Antoine, *Les Toulousaines ou lettres historiques et apologétiques en faveur de la religion réformée et de divers protestants condamnés dans ces derniers temps par le Parlement de Toulouse ou dans le Haut Languedoc* (Edimbourg 1763).

Duvoisin, Alexandre-Benjamin, *Un déjeuner à Ferney en 1765 ou La Veuve Calas chez Voltaire* (Le Mans 1832).

Elie de Beaumont, Jean-Baptiste-Jacques, *Mémoire à consulter et consultation pour la dame Anne-Rose Cabibel, veuve Calas, et pour ses enfants* (Paris 1762).

– *Mémoire à consulter et consultation pour les enfants de défunt Jean Calas, marchand à Toulouse* (Paris 1765).

– *Mémoire pour dame Anne-Rose Cabibel veuve Calas et pour ses enfants sur le renvoi aux Requêtes de l'Hôtel au Souverain, ordonné par Arrêt du conseil du 4 juin 1764* (Paris 1765).

Estimauville de B., chevalier d' (trad.), *La Mort de Calas, tragédie bourgeoise* (1780).

Fielding, Henry, *A clear state of the case of Elizabeth Canning* (Londres 1753).

Fréron, Elie-Catherine, *L'Année littéraire* (1754-1776).

Gazette de Berne (1689-1787).

Gazette d'Utrecht (1689-1787).

Gentleman's magazine (15 septembre 1764).

Granderoute, Robert, 'L'affaire Calas, les mémoires voltairiens et le *Traité sur la tolérance*', dans *Etudes sur le 'Traité sur la tolérance' de Voltaire*, éd. N. Cronk (Oxford 2000), p.56-67.

– 'De la source au texte: les mémoires voltairiens de l'affaire Calas', dans *Voltaire et ses combats: actes du Congrès international, Oxford-Paris 1994*, sous la direction de Ulla Kölving et Christiane Mervaud (Oxford 1997), i.567-79.

Grimm, F. M., *Correspondance littéraire*, éd. Maurice Tourneux (Paris 1877-1882).

Hill, John, *The Story of Elizabeth Canning consider'd, with remarks on what has been called A clear state of her case by Mr H. Fielding* (Londres 1752).

Histoire de la délivrance de la ville de Toulouse, arrivée le 17 mai 1562, où l'on
voit la conspiration des huguenots contre les catholiques, leurs différents combats, la défaite des huguenots et l'origine de la procession du 17 mai, le dénombrement des reliques de Saint Cernin, le tout tiré des annales de ladite ville *(1765).*

Hoogeveen, C. van, *De Dood van Calas. Treurspel in drie bedrijven, door van Hoogeveen, Jr.* (Leyde 1766), trad. le chevalier d'Estimauville de B., *La Mort de Calas, tragédie bourgeoise* (1780).

Howarth, W. D., 'Tragedy into melodrama: the fortunes of the Calas affair on the stage', *SVEC* 179 (1978).

Journal encyclopédique (1756-1794).

Jugement souverain des Requêtes ordinaires de l'Hôtel du roi [...] du 9 mars 1765. Extrait des registres des Requêtes ordinaires de l'Hôtel du roi au Souverain (1765).

Kölving, Ulla, et Carriat, Jeanne, *Inventaire de la Correspondance littéraire de Grimm et Meister*, *SVEC* 225-227 (1984).

La Harpe, Jean-François de, *A Voltaire sur la réhabilitation de la famille Calas* (1765), rééd. dans *Œuvres*, t.iii (Paris 1820).

– *Correspondance littéraire adressée à Son Altesse Impériale Mgr le Grand-Duc, aujourd'hui Empereur de Russie et à M. le comte André Schowalow*, t.vi (Paris 1807).

– *Lycée ou Cours de littérature ancienne et moderne*, t.xiv (Paris 1803).

La Salle, Joseph-Mathieu de, *Correspondance*, éd. F. Deloffre (Paris, Pléiade 1977-1988).

– *Observations pour le sieur J. Calas, la*

dame de Cabibel, son épouse, et le sieur P. Calas, leur fils (s.l. 1762).

Lauriol, Claude, *La Beaumelle: un protestant cévenol entre Montesquieu et Voltaire* (Paris et Genève 1978).

Lavaysse, David, *Mémoire de Me David Lavaysse, avocat en la cour, pour le sieur François-Alexandre-Gaubert Lavaysse son troisième fils* (Toulouse s.d).

Lavaysse, François-Alexandre-Gaubert, *Mémoire du sieur François-Alexandre Gualbert Lavaysse* (s.l. 1765).

– *Mémoire du sieur Gaubert Lavaysse* (Toulouse s.d.).

Laya, Jean-Louis, *Jean Calas, tragédie* (Avignon 1791).

Lemierre d'Argy, Jacques, *Calas ou Le Fanatisme, drame* (Paris 1791).

[Le Roy], *Requête au roi par la dame veuve Calas* (1763).

Lettre à un des principaux magistrats du Conseil d'Eta (Toulouse 1763).

Loiseau de Mauléon, Alexandre-Jérôme, *Mémoire pour Donat, Pierre et Louis Calas* (Paris 1762).

London daily advertiser, janvier 1753.

Mariette, Pierre, *Mémoire pour dame Anne-Rose Cabibel, veuve du sieur Jean Calas; Louis et Louis-Donat Calas, leurs fils, et Anne-Rose et Anne Calas, leurs filles, demandeurs en cassation d'un Arrêt du Parlement de Toulouse du 9 Mars 1762* (1762).

– *Mémoire pour la veuve Calas et sa famille* (1765).

– *Observations pour la dame veuve Calas et sa famille* (Paris 1765).

– *Réflexions pour dame Anne-Rose Cabibel, veuve du sieur Jean Calas, marchand à Toulouse; Louis et Louis-Donat Calas leurs fils; Anne et Anne-Rose Calas leurs filles, demandeurs en cassation d'un arrêt du Parlement de Toulouse du 9 mars 1762* (1763).

Mémoires secrets (Londres 1780-1789)

Mercier, Louis-Sébastien, *Calas sur l'échafaud, à ses juges* (s.l. 1765).

Mercure de France (1724-1778).

Moulin, H., *Les Défenseurs des Calas et des Sirven. Elie de Beaumont et Loiseau de Mauléon, avocats au Parlement. P. Mariette, avocat aux Conseils du roi* (Cherbourg 1883).

Nougaret, Pierre-Jean-Baptiste, *L'Ombre de Calas le suicidé à sa famille* (s.l. 1765).

Orsoni, Jean, 'L'Affaire Calas avant Voltaire', thèse de 3e cycle (Université Paris IV–Sorbonne 1971).

Palissot de Montenoy, Charles, *Lettre de M. Palissot sur la tragédie de Calas*, dans Chénier, *Jean Calas, tragédie* (1793).

Philologus, *The Inspector inspected or Dr Hill's story of Elizabeth Canning examined [...] by Philologus* (Londres 1753).

Pomeau, René, *Voltaire en son temps* (Paris et Oxford 1995).

Pujoulx, Jean-Baptiste, *La Veuve Calas à Paris ou Le Triomphe de Voltaire* (1791).

Quérard, Joseph-Marie, *Les Supercheries littéraires dévoilées* (Paris 1869).

Rabaut, Paul, *La Calomnie confondue ou mémoire dans lequel on réfute une nouvelle accusation intentée aux protestants de la province du Languedoc, à l'occa-*

sion de l'affaire du sieur Calas détenu dans les prisons de Toulouse (Au Désert 1762).

Ramsay, Allan, *A letter to the right honourable the earl of — concerning the affair of Elizabeth Canning by a clergyman* (s.l. 1753)

Ratramne, *Traité du corps et du sang de Jésus-Christ*, trad. Jacques Boileau (s.l. 1686).

Révolutions de Paris (1791)

Sabatier de Castres, Antoine, *Dictionnaire de littérature* (Paris 1770).

The St James's chronicle or The British evening-post.

Sermons prêchés à Toulouse devant Mrs du Parlement par le R. P. Apompée de Tragopone, capucin de la Champagne pouilleuse (1772).

Simon, Etienne-T., *Histoire des malheurs de la famille Calas jusqu'après le jugement rendu en leur faveur pour la justification de la mémoire de Jean Calas, père, le 9 mars 1765, précédé de Marc-Antoine Calas le suicidé à l'univers. Héroïde* (Paris 1765).

Sudre, Théodore, *Mémoire pour le sieur Jean Calas, négociant de cette ville; dame Anne-Rose Cabibel, son épouse; et le sieur Jean Pierre Calas un de leurs enfants* (Toulouse s.d.).

– *Réflexions pour les sieurs et demoiselle Calas* (Toulouse s.d.).

– *Suite pour les sieurs et demoiselle Calas* (Toulouse 1762).

– *Traité des droits seigneuriaux et des matières féodales par M. Noble François de Boutaric* (Toulouse 1775).

Taphanel, A., *La Beaumelle et Saint-Cyr* (Paris 1898).

Théâtre complet et Œuvres diverses de M. B. (Paris 1779).

Trapnell, William H., 'Survey and analysis of Voltaire's collective editions, 1728-1789', *SVEC* 77 (1970), p.103-99.

Treherne, John, *The Canning enigma* (Londres 1989).

Turgot, Anne-Robert-Jacques, *Les Edits de Turgot*, préface par Maurice Garden (Paris 1976).

Voltaire, *Correspondance*, éd. F. Deloffre (Paris 1977-1988).

– *Correspondence and related documents*, éd. Th. Besterman (Oxford 1968-1977).

– *Œuvres complètes*, éd. Louis Moland (Paris 1877-1885).

Wille, Jean-Georges, *Mémoires et journal*, éd. Georges Duplessis (Paris 1857).

Willemain d'Abancourt, François-Jean, *La Bienfaisance de Voltaire* (Paris 1791).

INDEX

Merlin, Joseph, 136
Mervaud, Christiane, 26
Mignot, abbé, Alexandre-Jean des Aunais, dit Vincent, 33, 37, 100
Minos, héros et législateur crétois, 65
Mirabaud, Jean-Baptiste de, 115
Mirepoix, Anne-Marguerite-Gabrielle de Beauvau-Craon, duchesse de, 70
Moïse, législateur des Hébreux, 237
Monbailli, François-Joseph, 92, 93
Monier (ou Monyer), assesseur des capitouls, 222, 223, 305, 322, 323, 329
Montaigne, Michel de, 300
Montecuccoli, Sébastien, comte de, 92
Montesquieu, Charles de Secondat, baron de, 10
Montesquieu, marquis de, 296
Montpéroux, Jean-Etienne de Guimard, baron de, 239, 309
Morangiés, Jean-François-Charles de Molette, comte de, 93
Moreau, avocat, 29
Morveau, Louis-Joseph Philibert de, dit Brumore, 115-17
Moulin, H., 29, 31
Moultou, Paul-Claude, 19, 41, 43, 44, 97, 99, 191, 192

Naigeon, Jacques-André, 68
Necker, Suzanne, née Curchod, 98
Nicolaï, Aymard-Charles-François, marquis de, 22, 135, 137, 272
Nicolaï, Georges, 22
Nicole, Pierre, 293, 309
Nougaret, Pierre-Jean-Baptiste, 105, 106, 110, 111

Orsoni, Jean, 4, 5, 11, 150, 152-55, 157, 158, 166, 183, 301, 305, 320, 322, 331
Outremont, d', avocat, 53

Palissot de Montenoy, Charles, 119

Panckoucke, Charles-Joseph, 144
parlement (juges toulousains), 9, 11, 13, 27, 28, 32, 39, 41, 42, 44, 46-49, 52, 53, 57, 63-66, 71, 79, 88, 89, 92, 108, 112, 113, 118, 167-71, 173-75, 185-89, 192, 212, 213, 224-27, 242, 243, 248, 249, 275, 276, 296, 311, 313-18, 325, 327, 328, 330, 356, 359, 366-68
parricide (prétendue doctrine protestante du), 6, 11, 12, 16, 17, 75, 76, 159, 160, 162, 185, 186, 200-203, 208-11, 220, 221, 232-37, 239, 241, 253, 257, 264, 277, 303, 304, 306, 308, 309, 361, 366, 367
Pérès, Jean-Bernard, 312
Peyronet, d^lle, faiseuse de bourses, 327
Peyronnet (ou Perronet), Jean-Antoine, 323
Peyronnet, musicien, 328
Peyronnet, veuve, 312
Pimbert, de, avocat du roi, 173, 329
Pinet, Daniel, libraire à La Haye, 140
Plaquet, du, habitant rue Saint-Honoré à Paris, 101
Plutarque, 300
Poilly, Jean-Louis de, 101
Poisson, enseigne du guet, 324
Polastron-Lahillère, famille languedocienne, 296
Pomeau, René, 16
Pompadour, Jeanne-Antoinette Poisson Le Normant d'Etioles, marquise, puis duchesse de, 33, 46, 273
Popis, Bernard, 302, 326, 327
Portail (ou Portal), Catherine du, couturière, 327, 328
Portes, comte de, 31
Pouchelon, Jeanne, née Campagnac, épouse d'André Pouchelon, négociant, 311, 327
Pradés, Jacques, 25
Praslin, César-Gabriel, comte de Choiseul, puis duc de, 18, 19, 33, 40, 44, 63